DIE ORDNUNG DER WELT

EIN BEITRAG ZUR PHILOSOPHISCHEN UND POLITISCHEN INTERPRETATION VON CICEROS SCHRIFT DE LEGIBUS

VON

KLAUS M. GIRARDET

FRANZ STEINER VERLAG GMBH WIESBADEN
1983

C

CIP-Kurztitelaufnahme der Deutschen Bibliothek

Girardet, Klaus M.:
Die Ordnung der Welt : e. Beitr. zur philos. u. polit. Interpretation von Ciceros Schrift de legibus / von Klaus M. Girardet. – Wiesbaden : Steiner, 1983.
  (Historia : Einzelschriften ; H. 42)
  ISBN 3-515-03687-3
NE: Historia / Einzelschriften

 Habilitationsschrift auf Empfehlung des Fachbereichs III der Universität Trier. Ge-druckt mit Unterstützung der Deutschen Forschungsgemeinschaft. © 1983 by Franz Stei-ner Verlag GmbH. Wiesbaden. Satz und Druck Allgäuer Zeitungsverlag GmbH Kempten/ Allgäu. Printed in Germany.

Meinen Eltern

Rolf Girardet, Pfarrer i. R.
Ilse Girardet, geb. Manz

und

meinem Bonner Lehrer

Professor Dr. Dr. h. c. Johannes Straub

INHALTSVERZEICHNIS

VORWORT

Im Februar 1979 hat der Fachbereich III der Universität Trier den vorliegenden Beitrag zur Interpretation von Ciceros Werk de legibus als Habilitationsschrift angenommen. Das Habilitationsverfahren wurde im Wintersemester 1979/80 abgeschlossen.

Wegen meiner Lehrverpflichtungen an der Universität des Saarlandes (Lehrauftrag Sommersemester 1979), an der Universität Tübingen (Lehrstuhlvertretung Sommersemester 1980) und erneut an der Universität des Saarlandes (Ruf auf eine Professur für Alte Geschichte Wintersemester 1980/81) hat sich die Fertigstellung der Druckvorlage verzögert. Wesentliche Änderungen im Aufbau, in der Argumentationsweise und in den Ergebnissen dieser Untersuchung waren nicht erforderlich. Ich habe jedoch Teil I und Teil IV, besonders Kapitel 11 und 12, sowie Teil Vb erweitert. Die Forschungsliteratur seit 1979 bis Anfang 1982 habe ich, soweit sie mir zugänglich war, eingearbeitet. Die Anlage des Buches, wie sie sich in der Gliederung zeigt, erlaubte es mir, auf ein Sachregister zu verzichten: aus den Überschriften der Teile, Kapitel und Unterabschnitte ist klar ersichtlich, welche Sachverhalte und Probleme jeweils behandelt werden; darüber hinaus enthalten die Anmerkungen zahlreiche Querverweise. Dem Buch ist aber ein Quellenregister beigefügt; es führt sämtliche zitierte Stellen auf.

Während meiner Assistentenzeit an der Universität Trier (seit 1972) hat Herr Professor Dr. Heinz Heinen das Entstehen und den Abschluß dieser Ciceroarbeit durch Kritik und Ermunterung nachhaltig gefördert. Dafür und für die vertrauensvolle Zusammenarbeit auch nach meiner Trierer Zeit sage ich ihm von Herzen meinen Dank. Ebenso herzlich danke ich Herrn Professor Dr. Dr. h. c. Johannes Straub. Als sein Schüler bin ich 1972 in Bonn promoviert worden, und er hat meine wissenschaftliche Arbeit, insbesondere über Cicero, in dem Jahrzehnt danach fördernd und fordernd mit unermüdlicher Anteilnahme begleitet. Zahlreiche Anregungen habe ich auch durch die Herren Professoren Dr. K.-H. Schwarte (Bonn/Köln), Dr. H.-O. Kröner (Trier) und Dr. W. Görler (Saarbrücken) erhalten: das wissenschaftliche Gespräch mit ihnen über Ciceros Denken und politisches Wollen war mir eine große Hilfe. Herrn Professor Dr. H. Heinen wie auch den anderen Mitherausgebern der Historia-Einzelschriften danke ich für die Aufnahme des Buches in diese Reihe. Beim Lesen der Korrekturen hat mich mein

Mitarbeiter Herr Harald Baulig, M. A., tatkräftig unterstützt. Dankbar weise ich schließlich darauf hin, daß ich die großzügige Hilfe der Deutschen Forschungs-Gemeinschaft (DFG) erfahren habe: von 1976 bis 1978 wurde mir ein Habilitandenstipendium gewährt, und das Erscheinen dieses Buches ist durch einen namhaften Druckkostenzuschuß ermöglicht worden.

Ich widme das Buch meinen Eltern und meinem Bonner Lehrer Johannes Straub.

Saarbrücken, März/April 1982   Klaus M. Girardet

I. *Res publica amissa, imperium amissum* und das Werk *de legibus*

Marcus Tullius Cicero, der Römer aus dem samnischen Landstädtchen Arpinum, kodifiziert in seinem nur als Fragment erhaltenen Werk *de legibus* eine Rechtsordnung, die alle Bereiche nicht nur des staatlich-gesellschaftlichen, sondern auch des individuellen Lebens regeln sollte[1]. Der Gesetzescodex ist Bestandteil eines Dialoges. An ihm nehmen drei Personen teil: Marcus Cicero, als Konsular einer der *principes civitatis,* sowie sein Bruder Quintus und sein Freund Atticus. Das fiktive Gespräch, das Cicero mit einem philosophisch-anthropologischen Überblick über sein Verständnis von „Recht", „Gesetz" und „Natur" einleitet (I 16ff.), findet an einem heißen Sommertage – wohl des Jahres 52 v. Chr. – in der Gegend von Arpinum statt[2], an den schattigen Ufern des Liris und auf einer kleinen Insel, die der Fibrenus bildet, kurz bevor ihn der Liris aufnimmt[3]. Wie der Autor selber erklärt (I 20, II 23, III 4 und 12), sind die Gesetze, die er dem Bruder und dem Freund vorträgt und die er auch im einzelnen erläutert, dem *genus civitatis* bzw. *rei publicae* angepaßt, das er bereits in seiner Schrift *de re publica* als das beste dargestellt hatte[4].

Lange Zeit war die Datierung des Gesetzeswerkes in der Forschung umstritten. Doch P. L. Schmidt dürfte das Problem jetzt wohl endgültig gelöst haben: nach seinen Erkenntnissen ist *de legibus* nahezu gleichzeitig mit *de re publica* in den Jahren 54–51 v. Chr. entstanden[5]. Die beiden Werke hat Cicero also in einer Zeit verfaßt, die er – und nicht nur er allein – ganz zutreffend als Zeit schwerster Bedrohung des republikanischen *status rei publicae* empfand[6]. Spätestens nämlich seit Pompeius die Könige Mithridates VI. von

---

[1] Siehe I 17: *tota causa universi iuris ac legum*; I 57: *cum populis tum etiam singulis* werden *leges vivendi et disciplina* gegeben.

[2] Zu den unterschiedlichen Dialogtypen – (aristotelischer) Gegenwartsdialog wie *de legibus*; (herakleidischer) Vergangenheitsdialog wie *de re publica* – siehe SCHMIDT, Abfassungszeit, S. 25ff. Zur fiktiven Zeit des Gespräches: ders., a.a.O., S. 49ff.

[3] Zur Szenerie siehe POHLENZ, Eingang, S. 410ff.; DE PLINVAL, *leg.*, p. LIXff. – Über Arpinum: SCHMIDT, Ciceros Villen, S. 9–23.

[4] SABINE/SMITH, S. 68ff.; DE PLINVAL, *leg.*, p. XXXIIIff.; SCHMIDT, Abfassungszeit, z.B. S. 282ff.; ders., *rep.*, S. 285, 317f., 320f.

[5] Abfassungszeit, S. 282ff. Dazu RAWSON, Interpretation, S. 335f.; (ZIEGLER)/GÖRLER, *leg.*, S. 112; LEHMANN, S. 5f.

[6] Zur Krisensituation dieser Zeit siehe z.B. MEYER, Caesars Monarchie, S. 191ff.,

Pontos und Tigranes d. Ä. von Armenien besiegt hatte, brauchte Rom au-
ßenpolitisch keine Gefahr mehr zu befürchten: nur noch von innen her konnte die *res publica* zerstört werden[7]. Im Jahre 56 v. Chr. warnte ein Gutachten
der *haruspices* mit Blick auf die „Triumvirn" Caesar, Pompeius und Crassus,
die Anfang dieses Jahres in Luca ihr konspiratives Machtkartell vom Jahre
60/59 bekräftigt hatten, eindringlich vor *discordia optimatium,* vor Bürgerkrieg und unweigerlich daraus entstehender Tyrannis (Cic. *har. resp.* 40 ff.,
53–55, 60 f.). Doch von Pompeius wohlwollend geduldet und insgeheim ge-
schürt, spitzte sich unter Diktaturgerüchten die Krise in der Folgezeit –
besonders seit dem Jahre 54 – immer weiter zu, so weit, daß der Senat sich
und der *res publica* nicht anders mehr zu helfen wußte, als dem intriganten
Prokonsul das eigens für ihn geschaffene Amt eines *consul sine collega* zuzu-
gestehen (52 v. Chr.). Der *res publica* war eine Atempause vergönnt. Als
aber Caesar in dem Streit der Jahre 51 und 50 um seine Konsulatsbewerbung
in absentia für 48 seine *dignitas,* seine politische Existenz, bedroht sah, fiel er
am 11. 1. 49 mit Heeresmacht in Italien ein – das war der Anfang des
Bürgerkrieges, an dessen Ende die Herrschaft des *dictator (perpetuus)* Caesar stehen wird.

Noch bevor nun aber Cicero im Mai des Jahres 51 mit prokonsularischem
imperium die Reise in seine Provinz Kilikien angetreten hatte, von wo er
gegen Ende 50 zurückkehrte, war sein Werk *de re publica* in aller Händen
(Cic. *fam.* VIII 1,4; *Att.* VI 1,8; 2,9). Die Schrift *de legibus* hingegen, mag sie
auch fast bis zur Publikationsreife fertiggestellt gewesen sein[8], ist erst nach
der Ermordung ihres Verfassers (7. Dezember 43) ediert worden, wahrscheinlich durch Tiro, Ciceros treuen Sekretär[9]. Da das Werk nur fragmentarisch überliefert ist, läßt sich über seinen Umfang nichts Sicheres sagen.
Vielleicht bestand es aus sechs, vielleicht auch aus acht Büchern[10]. Erhalten,
wenn auch lückenhaft, sind die beiden ersten Bücher und der größte Teil des

---

207 ff., 229 ff.; Strasburger, Concordia ordinum, S. 66 ff.; Vogt, Ciceros Glaube, S.
44–57: Gelzer, Tullius, Sp. 954–971; Syme, RRev., S. 35 ff.; Heuss, RG, S. 200 ff., 565 ff.;
Meier, RPA, S. 1 ff., 152 ff., 204 f., 288 ff.; Alföldy, S. 65–82; Gruen, S. 433 ff., 449 ff.;
Raaflaub, Teil I (Zur Vorgeschichte des Ausbruchs des Bürgerkrieges), passim; Bleikken, RRep., S. 84 ff.

[7] Siehe z. B. Cic. *leg. agr.* I 26; *Rab. perd.* 33; *Cat.* I 26, II 11; *Mur.* 78 und 84; *Sest.* 51
und 67. – Vgl. Sall. *ep. ad Caes.* I 5,2; Liv. II 44,7 ff.; IX 19,15 ff.

[8] Schmidt, Abfassungszeit, S. 292. Vgl. Rawson, Interpretation, S. 338 f.; (Ziegler)/
Görler, *leg.*, S. 113.

[9] Schmidt, Abfassungszeit, S. 292, Anm. 69.

[10] Sechs Bücher: z. B. de Plinval, *leg.*, p. LIII ff.; Schmidt, Abfassungszeit, S. 261,
Anm. 4; Gigon, Literarische Form, S. 60. – Acht Bücher: z. B. Ziegler/(Görler), *leg.*, S.
11; Rawson, Interpretation, S. 338.

dritten Buches[11]. Vom vierten[12] und ebenso vom fünften ist jeweils nur ein Zitat überliefert (Buch V: Macrob. *Saturnal.* VI 4,8).

a. Zur Forschungslage

Die Schwesterschrift *de re publica* erfreut sich trotz der Bemerkung von R. Syme im Jahre 1939, über dieses Werk sei schon zuviel geschrieben worden[13], in der Forschung bis heute größter Aufmerksamkeit: der Bericht von P. L. Schmidt (1972), den W. Suerbaum (1978) ergänzt, umfaßt im Rückblick auf die letzten fünf Jahrzehnte nicht weniger als 250 Arbeiten[14]. Demgegenüber findet *de legibus*, sozusagen der jüngere Zwilling, weitaus weniger Beachtung. G. de Plinval schreibt dazu: „Evincé par le prestige traditionel des plaidoyers ou des discours de combat, des grands traités de politique, d'éloquence ou de philosophie, le *de Legibus* donne l'impression d'une œuvre sacrifiée"; und: „Ce discrédit est injustifié"[15]. Die Tatsache, daß man dem Werk in der Forschung bisher nur vergleichsweise geringe Aufmerksamkeit gewidmet hat, führt E. Rawson sicher zutreffend auf seine Ausnahmestellung im Rahmen der übrigen literarischen Hinterlassenschaft Ciceros zurück: „Uncertain in date, debated as to its sources, fragmentary in preservation, ignored, it seems, both in the letters and the other treatises, in parts oracular and mock-archaic in style (and, partly as a result, seriously corrupt in text), it poses innumerable problems. As a result, too many students of its author bypass it altogether, or devote to it only a few conventional words"[16].

Die Literatur über die Erforschung von *de legibus* bis zum Jahre 1959 bzw. 1969 – und zwar nicht nur zur Datierungsfrage, sondern auch zur Sachinterpretation – ist von P. L. Schmidt in den beiden Studien „Grundfragen" und „Abfassungszeit" (diese aus der erstgenannten hervorgegangen) aufgearbeitet worden[17]. Danach, im Jahre 1973, hat E. Rawson den Stand der For-

---

[11] Lücken z. B. I 33 (f.), 40, 57; II 11, 28, 39, 41, 53 (f.); III 17 (f.), 40. – REITZENSTEIN, Vermutungen, S. 16 (f.), Anm. 2. – Zum Buchschluß von *leg.* III vgl. HECK (Buchschluß, passim), der meint, am Ende des erhaltenen Textes *leg.* III 49 sei keine Lücke zu konstatieren, sondern es habe sich unmittelbar Buch IV angeschlossen.

[12] Wenn man der Vermutung von SCHMIDT (Zeugnisse, S. 319f.) folgt, daß Lact. *inst. div.* V 8,10 dorthin und nicht nach I 33 (ZIEGLER/GÖRLER, *leg.*, S. 36; vgl. S. 118) gehört.

[13] RRev., S. 144, Anm. 1; zustimmend zitiert von SCHMIDT, *rep.*, S. 263, 333.

[14] SCHMIDT, *rep.*, passim; SUERBAUM, *rep.*, passim; vgl. auch ders., Staatsbegriff, S. 345ff.

[15] DE PLINVAL, *leg.*, p. VII. Ähnliche Klage bei KNOCHE, Verbindung, S. 39ff.

[16] Interpretation, S. 334. – Vgl. etwa MEIER, Ohnmacht, S. 196 zu *de legibus*.

[17] Z. B. Abfassungszeit, S. 15–23, 293–296. Einen Teil der Literatur nennt auch G. DE PLINVAL in seiner ausführlichen Einleitung zu Text und Übersetzung von *de legibus*: p. VIIff., XXVff., XXXIV. Vgl. auch GELZER, Cicero, S. 273ff.

schung dargestellt[18]. Seither sind einige weitere Arbeiten zu Einzelproblemen von *de legibus* erschienen. Folgende seien hervorgehoben:

F. Cancelli (Interpretazione, 1973), zu einem Teil der politisch-juristischen Terminologie;

H. Dörrie (Entwurf, 1973), zur Neuordnung des Sakralwesens durch die *lex de religione* in Buch II;

O. Gigon (Literarische Form, 1974/75), über die Dialogszenerie und den philosophischen Gehalt vor allem des ersten Buches;

P. Boyancé (L'éloge, 1974/75), über den Schluß des ersten Buches;

J. Bleicken (in Lex publica, 1975, S. 428–432), über das Problem des Verhältnisses zwischen den philosophischen Partien und der Gesetzesmaterie des Codex;

A. Heuß (Ciceros Theorie, 1975/76), über den Verfassungsentwurf in Buch III;

Y. Thomas (Cicéron, 1977), über die Stellung von Senat und Volkstribunat nach den *leges* von Buch III;

C. J. Classen (Bemerkungen, 1979), über Ciceros Gesetzesverständnis u. a. in *de legibus*[19];

G. A. Lehmann (Reformvorschläge, 1980), über das Verfassungsgrundgesetz in Buch III (und über die *epistula II ad Caesarem* des Sallust);

L. Troiani (1981), über die *lex de suffragiis* in Buch III.

Überblickt man einmal die Gesamtheit der älteren und neueren Literatur zu *de legibus*, so wird man unschwer feststellen, daß der bei weitem größte Teil aus (philologischen) Arbeiten über Quellenprobleme[20] und philosophiegeschichtliche Fragen besteht. Nur relativ wenige Beiträge bemühen sich auch um die politisch-historische Auswertung. Ich nenne hier nur die wichtigsten[21]:

C. W. Keyes (Original Elements, 1921), über Ciceros Verfassungsentwurf *leg.* III;

K. Sprey (in Doctrina, 1928, Kap. IX), ebenfalls zur Verfassung;

G. H. Sabine/St. B. Smith (in Commonwealth, 1929, Kap. IV), zur *lex de religione* Buch II und zur *lex de magistratibus* Buch III;

---

[18] Interpretation, passim. Siehe auch das Literaturverzeichnis bei (ZIEGLER)/GÖRLER, *leg.*, S. 161–170.

[19] Vgl. auch KROYMANN, Cicero und die römische Religion (1975); GRIMAL, Contingence historique et rationalité de la loi dans la pensée cicéronienne (1977); CLASSEN, Cicero, the Laws and the Law-courts (1978); GUILLÉN, El derecho religioso en Cicerón (1978). Genauere Angaben unten im Literaturverzeichnis.

[20] Dazu vgl. SCHMIDT, Grundfragen, S. 230ff.; RAWSON, Interpretation, S. 340ff.; (ZIEGLER)/GÖRLER, *leg.*, S. 113.

[21] Vgl. RAWSON, Interpretation, S. 342ff., 349ff.

W. W. How (Cicero's Ideal, 1930), zur Verfassung *leg.* III, im Hinblick auf *de re publica*;

P. L. Schmidt (Grundfragen, 1959, Teil I), u. a. in der Kommentierung der *leges*;

U. Knoche (Verbindung, 1968), über die politische Bedeutung der philosophischen Aussagen von *de legibus*;

P. L. Schmidt (Abfassungszeit, 1969, u. a. 2. Kapitel), über politische Urteile und Tendenzen im Gesetzeswerk;

A. Heuß (s. o.);

Y. Thomas (s. o.);

G. A. Lehmann (s. o.)[22].

Die Arbeit nun, die ich hiermit vorlege, trägt den Titel „Die Ordnung der Welt". Aus der Sicht des Historikers untersuche ich, und zwar unter starker Berücksichtigung von *de re publica*, sowohl philosophische als auch politische Aspekte von Ciceros Gesetzeswerk. Diese Kombination der Gesichtspunkte und der Titel meines Interpretationsversuches verstehen sich indessen nicht ohne weiteres von selbst. Sie sollen daher im folgenden näher erläutert werden.

b. Zur Intention von *de legibus*

In der Forschung ist die Frage umstritten, ob Cicero mit *de re publica* und *de legibus*, die sich von der Konzeption her gegenseitig ergänzen, „nur" ein Stück philosophischer bzw. staatstheoretischer Literatur oder nicht auch und vielleicht sogar in erster Linie ein Programm zu politischer Reform etwa im Bereich der Institutionen Roms habe schaffen wollen, ganz unmittelbar und konkret bezogen auf die Mißstände in der politischen Situation zur Entstehungszeit der beiden Werke. E. Rawson spricht Cicero jeglichen praktischen Reformwillen ab. Die Forscherin hält sein Programm zwar für „our best evidence of the reforms that he would have liked to see introduced at Rome"[23], meint dann aber – unter Berufung auf *leg.* III 29, wo von Menschen in der Zukunft die Rede ist, die „vielleicht" einmal den *leges* des *Codex Ciceronianus* gehorchen werden –: „It is true that we must not ask every theorist to

---

[22] Vgl. auch das Literaturverzeichnis von Lehmann, S. 106 ff. – Die Arbeit von Heilmann (S. 163–172 zu *leg.* III 12–39) bringt nichts Neues.

[23] Cicero, S. 154. Vgl. aber Syme, RRev., S. 144 (f.): „In the *Republic* he set forth the lineaments and design, not of any programme or policy in the present, but simply the ancestral constitution of Rome as it was – or should have been – a century earlier". Seel, Cicero, S. 237, sieht bei Cicero „illusionären Utopismus".

be also a practical reformer. Maps of Utopia are not valueless because charts for the voyage are not appended"[24]. Auch D. Stockton spricht von „Utopia" und meint damit sowohl *de re publica* als auch *de legibus*[25]; beide Werke seien „essentially literary exercises in imitation of Plato's *Republic* and *Laws*"[26]; sie böten „not a practical blue-print of the Roman state but a nostalgic and idealized picture" des römischen Gemeinwesens vor dem Tribunat des Ti. Gracchus[27], und Cicero habe auch nicht ansatzweise versucht, „to suggest practical solutions for present problems".

Ganz im Gegensatz dazu stehen aber – zu Recht, wie ich meine – die Erkenntnisse anderer Forscher. So betont P. L. Schmidt, gestützt auf klare Aussagen Ciceros in *de re publica* und *de legibus*, daß es dem Autor in beiden Werken auf die Praxis ankommt: daß er politische Wirkungsabsicht, Reformwillen, Gegenwartsbezug, konkret politische Absicht bekundet[28]; daß das Gesetzeswerk zusammen mit *de re publica* „als ein an historischen Normen orientiertes Programm konservativer Erneuerung" anzusehen ist, womit dann auch das in der Forschung weit verbreitete „historistische" und „theoretische" Mißverständnis von *de re publica* als beseitigt gelten kann[29]. Für A. Heuß sodann, der *de legibus* als eine „an der Empirie ausgerichtete Studie" betrachtet[30], ist Cicero, der Autor, kein „Romantiker": er denke auch „nicht

---

[24] Cicero, S. 159. Vgl. auch SYME, RRev., S. 319. – *Codex Ciceronianus*: so bezeichnet von SCHMIDT, Abfassungszeit, S. 78 (u. ö.). – Zu *leg.* III 29 s. u. S. 146f., 166ff. – Das Gesamturteil von E. RAWSON über *rep.* lautet aber folgendermaßen (Cicero, S. 159; ähnlich ebd., S. 307, sowie Interpretation, S. 355): „Whatever the shortcomings of Cicero's political works, there is no evidence that any of his contemporaries understood the problems of the time as clearly or indeed produced nearly so positive a contribution towards solving them as he did". Die ältere deutsche Forschung, fixiert auf Caesar und seine „Pläne", hat dies bekanntlich ganz anders gesehen: z. B.: VOGT, Ciceros Glaube, S. 54–64; GELZER, Tullius, Sp. 975f.; ders., Cicero, S. 216f.

[25] S. 345.

[26] S. 343; die folgenden Zitate ebd., S. 344.

[27] Vgl. auch SYME (zit. oben Anm. 23). – Das Bild der Verfassung in *leg.* III entspräche demnach dem Zustand der römischen *res publica* vor dem Jahre 133 v. Chr. – ein kaum begreiflicher Rückschritt gegenüber KEYES, passim, bes. S. 322f., und SABINE/SMITH, Kap. IV!

[28] Abfassungszeit, S. 113ff., 139, 180f.; ders., *rep.*, S. 293ff., 319ff. – Vgl. auch GELZER, Cicero, S. 220; VOGT, RRep., S. 428f.

[29] SCHMIDT, *rep.*, S. 320f. – „Historistisches" Mißverständnis: Ciceros Entscheidung für den „Scipionenkreis" im Vergangenheitsdialog *de re publica* als Flucht aus der Gegenwart (vgl. oben STOCKTON). „Theoretisches" Mißverständnis: *de re publica* als distanzierte Analyse in Konkurrenz zu Platon: so z. B. noch HEUSS, RG, S. 569. Dazu auch gleich anschließend oben im Text sowie unten Teil IV 11, S. 179 und 180.

[30] Ciceros Theorie, S. 260 (68); die folgenden Zitate ebd., S. 271 (79), 259 (67), 202 (10). – Zum Problem „Utopie" in der späten römischen Republik vgl. MEIER, RPA, S. 302f.

utopisch", die durch das Programm der Schrift angestrebte Wiedergewinnung und Sicherung des *optimus status rei publicae* (z. B. I 20) bedeute „keine Utopie . . ., sondern eine in Reichweite befindliche Erledigung von Aufgaben". Zuletzt hat G. A. Lehmann in seiner Analyse von *leg.* III den politisch-praktischen Charakter der *leges* „auf dem Hintergrund der aktuellen Situation des römischen Staates" herausgestellt[31]. Danach haben Cicero selbst und seine beiden Gesprächspartner „die staatsrechtlichen Innovationen" von Buch III als praktisch-politisches Reformprogramm verstanden. Mit den Gesetzen sollte „ein konkreter Beitrag zur Bewältigung der Krise" des römischen Gemeinwesens geleistet werden. Es zeige sich darin das „Bestreben, die tradierte institutionelle Ordnung mit den Erfordernissen und Erfahrungen der aktuellen Krise auszugleichen", u. a. durch positive Einbeziehung der politischen Realität machtvoller, über ausgedehnte Klientel gebietender Einzelner[32]. Die „Reformgedanken und institutionellen Neuerungen" des *Codex Ciceronianus* (*leg.* III) sind somit, weiter nach G. A. Lehmann, „fester Bestandteil einer in sich einheitlichen verfassungspolitischen Konzeption", die der historischen und politischen Wirklichkeit der späten Republik gerecht zu werden sucht[33], und „mit den sich abzeichnenden Konsequenzen aus den institutionellen Neuregelungen . . ., die natürlich − und selbstverständlich! − von der Möglichkeit ausgehen, die überkommene Republik und ihre politische Gesamtverfassung konstruktiv fortzubilden, ist jedenfalls schon die Grenze einer nachhaltigen Systemveränderung erreicht".

Dieser durch umsichtige, scharfsinnige Interpretationen überzeugend legitimierten Forschungsrichtung schließe ich mich an. Weitere Indizien für den politisch-praktischen Charakter des Werkes werde ich von *de re publica* her in Teil IV 11 und 12 erörtern. Jetzt sei nur noch darauf hingewiesen, daß Cicero sich bei seinem Entschluß, ein Werk *de re publica* und ein Werk *de legibus* zu schreiben, zwar erklärtermaßen von Platon inspirieren ließ[34]; daher war und ist die Forschung unbestreitbar im Recht, wenn sie die vielfältigen formalen und gedanklichen Annäherungen des Autors an Platon herausarbeitet[35]. Darüber darf man aber die fundamentalen Unterschiede zwischen

---

[31] S. 2. Die folgenden Zitate ebd., S. 2 (S. 4 mit Anm. 5), 6.

[32] S. 43; S. 44ff.

[33] S. 100; das folgende Zitat S. 101f.

[34] Siehe *leg.* I 15 (Atticus): *Atqui si quaeres ego quid exspectem, quoniam scriptum est a te de optimo rei publicae statu, consequens esse videtur ut scribas tu idem de legibus: sic enim fecisse video Platonem illum tuum, quem tu admiraris, quem omnibus anteponis, quem maxime diligis.* Es folgt die zustimmende Antwort Ciceros. − Siehe auch *rep.* I *fr.* 1b.

[35] So z. B. PÖSCHL, Kap. 3: „Cicero und Platons Politeia: das Ganze"; BOYANCÉ, mehrere Aufsätze in seinen Études; SCHMIDT, Abfassungszeit, S. 48f. (mit weiterer Lit.); BÜCHNER, Platonismus, passim; DOUGLAS, S. 41ff.; BURKERT, S. 175ff.; HORSLEY, S. 41f., 50f., 52f., 55f.

dem Römer und dem Griechen nicht ignorieren[36]. Die folgenden drei Stellen aus *de legibus* (II 17, III 13f., II 14) sind in dieser Hinsicht richtungsweisend.

In *leg.* II 17 gibt Cicero seinen Lesern durch den Mund des Quintus zu verstehen, daß er sich zwar in der Form an das große Vorbild Platon anlehnt, daß er jedoch inhaltlich – d.h. der Sache und der Aussage nach *(rebus, sententiis)* – ganz anders orientiert ist und, wie er dann auch selbst sagt (ebd.), einen eigenständigen Weg geht[37]. Das Ziel auch der theoretischen Darlegungen seines Werkes ist die politische Praxis. In dem philosophiegeschichtlichen Abriß *leg.* III 13f. – das ist die zweite Stelle – nimmt er eine diesbezügliche Standortbestimmung vor[38]. Diejenigen, die vor ihm *de magistratibus* bzw. allgemeiner *de re publica* geschrieben haben, bilden zwei Richtungen. Von den *veteres* – gemeint sind Platon, Aristoteles, Heracleides Ponticus – sagt er, sie hätten sich zwar *verbo tenus acute,* aber *non ad hunc* (d.h. dem von Cicero selber anvisierten) *usum popularem atque civilem* (III 14) mit Fragen *de re publica* auseinandergesetzt. Die Wende zum Praktischen kam bei dem Aristotelesschüler Theophrast von Eresos (III 13: *a Theophrasto primum*; III 14: *Theophrastus vero*). Von ihm weist eine aufsteigende Linie über Demetrios von Phaleron, den Schüler des Theophrast, zu – Cicero (III 14). Demetrios, so heißt es nämlich ebd., habe in bewundernswerter Weise die Staatslehre aus dem Schatten der Studierstuben und der Beschaulichkeit gelehrter Muße ins helle Sonnenlicht und den Staub der Straße, ja geradezu in die vorderste Linie des Schlachtgetümmels geführt; ein Mann, der *et doctrinae studiis et regenda civitate princeps* war, wie man nur schwer je einen zweiten finden könne. Ein solcher zweiter aber ergeht sich gerade bei Arpinum zusammen mit Quintus und Atticus lustwandelnd an den Ufern des Liris (ebd. – Vgl. *rep.* I 12f. sowie Cic. *fam.* XV 4,16 vom Jahre 51/50 v. Chr., mit fast den gleichen Worten wie *leg.* III 14, bezogen auf Cato d. J. und wieder Cicero).

Cicero steht also, klar abgegrenzt von Platon (und anderen), nach eigenem Verständnis[39] in der Tradition derer, die *ad hunc usum popularem atque civilem* schreiben (vgl. noch *rep.* I *fr.* 1c und *de orat.* II 25). Ganz auf der

---

[36] Bereits How, Cicero's Ideal, hat hierzu Wichtiges gesagt (S. 26). Vgl. auch GELZER, Cicero, S. 213, am Schluß von Anm. 445; RAWSON, Interpretation, S. 338f., 342, 344 u. ö.

[37] Siehe auch die klare Distanzierung von Platon in *rep.* II 3, 21f., 52 (vgl. auch *de orat.* I 224). – BÜCHNER, Einleitung Cicerobild, p. VIIff.; ders., Platonismus, S. 84ff.; LEHMANN, S. 4 mit Anm. 4.

[38] Das Folgende im Anschluß an die Interpretation von SCHMIDT, Grundfragen, S. 21–32. – Über Ciceros „theoretisches Mißverständnis" der Intention Platons s. u. S. 9 mit Anm. 40.

[39] Daß es sich dabei jedoch sozusagen um ein theoretisches Mißverständnis handelt, belegen die in Anm. 40 genannten Platonstellen.

gleichen Linie liegt seine Äußerung *leg.* II 14 – die dritte Stelle – über die frühgriechischen Gesetzgeber Zaleukos und Charondas: diese beiden Männer hätten, anders als Platon, ihre Gesetze *non studii et delectationis sed rei publicae causa* verfaßt. Demnach hätte also Platon, so glaubt jedenfalls Cicero[40], die *Nomoi* nur *studii et delectationis causa* geschrieben.

Nun ist es sicher so, daß die Dialogpartner in *de legibus* erwarten, ihnen werde bei dem Gespräch in der anmutigen Landschaft bei Arpinum „geistiges Vergnügen nicht fehlen" (I 14: *nec profecto nobis delectatio derit*; vgl. II 1–4 und 17). Auch würde der Verfasser des Werkes nichts dagegen eingewendet haben, wenn seinen Zeitgenossen bei der – ihnen allerdings durch die Zeitumstände verwehrten – Lektüre *delectatio* zuteil geworden wäre[41]. Aber das wäre dann doch nur ein – wenn auch nicht unwillkommener, ja von Cicero durch meisterlichen Umgang mit der Sprache bewußt herbeigeführter – Nebeneffekt gewesen. Er könnte jedenfalls niemanden dazu berechtigen, das Anliegen des Autors dem Reich des Utopisch-Unverbindlichen, das Werk selbst der geistreichen Unterhaltungsliteratur zuzuweisen[42]. Gewiß, *de legibus* präsentiert sich nicht in der Art eines modernen politischen Manifestes, eines Parteiprogramms, einer Reformdenkschrift, eines „Offenen Briefes"[43]. Durch die literarische Gestalt – bukolische Szenerie, dialogische Form – darf man sich aber nicht davon ablenken lassen, daß Cicero hier den Gesprächspartnern und natürlich in erster Linie dem politisch engagierten Publikum in Rom ein veritables politisches Reformprogramm unterbreiten wollte, das die immer wieder mit bewegenden Worten beklagte Krisensituation des römischen Gemeinwesens beenden sollte[44]. Ganz unmißverständlich

[40] Vgl. aber Platon, *nom.* III 6, 685a; III 8,688b; V 10,738e; XII 14,968e (bis Ende). Zur Realisierbarkeit der Politeia: Platon, *pol.* V 17,471c–473a; VI 12,499bff.; VII 18,540d–541a. – Wolf, Rechtsdenken IV 1 (zu Plat. *pol.*), S. 297ff., bes. S. 301f., 371, 400; ebd., IV 2 (zu Plat. *nom.*), S. 202ff., 210f., 222ff. – Zaleukos und Charondas: (Ziegler)/Görler, *leg.*, S. 120 (Lit.).

[41] Zu geistiger Arbeit als *delectatio* vgl. Graff, S. 46ff., 58ff.

[42] So aber etwa schon Cauer, S. 23: „Das in dieser Schrift entwickelte System von Gesetzen gibt (Cicero) nur als Stoff der Unterhaltung (studii et delectationis causa)"; ebenso dann Keyes, Original Elements, S. 310.

[43] Siehe Sallusts *ep.* II *ad Caesarem*; zu dieser siehe zuletzt Lehmann, S. 52ff.

[44] Klage über die Gegenwart: z.B. *rep.* V 1f. – Jedenfalls verdient Ciceros *de legibus* (mit *de re publica*) viel eher den Namen eines Reformprogramms als die bekannte beiläufige Äußerung Caesars in *b. c.* III 57,4 (*quietem Italiae, pacem provinciarum, salutem imperi*), die in der Forschung zum weltumspannenden Plan einer Neugestaltung von *res publica* und *imperium* („Reichsgedanke" o. ä.) hochstilisiert wurde: z.B. Gelzer, Caesar, S. 199 m. Anm. 117; 213f. mit Anm. 191; 238, Anm. 308; 252f.; 305. Vgl. auch Vogt, Ciceros Glaube, S. 60f., 62f., 67f.; Bengtson, Caesar, S. 436f., 448, 461ff. Dagegen Strasburger, Caesar, S. 49f. Zurückhaltend Gesche, Caesar, S. 152ff. Siehe auch die wohltuend nüchterne Feststellung von Heuss, RG, S. 574: „das Phänomen des ‚Reiches'

sagt er in *leg.* I 37: *ad res publicas firmandas et ad stabilienda iura*[45] *sanandos* ⟨*que*⟩ *populos omnis nostra pergit oratio.* Schon auf Grund dieser klaren Aussage[46] läßt sich mit Fug und Recht behaupten, daß Cicero seine Gesetze gerade ebenso wie Zaleukos und Charondas – und das heißt: im Gegensatz zu Platon (bzw. zum mißverstandenen Platon) – *rei publicae causa* aufgeschrieben hat[47], wie denn ja ohnehin schon feststeht, daß das Gesetzeswerk (und *de re publica*) *ad usum popularem atque civilem* verfaßt wurde (s. o. zu *leg.* III 13f.).

Wenn daher sicher ist, daß Cicero mit *de legibus* (und *de re publica*) ein auf praktische Realisierung abzielendes Reformprogramm vorgelegt hat, ist doch bisher die weitergehende Frage offengeblieben bzw. noch nicht nachdrücklich genug gestellt worden, wie Cicero seine reformerischen Absichten denn in praktische Politik umsetzen wollte. Der Natur der Sache entsprechend – es wird ja ein Gesetzescodex präsentiert – wäre an sich die nächstliegende Antwort, daß die *leges,* wie die *rei publicae causa* verfaßten *leges* der Gesetzgeber Zaleukos und Charondas, durch einen realen Akt der Gesetzgebung in Geltung gebracht werden sollten. P. L. Schmidt meinte jedoch, Cicero habe mit *de legibus* nur „indirekt" wirken wollen, wohl im Sinne einer geistigen Reform[48]. A. Heuß betrachtete das Werk als eine „Studie" (s. o.), womit die Intention auf einen legislatorischen Akt von vorneherein ausgeschlossen erscheint. G. A. Lehmann, obwohl er viel stärker als alle anderen den politisch-praktischen Aspekt der Gesetzesmaterie betont, hat sich zu diesem Problem nicht geäußert[49].

Solche Zurückhaltung war nur zu berechtigt. Denn die Fragmente von *de legibus* bieten leider keinerlei Anhaltspunkt für eine sichere Antwort auf die

als eines vermeintlich spezifisch politischen Strukturprinzips (hat) die Aufmerksamkeit der (deutschen) Forschung auf sich gezogen, ohne daß man wirklich sagen könnte, worum es hierbei eigentlich geht". Vgl. MEIER, Ohnmacht, S. 68 ff., 87 ff. – Zum Problem s. u. Teil V, S. 232 ff.

[45] SCHMIDT, Abfassungszeit, S. 115: *ad stabiliendas leges*; von (ZIEGLER)/GÖRLER, *leg.*, S. 37, nicht übernommen.

[46] Weiteres unten in Teil IV, bes. Kap. 11 und 12.

[47] So auch SCHMIDT, Grundfragen S. 54–56; ders., Abfassungszeit, S. 114 mit Anm. 82 (gegen KEYES, oben Anm. 39); LEHMANN, S. 2, Anm. 2. – Vgl. die oben Anm. 37 genannten Textstellen (Ciceros Platonkritik) sowie Anm. 40 („Mißverständnis" der Intention Platons).

[48] Abfassungszeit, S. 107. – Vgl. GELZER, Cicero, S. 215: *de re publica* als „die geistige Grundlage für die Reform"; S. 273 ff. zu *de legibus* (die „als Muster entworfenen Gesetze", S. 275).

[49] Vgl. aber KEYES, Original Elements, S. 311 f.: Cicero habe möglicherweise gedacht, in ferner Zukunft könne ein *dictator* seine *leges* als Modell für eine Reform benutzen. Ähnlich, nur stärker auf die Gegenwart, d. h. die Abfassungszeit, bezogen: SABINE/SMITH, S. 46 f. – Vgl. dazu unten Teil IV 11 b und c sowie 12 b.

Frage nach den Modalitäten, die Cicero für die Realisierung des Programms vorgesehen hat. Hier kann jetzt aber das neue Fragment von *de re publica* (Buch V ?), das C. A. Behr entdeckt und im Jahre 1974 veröffentlicht hat[50], in Verbindung mit Ciceros Bild vom *rector/tutor/gubernator/moderator civitatis* als potentiellem Gesetzgeber (*rep.* V 3 Ende) und *dictator* (*rep.* VI 12) vielleicht ein gutes Stück weiterführen. Das Fragment behandele ich in Teil IV 12c.

c. Zum Verständnis von „Ordnung der Welt"

Ciceros Schrift *de legibus* enthält also ein real-politisches Reformprogramm; ob auch ein realistisches, ist eine Frage, die uns hier nicht zu beschäftigen braucht (vgl. aber Teil IV 12d und V), weil es primär auf die Erkenntnis der materiellen Substanz des Programms und der Absichten des Autors ankommt. Reformiert werden sollte – im Geist überkommener Normen, denen die Menschen in der Gegenwart zu entsprechen nicht willens oder nicht fähig waren – die *res publica* bzw. *civitas* des *populus Romanus*. In einer Krise ohne demokratische und ohne monarchische Alternative zu jenem Zustand, den er z. B. in *rep.* V 2 als *res publica amissa* charakterisiert[51], hat Cicero mit *de legibus* (und *de re publica*) das Programm einer „reformerischen" Alternative geschaffen[52].

Mir geht es jedoch bei der Interpretation nicht um die innere Struktur der von ihm vorgesehenen Rechtsordnung und Verfassung, auch nicht um deren Verhältnis zur römischen Verfassungswirklichkeit[53], schließlich ebensowenig um das Verhältnis des Programms zu den Reformvorschlägen des Autors etwa in den Reden *pro Sestio* und *pro Marcello* oder zu denen eines Sallust[54]. Es ist vielmehr die universalistische Komponente[55] des Gesetzeswerkes, die

---

[50] S. 143 (Text).

[51] Meier, RPA, S. 1 ff., 201 ff., 301 ff.; vgl. ebd., p. XXXf., XLIII ff.

[52] Vgl. Lehmann, S. 105. – „Alternative" als gesellschaftliche Kraft: Meier, RPA, p. XXXf., XLIIIff., S. 201 ff., 295 (u. ö.). Dazu auch unten S. 169f., 219, 235.

[53] Über die Problematik dieses Begriffs: Meier, RPA, p. XVIIIf., S. 4 (vgl. ebd., Index, S. 328f.).

[54] Zu *Sest.* vgl. Strasburger, Concordia Ordinum, S. 59ff.; Syme, RRev., S. 15f., 37; Fuhrmann, Cum dignitate otium, S. 484ff., 493ff.; Lacey, S. 67ff., sowie unten Teil IV 11, S. 169f. – Zur Marcellus-Rede siehe Gelzer, Cicero, S. 279ff. – Zu Sallust: Lehmann, S. 52ff.

[55] Vgl. schon Sabine/Smith, S. 99: Blick auf die ganze Menschheit. – Schmidt, Abfassungszeit, S. 115, nennt die Komponente „kosmopolitisch". Das ist mir zu wenig „politisch", der Ausdruck weckt zu viele unpolitische Assoziationen (im Sinne eines „Weltbürgertums" der Gebildeten des 19. Jahrhunderts). – Über Ciceros politische Intention s. u. Teil IV 11 und 12.

ich – wie der Titel meiner Arbeit[56] zu erkennen gibt – behandeln will. Diese Komponente findet ihren Ausdruck darin, daß Cicero in II 35 (ähnlich I 17, 37, 57; III 4) sagt: nicht speziell dem römischen Staat, sondern *omnibus bonis firmisque populis leges damus.*

Die reformpolitisch und geopolitisch über den römischen Staat hinausgreifende Programmatik kommt nicht von ungefähr. Nach Ciceros Zeitdiagnose war – durch Verantwortungslosigkeit römischer Politiker – nicht nur die *res publica,* sondern auch das weltweite *imperium* der Römer in die Krise geraten. In dem fiktiven Dialog *de re publica* spricht im Jahre 129 v.Chr. C. Laelius Sapiens, einer der Freunde und Gesprächspartner des Scipio Aemilianus, von der durch Ti. Gracchus heraufbeschworenen Gefahr, daß das *imperium* Roms über die Bundesgenossen *ad vim a iure* übergehen könnte; dies werde zur Folge haben, daß die *socii,* die bisher freiwillig dem *imperium* der Römer gehorchten, nur noch durch *terror* unter Kontrolle gehalten würden (*rep.* III 41). Es handelt sich bei diesen Worten um ein *vaticinium ex eventu.* Das „einst" Befürchtete ist schon lange vor der Abfassungszeit von *de re publica* und *de legibus* für Cicero zur quälenden Wirklichkeit geworden: statt auf Rechtlichkeit der Herrschenden und freiwilligen Gehorsam der Beherrschten stützt Roms *imperium* sich auf Gewalt und Angst, provoziert den unbändigen Haß von Unterworfenen und Bundesgenossen.

Diesen Sachverhalt hat Cicero öffentlich – teilweise sicher situationsbedingt aus taktischen Gründen: aber immerhin – schonungslos beim Namen genannt und mit scharfen Worten gegeißelt, so z.B. in den Reden des Jahres 70 gegen Verres[57]. Aus der großen Zahl von späteren Zeugnissen führe ich einige charakteristische an:

de imperio Cn. Pompei vom Jahre 66: Cicero findet kaum Worte für die Größe des Hasses, den sich die Römer *apud exteras nationes* wegen der *libidines et iniuriae* ihrer Imperiumsträger zugezogen haben; es wurde sogar schon nach reichen Staaten Ausschau gehalten, gegenüber denen man wegen der Möglichkeit zu plündern einen Kriegsgrund geltend machen könnte (65; dazu auch 37–41, 57, 64, 66).

pro Sestio vom Jahre 56: die Annexion des befreundeten und verbündeten Königreiches Cypern ist ein nach Ciceros Ansicht aller außenpolitischen Tradition der Römer und allem Recht Hohn sprechender Willkürakt (56–64).

---

[56] Er stimmt zufällig mit Formulierungen von J. Vogt (Ciceros Glaube, S. 20: Übersetzung von Cic. *Mil.* 83), von U. Knoche (Verbindung, S. 59) und von K. Büchner (Eingang, S. 49) überein.

[57] Gelzer, Cicero, S. 36–50; Rothe, S. 13–59.

de provinciis consularibus vom gleichen Jahre: das Verhalten römischer Beamter nötigt „befriedete", einst gehorsame Völker zu einem *bellum prope iustum* gegen Rom (4), erregt in *liberae civitates* die Menschen *paene ad iustum odium imperii nostri* (6; vgl. *Sest.* 93 f.).

in Pisonem vom gleichen Jahre: römische Truppen führen ein *nefarium bellum* gegen *pacati atque socii* (84 f.; vgl. *Sest.* 93), und willkürlich wird freien Völkern und freien Einzelnen die *libertas* entrissen (90; vgl. 96).

de finibus (III 75) mit Bezug auf das Jahr 54/53: ohne jegliche *causa belli* fällt Crassus über den parthischen *socius atque amicus* her, führt also ein *bellum iniustum.*

fam. XV 1,5 (Oktober 51), Bericht des Prokonsuls Cicero an Magistratur und Senat in Rom über die Verhältnisse im Nahen Osten: die Hilfstruppen der *socii* sind *propter acerbitatem atque iniurias imperi nostri* teils erschöpft, teils illoyal.

fam. XV 4 (vom Jahre 51/50), Bericht des *imperator* und Prokonsuls Cicero aus Kilikien an Cato d. J.: die *civitates* der Provinz leiden unter *acerbissima tributa, gravissimae usurae, falsum aes alienum* (2), von denen Cicero sie befreit hat; außerdem ist es ihm gelungen, die *socii,* die mit – auf Grund römischer *cupiditates* – berechtigten *querelae* an ihn herangetreten waren, *ex alienissimis amicissimi, ex infidelissimis firmissimi* zu machen sowie ihre *animi novarum rerum exspectatione suspensi* wieder *ad veteris imperi benevolentiam* zu bringen (14 f.).

Att. VI 1,2 (vom März 50), Brief Ciceros an Atticus: sein Vorgänger in der Verwaltung von Kilikien, App. Claudius, hat in der Provinz geplündert, getötet, geraubt, das Land dem Nachfolger in erschöpftem Zustand übergeben.

Ciceros Kritik an der verantwortungslosen Haltung eines großen Teils seiner Zeitgenossen und an dem daraus resultierenden Verhalten gegenüber den Angehörigen des *imperium* läßt an Deutlichkeit nichts zu wünschen übrig. Die Römer, so schreibt er schließlich im Jahre 44, üben – mindestens schon seit Sulla – ihre Herrschaft über die Welt ungerecht aus (*off.* II 26 ff.; 29: *populo Romano iniuste imperanti*): ihr *imperium* ist nicht mehr ein *iustum imperium* und darum streng genommen überhaupt keines mehr. So entspricht dem Wort Ciceros von der *res publica amissa* sein anderes vom *imperium amissum* (*off.* II 28).

Wie allgemein bekannt, verhielt sich Cicero selber sowohl als Quaestor in Sizilien (76/75) als auch während seines Prokonsulates in Kilikien (51/50) mustergültig im Sinne jener Anweisungen, die er im Jahre 60/59 brieflich seinem Bruder Quintus, damals Statthalter der Provinz Asia (*Q. fr.* I 1), hatte zukommen lassen[58]. In die gleiche Richtung zielt jetzt auch sein Gesetz in *leg.* III 9: *imperia potestates legationes, cum senatus creverit populusve iusserit, ex urbe exeunto, duella iusta iuste gerunto, sociis parcunto, se et suos continento, populi sui gloriam augento, domum cum laude redeunto* (dazu die Reste des Kommentars, III 18).

Diese *lex* soll zur Hebung der politischen Moral der Römer im Umgang mit den Angehörigen des *imperium* beitragen (vgl. auch III 30ff.). Zeigt sich schon darin Ciceros hohes Verantwortungsbewußtsein für die beherrschten Völker, so gilt es nunmehr zu beachten, daß dieses sich in *de legibus* auch in der Form niederschlägt, daß die gesetzgeberisch-reformpolitische Programmatik, wie den oben zitierten Stellen (u. a. II 35) zu entnehmen ist, über den *populus Romanus* weit hinausgreift: außer dem *populus Romanus* sollen auch andere – womöglich gar alle – *populi* die *leges* annehmen.

Was aber bedeutet das konkret? Was ist der politische Sinn, die politisch-praktische Konsequenz?

Der universalistische Aspekt des Programms ist in der philologischen Forschung nur selten, in der historischen bis heute offenbar noch gar nicht zur Kenntnis genommen und politisch ausgewertet worden[59]. Er wird zudem, wie vieles andere in dem Werk, kontrovers interpretiert. Vor allem hat man die ins Politisch-Universale reichenden praktischen Konsequenzen für die Gestalt der von Cicero angestrebten Weltordnung noch nicht gründlich genug durchdacht und abgesichert. In der Forschung sind, vereinfachend gesagt[60], zwei unterschiedliche Richtungen wenigstens ansatzweise zu erkennen. Einig sind sie nur darin, daß die universalistische Tendenz durch die philosophisch-naturrechtlichen Gedanken des Autors im ersten und zweiten Buch (I 18ff., II 7ff.) bedingt sei. Die Unterschiede liegen in der Ausdeutung der politischen Perspektive dieser Tendenz:

Entweder wollte Cicero das Ziel erreichen, daß die ganze Menschheit eine politisch-organisatorische Einheit unter der Rechtsordnung seines *Codex* bilde. Er hätte mithin eine Ausweitung des römischen Gemeinwesens zum Welt- oder Menschheitsstaat intendiert. Diese Lösung ginge in der Praxis zweifellos auf Kosten der Existenz der neben Rom bestehenden Staaten, und da man nicht ohne weiteres annehmen kann, daß diese freiwillig auf ihre Eigenstaatlichkeit verzichten würden, implizierte Ciceros Programm

---

[58] GELZER, Cicero, S. 29, 225ff.; WISTRAND, S. 3ff. – Zu *Q. fr.* I 1: GELZER, Cicero, S. 122f.; PLEZIA, S. 196ff.; ROTHE, S. 67–93.

[59] Vgl. aber LEHMANN, S. 2, Anm. 2, wo der „Allgemeingültigkeitsanspruch" der *leges* konstatiert, wenn auch noch nicht interpretiert wird.

[60] Siehe ausführlich S. 118ff., 142ff.

ihre zwangsweise Auflösung und die Inkorporation ihrer Angehörigen in das Gemeinwesen mit der Rechtsordnung von *de legibus*. Am Ende der Realisierung eines solchen Programms stünde also eine einheitsstaatliche „Ordnung der Welt" mit der Verfassung und Rechtsordnung des *Codex Ciceronianus*.

Oder Cicero beabsichtigte, seinen *Codex* sowohl in Rom einzuführen als auch – potentiell allen – anderen Staaten auf der Welt vorzuschreiben. Diese Lösung wahrte, im Einklang mit der herrschaftssoziologisch bedingten Tradition des außenpolitischen Kurses der römischen Adelsrepublik[61], die eigenstaatliche Existenz einer Vielzahl von Gemeinwesen, mögen diese auch auf Grund des Machtgefälles in mehr oder weniger starker Abhängigkeit von Rom stehen: die Lösung sieht – wiederum potentiell weltweit – lediglich eine von Rom ausgehende Normierung der rechtlich-politischen Struktur der nichtrömischen Staaten (aber zuerst natürlich des römischen selbst) nach dem Muster von *de legibus* vor. Ein solches Programm würde also nicht auf eine einheitsstaatlich-imperiale, sondern auf eine hegemoniale[62] „Ordnung der Welt" abzielen, in welcher die *maxima civitas* Rom (*rep.* II 66) die maßgebende Position einnehmen würde.

Da *de legibus,* wie schon gesagt, zu Lebzeiten des Verfassers nicht veröffentlicht worden ist, konnte es, anders als *de re publica*[63], nicht zu einem Element der politischen Auseinandersetzung und Meinungsbildung oder gar der politischen Praxis in Rom werden. Dennoch ist das Werk für den Historiker, der sich ja nicht nur mit der praktischen Politik und den gesellschaftlichen Verhältnissen, sondern auch mit den politischen Reformvorschlägen der Römer auf dem Höhepunkt der Krise von *res publica* und *imperium* zu beschäftigen hat, von kaum zu überschätzendem Aussagewert.

In Rom nämlich pflegte man die aus Provinzen bestehenden Teile des *imperium* als *praedia populi Romani* zu betrachten, die man, nach „Siegerrecht", guten Gewissens ausbeuten konnte[64]. Und mochte auch demgegenüber das *imperium* über die *socii/amici* auf vertraglicher und damit rechtlicher Grundlage beruhen[65], so ist doch nicht ersichtlich, daß die Römer (ganz abgesehen davon, daß sie die autonomen „Reichsangehörigen" schamlos ausplünderten) bisher je daran gedacht hätten, ihrem *imperium* eine einheit-

---

[61] MEIER, RPA, S. 34–37, 42ff.; BLEICKEN, Verfassung, S. 145f., 214, 216–233 (bes. S. 219f., 223f., 228f., 231), 253; BADIAN, Imperialismus, S. 15ff., 50ff.

[62] Vgl. TRIEPEL, bes. S. 4ff., 125ff., 185ff., 202ff. – WERNER, Problem, S. 504–523.

[63] Veröffentlicht im Jahre 51; s. o. S. 2.

[64] Vgl. MEYER, Cicero und das Reich, S. 211ff.; BADIAN, Imperialismus, S. 34ff., 109ff.

[65] Vgl. Cic. *de imp.* 40f.; *rep.* III 37 und 41; *off.* II 26f. – Zur Sache siehe z. B. ZIEGLER, Völkerrecht, S. 82–93 (dort auch weiterführende Literatur).

liche Rechtsordnung zu geben[66]. Welche der beiden politischen Ausdeutungen des Universalismus von *de legibus* sich nun auch als die zutreffende erweisen mag: es darf schon jetzt gesagt werden, daß das Werk eine offenbar ganz neue Art von Verantwortungsgefühl für das *imperium* dokumentiert. Denn Cicero versucht nicht nur – wie andere vor ihm[67] –, den moralischen Standard der Politiker zu heben (*leg.* III 9, 18, 30ff.). In der universalistischen Tendenz seines Reformprogramms wird vielmehr auch – und dies anscheinend zum ersten Male in der Geschichte Roms – der Wille manifest, weltweite Machtausübung als Verpflichtung zu rechtlicher Ordnung der Welt zu begreifen. Dem Werk kommt daher für die Erforschung nicht nur der Versuche, in den 50er Jahren die innenpolitische Krise zu bemeistern, sondern auch des (Welt-)Herrschaftsverständnisses der Römer in spätrepublikanischer Zeit eine hohe, angemessen zu würdigende Bedeutung zu.

d. Zur philosophischen Problematik des Gesetzeswerkes

In Teil II meiner Arbeit thematisiere ich die philosophische Grundkonzeption von *de legibus*. Ich brauche nur das Stichwort „Naturrecht" zu nennen, und jeder weiß, daß eine Problematik zur Debatte gestellt ist, die, seit es vor etwa zweieinhalb Jahrtausenden in Griechenland über der Frage nach Herkunft, Geltungsgrund und Gültigkeit von νόμος und δίκαιον zu der Antithese φύσει – θέσει kam[68], bis auf den heutigen Tag Gegenstand erbitterter Kontroversen ist[69]. Die Athener beantworteten einst im Melierdialog bei Thukydides jene Frage im Sinne eines „Rechts des Stärkeren"[70], eine andere

---

[66] Vgl. aber die von M. GELZER (Gemeindestaat, S. 27 mit Anm. 43 auf S. 144) besprochenen Pläne zu einer Föderation zwischen Rom und den italischen *socii*; der Gedanke ging jedoch nicht von den Römern, sondern von den *socii* aus. – *Socii/amici* als Angehörige des *imperium*: Stellen in Anm. 65; siehe auch unten Teil IV 10c, S. 151ff.

[67] Cato d. J.: GELZER, Cicero, S. 232f.; MEIER, RPA, S. 276. – Zum Verhalten des Pompeius: Cic. *de imp.* 36ff. (–42); GELZER, Pompeius, S. 98f.

[68] HEINIMANN, Kap. II (S. 42ff.), III (S. 110ff.), S. 163ff.; WOLF, Rechtsdenken II, S. 10ff., 29f., 80ff., 120ff., 134f., 190ff., 262ff., 453ff. u. ö.; KOESTER, S. 524–527, 529; G. WATSON, S. 218ff. – Vgl. HIRZEL, Ἄγραφος νόμος, S. 37ff., 79ff.; POHLENZ, Nomos und Physis, S. 418ff.

[69] Vgl. etwa die Aufsatzsammlung von W. MAIHOFER, Naturrecht oder Rechtspositivismus?, sowie zuletzt WALDSTEIN, unten Anm. 78. Weitere Literatur am Beginn von Teil II 1.

[70] Thuk. V 84–114. Vgl. TREU, Athen und Melos, S. 253ff.; STRASBURGER, Wesensbestimmung, S. 73 (35) – 75 (37). – WOLF, Rechtsdenken II, S. 103ff.; ders., ebd. III 2, S. 113ff.

Antwort gab, in scharfer Abgrenzung von der Sophistik[71], Platon[72], wieder eine andere Aristoteles[73], Epikur[74] oder Zenon und die Stoa[75]. Alle diese Antworten kannte Cicero. Er hat sie, zusammen mit seiner eigenen bzw. seinen eigenen[76], den Christen Laktanz und Augustinus übermittelt, die sie ihrerseits, ergänzt um neue Antworten, der nachantiken Theologie und Philosophie weitergegeben haben[77]. Und betrachtet man schließlich in der Gegenwart die Kontroversen zwischen den Anhängern und Gegnern der „Reinen Rechtslehre" von H. Kelsen[78], so kann man dessen gewiß sein, daß die Reihe der unterschiedlichen und gegensätzlichen Anschauungen über das Naturrecht auch in der Zukunft ihre Fortsetzung findet.

Denn nicht anders als schon ihre antiken Vorläufer, ringen auch die modernen (Rechts-)Philosophen mit der Schwierigkeit, erkenntnistheoretisch den sicheren Nachweis zu führen oder aber im Gegenzug schlüssig die Ansicht zu widerlegen, daß es möglich sei, Normen zu gewinnen, die – als „von Natur" – allgemein Gültigkeit unter allen Menschen beanspruchen können[79]. Aber selbst wenn es theoretisch ein von Natur aus „Gesolltes" gibt: was ist konkret „gesollt", welches sind die natürlichen Normen? Bei den Verteidigern des Naturrechtsgedankens jedenfalls kann von Konsens über die materielle Substanz des Naturrechts auch nicht entfernt die Rede sein[80].

„Naturrecht oder Rechtspositivismus?" – so kennzeichnet W. Maihofer schlagwortartig die Alternativen der neuzeitlichen Kontroverse[81], wobei jetzt hinzugefügt werden kann, daß W. Waldstein methodisch eindrucksvoll die theoretischen Grundlagen des Rechtspositivismus von H. Kelsen erschüttert

---

[71] Zum Naturrecht der Sophistik vgl. SALOMON, Begriff, S. 129 ff.; ECKSTEIN, S. 16 ff.; ADAMS, S. 101 ff. (auch zum Folgenden); FLÜCKIGER, S. 98 ff.; WOLF, Rechtsdenken II, S. 76 ff. (u. ö.).

[72] Vgl. ECKSTEIN, S. 55 ff.; SAUTER, Ant. Naturrecht, S. 40 ff.; MAGUIRE, Plato's Theory, S. 151 ff.; FLÜCKIGER, S. 125 ff.; WOLF, Rechtsdenken III 1, S. 20–69; ders., ebd., IV 1, z. B. S. 44 f., 63, 68 ff., 280, 380 f.; IV 2, S. 87, 99, 139 (u. ö.).

[73] Vgl. ECKSTEIN, S. 27 ff.; SAUTER, Ant. Naturrecht, S. 54 ff.; MICHELAKIS, S. 146 ff.; FLÜCKIGER, S. 163 ff.; SHELLENS, S. 422 ff.

[74] ECKSTEIN, S. 92 ff.; PHILIPPSON, Rechtsphilosophie, S. 289 ff., 433 ff.; GOLDSCHMIDT, z. B. S. 11 ff., 25 ff., 165 ff., 241 ff.

[75] Vgl. ECKSTEIN, S. 99 ff.; SAUTER, Ant. Naturrecht, S. 71 ff.; LESKY, Gesetzesbegriff, S. 587 ff.; FLÜCKIGER, S. 186 ff.; POHLENZ, Stoa I, S. 132 ff., 263 f.; KOESTER, S. 527–530; GOLDSCHMIDT, S. 11 ff., 142 ff.

[76] S. u. S. 21 f. und Teil V, S. 224 f.

[77] G. WATSON, S. 228, 235 f. sowie unten S. 74.

[78] KELSEN, Reine Rechtslehre, z. B. S. 79, 223 ff., 404–444; dagegen zuletzt WALDSTEIN, Entscheidungsgrundlagen, S. 10–29.

[79] Vgl. ADAMS, S. 116 ff.; GÖRLER, Problem, S. 5 ff.

[80] S. u. Teil II 1, S. 25.

[81] Aufsatzsammlung, s. u. Lit.-Verzeichnis.

hat[82]. Die Intensität des Streites aber hat gewiß ihren tiefsten Grund in der Tatsache, daß heute nicht anders als einst und sicher auch in Zukunft alle Antworten auf die Frage nach dem Naturrecht – in welche Richtung sie auch immer gehen mögen – nachhaltig auf die Ordnung des individuellen Lebens, der Gesellschaft, des Staates und des Verhältnisses zwischen den Völkern einwirken können[83]. Daher besitzt Ciceros tapfere, in eine Zeit allgemeiner politischer und ethischer De-Stabilisierung hineingesprochene Behauptung: *nos ad iustitiam esse natos neque opinione sed natura constitutum esse ius* (*leg.* I 28), und: *ius in natura esse positum* (I 34), zusammen mit ihrer anthropologischen Begründung und den angestrebten praktischen Konsequenzen bis heute eine unmittelbare Aktualität, die auch dann keine Einbuße erleidet, wenn man sich seinen Argumenten für die Richtigkeit dieser Sätze nicht anzuschließen vermag.

Wenn es somit allgemein von der Aktualität der Naturrechtsproblematik her gerechtfertigt ist, sich mit Ciceros Gedanken zu beschäftigen, so besteht zusätzlich für jeden, der sich um das historisch-politische Verständnis von *de legibus* bemüht, geradezu die Notwendigkeit[84], auch – und zuerst – die philosophischen Partien des Werkes zu analysieren. Cicero selbst hat auf die Eigenart der Gesamtkonzeption aufmerksam gemacht, indem er sagt (I 20): da die Gesetze jenem *genus civitatis* angepaßt sein sollen, welches in der Schrift *de re publica* als das theoretisch beste dargestellt (*rep.* I) und anhand der Geschichte des römischen Gemeinwesens beispielhaft als historisch existent erwiesen worden war (*rep.* II), soll nun vor Beginn der „Gesetzgebung" der Nachweis erbracht werden, daß das Recht seine „Wurzel" in der Natur habe. Die philosophischen Reflexionen über „Natur" und „Recht", die der Gesetzesmaterie vorangehen, sind demnach nicht Selbstzweck. In irgendeiner Weise ist nach der Intention des Autors die jenem *genus rei publicae* zugedachte Gesetzesmaterie involviert und somit natürlich auch die in ihr liegende politisch-reformerische Programmatik. Daher ist jedem, der diese zu verstehen sucht, die Aufgabe gestellt, von der philosophischen Grundkonzeption auszugehen.

Doch gerade das wird durch den gegenwärtigen Forschungsstand (Teil II 1) bedeutend erschwert: es gibt keine gesicherte Interpretation des philosophischen Teils von *de legibus*; es fehlt daher an einer gesicherten Grundlage für die historisch-politische Untersuchung des Programms, namentlich des

---

[82] Entscheidungsgrundlagen, S. 10ff.; ders., Ordnungselemente, S. 1ff. Vgl. auch VER-DROSS, Statisches, S. 59ff.

[83] Siehe etwa den Melierdialog bei Thukydides (s. o. Anm. 70). Vgl. WALDSTEIN, Ordnungselemente, S. 23f., über verhängnisvolle Folgen des Rechtspositivismus für das Rechtsbewußtsein, das sich im Handeln aktualisiert.

[84] Vgl. HEUSS, Ciceros Theorie, S. 193 (3) – 207 (15).

universalistischen Aspektes. Darauf ist möglicherweise die Tatsache zurückzuführen, daß die beiden oben (b) skizzierten Ansätze zu politischen Folgerungen aus der philosophischen Grundkonzeption stark voneinander abweichen, ja letztlich einander ausschließen. Doch damit nicht genug: umstritten
ist jetzt sogar die Prämisse der beiden Ansätze, der – von Cicero selbst
indessen, wie eben dargelegt, unmißverständlich ausgesprochene (I 20) –
Gedanke einer Interdependenz von philosophisch-naturrechtlichen Aussagen und Gesetzesmaterie. A. Heuß nämlich hat vor kurzem nicht nur bezweifelt, sondern mit Entschiedenheit in Abrede gestellt, daß dieser Gedanke sinnvoll zur historisch-politischen Interpretation des Werkes eingesetzt
werden könnte[85]. In Folge davon kann heute auch keine der – ohnehin gegensätzlichen – politischen Folgerungen im Sinne einer neuen rechtlichen Ordnung der Welt und ihrer politischen Struktur, die ja auf jenen Gedanken
aufgebaut waren, als gesichert gelten. Ganz abgesehen also von der Aktualität der Naturrechtsdiskussion, ist es sowohl von der Gesamtkonzeption des
Gesetzeswerkes als auch vom Stand der Forschung her unabdingbar, im
Interesse der Erkenntnis des Geltungsanspruchs, den der *Codex Ciceronianus* erhebt, und damit der Erkenntnis eines wichtigen politischen Ziels der
„Gesetzgebung“ möglichst weitgehend Klarheit über den Sinn der philosophischen Grundkonzeption (Teil II 2–4) zu gewinnen.

e. Zur Methode

Die moderne Beurteilung der Ansichten Ciceros über das Naturrecht bietet
ein durchaus uneinheitliches Bild. Sie reicht von respektvoller Würdigung
seiner geistigen Leistung als einer wesentlichen Grundlage des europäischen
Rechtsdenkens[86] bis hin zu der Behauptung, seine Gedanken seien ein be-
dauerlicher Irrweg und sein Naturrecht habe mit „Recht“ nicht das Geringste
zu tun[87]. Es spiegeln sich indessen darin nur die Kontroversen unserer eigenen Zeit um das Naturrechtsdenken wider. Fragt man nämlich nach den
Beurteilungskriterien, so wird man alsbald unschwer feststellen, daß den
Werturteilen die je unterschiedlichen Standpunkte der Wertenden in der
gegenwärtigen Naturrechtsdiskussion zu Grunde liegen[88]. Modernes Vor-Ur-

---

[85] Ciceros Theorie, S. 205 (13) ff., 216 (24) f. (u. ö.). Ähnlich BLEICKEN, Lex publica, S.
428 ff. – Gegen eine Trennung schon früher nicht weniger entschieden z. B. DE PLINVAL,
leg., p. XXXIII ff.; SCHMIDT, Abfassungszeit, S. 229–235.

[86] Z. B. ADAMS, S. 112; FLÜCKIGER, S. 221 ff.; HEUSS, Ciceros Theorie, S. 206 (14). Siehe
auch LEVY, Natural Law, S. 3 ff.

[87] VILLEY, Rückkehr, z. B. S. 261 ff., 267 ff., 273 ff., 284 f. u. ö.

[88] So etwa VILLEY (oben Anm. 87), aber auch die meisten der unten in Teil II 1 zitierten
Autoren.

teil reicht aber auch tief in die Sachinterpretation der Ansichten Ciceros hinein[89]. Wer jedoch den Sinn der philosophischen Grundkonzeption von *de legibus* verstehen will, muß dem methodischen Erfordernis gerecht zu werden trachten, sich so weit wie nur irgend möglich von dem uns vertrauten Naturrechtsdenken zu lösen; denn anzunehmen, Cicero habe in dieser Hinsicht nicht anders gedacht als wir heute, wäre eine *petitio principii*. In der Forschung allerdings hat man sich bisher anscheinend noch nicht ernsthaft genug mit diesem Problem beschäftigt. Bei meinen Vorarbeiten zum Verständnis der politisch-universalistischen Komponente des Programms von *de legibus* und der Struktur der von Cicero angestrebten Ordnung der Welt bestätigte sich jedenfalls mehr und mehr der anfänglich erst vage Eindruck, daß die meisten Forscher wohl durchweg unreflektiert moderne Vorstellungen vom Naturrecht und von seinem Verhältnis zum positiven Recht an das Werk herangetragen haben.

Cicero selbst jedoch hat in *de legibus,* wie ich zu zeigen versuche (Teil II), eine Lösung des Naturrechtsproblems vorgelegt, die sich von den Konzeptionen grundlegend unterscheidet, die in unserer heutigen Zeit diskutiert werden. Es handelt sich dabei um eine Lösung, die ein manchem Forscher, der Cicero eher abschätzig als Eklektiker zu apostrophieren geneigt ist, vielleicht unerwartet hohes Maß an geistiger Originalität zu erkennen gibt. Von ihr aus eröffnet sich ein neuer Zugang zu dem universalistischen Aspekt des Reformprogramms und seinen politischen Implikationen. Dies alles aber ließ sich natürlich nicht durch gelegentliche Bezugnahme auf die eine oder andere Stelle der philosophischen Grundkonzeption des Gesetzeswerkes beweisen. Es mußte vielmehr in ständiger Auseinandersetzung mit der Forschung argumentativ, daher mit vergleichsweise beträchtlichem Aufwand, hart am Text von *de legibus* aus dem gedanklichen Zusammenhang heraus entwikkelt, zur Darstellung und – soweit möglich – zur Evidenz gebracht werden.

„Werkimmanente" Interpretation also, und dies nicht nur in Teil II der Arbeit, in dem die philosophische Grundkonzeption von *de legibus* erörtert wird, sondern ebenso in Teil III über die Theorie von „Gesetzgebung und Gesetzgeber" und in Teil IV über die rechtlich-politische „Ordnung der Welt". Werkimmanente Interpretation empfiehlt sich aber nicht nur auf Grund der gegenwärtigen Forschungslage, in welcher apodiktische Behauptungen wohl kaum einen Schritt weiterführen würden. Sie ist auch von Sinn und Zweck dieser Untersuchung her notwendig. Es soll hier ja Ciceros Programm einer rechtlich-politischen Neuordnung der Welt erarbeitet werden, und dessen Grundlage ist nun einmal die Schrift *de legibus*, die somit aus sich selbst heraus verständlich werden muß. Daher ist dem genannten Ziel alles

---

[89] Einzelheiten in Teil II 1.

andere untergeordnet. Ich verzichte also bewußt darauf, die politische Situation zu thematisieren, in die Ciceros Programm reformerisch hineinwirken sollte – was selbstverständlich nicht heißt, daß sie hier gänzlich außer Betracht bliebe[90].

So gut wie keine Rolle spielt in meiner Arbeit aber das vielbehandelte Quellenproblem. Ich halte mich an K. Büchner. Der Forschung, so sagt er[91], ging es „lange Zeit nur darum, hinter die Quellen zu kommen und Cicero als Steinbruch zu benutzen. Bei dieser Arbeit hat man weder Einigkeit über die ja im wesentlichen durch Cicero erhaltene hellenistische Epoche der griechischen Philosophie erzielt – zuviel Cicero steckt eben darin und nicht nur ciceronischer Unverstand – noch ist man Cicero gerecht geworden". K. Büchner formuliert als methodisches Prinzip: Vorrang habe „die Feststellung der ciceronischen Gedankenwelt, also die Interpretation, dann kann die Quellenuntersuchung einsetzen"[92]. Entscheidend ist in meiner Untersuchung deshalb einzig und allein, was Cicero gesagt und gedacht hat, unabhängig von der Frage, ob er sich nicht diesen oder jenen Gedanken dieses oder jenes griechischen Philosophen oder Staatsdenkers zu eigen gemacht oder sich „anverwandelt" haben könnte. Nur gelegentlich, wenn es der stärkeren Profilierung seiner Ansichten dienlich erscheint, ziehe ich Vergleichsmaterial aus griechischen „Quellen" heran.

Im Interesse des Ziels dieser Arbeit konnte ich schließlich auch weitgehend darauf verzichten, sogenannte Parallelstellen aus Ciceros eigenen Werken in die Interpretation einzubeziehen. Die Schwesterschrift *de re publica* bildet hier natürlich eine Ausnahme. Das Werk erweist sich mehrfach (s. u.

---

[90] Vgl. Teil IV 11 und 12 sowie oben S. 1 f.

[91] Cicerobild, p. IX. – Zum Quellenproblem vgl. auch Korrekturzusatz unten S. 22, Anm. 93.

[92] Ebd., p. XVII; vgl. auch p. X und XII sowie ZIEGLER/(GÖRLER), *leg.*, S. 8 ff. – Wohin es führt, wenn man den umgekehrten Weg geht oder nur nach Quellen sucht, lehrt der Zustand der Quellenforschung zu *de legibus* (SCHMIDT, Grundfragen, S. 230 ff.; (ZIEGLER)/GÖRLER, *leg.* S. 113). – Für ganz verfehlt halte ich die Arbeit von GIGON, Literarische Form. GIGON meint (S. 59), das Gesetzeswerk sei „nicht viel mehr als eine erste rohe Skizze", die „einen in jeder Hinsicht unfertigen und provisorischen Eindruck" mache; Cicero habe es Mühe bereitet, „mit dem ihm für das Thema des ersten Buches *De legibus* zur Verfügung stehenden Material ein Buch normalen Umfangs zu füllen" (S. 61); er habe versucht, (Quellen-)Material, das bei der Arbeit an *de re publica* übriggeblieben sei (!), für *leg.* (und später dann *fin.* und *off.*) zu verwerten (S. 62–64); es handele sich in *de legibus* um „anspruchslos aneinander gehängte Notizen" (S. 64), um eine „ungeordnete Notizensammlung" (S. 68), kurz: um einen „mißlungenen Entwurf" (S. 72), – als hätte R. HARDER nie über „Ciceros Rechtsphilosophie", M. POHLENZ nie über den „Eingang von Ciceros Gesetzen", K. BÜCHNER nie über „Sinn und Entstehung" und „Römische Konstanten", P. L. SCHMIDT nie über „Interpretatorische Grundfragen" von *de legibus* geschrieben!

Teil IV 9, 11, 12) – was an sich auch gar nicht verwunderlich ist, da beide Werke von der Konzeption her eine Einheit bilden – als eine unentbehrliche Verständnishilfe für das politische Anliegen von *de legibus*. Aber es hätte im Rahmen dieser Untersuchung entschieden zu weit geführt, etwa die gesamte philosophische Grundkonzeption mit den Äußerungen seiner übrigen Schriften zum Naturrecht zu vergleichen; die Geschichte des ciceronianischen Naturrechtsdenkens bleibt weiterhin ein Desiderat[93]. Ebenfalls zu weit hätte es geführt, die „Ordnung der Welt" von *de legibus* zu den Vorstellungen von der römischen Weltherrschaft – von ihrem Erwerb, ihrer Struktur, ihrer Berechtigung – in Beziehung zu setzen, die Cicero in anderen Zusammenhängen (z. B. in *de imp. Cn. Pomp.*; *Q. fr.* I 1) zum Ausdruck gebracht hat. In dieser Hinsicht bleiben also manche Fragen offen. Vielleicht wird dies aber durch die hier gefundenen Antworten auch wieder aufgewogen – durch Antworten freilich, die selbst wieder neue Fragen aufwerfen (s. u. Teil V).

---

[93] Die Ausführungen z. B. von FLÜCKIGER, S. 221 ff.; STEIN, S. 19 ff.; HORSLEY, passim; GALANZA, S. 85–87, genügen nicht.

Korrekturzusatz: das 1973 verfaßte, 1981 erschienene Buch von H.-Th. JOHANN (Gerechtigkeit und Nutzen. Heidelberg 1981) ist mir zu spät bekannt geworden, als daß ich es noch hätte berücksichtigen können. Der Autor untersucht sehr eingehend die Quellenproblematik u. a. von *de legibus* I (S. 155–227, bes. S. 196 ff.) und *de re publica* (S. 275 ff., 296 ff., auch S. 229 ff., 252 ff.). Naturrechtslehre: S. 196 ff.

II. Die philosophische Grundkonzeption

1. Die Forschung

Cicero schickt dem Text seiner *leges* und seinen Kommentaren umfangreiche philosophische Darlegungen voraus (I 18–62, II 7–14). Zuletzt hatte K. Büchner die These zu untermauern versucht, innerhalb dieses Teils von *de legibus* zeigten sich Widersprüche, die auf eine nachträgliche, zur Zeit der Alleinherrschaft Caesars durch Cicero vorgenommene Überarbeitung des Werkes zurückzuführen seien[1]. Doch nach den Studien von P. L. Schmidt und A. Hentschke können die philosophischen Partien jetzt als eine gedankliche Einheit betrachtet werden[2]. Cicero behandelt hier das Problem des Naturrechts. Seit A. Turnebus im 16. Jahrhundert gilt unumstritten die Ansicht, daß er dabei Philosopheme aufgreift, die von der Stoa entwickelt worden sind[3]. Was aber ist Naturrecht, was insbesondere ist Naturrecht bei Cicero, dessen Gedanken – als die der Stoa – in allen einschlägigen Werken unserer Zeit regelmäßig zitiert werden[4]?

Eine Begriffsbestimmung, die allen in der Literatur vertretenen Anschauungen gerecht wird, dürfte kaum möglich sein (geschweige denn eine generell zutreffende Charakterisierung der materiellen Substanz des Naturrechts). Ganz allgemein aber wird man sagen können, daß es in der Naturrechtslehre zwei Hauptströmungen gibt, deren erste wohl am klarsten in einer Definition zum Ausdruck kommt, die M. Weber in seinem Werk „Wirtschaft und Gesellschaft" formuliert hat. Unter der Kapitelüberschrift „Das Naturrecht als Maßstab des positiven Rechts" heißt es dort: „‚Naturrecht' ist der Inbegriff der unabhängig von allem positiven Recht und ihm

---

[1] Sinn, passim.

[2] SCHMIDT, Abfassungszeit, z. B. S. 237 ff.; HENTSCHKE, passim, bes. S. 121 ff. Vgl. RAWSON, Interpretation, S. 337 f.

[3] Siehe die „Apologia adversus quorundam calumnias" des TURNEBUS (i. J. 1596), in der die seinerzeit gültige Zuweisung der Philosophica an Platon bestritten wird; Text bei MOSER-CREUZER, S. 645 ff. – Siehe auch SCHMIDT, Grundfragen, S. 231. Weitere Literatur in den folgenden Anmerkungen.

[4] So etwa von POHLENZ, Stoa I, S. 204 f., 268 ff. (u. ö.); BLOCH, S. 33; BADER, S. 125; KOESTER, S. 529; G. WATSON, S. 225 (ff.); HEUSS, Ciceros Theorie, S. 206 (14) f.; HORSLEY, S. 37 ff.; LEHMANN, S. 1. – Einen großen Teil des ersten Buches von *de legibus* hatte v. ARNIM in SVF III übernommen. Vgl. dagegen die Bedenken von GIGON, Literarische Form, S. 62, 65, 68 f.

gegenüber präeminent geltenden Normen, welche ihre Dignität nicht von
willkürlicher Satzung zu Lehen tragen, sondern umgekehrt deren Verpflich-
tungsgewalt erst legitimieren. Normen also, welche nicht kraft ihres Ur-
sprungs von einem legitimen Gesetzgeber, sondern kraft rein immanenter
Qualitäten legitim sind: die spezifische und einzig konsequente Form der
Legitimität eines Rechts, welche übrigbleiben kann, wenn religiöse Offen-
barungen und autoritäre Heiligkeit der Tradition und ihrer Träger fortfal-
len"[5]. Im Sinne dieses „dichotomischen" Denkens wird gelegentlich von Naturrecht und positivem Recht als zwei Kreisen gesprochen, die sich über-
schneiden und im Idealfall zur Deckung gelangen können[6].

Die zweite Richtung, als deren Exponent wohl A. Verdross gelten kann,
unterscheidet sich strukturell nicht grundsätzlich von der erstgenannten.
Hier werden – in Anlehnung an christliche Naturrechtslehren (Augustinus,
Thomas) – innerhalb des Naturrechts zwei Kategorien von Normen bestimmt, primäre und sekundäre. „Neben den primären, dem allgemeinen
Wesen des Menschen angemessenen Grundsätzen des Naturrechts stehen
sekundäre, veränderliche naturrechtliche Normen in Geltung, die den konkreten Verhältnissen einer bestimmten Periode entsprechen. Diese sekundären Normen können vom primären Naturrecht nicht unabhängig sein. Sie
müssen sich als Konkretisierungen der primären Grundsätze darstellen, da
sonst zwischen beiden Normenbereichen kein Zusammenhang bestünde und
es daher unzulässig wäre, beide zusammen als ‚Naturrecht' zu bezeichnen.
Die Dauerelemente des Rechts verbinden sich mit seiner Geschichtlichkeit in
der Weise, daß jene diese durchdringen"[7]. Die sekundären (veränderlichen)
Naturrechtsnormen wiederum sollen vom positiven Recht – als diesem vor-
gegebene, die unveränderlichen primären Normen zeitbedingt konkretisie-
rende Normen – verwirklicht werden[8]. Von daher ergibt sich eine Einteilung
des gesamten Rechts in statisches und dynamisches Naturrecht einerseits und
dieses zur Anwendung bringendes positives Recht andererseits.

---

[5] A. a. O., S. 496 und 497.

[6] VOIGT I, S. 202; RIEZLER, S. 40; SCHMIDT, Abfassungszeit, S. 206; WALDSTEIN, Entscheidungsgrundlagen, S. 83; HECK, Iustitia civilis, S. 178, Anm. 22. – MITTEIS, S. 7,
spricht in diesem Zusammenhang vom Prinzip des Dualismus und von dialektischer Span-
nung zwischen Naturrecht und positivem Recht.

[7] VERDROSS, Statisches, S. 92f. – Grundsätze des primären Naturrechts: ebd., S. 101ff.;
des sekundären: S. 110ff. (vgl. auch S. 9 und 73). – Zu Augustinus und Thomas: ebd., S.
22ff.; ders., Primäres Naturrecht, S. 447ff. Vgl. auch FUCHS, Lex naturae, S. 81ff.; GIOR-
GIANNI, S. 55–103; BLOCH, S. 37. – Problematisch ist die Ansicht, Augustinus greife die
Lehre der Stoa bzw. Ciceros auf: VERDROSS, Statisches, S. 21f.; vgl. dazu unten S. 74.

[8] VERDROSS, Statisches, S. 93f., 100, 107f., 115. Vgl. WALDSTEIN, Ordnungselemente,
S. 19.

Das Naturrecht also gilt als überpositiver Maßstab des positiven Rechtes, als Norm, welcher die positiven Rechtsnormen entsprechen sollen[9]. Ganz in diesem Sinne ist die überwiegende Zahl der Interpretationen von Ciceros Werk *de legibus* zu dem Ergebnis gekommen, das Naturrecht sei dem Anspruch des Verfassers nach die Grundlage oder Norm des im zweiten und dritten Buch vorgelegten Gesetzesrechts[10]. Über die materielle Substanz des Naturrechts, nicht nur bei Cicero, herrscht freilich alles andere als Klarheit. Die Fülle der kontroversen Literatur zu diesem Problem ist unüberschaubar und fast schon entmutigend. Doch immerhin bietet uns E. Wolf, auch im Hinblick auf die antiken Grundlagen der Naturrechtslehre, den hilfreichen „Versuch einer Orientierung"[11].

Wie hat nun Cicero in *de legibus* die materielle Substanz des Naturrechts bestimmt, ja hat er sie überhaupt in irgendeiner Weise festgelegt[12]? In der Forschung, soweit begründete Stellungnahmen und nicht nur beiläufige, meist allgemein gehaltene Bemerkungen vorliegen, zeichnen sich zwei unterschiedliche, miteinander nicht vereinbare Positionen ab. Diese sollen im folgenden dargestellt und einer kritischen Betrachtung unterzogen werden.

---

[9] Siehe z.B. SALOMON, Begriff, S. 156–161; STAMMLER, Richtiges Recht, S. 82–96; SAUTER, Ant. Naturrecht, S. 30; RIEZLER, S. 25f.; MITTEIS, S. 3–7, 36ff.; v. LÜBTOW, Volk, S. 496, 574f.; KASER, RG, S. 138. Vgl. auch ROSENBAUM, S. 9–18, bes. S. 15: ROSENBAUM stellt seine Untersuchungen auf die Grundlage einer klassischen – in diesem Falle marxistischen – *petitio principii* (S. 17f.). – Die grundsätzliche Gegenposition (Unvereinbarkeit von Naturrecht und positivem Recht) wird vertreten z.B. von KELSEN, Die philosophischen Grundlagen der Naturrechtslehre und des Rechtspositivismus, bes. S. 12ff., 31–34. Dazu VERDROSS, Statisches, S. 59ff., 115; WALDSTEIN, Entscheidungsgrundlagen, S. 11ff. Vgl. auch die Vorbehalte von RYFFEL, Rechts- und Staatsphilosophie, S. 60f., 239ff.

[10] Ohne Anspruch auf Vollständigkeit: HILDENBRAND, S. 549ff., 563ff., 571ff.; ECKSTEIN, S. 102ff.; OPPEL, S. 94–97; PALLASSE, S. 49ff.; WENGER, S. 274f.; FLÜCKIGER, S. 213–238, bes. S. 221ff.; v. LÜBTOW, Volk, S. 496, 574f.; VALENTE, S. 322–337; POHLENZ, Stoa I, S. 204; VERDROSS, RPh, S. 48–50; MESSNER, S. 397; BLOCH, S. 33ff.; MAYER-MALY, S. 382f.; G. WATSON, S. 228 (vgl. S. 234); DE PLINVAL, *leg.*, p. XXII, XXXIVff.; KENTER, S. 64, 69, 87f.; MÜLLER, Autonome Theorie, S. 130f.; HENTSCHKE, S. 128; RAWSON, Interpretation, S. 340, 343; CANCELLI, Interpretazione, S. 207ff., 213ff.; WEBER-SCHÄFER II, S. 114ff.; WAGNER, S. 121, 173f., 222ff. – Vgl. auch HACKELSBERGER, S. 51ff.; STAMMLER, RPh, S. 23; v. HIPPEL I, S. 200–203; WIRSZUBSKI, Libertas, S. 104; DÖRRIE, S. 226ff. – Allgemein auf breiter Quellengrundlage: VOIGT I, S. 185–212 (u.ö.).

[11] So der Untertitel des Werkes von E. WOLF, Problem. Gute Einführungen auch von ECKSTEIN, FLÜCKIGER, STRAUSS (bes. S. 124ff.), VERDROSS, BLOCH.

[12] Es sei hier noch einmal (vgl. oben Teil I e) darauf hingewiesen, daß ich mit diesen Untersuchungen zu *de legibus* nicht den Anspruch erhebe, das gesamte naturrechtliche Denken Ciceros zu erfassen. Tatsächliche oder scheinbare Parallelen in seinen anderen Werken bleiben mit Absicht unberücksichtigt: *de legibus* muß zunächst einmal aus sich selbst heraus verständlich werden (wozu ich hier beitragen möchte). Erst danach könnte man nach früheren oder späteren Äußerungen Ciceros über Naturrecht und Naturgesetz

a. „Dichotomisches" Rechtsdenken

P. L. Schmidt war in Auseinandersetzung mit der älteren Forschung, die vorwiegend Quellen- und Datierungsprobleme behandelt[13], zu folgendem Ergebnis gekommen:

Cicero habe im philosophischen Teil von *de legibus*, getreu seiner Ankündigung in I 17, „das *ius naturale* aus dem Wesen des Menschen" hergeleitet[14]. Die Beweisführung[15] seiner Anthropologie ziele auf die Konstituierung (I 22 ff.) und Verteidigung (I 40 ff.) „einer metaphysisch begründeten Ethik und gleichzeitig auf die Beziehung des positiven Rechts auf diese theologischen und moralischen Normen" (II 7 ff.). Die Normen, in ihrer Gesamtheit „Ethik" als Inhalt des Naturrechts in *de legibus,* hat P. L. Schmidt nicht im einzelnen namhaft gemacht. Es wird aber deutlich, daß er zu ihnen an erster Stelle „die natürliche Gerechtigkeit" zählt, wie er denn überhaupt Naturrecht und Gerechtigkeit in diesem Werk als identisch ansieht[16]. Sodann entsprechen nach seiner Meinung der *Codex* von Gesetzen und die Kommentare in Buch II und III der ebenfalls in I 17 bekundeten Absicht, „sich über das Naturrecht reflektierende Mustergesetze Gedanken zu machen"[17]. Demnach

---

fragen, wobei nicht *a priori* auszuschließen ist, daß einerseits *de legibus* eine Sonderstellung einnimmt, eben weil hier Philosophie und positives Recht (erstmals) unmittelbar in Zusammenhang gebracht werden, und daß andererseits Ciceros Denken im Laufe der Jahrzehnte Veränderungen unterworfen war (vgl. dazu CIULEI, Rapports, S. 640, 645 f.). So hat es z. B. auch wenig Sinn, etwa auf *off.* I 20 (vgl. auch III 20 ff.) zu verweisen, wo Cicero *munera iustitiae* nennt, die in der Forschung regelmäßig als Naturrechtssätze verstanden werden: z. B. VOIGT I, S. 196 f.; VERDROSS, RPh, S. 49; FLÜCKIGER, S. 237 f.; LEVY, S. 4 f. Vgl. auch SAUTER, Grundlagen, S. 223 mit Anm. 4, und noch einmal FLÜCKIGER, S. 226 (ff.). – Solche Stellen (vgl. auch CANCELLI, Interpretazione, S. 234 ff.) besagen für *de legibus* nichts und sind sogar eher noch geeignet, das Verständnis dieses Werkes zu erschweren.

[13] Siehe den Forschungsbericht in Grundfragen, S. 1–11; Abfassungszeit, S. 15–23. Detaillierte Auseinandersetzung: Grundfragen, S. 230 ff.

[14] Abfassungszeit, S. 184; vgl. ebd., S. 233.

[15] Ebd., S. 233.

[16] Ebd., S. 136, 209 ff., 229. – Identität von *ius* und *iustitia*: vgl. v. LÜBTOW, De iustitia, S. 474 f., 525 f.; CANCELLI, Interpretazione, S. 205; G. WATSON, S. 227, 228; HORSLEY, S. 44, 48 mit Anm. 35, 49; CLASSEN, Cicero, S. 602 (zu *leg.* I 16), S. 603 (zu *leg.* I 42). – Zur Problematik einer solchen (auch in der Anm. 10 und 12 zitierten Literatur fast durchweg vertretenen) Identifizierung vgl. KELSEN, Die philosophischen Grundlagen der Naturrechtslehre und des Rechtspositivismus, S. 15 f. und S. 68 f.; VERDROSS, Statisches, S. 15; WALDSTEIN, Entscheidungsgrundlagen, S. 89.

[17] SCHMIDT, Abfassungszeit, S. 231. Vgl. ebd., S. 205: Cicero sehe „das Naturrecht im römischen *ius civile* als realisiert" an; S. 225: *leg.* I 18–34 sei die I 17 angekündigte *praemunitio* „für die Aufstellung von am Naturrecht orientierten Mustergesetzen"; S. 206: „Identität des Naturrechts mit dem positiven Recht".

wäre das Naturrecht von *de legibus* gleichsam ein Kanon von theologischen und moralischen Normen („Ethik"), die Cicero aus der *natura hominis* abgeleitet hätte, und die *leges* „reflektierten" oder verwirklichten das somit inhaltlich bestimmte *ius naturae (naturale)* bzw. wären sogar mit diesem identisch[18].

Nicht grundsätzlich anders hat sich E. Bader in einem Essay zu seiner Übersetzung von *de legibus* geäußert[19]. Er versteht unter Naturrecht bei Cicero ethische und rechtliche Normen oder Prinzipien[20], die in der Vernunftnatur des Menschen begründet seien, vor allem *iustitia* und *aequitas*. Aus dem so verstandenen Naturrecht habe Cicero aber kein „deduktiv gewonnenes Normensystem entwickelt"[21]; er habe vielmehr, wie sich etwa in *leg.* II zeige, die wichtigsten Bestandteile der tradierten römischen Gesetze übernommen, „naturrechtlich begründet und z.T. modifiziert. Die Gesetze der Vorfahren . . . erweisen sich als weitgehend identisch mit den naturrechtlichen Normen". Und zusammenfassend würdigt E. Bader das Werk folgendermaßen[22]: „In der Gesetzgebung im Sinne einer Konkretisierung des Naturrechts – der Hauptschwierigkeit jeder Naturrechtslehre – liegt nun vor allem die Eigenart der Konzeption Ciceros. Wenn zuerst im Anschluß an die Stoa in Buch I die grundlegenden Prinzipien entwickelt werden und hier die Vernunftnatur des Menschen als Norm verstanden wird, ist damit zunächst ein Prinzip von vorwiegend formalem Charakter gegeben. Der natürliche Sozialbezug und die natürlichen Grundbegriffe (sc. als Elemente der Anthropologie Ciceros) ermöglichen eine erste Spezifizierung besonders in Richtung der Prinzipien von Gerechtigkeit und Billigkeit. In Buch II und III erfolgt schließlich eine Konkretion der allgemeinen Normen in bezug auf die politische Wirklichkeit, und darin liegt Ciceros eigentliches Anliegen".

Die Ansicht, Cicero habe in *de legibus* das Naturrecht inhaltlich von der Philosophie (Anthropologie) her durch ethische Normen festgelegt und wolle das positive Recht (*ius* der *leges*) als Verwirklichung dieses Naturrechts verstanden wissen, ist weit verbreitet[23]. Nach A. Hentschke beabsichtigt Ci-

---

[18] Vgl. die Zitate in der vorigen Anmerkung. – SCHMIDT enthält sich aber, trotz des Aufweises philosophischer Elemente in den *leges* (Abfassungszeit, S. 231–235), eines Urteils darüber, ob Ciceros Versuch gelungen sei, „Philosophie und römisches Recht zu vereinigen" (ebd., S. 235).

[19] S. 109–127.

[20] S. 118, 124, 125.

[21] S. 120f.

[22] S. 125.

[23] Durchgängig in der Anm. 10 genannten Literatur. – Zu *iustitia* als Inhalt des *ius naturae* vgl. oben Anm. 16 sowie u.a. auch KNOCHE, Verbindung, S. 42ff., 54ff., 59; FLÜCKIGER, S. 229; HOLTON, S. 145; WEBER-SCHÄFER II, S. 115. Die wenigen Ausnahmen kommen weiter unten zur Sprache.

cero, mit seinem Gesetzeswerk eine Systematisierung des Rechts in Angriff
zu nehmen: es gehe ihm aber nicht um „eine Klassifikation, die bestehendes
Recht *ordnen* hilft"; sondern er intendiere „eine logisch systematische Deduktion, um neues Recht zu *schaffen*"[24]. Daher stelle er im ersten Buch das
„Naturrecht als oberste Rechtsquelle und unentbehrliche Voraussetzung für
ein System" dar[25]. Das Naturrecht selbst erscheint so als Inbegriff weltan-
schaulicher und anthropologischer Prämissen des positiven Rechts[26]. Doch
Cicero vermeide es, „seine Forderung nach System auf die Gestaltung selbst
anzuwenden": nach A. Hentschke „verhüllt (er) sowohl in der Einleitung wie
im Gesetzeskommentar jede Systematisierung"; es bleibe zu prüfen, „ob in
der Tat ein Gesetzessystem aus den weltanschaulichen Prämissen abgeleitet
wird, bzw. inwieweit sich bestehendes römisches Recht . . . von diesen aus
legitimieren läßt".

J. Bleicken hat die Frage inzwischen negativ beantwortet[27]. Auch er versteht unter Naturrecht bei Cicero offenbar den Inhalt der philosophischen
Aussagen vor allem des ersten Buches: gemäß I 17 *(ex intima philosophia)* sei
der Begriff der *lex* „am Naturrecht orientiert"[28]; das erste Buch diene der
Fixierung dieser naturrechtlichen, mit dem Postulat absoluter Richtigkeit
ausgestatteten (II 14) Position, und in Buch II und III solle mit den *leges*
„dem Anspruch nach das auf dem Naturrecht gegründete positive *ius* der
(‚natürlichen') *res publica* vorgestellt werden". Doch Cicero ist, so J. Bleikken (in Übereinstimmung mit R. Philippson)[29], seinem eigenen Anspruch
nicht gerecht geworden. Denn bei der Gesetzgebung sei „die philosophische
Basis soweit in den Hintergrund gedrängt, daß nicht mehr sie, sondern die
konkreten Gesetze den Gang der Gedanken bestimmen", und wo die Gesetze von der römischen Verfassungswirklichkeit abwichen, sei ebenfalls kein
klarer Bezug „auf naturrechtliche Prämissen" zu erkennen. Das Gesetz werde „nicht an einer dem Naturrecht verpflichteten Logik gemessen", und es
sei insgesamt deutlich, daß Cicero „nicht vom Naturrecht her denkt"[30]. Wenn
er aber gelegentlich (sc. II 59, III 3) das geltende Recht mit dem Naturrecht

---

[24] S. 128 und 129 (Hervorhebungen von Hentschke).

[25] S. 128f.

[26] S. 129 und 130; dort auch das Folgende.

[27] Lex publica, S. 428–432.

[28] S. 428.

[29] Bleicken, a.a.O., S. 429; dort auch die folgenden Zitate. – Dazu schon R. Philippson, Tullius, Sp. 1121: „Wenig geglückt ist der angekündigte Versuch (sc. *leg.* I 17 und II
8), die Gesetze aus dem Naturrecht abzuleiten. Die Vorlage mag es folgerichtiger durchge-
führt haben. Dadurch aber, daß C. ... an Stelle der Vernunftgesetze größtenteils die dem
Gewohnheitsrecht entsprungenen römischen setzte, mißlang es ihm". – Vgl. bereits Hildenbrand, S. 553, sowie dann auch u. a. Weber-Schäfer II, S. 120f.; Blänsdorf, S. 144.

[30] A.a.O., S. 431.

verbinde, so falle dies „völlig aus dem Rahmen" und erscheine „ziemlich hergeholt"[31]. Doch „gerade die mangelhafte philosophische Durchdringung der im zweiten und dritten Buch vorgestellten Gesetzesmaterie" mache das Werk „für eine auch rein historische Interpretation nutzbar"[32].

Diesen Ansatz hat A. Heuß in seiner Studie über „Ciceros Theorie vom römischen Staat" weitergeführt. Er betrachtet wie viele andere den philosophischen Teil von *de legibus,* namentlich das erste Buch, als „klassisches Dokument des europäischen Naturrechtes"[33]. Über dessen Funktion für das Werk selbst aber herrschen nach seiner Ansicht unzutreffende Vorstellungen[34], und er nimmt dies zum Anlaß, sein eigenes Verständnis kurz darzulegen. Es gibt nach A. Heuß zweierlei Wege, das Naturrecht zu verstehen. Gemeinsamer Ausgangspunkt beider Richtungen, „gleichsam die Definition des Begriffes", sei die Stellung des Naturrechts über dem positiven Recht[35]. Nach stoischer Anschauung seien nun die positiven Gesetze „ein Ausfluß des Naturrechtes". Dieses werde als „Ensemble von Grundsätzen" und als eine „Formkraft" aufgefaßt, die die Welt von Anfang an durchdringe und sich in ihr mit einem inneren Zwang niederschlage: „Überall in der Welt ist da Naturrecht". – Anders der zweite Weg: das Naturrecht werde hier „zur Aufgabe". Darin könnten „revolutionäre Energien" stecken. Denn nach diesem Konzept sei der Zustand der Welt ein unnatürlicher und müsse „erst zur Natur, was auch immer das dann ist, gebracht bzw. zurückgebracht werden". Cicero selbst aber halte sich in *de legibus* an die nicht-revolutionäre stoische Fassung.

Von dieser Prämisse aus gelangt A. Heuß zu der Meinung, das Naturrecht (Ensemble von Grundsätzen, Formkraft) habe für die konkrete Gesetzesmaterie des Werkes und die in ihr liegenden Staatsvorstellungen keine oder doch nur untergeordnete Bedeutung[36]. Nach Hinweis auf einige philosophisch-naturrechtliche Gedanken Ciceros (I 17 und 33) wird zugestanden,

---

[31] Ebd., S. 431, Anm. 210.

[32] Ebd., S. 431 (f.).

[33] S. 206 (14). – Vgl. auch HARDER, S. 399; FLÜCKIGER, S. 221; WENGER, S. 273 f.; POHLENZ, Stoa I, S. 243, 264; II, S. 102 (zu *rep.* III); STRAUSS, S. 159 ff.

[34] Ciceros Theorie, S. 206 (14) mit Anm. 9a: Hinweis auf den Aufsatz von U. KNOCHE (Verbindung, S. 42 ff.) und auf die Arbeit von A. MÜLLER (Autonome Theorie, S. 126). MÜLLER freilich spricht an der von HEUSS zitierten Stelle (vgl. auch MÜLLER, a.a.O., S. 117 und 131) nicht, wie HEUSS schreibt, von „biologisch" (!), sondern von „theologisch" begründetem Naturrecht.

[35] A.a.O., S. 206 (14); dort auch das Folgende. – Vgl. auch oben am Beginn dieses Kapitels sowie die vorsichtige Bemerkung von NÖRR, Rechtskritik, S. 25, bei der Stoa existiere „eine gewisse Neigung, das positive Recht auf das Naturrecht zurückzuführen", wobei er auf Cic. *leg.* II 9 f. hinweist.

[36] A.a.O., S. 206 (14) f.

der Autor sei „ehrlich genug" gewesen, „nicht zu verschweigen"[37], daß es
(römische) Gesetze und Einrichtungen gibt (I 42ff.), die nicht vom Naturrecht „inspiriert" sein können; Cicero werde damit jedoch fertig, ohne seine
(stoische) „Grundposition" modifizieren zu müssen; er lasse sich „von der
Suggestivität der Grundkonzeption tragen". Aber damit sei „im Grunde
nicht gesagt, was dies alles im Rahmen des Ganzen soll". Die „kosmische
Version" (sc. II 8ff.), nach welcher für Cicero vor allem irdischen Gesetz ein
göttliches stehe und jenes von diesem erst die Kraft erhalte, gelte, „wenn
überhaupt", für die ganze Welt und alle Staaten und sei „in keiner Weise
geeignet, gerade dem römischen Staat in seinen Gesetzen eine spezifische
Folie zu verleihen". Cicero kenne auch den stoischen „Weltstaat" (I 22f. und
61); aber er habe „ihn richtig als ein Abstraktum verstanden" und lasse sich
„geschmackvollerweise nicht den Kurzschluß zuschulden kommen, hier etwa
das römische Reich und die römische Herrschaft unterzuschieben"[38]. A.
Heuß schließt seine Bemerkungen zum Problem des Verhältnisses von Philosophie (Naturrecht als Ensemble von Grundsätzen und als unwiderstehli-
che Formkraft) und Recht der *leges* mit dem Ergebnis: „Der große Aufwand,
den Cicero im ersten Buch von De legibus mit dem stoischen Naturrecht
treibt, muß deshalb wohl in erster Linie Eigengewicht beanspruchen und
kann unmöglich im Hinblick auf Ciceros Gesetzeswerk interpretiert werden.
Dort spielen diese Auslassungen so gut wie keine Rolle; man darf wohl
sagen, zum Glück für das Buch, denn es ist gar nicht auszudenken, was sich
für eine Verballhornung der römischen Institution ergeben hätte, so in sie
Stück für Stück die stoische Weltanschauung hineinprojiziert worden
wäre"[39].
    Diese Interpretation beruht jedoch, entgegen dem ersten Anschein, kei-
neswegs auf sicheren Grundlagen. Das Verständnis des Naturrechts wurde
nicht aus *de legibus* gewonnen, wie denn auch überhaupt die Prämisse der auf
ein Weginterpretieren („Eigengewicht") der philosophischen Aussagen des
Werkes hinauslaufenden Argumentation schon von seiten der Stoa als unzutreffend bezeichnet werden muß.
    Es genügt hier, an die bekanntermaßen oft ausgeprägt kritische Distanz

---

[37] Das klingt ein wenig nach „Ideologiekritik" – einem Verfahren, das A. HEUSS selber
an anderer Stelle scharf zurückgewiesen hat: Ideologiekritik, passim, bes. Kap. IV. – Im
übrigen wird nach Cicero (I 17) nicht die *natura iuris* (so aber HEUSS), sondern die *iuris
disciplina* aus dem „Innersten der Philosophie" geschöpft; die *natura iuris* soll von der
natura hominis (I 17) hergeleitet werden, und diese wiederum ist ganz gewiß nicht „Philosophie". Dazu siehe weiter unten in diesem Kapitel.
[38] So schon REIJNDERS, S. 80ff. – Vgl. aber Müller, Autonome Theorie, S. 117: das
römische Reich als Verwirklichung der „Weltstaatsidee" bei Cicero.
[39] Ciceros Theorie, S. 207 (15).

der Stoa zum positiven Recht zu erinnern. Das positive Recht wurde keineswegs pauschal als vom Naturrecht „geformt" oder „durchdrungen" und als „Ausfluß des Naturrechts" aufgefaßt. Stellvertretend für zahlreiche Quellenzeugnisse stoischer Provenienz, unter ihnen kein geringeres als ein Ausspruch des Chrysippos, mag Ciceros Mitteilung stehen, daß der von der Stoa aufs nachhaltigste beeinflußte Akademiker Antiochos von Askalon[40] die Gesetze des Lykurg und Solons sowie die *XII tabulae* Roms nicht als *leges,* folglich das durch sie gesetzte Recht nicht als *ius* anerkennen wollte[41]. Gewiß: die Stoa ruft nicht zur Revolution auf. Aber ihr philosophisches Idealbild von „Staat", „Gesetz", und „Recht", mag es auch ganz unpolitisch gemeint sein[42], provoziert doch allein durch seine Existenz den Vergleich mit der empirischen Wirklichkeit des politischen Lebens. Die Stoa kann daher sehr wohl, jedenfalls mittelbar, „revolutionäre Energien" freisetzen, wenn etwa Anhänger dieser Lehre eine Diskrepanz zwischen (unpolitischem) Ideal und Wirklichkeit konstatieren, diese als unerträglich empfinden und sich daraufhin zu politischen Konsequenzen aufgerufen fühlen[43].

---

[40] POHLENZ, Stoa I, S. 248–253. – LUCK, Antiochos, S. 93, hat die von ihm als Fragment Nr. 84 geführte Stelle Cic. *acad.* II (*Lucull.*) 44, 136 (f.) leider nicht kommentiert (siehe in seinem Index S. 96).

[41] So Cicero in *acad.* II (*Lucull.*) 44, 136 (f.); vgl. vorige Anmerkung. – Siehe auch z. B. SVF III 323 und vor allem 324 (Frage an Chrysippos): πῶς δὲ τοὺς κειμένους νόμους ἡμαρτῆσθαι φῂς ἅπαντας καὶ τὰς πολιτείας; Vgl. Plut. *stoic. repugn.* 1033 F. – Zur Sache BILL, S. 160–179; ECKSTEIN, S. 99–112, bes. S. 103–106; SAUTER, Ant. Naturrecht, S. 79f.; ders., Grundlagen, S. 53; NÖRR, Rechtskritik, S. 24 (die Stoiker „dem positiven Recht gegenüber grundsätzlich feindlich eingestellt", „absolute Negation").

[42] Siehe z. B. KARGL, S. 40: „Das Gesamtbild ... zeigt uns, daß wir es beim Staat der Stoiker nicht mit staatlichen Formen zu tun haben, sondern daß das Zukunftsbild der Stoa auf staatlose Zustände zurückweist und ihr Staatwesen vielmehr in der natürlichen inneren Gemeinschaft der Menschheit besteht. Der Staat im Sinne der Stoiker ist lediglich ein geistiges Zusammenleben". – Vgl. auch VILLEY, Rückkehr, S. 264f.; G. WATSON, S. 234; MÜLLER, Autonome Theorie, S. 112ff.; BLOCH, S. 29f.

[43] Vgl. KARGL, S. 73: „Gespenst der stoischen Staatsgefährlichkeit"; HADOT, Tradition stoïcienne, S. 135–145 (über Ti. Gracchus und Blossius von Cumae); BADIAN, Ti. Gracchus, S. 677ff.; MEIER, RPA, S. 319. – Das oben im Text Gesagte scheint mir auch Plutarch vorauszusetzen (*Cleomen.* II 3): ὁ δὲ Στωικὸς λόγος ἔχει τι πρὸς τὰς μεγάλας φύσεις καὶ ὀξείας ἐπισφαλὲς καὶ παράβολον, βαθεῖ δὲ καὶ πρῴῳ κεραννύμενος ἤθει μάλιστα εἰς τὸ οἰκεῖον ἀγαθὸν ἐπιδίδωσιν. – SAUTER, Ant. Naturrecht, S. 80, geht aber viel zu weit, wenn er das stoische Naturrecht als „gegenüber den herrschenden Rechts- und Gesellschaftsverhältnissen *revolutionär*" bezeichnet. Siehe auch ders., ebd., S. 79: die ganze stoische Ethik sei „recht eigentlich der *Sklavenaufstand*, das Ressentiment gegen die herrschende ‚Macht'", ein „verhaltener Protest gegen die Machtidee". Die stoische „Negation des autokratisch-kapitalistischen Nationalstaates" (!), die SAUTER als politische Fundierung des Kosmopolitismus auffaßt (S. 80), hat aber nie auch nur andeutungsweise zu einem real-politischen Programm zur Verwirklichung der Kosmopolis (vgl. Cic. *leg.* I 23:

In der Stoa hat man diese potentiell revolutionäre Komponente des philosophischen Systems offenbar ebenfalls erkannt und – als eine Gefahr angesehen: politische Tätigkeit soll, wenn überhaupt, vorwiegend solchen Gemeinwesen zugute kommen, die dem Ideal „zuneigen"[44]. Chrysippos selbst erklärte, er halte sich von der Politik fern, weil sittlich schlechte Politik den Zorn der Götter, sittlich gute – also im Einklang mit der stoischen Lehre stehende – Politik jedoch den Zorn der Bürger heraufbeschwören würde[45]. Wir dürfen dies als Ausdruck der Erkenntnis des dritten Scholarchen werten, daß politischem Handeln nach Maßgabe stoisch-philosophischer Einsicht die Tendenz innewohnt, Veränderungen in einem Gemeinwesen herbeizuführen, was den Bürgern dann als „Revolution" erscheinen und ihren Widerstand zur Folge haben könnte.

Nun steht und fällt aber die Argumentation von A. Heuß mit ihrer Prämisse, der – ohnehin nicht bewiesenen – Übernahme der vermeintlich stoischen Auffassung vom „nicht-revolutionären" Naturrecht durch Cicero, und mit der Prämisse auch die Schlußfolgerungen für den Sinn der philosophischen Darlegungen („Auslassungen", die „so gut wie keine Rolle" spielen).

Wir brauchen es daher nicht als ein Glück zu empfinden, daß Cicero es unterlassen hat – womöglich noch wegen „philosophischer Insuffizienz"[46] –, über das Naturrecht als „Formkraft" die stoische Weltanschauung in seinen *leges* zur Geltung zu bringen und so in unausdenklicher Weise die römische Institution zu verballhornen: die Voraussetzungen für eine entsprechende

civitas deorum atque hominum; dazu unten Teil IV 9 und 10) geführt. Das wäre dann allerdings ein Programm für eine Revolution – im Maßstab einer „Weltrevolution" – gewesen. – Zum „revolutionären" Aspekt der Naturrechtsidee vgl. auch STRAUSS, S. 158f. KELSEN, Die philosophischen Grundlagen der Naturrechtslehre und des Rechtspositivismus, S. 39–41, spricht dagegen vom „angeblich revolutionären Charakter der Naturrechtslehre". Nach seiner Ansicht ist die historische Naturrechtstheorie „eine Ideologie zur Stützung, Rechtfertigung, Verabsolutierung des positiven Rechts" (ebd., S. 38; vgl. ähnlich HEUSS, zit. oben im Text nach Anm. 35). Die „Theorie des reinen Naturrechtes" sei demgegenüber „stets Anarchismus" (KELSEN, a. a. O., S. 34); ähnlich schon ebd., S. 9f.: „Das Naturrecht aber ist eine seiner Idee nach zwangsfreie, anarchische Ordnung. Jede Naturrechtstheorie muß, wenn sie an der Idee des reinen Naturrechtes festhält, *idealer Anarchismus* sein; jeder Anarchismus – vom Urchristentum bis zum modernen Marxismus – ist, im Grunde genommen, Naturrechtstheorie" (vgl. auch ebd., S. 36f., sowie bereits KARGL, zit. oben Anm. 42). – Die Grundhaltung der Stoiker gegenüber der aktiven Politik kommt wohl am besten in den Texten Anm. 44 und 45 zum Ausdruck. Dazu noch SVF III 612ff.

[44] SVF III 611: τό τε δίκαιόν φασι φύσει εἶναι καὶ μὴ θέσει. Ἑπόμενον δὲ τούτοις ὑπάρχειν καὶ τὸ πολιτεύεσθαι τὸν σοφὸν καὶ μάλιστ' ἐν ταῖς τοιαύταις πολιτείαις ταῖς ἐμφαινούσαις τινὰ προκοπὴν πρὸς τὰς τελείας πολιτείας. Vgl. auch SVF III 695ff.

[45] SVF III 694: Χρύσιππος ἐρωτηθεὶς διὰ τί οὐ πολιτεύεται, εἶπε· Διότι εἰ μὲν πονηρά[τις] πολιτεύεται, τοῖς θεοῖς ἀπαρέσει· εἰ δὲ χρηστὰ τοῖς πολίταις.

[46] HEUSS, Ciceros Theorie, S. 200 (8) und 204 (12).

Grundkonzeption, deren Verwirklichung Cicero hätte unterlassen können, sind schon vom stoischen Naturrechtsdenken her nicht gegeben. So dürfen wir denn weiterhin davon ausgehen, daß die Frage nach der möglichen Bedeutung der philosophischen Reflexionen Ciceros für die Gesetze – „was dies alles im Rahmen des Ganzen soll" (A. Heuß) – sinnvoll und ihre Beantwortung auch für eine politisch-historische Interpretation von *de legibus* notwendig ist.

Aber nicht nur von der stoischen Philosophie, sondern auch von dem Gesetzeswerk selbst her gesehen ist das Urteil von A. Heuß über den philosophischen Teil zumindest problematisch, wenn nicht gar unzutreffend, und diesen Vorbehalt wird man in gleicher Weise auch gegenüber den Interpretationen von J. Bleicken, A. Hentschke, E. Bader und P. L. Schmidt geltend machen müssen.

Wir sind gewöhnt, das Naturrecht – unabhängig vom Problem seiner inhaltlichen Festlegung – als „Maßstab des positiven Rechts" (M. Weber), als eine „dem positiven Recht übergeordnete Instanz" (A. Heuß) anzusehen[47]. Dieses Vorverständnis schlägt sich in der Meinung nieder, die konkreten *leges* Ciceros seien dem Anspruch nach auf das Naturrecht gegründet (J. Bleicken) bzw. vom Naturrecht als oberster Rechtsquelle hergeleitet (A. Hentschke), oder die *leges* verwirklichten bzw. „reflektierten" das Naturrecht (E. Bader, P. L. Schmidt). Doch war Cicero selber, wenigstens in *de legibus*[48], ein Verfechter des „dichotomischen" Rechtsdenkens?

Diese Frage ist bisher anscheinend noch nicht gestellt worden[49], und was ihre Beantwortung angeht, so sind bereits im Blick auf die programmatische Erklärung Ciceros in I 17 Zweifel an der Richtigkeit der zitierten Forschungsmeinung angebracht.

Die genannte Stelle hatte P. L. Schmidt zum Beweis für seine – auch von anderen geteilte – Ansicht herangezogen, Cicero wolle das *ius naturae (naturale)* aus der *natura hominis* herleiten und Gesetze vorlegen, die das Naturrecht „reflektieren"[50]. Cicero sagt jedoch, es gelte, das „Wesen des Rechts" (*natura iuris*) zu erklären und dieses vom „Wesen des Menschen" (*natura hominis*) herzuleiten sowie Gesetze zu „erwägen", nach denen Gemeinwesen regiert werden sollen (*natura enim iuris explicanda nobis est eaque ab hominis repetenda natura, considerandae leges quibus civitates regi debeant,* I 17). Soviel kann schon jetzt als sicher gelten: *natura iuris* ist nicht *ius naturae (naturale)*. Zu meinen, *ius* in Ciceros Formel sei im Unterschied zum positiven Recht (*ius* der *leges*) das Naturrecht, es solle also die *natura* des *ius*

---

[47] S. o. S. 23 und S. 29, Anm. 35.
[48] Vgl. oben Anm. 12.
[49] Vgl. jedoch, wenn auch anders akzentuiert, J. SAUTER, unten im Text bei Anm. 60.
[50] S. o. S. 26 f.

naturae im Unterschied zum positiven Recht erklärt und vom Wesen des Menschen hergeleitet werden, wäre eine unzulässige *petitio principii.* Doch selbst wer dies in Kauf nehmen wollte und dabei das Naturrecht als Inbegriff theologischer und moralischer, dem positiven Recht über- oder vorgeordneter Normen versteht, könnte in I 17 lediglich Reflexionen über das Wesen solcher Normen, aber nicht deren materielle Herleitung aus der *natura hominis* angekündigt finden[51]. Überdies wird hier weder das „Wesen des Rechts" noch gar das Naturrecht zur Grundlage oder Quelle des positiven Rechts (*ius* der *leges*) gemacht: Cicero sagt im Text über die Beziehung zwischen *natura iuris/hominis* und *leges* kein Wort. Man kann allenfalls annehmen, daß er, um dem Leser Gewißheit zu geben, daß das positive Recht des *Codex* seinem Wesen nach Recht ist – im Gegensatz zu positiven Normen, die fälschlicherweise „Recht" genannt werden –, zuerst eine theoretische Klärung dessen vornehmen will, was er unter „Recht" versteht. Doch dazu im einzelnen später.

Die Interpretation von P. L. Schmidt also läßt sich jedenfalls schon aus den genannten Gründen nicht halten. Vollends fragwürdig, ja im Grunde unhaltbar wird die Ansicht, Cicero teile in seinem Gesetzeswerk das dichotomische Rechtsdenken, im Blick auf Stellen wie I 16, 20, 28, 34, 35, 36 u. ö.: hier erscheint klar und unmißverständlich die *natura* – und eben nicht das *ius naturae* – als Quelle des positiven Rechtes *(leges, ius/iura, mores)*[52].

Es kommt ein weiterer, nicht minder gewichtiger Einwand hinzu. Versteht Cicero wirklich, wie man in der Forschung bis auf wenige Ausnahmen[53] glaubt, unter Naturrecht ethische Normen oder Prinzipien, stoisch-philosophische Grundsätze, *iustitia* etwa und andere *virtutes,* oder gar „die Philosophie"[54]? Ohne der folgenden Analyse vorzugreifen, möchte ich an dieser Stelle bereits festhalten: es gibt in dem gesamten Fragment von *de legibus* nicht eine einzige Passage, in der Cicero *virtutes* als Inhalt des *ius (naturae)* erscheinen ließe. *Virtus,* insbesondere *iustitia,* wird vielmehr als eine Haltung oder ein Verhalten gegenüber dem Recht verstanden. Sehr aufschlußreich ist ein Satz in I 42. Dort gilt als *iniustus,* wer die *lex (naturae),* folglich das durch sie konstituierte *ius (naturae)* ignoriert. Die *iustitia* besteht also im Gehorsam

---

[51] Es wäre ebenfalls eine *petitio principii,* wenn man *ius* in Ciceros Formulierung als positives Recht (im Gegensatz zum Naturrecht) ansähe und dann unter dem „Wesen des (positiven) Rechts" das Naturrecht verstünde.

[52] Die Stellen werden unten in Teil II 3 besprochen. – Daß *natura* nicht *ius naturae* ist, liegt eigentlich auf der Hand. Dennoch wird oft genug das Gegenteil behauptet (s. u. Teil II 3, S. 62, Anm. 35).

[53] S. u. S. 35 ff.

[54] S. o. Anm. 16 und 23; zuletzt wieder STEIN, Sources, S. 20: *ius* (Naturrecht) als „ideal justice". – Vgl. aber den Hinweis von MITTEIS, S. 3, und VERDROSS, Statisches, S. 14 ff., sowie schon SAUTER, Ant. Naturrecht, S. 30.

gegen Naturgesetz und Naturrecht[55], sie ist nicht deren Inhalt[56]. – Auch I 33
kann hier schon genannt werden. Der Text ist zwar an einer wichtigen Stelle
korrupt[57]; aber deutlich genug wird die naturgewollte *virtus* der *iustitia*[58] als
Haltung zum Naturrecht gekennzeichnet, wenn anders *participare alium ab
alio, communicare inter omnes ius, ius (a natura omnibus datum) colere* bedeutet, Gerechtigkeit zu üben.

Jedenfalls sind naturgegebenes Recht und naturgewollte *iustitia* (bzw. *virtus, virtutes*) in *de legibus* einerseits sorgfältig voneinander geschieden (I
23f., 28, 33, 35, 42, 44ff., 48), andererseits aber im Sinne des Verhältnisses
von Norm und Normgemäßheit des Handelns und Verhaltens einander wieder
zugeordnet[59]. Damit ist natürlich über die Funktion dieser Äußerungen Ciceros wie auch des gesamten philosophischen Teils der Schrift für die konkreten Gesetze im zweiten und dritten Buch noch nichts gesagt. Aber welches
auch immer die naturrechtlichen Normen von *de legibus* sein mögen – *virtutes*
wie *iustitia* können es nicht sein.

b. Ansätze zu einer Gegenposition

Die referierten Interpretationen des Rechtsverständnisses und der Grundkonzeption von *de legibus* werden mit anderen Argumenten bereits durch
einige wenige Forscher ernsthaft in Frage gestellt. So unterscheidet J. Sauter

---

[55] COSTA, S. 20. Vgl. auch KOHNS, Consensus, S. 487f.; WALDSTEIN, Ulpians Definition,
S. 224ff.

[56] Zu *leg.* I 42 vgl. *fin.* III 67 (Chrysippos): *quoniamque ea natura esset hominis, ut ei
cum genere humano quasi civile ius intercederet, qui id conservaret, eum iustum, qui migraret, iniustum fore.* – Gerechtigkeit nicht als Inhalt des *ius*, sondern als am *ius* orientierte
Haltung ist Grundmotiv der von Philus/Karneades in *rep.* III 8–31 namens der Empirie
„bekämpften" Position. Siehe z. B. *rep.* III 13: *ius enim de quo quaerimus civile est aliquod,
naturale nullum; nam si esset, ut calida et frigida et amara et dulcia, sic essent iusta et iniusta
eadem omnibus.* Ferner *rep.* III 18: *nihil habet igitur naturale ius; ex quo illud efficitur, ne
iustos esse quidem natura.* Vgl. auch *rep.* III 21: *ius autem naturale esse nullum ...; proinde
... nullam esse iustitiam.* – Zur Problematik einer Identifizierung von Naturrecht und
Gerechtigkeit vgl. VERDROSS, Statisches, S. 15. – Die Stellen aus *rep.* werden unten in Teil
IV 9a besprochen.

[57] Vgl. MOSER-CREUZER, S. 82f.; TURNEBUS, ebd., S. 564; REITZENSTEIN, Vermutungen,
S. 14f. mit Anm. 2; (ZIEGLER)/GÖRLER, *leg.*, S. 35 und S. 117.

[58] Vgl. *leg.* I 28: *nos ad iustitiam esse natos.*

[59] Nachdem Cicero *leg.* I 42 über das durch *lex (naturae)* konstituierte *ius (naturae)*
gesprochen hat, sagt er in I 43: *si natura confirmatura ius non erit, ⟨virtutes omnes⟩
tollantur.* Vgl. auch I 48: *et ius et omne honestum* (sc. *virtutes*, I 44) *sua sponte esse
expetendum ...; per se igitur ius est expetendum et colendum. quod si ius, etiam iustitia; sin
ea, reliquae quoque virtutes* etc.

im Blick auf diese Schrift, allerdings eher beiläufig und ohne nähere Begründung, zwischen „Naturrechtsprinzip" und Inhalt des Naturrechts, und er
kommt zu dem Schluß, Cicero habe (im philosophischen Teil) von jeglichem
Inhalt abstrahiert, so daß man nicht wisse, was für ihn das Naturrecht „an
sich" – gemeint ist wohl: dem Inhalt oder seiner materiellen Substanz nach –
sei[60]. Demnach hätte Cicero also nur das Prinzip entwickelt, daß das Recht
„von Natur" sei, ohne den Inhalt des (Natur-)Rechtes sei es durch ethische
Normen, sei es in anderer Weise festzulegen. Ob und wie sich das übrigblei-
bende Naturrechtsprinzip auf den Gesetzescodex auswirkt, bleibt in der Stellungnahme von J. Sauter offen.

Sodann faßt R. Harder, auch wenn er – etwas mißverständlich – die Lehre
dieses Werkes als „Naturrecht" bezeichnet[61], den philosophischen Teil ebenfalls nicht als materiell-inhaltliche Bestimmung des Naturrechts auf. Er charakterisiert nämlich Ciceros Lehre von der *natura iuris* und der *natura hominis* (I 17) folgendermaßen: „das Recht entspricht der Wesensanlage, der
Konstitution des Menschen, wie er von Gott in den Kosmos gestellt ist. Die
Forderung des Rechtes erhält ihre Würde als eine *ethische* Forderung: sie soll
vor dem Forum einer Ethik legitimiert werden, und zwar der den Hellenis-
mus beherrschenden ‚Ethik des naturgemäßen Lebens'. Deswegen ist diese
Rechtsphilosophie wesentlich eine Philosophie des Menschen, ist Anthropologie: der *Mensch* ist zum Recht *geboren*, so wie er zur Güte, und wie er zur
Bildung und Kultur geboren ist"[62]. Diese Lehre von der Rechtsnatur des
Menschen hat nach R. Harder den „Charakter eines programmatischen Be-
kenntnisses" und nimmt die Stelle einer Vorrede zum *Codex* der Gesetze
ein[63]: man dürfte sie „nicht als den ersten Teil der systematischen Behandlung" des Rechtes verstehen. „Für das Recht selber" leiste die philosophisch-
anthropologische Grundlage zweierlei[64]: sie schaffe die Möglichkeit, „die Jurisprudenz zu einer *Wissenschaft* zu machen" (im Sinne des Weges von der
„römischen Kasuistik zur Rechtssystematik"), und durch Ciceros Programm
werde „das Recht zu einer Sache der *Bildung*".

K. Büchner schließlich gelangt in wesentlichen Aspekten zu dem gleichen
Ergebnis wie R. Harder, faßt aber das Werk als Ganzes ins Auge und geht in
der Interpretation einen entscheidenden Schritt weiter.

Auch er versteht, im Gegensatz etwa zu P. L. Schmidt[65], Ciceros Aussagen
über die *natura hominis* nicht als Aussagen über den Inhalt des Naturrechts

---

[60] Grundlagen, S. 223 mit Anm. 4.
[61] S. 399. Vgl. oben Anm. 54.
[62] S. 399f. (Hervorhebungen von HARDER).
[63] S. 398.
[64] S. 400 (Hervorhebungen von HARDER).
[65] S. o. S. 26f.

(wenn er auch, ebenso mißverständlich wie schon R. Harder, die Lehre vom Naturrecht als „Naturrecht" bezeichnet): „In seiner Grundlegung (sc. im philosophisch-anthropologischen Teil) . . . hat (Cicero) sich gehütet, das Naturrecht *materialiter* festzulegen, wie es etwa die zehn Gebote aus göttlicher Offenbarung tun können"[66]. Die Anthropologie solle vielmehr einzig und allein die Geist- und Rechtsnatur des Menschen als Maßstab des Rechtes erweisen[67]. Die materielle Substanz des Naturrechts ist für K. Büchner – und darin geht er nun entschieden über J. Sauter und R. Harder hinaus – das Recht der konkreten *leges* des zweiten und dritten Buches: Cicero habe „das erste Mal nach den XII Tafeln eine Kodifikation des römischen Rechtes als eines Naturrechtes aus dem Geist" entworfen[68].

Allerdings handelt es sich dabei für K. Büchner offenbar nur um „ein" Naturrecht. Denn dieses sei nicht vom philosophisch bestimmten „Ziel des Menschen" her konstruiert, was man aber auf Grund der als nachträglicher Einschub zu betrachtenden Gedanken des ersten Buches (und eines Teils des zweiten) hätte erwarten müssen; wäre dies geschehen, so wäre „ein Naturrecht prinzipiellerer Art" als das Naturrecht (= *ius* der *leges*) von *de legibus* dabei herausgekommen[69]. Zu dem „weniger prinzipiellen" Naturrecht Ciceros passen nämlich nach K. Büchner allein die „Hauptgedanken über das Naturrecht im zweiten Buch", die in II 9ff. formuliert seien[70]: dort werde die „Existenz eines wie alles Naturrecht legitimierenden und normierenden Naturrechts . . . fraglos bewiesen im positiven Sinne durch die Größe der Gestalten der römischen Geschichte, im negativen durch die ebenso eindeutige Reaktion gegen die Frevler"; die „Idee" – wohl des Naturrechts – werde in der geschichtlichen Wirklichkeit „geschaut", und von ihr her könnten dann „wie der römische Staat der Vorfahren so sein Gesetz interpretiert, auf den eigentlichen Sinn bezogen und von der Vernunft her kritisiert werden. Eben das, was mit der römischen Gesetzeswelt in De legibus geschieht"[71].

---

[66] Konstanten, S. 36. – Zum Unterschied zwischen Naturrechtslehre und Naturrecht siehe VERDROSS, Statisches, S. 14f.

[67] Konstanten, S. 27ff.; *leg.*, S. 140–144.

[68] Sinn, S. 83 (vgl. auch S. 88). Siehe auch ders., Konstanten, S. 36: Gesetzgebung „aus dem Geiste der Vernunft"; ders., *leg.*, S. 136 zu den Gesetzen im zweiten Buch: „Cicero hat römische Tradition geordnet, akzentuiert in Hinsicht auf Verinnerlichung und formuliert aus dem Geist der Vernunft", und das positive römische Recht sei „auf die Vernunft, die ‚Natur'", zurückgeführt.

[69] Sinn, S. 89. Vgl. auch ders., *leg.*, S. 145: Ciceros Anschauung habe „zu einer Form des ‚Naturrechts' geführt, die man gegenüber anderen versubstanzialisierten Ausprägungen auch heute noch zu wenig bedenkt".

[70] Sinn, S. 86 (ff.). – Gegen die Überarbeitungshypothese mit Recht SCHMIDT und HENTSCHKE: s. o. S. 23.

[71] Ebd., S. 88.

Alle anderen philosophischen Reflexionen Ciceros (I 18ff., II 8f.) weist K. Büchner, da sie, wie er glaubt, nach einer Rechtskonstruktion, nach einem „prinzipielleren" Naturrecht verlangen, einer späteren Überarbeitung des Gesetzeswerkes zu[72].

c. Bilanz

Ich beende damit meinen Überblick über die wesentlichen Interpretationen von *de legibus*[73]. Zwei grundverschiedene Anschauungen stehen einander gegenüber. Nach der einen (P. L. Schmidt, E. Bader, A. Hentschke, J. Bleicken, A. Heuß) versteht Cicero unter dem *ius naturae* ethische Normen, die er aus seinem philosophischen Bild von der *natura hominis* hergeleitet hat, und erhebt den Anspruch, durch seine *leges* eine darauf gegründete positive Rechtsordnung geschaffen zu haben. Keine Einigkeit besteht unter den Anhängern dieser Interpretation über Ciceros Erfolg bei der Verwirklichung des vorausgesetzten Anspruches. – Nach der anderen Interpretation (J. Sauter, R. Harder, K. Büchner) entwickelt Cicero im philosophischen Teil des Werkes zwar eine Lehre vom Naturrecht; diese soll dartun, daß das Recht „von Natur" ist („Naturrechtsprinzip", J. Sauter) bzw. daß der Mensch zum Recht veranlagt ist (R. Harder, K. Büchner). Die Aussagen über die *natura hominis* werden aber nicht als inhaltliche Festlegung des Naturrechts (im Sinne von ethischen Normen o. ä.) aufgefaßt. Sie gelten vielmehr als bekenntnishaftes Vorwort zu einer systematisch-wissenschaftlichen Behandlung des Gesetzesrechts (R. Harder) bzw. als Grundlegung des durch *leges* positivierten Naturrechts (K. Büchner), indem sie die Natur, Vernunft oder Rechtsnatur des Menschen zum Maßstab des als „ein" Naturrecht verstandenen Gesetzesrechts von *de legibus* erheben.

Gegenüber der erstgenannten Forschungsrichtung hatten sich ernste Vorbehalte ergeben[74]. Es stellt sich nun die Frage, ob vielleicht J. Sauter, R. Harder und K. Büchner den richtigen Weg zur Lösung des Problems der Grundkonzeption und des Rechtsverständnisses von *de legibus* eingeschlagen haben. J. Sauter freilich gibt, wie schon gesagt, keine Begründung für seine Ansicht, Cicero entwickle im philosophischen Teil lediglich das „Naturrechtsprinzip"; überdies bleibt das Verhältnis zwischen Prinzip und positivem Recht des *Codex* unerörtert. R. Harder wiederum läßt ungeklärt, in welcher Weise die philosophisch-anthropologischen Ausführungen – nach

---

[72] Ebd., S. 88f.

[73] Dabei habe ich die Probleme des Gesetzesdenkens (*lex naturae* – *lex scripta*) hier noch ausgeklammert; sie werden in Teil II 4 behandelt.

[74] S. o. S. 30–35.

seiner Ansicht das „Naturrecht" – die Grundlage einer wissenschaftlichen Systematisierung des Rechts bilden und worin die materielle Substanz des Naturrechts besteht; im übrigen aber gibt es in *de legibus* nicht eine einzige Stelle, welche die Annahme rechtfertigen könnte, daß Cicero eine Systematisierung oder eine logisch-systematische Deduktion des positiven Rechtes vom „Naturrecht" her beabsichtigt hat[75]. Schließlich ist auch die Interpretation von K. Büchner nicht unproblematisch; denn sie hängt untrennbar mit der sogenannten Überarbeitungshypothese zusammen, die bereits eine längere forschungsgeschichtliche Tradition hat[76]. Diese Hypothese jedoch ist inzwischen von P. L. Schmidt und A. Hentschke mit guten Argumenten wohl endgültig widerlegt worden[77]. Aber ganz abgesehen davon, abgesehen auch von der durch nichts bewiesenen Erwartung K. Büchners, auf I 18 ff. (und II 8 f.) hätte – anders als auf II 9 ff. – ein konstruiertes Gesetzesrecht[78], ein Naturrecht „prinzipiellerer" Art als das von Cicero tatsächlich formulierte Recht folgen müssen[79]: kann man bei Cicero überhaupt eine Unterscheidung von Naturrechten treffen, die abgestufte Grade von Verbindlichkeit beanspruchen? Wurde hier nicht vielleicht die Unterscheidung moderner – wohl auf Augustinus zurückgehender – Naturrechtslehren zwischen primärem (statischem) und sekundärem (dynamischem) Naturrecht[80] in das Gesetzeswerk hineinprojiziert? In Ciceros Schrift *de re publica* jedenfalls, deren geistige Grundlagen mit denen von *de legibus* übereinstimmen[81], besteht das Wesen des *ius naturae* darin, daß es dem Anspruch nach für alle Menschen gilt, daß es unveränderlich ist und daß es gleiche Sachverhalte überall auf der

---

[75] Gleicher Einwand gegen A. HENTSCHKE (vgl. oben S. 28) wie auch K. BÜCHNER (dazu weiter unten) und J. BLÄNSDORF, S. 141. – Zu den Aussagen über ein „System" in *leg.* II 46 (ff.) siehe unten Teil III 5b, S. 91ff.

[76] Vgl. SCHMIDT, Abfassungszeit, S. 15ff.

[77] SCHMIDT, ABFASSUNGSZEIT, S. 221–258, zu BÜCHNER bes. S. 229ff., 237ff. – HENTSCHKE, S. 119ff. Vgl. RAWSON, Interpretation, S. 337f.

[78] Wie soll man sich im übrigen eine vom „Ziel des Menschen" ausgehende „Konstruktion" konkret vorstellen? – Vgl. auch HENTSCHKE (oben S. 28), HARDER (oben S. 36).

[79] Im Hintergrund scheint die von der Quellenkritik herkommende These zu stehen, die „Quelle" Ciceros hätte, anders als dieser, „Vernunftgesetze" (?) aufgeführt: vgl. PHILIPPSON, oben Anm. 29.

[80] Vgl. SCHILLING, Naturrecht, S. 9, 36f.; STRAUSS, S. 157–159; SCHULZ, Prinzipien, S. 23f.; VERDROSS, Primäres Naturrecht, S. 447–450; FUCHS, Lex naturae, S. 81ff. Vgl. auch WOLF, Problem, S. 148ff. Gelegentlich wird diese Unterscheidung auch schon bei der Stoa vermutet: TROELTSCH, Naturrecht, S. 248f.; vgl. STRAUSS, S. 159; FUCHS, Lex naturae, S. 82; VERDROSS, Statisches, S. 21f. – BADER spricht in „Würdigung und Kritik" (S. 124–127) davon, daß bei Cicero von „einem heutigen Verständnis aus ... die Problematik der Beziehung eines sich geschichtlich durchhaltenden zu einem sich wandelnden Naturrecht nicht aktuell werden konnte" (S. 126).

[81] SCHMIDT, Abfassungszeit, S. 180ff.

Welt in gleicher Weise regelt[82] – ein solches Naturrecht wäre ohne jede Nuancierung „prinzipiell".

Über die Relevanz der Frage nach Ciceros Verständnis des Naturrechts und nach der Grundkonzeption von *de legibus* für die Erforschung des naturrechtlichen Denkens in der Antike ebenso wie für die moderne Diskussion um das Naturrecht, die auf das antike Denken bis auf den heutigen Tag nicht verzichtet hat, braucht man wohl kaum noch viele Worte zu verlieren (vgl. oben Teil I d). Schon ein flüchtiger Blick in die historische, juristische, philosophische und philologische Literatur[83] kann etwaige Unklarheit über den hohen Stellenwert der Anschauungen Ciceros beseitigen.

Aber es geht in *de legibus* nicht weniger, ja sogar in erster Linie um politische Fragen: einerseits um das Problem der inneren Ordnung Roms, andererseits – und dies ist Gegenstand der vorliegenden Arbeit – um das Problem einer sei es imperialen, sei es hegemonialen Ordnung der Welt[84]. Cicero hat die Absicht bekundet, seine Lösungsvorschläge von philosophischen Grundsatzentscheidungen her auszuarbeiten[85]. Damit ist der Forschung die Aufgabe gestellt zu prüfen, ob tatsächlich[86] und in welcher Form und mit welchen politischen Konsequenzen er seinen Plan verwirklicht hat. Diese Arbeit wiederum läßt sich nur durchführen, wenn ein möglichst zuverlässiges Bild von seinen philosophischen Anschauungen vorliegt. Das ist jedoch, wie sich gezeigt hat, nicht der Fall; in dem vorangegangenen Überblick haben sich die Interpretationen teils als unzutreffend, teils als wenig gesichert erwiesen. Daher soll Ciceros Rechts- (und Gesetzes-) Theorie im Rahmen der Grundkonzeption von *de legibus* anschließend noch einmal untersucht werden. Erst danach kann die von ihm vorgeschlagene Ordnung der Welt zur Sprache kommen.

2. Die Disposition des Gesetzeswerkes (I 10–17)

Dem Aussagewert einer jeden Untersuchung von *de legibus* setzt der Überlieferungszustand dieser Schrift[1] enge Grenzen. Gleichwohl dürfte es möglich sein, in der Frage nach Ciceros Rechtsdenken ein Stück weiterzukommen.

---

[82] Erschlossen aus den von Philus/Karneades vorgetragenen Gegenargumenten *rep*. III 13, 17, 18, 21. Dazu im einzelnen unten Teil IV 9a.

[83] Vgl. oben Anm. 10 sowie das Werk von STRAUSS, passim.

[84] S.o. Teil I c.

[85] So in I 20.

[86] Zu den Zweifeln vgl. oben PHILIPPSON (Anm. 29), BLEICKEN (S. 28f.), HEUSS (S. 29f.).

[1] S.o. S. 2f.

Denn der zur Disposition (I 17) des Werkes hinführende Gedankengang und die Disposition selber sind lückenlos erhalten. Hier ist bereits nahezu alles gesagt, was für die vor uns liegende Problematik von Bedeutung ist. In dem Gespräch zwischen Cicero, Quintus und Atticus wird gleichsam unser Erwartungshorizont bestimmt und damit auch der Anspruch formuliert, an dem wir den Autor und sein Werk schließlich messen dürfen.

Cicero präsentiert sich den Lesern in I 1–17 als „Mittelpunkt eines geistigen Kosmos"[2]. Wir lernen ihn als den Dichter (I 1ff.), den potentiellen Historiker (I 5ff.), den *orator perfectus* (I 5 Ende), den produktiven Literaten (I 9) kennen, schließlich auch als den potentiellen *iuris consultus* (I 10). Der Anwalt[3] spielt nämlich mit dem Gedanken, im Alter nach der Väter Sitte im Lehnstuhl sitzend Rechtsauskunft zu erteilen[4]. Atticus bezweifelt, daß es je dazu kommen wird (I 11), während Quintus den Bruder hoffnungsfroh ermuntert, den Versuch zu wagen (I 12). Cicero aber möchte bei der ohnehin anstrengenden Tätigkeit als Anwalt vorerst nicht zusätzlich noch die *iuris interpretatio* übernehmen[5]. Wir erfahren, daß er in seiner beruflichen Laufbahn immer den größten Wert darauf gelegt hat, die Aufgaben im Prozeß nur sorgfältig vorbereitet *(paratus)* und nach reiflicher Überlegung *(meditatus)* wahrzunehmen. Die erhoffte *iuris interpretatio* aber würde ihm die kostbare Zeit der geistigen Vorbereitung auf die Prozeßreden *(dicendi cogitationem)* entziehen, ohne die er sich an keinen bedeutenderen Fall *(maior causa)* herangewagt habe (ebd.).

a. Der Gegenstand (I 13–15)

Eine solche *maior causa* – freilich in übertragenem Sinne – legt nun Atticus dem Freunde vor. Zuerst bittet er ihn (I 13), „eben diese Dinge" den Gesprächspartnern zu erklären. Wir verstehen unter diesen „Dingen" *(ista ipsa)* das *parari*, das *meditari*, die *dicendi cogitatio* – kurz: die geistige Vorbereitung, von der Cicero gerade gesprochen hatte[6]. Über deren Gegenstand läßt uns Atticus (ebd.) nicht im unklaren. Es ist „das Recht" *(ius)*, dessen Stu-

---

[2] SCHMIDT, Grundfragen, S. 140 (ff.). Dazu auch POHLENZ, Eingang, S. 417ff.; HENTSCHKE, S. 126ff.

[3] Vgl. WIEACKER, Cicero als Advokat (hauptsächlich zu *pro Q. Roscio* und *pro Quinctio*), passim. – Cicero als Historiker: vgl. RAWSON, Cicero the Historian, S. 37ff., 42ff.; PETZOLD, S. 254, 259ff., 275f.

[4] Vgl. den entsprechenden Plan des Crassus, Ciceros *porte-parole,* in *de orat.* I 199f.

[5] Zu *interpretatio* siehe in der gleichnamigen Studie von M. FUHRMANN S. 94f. Dazu auch KASER, PR I, S. 212ff.

[6] Gegen KENTER, S. 63: gemeint sei die *iuris interpretatio.*

dium sich Cicero seit frühester Jugend widmet. Die „*maior causa*", der die aus dem Studium „des Rechts" erwachsende geistige Vorbereitung zugute kommen soll, ist das *ius civile*, und sofern Cicero diese *causa* in der gewünschten Weise behandelte, würde – so Atticus – ein Buch *de iure civili* aus seiner Feder scharfsinniger *(subtilius)* als die Werke anderer Autoren über das gleiche Thema ausfallen. Und Atticus gibt mit Nachdruck seiner Überzeugung Ausdruck, daß der Freund bei allem Eifer für das Studium „des Rechts" und aller Leidenschaft für das anwaltliche Plaidoyer das *ius civile* nicht gering achtet.

In der Bitte des Atticus erscheint Cicero nun auch als potentieller Autor einer Schrift *de iure civili*[7]. Doch seine Antwort ist zunächst ausweichend (I 13): es sei ein langes Gespräch, wozu der Freund ihn da auffordere[8], und dieses Gespräch solle sich nicht auf ein einziges Thema konzentrieren, sondern (I 14) von einem zum anderen übergehen *(aliud ex alio quaerere)*. Den Anfang macht er nach dem Wunsch des Atticus mit einer Darlegung seiner Ansicht über das *ius civile*, die er mit einer herben Kritik der Jurisprudenz verbindet (ebd.)[9].

Es seien höchst bedeutende Persönlichkeiten gewesen, so erklärt er, die als *iuris consulti* tätig waren *(qui id* – sc. das *ius civile* – *interpretari populo et responsitare soliti sint)*. Sie hätten etwas Großes *(magna)* zu ihrer Profession gemacht, tatsächlich jedoch sich nur mit Kleinigkeiten *(parva)* abgegeben *(sed eos magna professos in parvis esse versatos)*. Für Cicero nämlich ist das *ius civile* vom Begriff her – im Gegensatz zur Terminologie der Jurisprudenz seiner Zeit – offenkundig gleichbedeutend mit dem *ius civitatis*[10], und wenn

---

[7] Vgl. SCHMIDT, Grundfragen, S. 150f.

[8] KENTER, S. 66: die Formulierung *in longum sermonem me vocas* erinnert an *in ius vocare* (vor Gericht laden); vgl. *tab.* I 1 der *XII tabulae* (*Si in ius vocat* = Cic. *leg.* II 9), RICCOBONO, Fontes I, S. 26. Siehe auch *agere* in der Antwort Ciceros (vor Gericht verhandeln). – Zu *in ius vocare*: KASER, RG, S. 59f., 72; vgl. auch SCHULZ, Geschichte, S. 63f.; GEORGESCO, S. 193ff.

[9] Zur Interpretation vgl. GEORGESCO, S. 198f. – Ciceros Einstellung zu den *iuris consulti*: SCHULZ, Geschichte, S. 48ff.; SCHMIDT, Abfassungszeit, S. 132ff.; NÖRR, Rechtskritik, S. 84ff. – Vgl. auch WIEACKER, Privatrechtsgeschichte, S. 162f., Anm. 47, und GÖRLER, Untersuchungen, S. 77. – Zu *iuris consulti* allgemein: WENGER, S. 479ff.; SCHULZ, Geschichte, S. 57ff.; KUNKEL, Herkunft, S. 38ff.; v. LÜBTOW, Cicero, passim; ders., Volk, S. 538ff.

[10] Vgl. die etymologisierende Definition von *res publica* als *res populi*, *rep.* I 39 (Lit. bei SCHMIDT, *rep.*, S. 318f.; SUERBAUM, *rep.*, S. 74f.). – Zur Etymologie als grundlegendem Teil philosophischer wie juristischer Argumentation siehe Cic. *part. orat.* 41; *top.* 35 (u.ö.). – Im konventionellen Sprachgebrauch bedeutet *ius civile* den privat- und zivilrechtlichen Teil des „*ius civitatis*": SCHULZ, Geschichte, S. 87f.; KASER, PR I, S. 198–202; ders., RG, S. 128–134; CANCELLI, Interpretazione, S. 211ff.

ein Begriff die adäquate Bezeichnung für eine Sache ist, *ius civile/civitatis* also das gesamte Recht eines Gemeinwesens bezeichnet[11], so kann es in der Tat nichts Größeres geben als dieses *(Quid enim est tantum quantum ius civitatis?)*. Gemessen an dem Großen also waren es Kleinigkeiten, womit sich die *iuris consulti* befaßt haben, und gemessen am neu bzw. von der Etymologie her richtig verstandenen *ius civile/civitatis* ist der Dienst, den sie leisten, mag er für das Volk auch notwendig sein *(populo necessarium)*, von äußerst geringer Bedeutung *(Quid autem tam exiguum quam est munus hoc eorum qui consuluntur?)*. Sie beschäftigen sich nämlich nur mit dem, was herkömmlich – nach Ciceros Meinung aber unzutreffenderweise – als *ius civile* gilt, d. h. mit Problemen des Privatrechts und des Zivilprozeßrechts[12], und lassen die übrigen Bereiche des nach seinem Verständnis das ganze Recht einschließenden *ius civile/civitatis* (z. B. das *ius publicum*) außer Betracht[13].

Aber nicht nur unter dem Gesichtspunkt der Enge des traditionellen Fachgebietes erfährt ihr Dienst in I 14 Kritik, sondern auch im Hinblick auf die Art, in der man ihn ausgeübt hatte. Cicero will nicht bezweifeln, daß die *iuris consulti* mit dem Großen, dem *ius civile/civitatis*, das er jetzt sogar *universum ius* nennt[14], vertraut gewesen sind *(Nec...fuisse expertis)*. Doch nicht einmal den begrenzten Teil des Ganzen – geschweige denn das Ganze – , nicht einmal das von ihnen als *ius civile* Bezeichnete *(hoc civile quod vocant)*[15], haben sie in der angemessenen Weise behandelt. Wörtlich sagt Cicero (I 14): *sed hoc civile quod vocant eatenus exercuerunt, quoad populo praestare voluerunt; id autem in cognitione tenue est, in usu necessarium.*

---

[11] SCHMIDT, Grundfragen, S. 151f. Vgl. VALENTE, S. 329; KENTER, S. 64f., 69; CANCELLI, Interpretazione, S. 211f., 222, 228. – Mit *ius civitatis* ist also nicht nur das *ius publicum* gemeint; so aber EHRLICH, S. 26; v. LÜBTOW, Volk, S. 312 mit Anm. 1147; SCHULZ, Geschichte, S. 54 mit Anm. 6; vgl. auch HENTSCHKE, S. 123. – *Ius civile* scheint in *Sest.* 91, *rep.* I 2 und *off.* III 69 ebenfalls das gesamte *ius civitatis* zu meinen. Sonst (in den Reden) bezeichnet *ius civitatis* das Bürgerrecht: *Verr.* II, I 13; III 66; IV 26; V 123, 124, 141; *Caecin.* 102; *Arch.* 11; *Balb.* 29; *Phil.* XII 27; vgl. *de orat.* I 184, *Caecin.* 76, *dom.* 32.

[12] Vgl. oben Anm. 10.

[13] Vgl. SCHULZ, Geschichte, S. 54. – Zum Beruf des *iuris consultus* siehe die oben Anm. 9 genannte Literatur sowie noch CANCELLI, Revisione, passim.

[14] Vgl. EHRLICH, S. 75; CANCELLI, Interpretazione, S. 212. – DU MESNIL, *leg.*, S. 27, faßt dies zu Unrecht als *ius naturae* auf; ebenso VALENTE, S. 329, und KENTER, S. 69f., der – trotz SCHMIDT, Grundfragen, S. 152 mit Anm. 2 – zu allem Überfluß mit Berufung auf VALENTE, S. 393–395, das *ius gentium* (als *ius naturae*) ins Spiel bringt. – Unzutreffend auch GEORGESCO, S. 198: Cicero preise mit *ius civitatis* und *universum ius* das Fachgebiet der *iuris consulti* („la grandeur du droit civil"). – Zu *universum ius* vgl. auch *de orat.* III 136, wo Crassus/Cicero angesichts der Generation z. B. eines Cato (ebd., III 135) das „Fachidiotentum" seiner eigenen Zeit geißelt.

[15] Ähnliche Formulierungen dann auch in *leg.* I 17: *hoc civile quod dicimus; nostri ... populi ... quae vocantur iura civilia.*

Das Ziel dieses Vorwurfes ist auf den ersten Blick nicht ganz klar. Cicero begnügt sich mit Andeutungen. Will er sagen, die *iuris consulti* hätten sich mit dem sogenannten *ius civile* insoweit befaßt, „als sie es für das Volk vertreten wollten"; dies aber sei „in der Theorie unwesentlich", in der Praxis notwendig[16]? Oder geht sein Vorwurf nicht vielmehr dahin, daß die Juristen mit dem ohnehin beschränkten Fachgebiet nach Maßgabe ihres Wunsches umgegangen sind, Macht über das Volk auszuüben oder sich doch wenigstens einen gesellschaftlichen Vorrang zu sichern *(quoad populo praestare voluerunt)*[17]? Für diese Interpretation[18] sprechen jedenfalls in anderen Schriften Ciceros – z. B. *pro Murena, de oratore* – klare Stellungnahmen teils zur pontifikalen Jurisprudenz der Frühzeit Roms, teils zur Jurisprudenz seit der (angeblichen) „Profanierung" der Rechtskunde durch Cn. Flavius, den Sekretär des Juristen Appius Claudius Caecus[19]. Die Juristen, meint Cicero, hätten das Volk zu Anfang in Ungewißheit gehalten, dann – nach der „Tat" des Cn. Flavius – ihren maßgebenden Einfluß aufrecht zu erhalten versucht, indem sie durch komplizierte Formulierung rechtlicher Sachverhalte den Anschein erweckten, über eine Art höheren Wissens zu verfügen[20].

Das sogenannte *ius civile* ist jedoch, so heißt es in *de legibus* (I 14), im Hinblick auf den Erwerb des für die Praxis notwendigen Wissens in Wahrheit ohne Probleme *(id autem in cognitione tenue est)*[21]; es macht keine Schwierigkeit, sich die Kenntnis dieser begrenzten Rechtsmaterie anzueignen. Auch hier wieder dürften wir an Äußerungen Ciceros in früheren Schriften denken. Sie lassen klar erkennen, daß mit der *cognitio* des (sogenannten) *ius civile* nicht „theoretische Vertiefung"[22], „Theorie"[23], „Erkenntnis" oder „tiefere Einsicht" gemeint ist, sondern ganz vordergründig die schulmäßig leicht erwerbbare Kenntnis der Materie. In *de orat.* I 185 etwa spricht Cras-

---

[16] BADER, S. 12. – BÜCHNER, *leg.*, S. 10: „wie sie es dem Volk darbieten wollten"; „in der Erkenntnis unbedeutend". – ZIEGLER, *leg.*, Akademie-Ausgabe, S. 221: „als sie der Öffentlichkeit damit dienen wollten"; „für eine tiefere Einsicht von geringer Bedeutung". – Vgl. DE PLINVAL, *leg.*, S. 8: „dans la mesure où ils voulaient le mettre à la disposition du public"; „cela, en théorie, est bien mince".

[17] *Praestare* ohne Akkusativobjekt; die Übersetzungen (vorige Anmerkung) nehmen aber stillschweigend ein solches an.

[18] Bereits DU MESNIL, *leg.*, S. 27, hat sie vertreten; abgelehnt von SCHMIDT, Grundfragen, S. 152 mit Anm. 2.

[19] SCHULZ, Geschichte, S. 11 f.

[20] Siehe Cic. *Mur.* 25 (ff.); *de orat.* I 186. Vgl. auch die gegenüber *Mur.* recht milde Version des Vorwurfes in *leg.* II 47.

[21] Die Übersetzungen (oben Anm. 16) scheinen *id* nicht auf *hoc civile quod vocant*, sondern auf *eatenus exercuerunt quoad* etc. zu beziehen. Dann aber hätte Cicero die Frage des Atticus nach dem Wert des (sog.) *ius civile* nicht beantwortet.

[22] SCHMIDT, Grundfragen, S. 153.

[23] BADER, DE PLINVAL: oben Anm. 16; dort auch die folgenden.

sus (Cicero) über den *discendi labor*, dessen es zur *cognitio iuris (civilis)* bedarf, und er erinnert daran, daß sogar sein gegenwärtiger Gesprächspartner, der berühmte Jurist Q. Mucius Scaevola *(p. m.)*, auf die Frage, ob die *cognitio iuris (civilis)* schwierig oder leicht sei, geantwortet hat: *nullius artis sibi faciliorem cognitionem videri*[24]. Und eben den Zwecken der *cognitio* soll erklärtermaßen das Programm einer Systematisierung des (sogenannten) *ius civile* dienen[25], das der Redner Crassus in *de orat.* I 186–190 (II 83 und 142) aufstellt[26]. Dessen Realisierung, methodisch im Sinne der skeptischen Akademie, hatte Ciceros Freund Servius Sulpicius Rufus, der Jurist, wohl bereits im Jahre 55, zur Zeit der Abfassung von *de oratore* also, in Angriff genommen, und er hat das Werk auch zu Ciceros größter Zufriedenheit ausgeführt[27].

Der Vorwurf in *leg.* I 14 scheint sich also dagegen zu richten, daß die Juristen um ihres Prestiges willen den Eindruck erwecken, die Materie ihres begrenzten und überdies noch ungeordneten[28] Fachgebietes sei schwer zu erlernen. Da mag es die *iuris consulti* wenig getröstet haben, daß Cicero betont, die von ihnen (unzureichend) bearbeitete Materie, die zudem aus seiner Sicht ja nur einen Ausschnitt aus dem *ius civitatis/civile/universum* darstellt, sei für das tägliche Leben notwendig *(in usu necessarium)*[29]. Jeden-

---

[24] Siehe auch *Mur.* 25 und 28. – Scaevola hat, nach der von Cicero allerdings abgelehnten stoischen Methode, ein 18bändiges Werk *de iure civili* verfaßt und damit erstmals den Versuch einer umfassenden Systematisierung des vorhandenen Materials *(responsa* etc.) unternommen. Dazu die schöne Studie von BEHRENDS, Wissenschaftslehre, S. 281 (19) ff., in Auseinandersetzung u. a. mit SCHULZ, Geschichte, z. B. S. 111 ff. Vgl. auch WIEACKER, Verhältnis, S. 463 ff. – Zu *cognitio* im oben ausgeführten Sinne siehe *de orat.* I 193 und 197; vgl. auch *top.* 9: Ciceros Definition des *ius civile* als *aequitas constituta eis qui eiusdem civitatis sunt ad res suas obtinendas; eius autem aequitatis utilis est cognitio; utilis est ergo iuris civilis scientia.*

[25] Vgl. die Kritik des Redners Antonius, *de orat.* II 142, an den gängigen Werken, die den Stoff der *responsa* nicht systematisch nach Sachgebieten, sondern *nominatim* aufführen.

[26] Vgl. WIEACKER, Verhältnis, S. 462 f.; FUHRMANN, Interpretatio, S. 97. – Einstweilen, d. h. bis „Crassus" seinen Plan verwirklicht hat bzw. bis zum Abschluß der Arbeiten des Servius, ist man noch darauf angewiesen, aus mühsam zusammengetragenen Bruchstücken sich selbst ein einigermaßen zuverlässiges Bild zusammenzustellen: *de orat.* I 191.

[27] BEHRENDS, Wissenschaftslehre, S. 268 (6) – 281 (19), bes. S. 269 (7) mit Anm. 21; dort auch die ansprechende Vermutung, Cicero habe zur Zeit von *de oratore* (56/55) mit der Arbeit des Servius gerechnet. Vgl. SCHULZ, Geschichte, S. 82–84; WIEACKER, Verhältnis, S. 467 ff.; SCHMIDT, Abfassungszeit, S. 132 ff.

[28] Vgl. oben Anm. 25 f.

[29] Die Lebensnotwendigkeit und den hohen „Gebrauchswert" des *ius civile* (im konventionellen Sinne) preist Cicero z. B. *Caecin.* 70–75; *de orat.* I 188; vgl. *top.* 9 (zit. oben Anm. 24). – Die gleiche Zusammenstellung von *cognitio* und *usus* auch in *de orat.* III 38 (vgl. 88), hier ebenfalls nicht im Sinne einer Unterscheidung von Theorie und Praxis (vgl. oben S. 44), sondern zur Charakterisierung des Gegenstandes als leicht erlernbar.

falls hat er damit aber – und das ist für den Fortgang des Gespräches im hochsommerlichen Arpinum ausschlaggebend – die Bitte des Atticus um eine Beurteilung des *ius civile* (konventionell verstanden) hinreichend deutlich beantwortet: das von den Juristen als *ius civile* Bezeichnete *(ius civile quod vocant)* ist nur ein Teil des gesamten Rechts eines Gemeinwesens *(ius civitatis, universum ius)*; es ist – wie auch der Dienst der Juristen – für den Bestand des Gemeinwesens notwendig *(necessarium)*. Cicero achtet es also, wie Atticus schon angedeutet hatte (I 13), sicher nicht gering. Aber geradezu indigniert weist er zum Schluß (I 14) in der Form einer Suggestivfrage das mögliche Ansinnen zurück, die Materie des Privatrechts und des Zivilprozeßrechtes[30] zu behandeln: einerseits hätten dies schon viele andere vor ihm mit Sorgfalt *(diligenter)* getan, andererseits sei die Materie dieses Teilgebietes von geringerer Bedeutung *(humiliora)* als das, was man seiner Ansicht nach von ihm erwarte.

In I 14 ist somit der Erwartungshorizont der Leser des Gesetzeswerkes negativ abgegrenzt: Cicero stellt sein Vorhaben nicht in die römische Tradition der Werke *de iure civili*[31]; vielmehr lehnt er es ab, die Materie des unzureichend so genannten *ius civile* und das Problem der Vermittlung seiner Kenntnis *(cognitio)* mittels Systematik zum Mittelpunkt des gegenwärtigen Gespräches[32] zu machen. Als ersten Hinweis auf das Thema von *de legibus* aber dürfen wir das noch gleichsam im Raume stehende Lob des „Großen" auffassen, des *ius civitatis*, des *universum ius*. Als Thema zeichnet sich das „gesamte Recht eines Gemeinwesens" ab.

Nachdem nun also das (sogenannte) *ius civile* angesichts des „Großen" *(ius civitatis, universum ius)* als geringfügig eingestuft ist, formuliert Atticus im Sinne des von Cicero vorgeschlagenen (I 14) *aliud ex alio quaerere* seine Erwartungen. Er erinnert (I 15) an das Werk des Freundes *de re publica (de optimo rei publicae statu)* und bezeichnet es als konsequent, wenn Cicero, dem bewunderten Vorbild Platon folgend, jetzt auch ein Werk *de legibus* verfaßt. Cicero präzisiert in seiner Antwort (ebd.): wie Platon mit dem Kreter Clinias und dem Spartaner Megillus *de institutis rerum publicarum ac de*

---

[30] Als *partes pro toto* nennt er das Recht von Dachtraufen und Hauswänden sowie Stipulations- und Prozeßformeln; dazu KENTER, S. 70f. – Vgl. oben Anm. 9 und 10.

[31] So schon S. W. ZIMMERN, Geschichte des römischen Privatrechts bis Justinian, Bd. I. Heidelberg 1826, S. 289f. (mir nicht zugänglich; zustimmend zitiert von GEORGESCO, S. 191 mit Anm. 1). Anders, jedoch zu Unrecht, SCHMIDT, Grundfragen, S. 150 mit Anm. 2: Ciceros Schrift werde (schon *leg.* I 13) „in die Tradition der Werke ‚de iure civili'" hineingestellt. Aber Cicero schreibt *de legibus*, und er behandelt hier (u. a.) Sakral- und Verfassungsrecht (Buch II und III).

[32] Anders wohl in der nicht erhaltenen Programmschrift *de iure civili in artem redigendo* (BEHRENDS, Wissenschaftslehre, S. 269 (7) f.).

optimis legibus disputiert habe, so wolle man nunmehr gleichfalls zu dritt über eben diese Dinge *(isdem de rebus)* eine etwas ausführlichere Untersuchung anstellen, als der forensische Alltag erfordert *(quaeramus...aliquid uberius quam forensis usus desiderat)*[33].

Damit steht also endlich der Gegenstand des Gespräches fest: *de institutis rerum publicarum ac de optimis legibus.* Auf dem Hintergrund des Werkes über den *optimus status rei publicae,* das als bekannt vorausgesetzt wird[34], will man über rechtliche Institutionen „von Gemeinwesen", also nicht nur über die der römischen *res publica*[35], sowie insbesondere *(ac)* über „beste Gesetze" sprechen.

Schon in dieser Formulierung deutet sich die Problematik des Qualitätsmaßstabes an; denn wer von besten Gesetzen spricht, denkt gleichzeitig an Recht und Gesetz von minderer Qualität. Wenn wir dem Großteil der Forschung Glauben schenken dürften, hätte Cicero im Folgenden einen aus der *natura hominis* abgeleiteten Katalog von ethischen Normen aufgestellt, diesen als *ius naturae* verstanden und das solchermaßen inhaltlich bestimmte *ius naturae* zur Norm der *(optimae) leges* gemacht[36]. Aber gegen diese Ansicht haben sich bereits schwerwiegende Bedenken erhoben[37]. Die Vorbehalte verstärken sich, wenn wir nun sehen, wie Cicero in den folgenden Kapiteln I 16 und 17 das Programm seines Vorhabens entwickelt.

b. Das Programm (I 16–17)

Nach Ciceros Meinung (I 16) tritt bei keinem Gegenstand wissenschaftlicher Erörterung klarer zutage *(nullo in genere disputando magis patefieri)*[38] – und

---

[33] Vgl. I 14: *in usu necessarium.* – Zur platonisch beeinflußten Szenerie des Gespräches siehe POHLENZ, Eingang, S. 410ff. HENTSCHKE, S. 126ff., weist auch auf Ciceros „Nachbildung platonischer Dialogtechnik" hin; vgl. HIRZEL, Dialog, S. 471ff. – Auf die sachlichen Unterschiede zwischen Cicero und Platon hatte ich bereits in Teil I b aufmerksam gemacht (S. 7ff.).

[34] Siehe auch *leg.* I 20, 27; II 23; III 4 und 12.

[35] Auf den Plural macht KNOCHE, Verbindung, S. 43, mit Nachdruck aufmerksam. Zur Sache siehe unten Teil IV 8 und 9.

[36] S.o. Teil II 1a.

[37] S. o. S. 30–35.

[38] So der Text von ZIEGLER, *leg.,* Akademie-Ausgabe, S. 220. – Die Stelle ist schlecht überliefert: *disputandi* H²; *magis* H in marg.; *honesta* (vor *patefieri*) V = ABH. Text (ZIEGLER)/GÖRLER, *leg.,* S. 28 (vgl. S. 116): *nullo in genere disputando +honesta+ patefieri.* – SCHMIDT, Grundfragen, S. 155 mit Anm. 1, tilgt *honesta* (vgl. auch POHLENZ, Eingang, S. 422ff.) und liest gegen ZIEGLER *disputandi* statt *disputando;* so auch DE PLINVAL, *leg.,* S. 9 (der zudem *potest* vor *magis* einfügt), und KENTER, S. 75. Demgegenüber bleibt BÜCHNER, Konstanten, S. 28, mit Recht bei *disputando:* „es handelt sich nicht um eine

zwar nirgends klarer als bei einem wissenschaftlichen Gespräch über *instituta rerum publicarum* und *optimae leges* –, was dem Menschen von der Natur zugeteilt wurde; welche Fülle bester Dinge im menschlichen Geist liegt; welche Anlage auszubilden und zur Wirkung zu bringen die Menschen geboren sind; welches die Verbindung, die natürliche Gemeinschaft der Menschen untereinander ist. Wenn dies nämlich erklärt sei, könne „die Quelle der Gesetze und des Rechts" *(fons legum et iuris)* gefunden werden.

Mit der Kombination der Begriffe *leges* und *ius* meint Cicero hier wie auch sonst Recht in Gesetzesform und, wie etwa *mores*, Recht außerhalb von Gesetzen[39], insgesamt also das, was man gemeinhin als positives Recht bezeichnet[40]. Es wäre jedoch von vorneherein falsch, auf Grund der zitierten Stelle anzunehmen, die Suche nach dem *fons legum et iuris* diene dem Ziel, grundsätzlich alle positiven Normen, die in Geltung sind oder waren, einer bestimmten Quelle zuzuweisen. Wir müssen vielmehr Ciceros erklärte Absicht im Auge behalten, über *optimae leges* zu sprechen: über „bestes" Gesetzesrecht. Dabei denkt er, wie schon gesagt, gleichzeitig an „schlechtes" Gesetzesrecht, an gesetzte Normen, die gewiß nicht der gleichen Quelle entspringen und daher streng genommen womöglich gar nicht als Rechtsnormen bzw. Gesetze bezeichnet werden dürften[41]. Es geht ihm also um die Quelle

---

Sonderart der Diskussion" *(genus disputandi)*, sondern um einen zu erörternden Gegenstand *(genus disputandum)*. BÜCHNER (ebd. und *leg.*, S. 11) übersetzt dann aber doch seltsamerweise: „Art der Erörterung". – Richtig BADER, S. 13: „Gebiet wissenschaftlicher Erörterung". Vgl. ZIEGLER, *leg.*, Akademie-Ausgabe, S. 221: „durch gründliche Untersuchung". – Gegen SCHMIDT (s. o.) will BÜCHNER (Konstanten, S. 28) *honesta* (statt *magis*) halten, sieht sich dann aber genötigt, *alio* hinter *nullo* einzuschieben und (in der Übersetzung an beiden angeführten Orten) hinter *patefieri* einen Doppelpunkt zu setzen.

[39] Es handelt sich also nicht, wie KENTER (S. 79 und 143) meint, um eine Tautologie. – Zu *leges (lex)* und *ius* sowie *mores* siehe SCHULZ, Geschichte, S. 28, 88 f.; KASER, PR I, S. 195 f., 201 f., 205 ff.; GAUDEMET, Ius et leges, S. 226 ff.; BROGGINI, S. 41; BIONDI, S. 169 ff.; CANCELLI, Interpretazione, S. 205 ff.; NÖRR, Divisio, S. 1–19, 54–56; BLEICKEN, Lex publica, S. 67 ff., 348 ff., 354 ff. u. ö. – Zum sogenannten Gewohnheitsrecht (in Auseinandersetzung mit NÖRR, Divisio) siehe FLUME, Gewohnheitsrecht, z. B. S. 12 ff., 29 ff. – Vgl. Ciceros Aufzählung der *partes* des *ius civile* in *top.* 28: *id esse, quod in legibus, senatus consultis, rebus iudicatis, iuris peritorum auctoritate, edictis magistratuum, more, aequitate consistat.*

[40] KNOCHE, Verbindung, S. 43. – Vgl. die Begriffsbestimmung von RIEZLER, S. 25 f.: „Merkmal der Positivität des Rechts ist ... seine tatsächliche Geltungskraft, nicht seine Herleitung aus einer bestimmten Quelle; Normen sind ... alle anerkannten und geltenden Rechtssätze, nicht nur die gesetzlichen. Der Gegensatz zum positiven Recht ist nicht das außerhalb des Gesetzes stehende Recht, sondern das bloß als Vorstellung und Wunsch existierende Rechtsideal. Zum positiven Recht gehören also ... auch das Gewohnheitsrecht und die allgemein anerkannten Auslegungsgrundsätze, aber auch ... die Verfassungsgrundsätze, die völkerrechtliche Staatenpraxis, die völkerrechtliche comity". Vgl. auch KELSEN, Reine Rechtslehre, S. 4–15, 200 ff.

[41] Davon wird weiter unten noch die Rede sein: S. 53 f., 57, 62 ff., 66 f., 80 u. ö.

von Normen, die – mögen sie auf Setzung beruhen oder einen anderen Geltungsgrund haben *(leges et ius)* – wirklich Rechtsnormen sind. Es geht ihm, anders ausgedrückt, um die Norm, an der gemessen positive Normen als Recht anerkannt zu werden verdienen.

Welches aber ist nun die Quelle, sozusagen die Meta-Norm von positiven Rechtsnormen? Die Philosophie, das Naturrecht, das Naturgesetz?

Cicero spricht in I 16 nur vom Weg zum *fons legum et iuris.* Die Quelle selbst nennt er noch nicht beim Namen. Denn wenn er sagt, nach Erklärung dessen *(his explicatis)*, was die *natura* dem Menschen mitgegeben und aufgegeben habe, könne man die Quelle finden, so besagt dies, daß die Philosophie (Anthropologie) gleichsam der Weg ist, der zur Quelle führt. Es besagt also nicht, daß die Philosophie (oder implizit Naturrecht und Naturgesetz) die Quelle der „optimalen" Rechtsnormen sein soll. Bei unbefangener Lektüre des Abschnittes gewinnt man vielmehr den Eindruck, daß Cicero seinen Gesprächspartnern den Gedanken suggeriert, die *natura* sei der *fons legum et iuris*[42]: wenn man vermittelst philosophisch-anthropologischer Überlegungen erfahren hat, welche Gaben und Aufgaben dem Menschen von seiten der *natura* zuteil geworden sind, wird man erkennen, daß die *natura* auch die Quelle solcher positiver Normen ist, die den Namen Rechtsnormen tragen dürfen.

Aber so weit ist Cicero in der Entwicklung seiner Konzeption hier noch nicht fortgeschritten. Er hat im Hinblick auf das Thema des Gespräches *(de institutis rerum publicarum ac de optimis legibus)* den *fons legum et iuris* nur problematisiert; er hat zu verstehen gegeben, daß er das Problem mit Hilfe der Philosophie (Anthropologie) einer Lösung zuführen will, und er hat schließlich auch die Lösung selbst schon angedeutet.

Atticus kommt nun in einer Zwischenbemerkung (I 17: *Non ergo* etc.) zu dem Schluß: nach Ciceros Meinung dürfe „also" die Rechtswissenschaft *(iuris disciplina)* nicht – wie es die Ansicht der heutigen und früheren *iuris consulti* war bzw. ist – aus dem *edictum praetoris* oder aus den *XII tabulae*, sondern müsse „aus dem Innersten der Philosophie geschöpft werden" *(ex intima philosophia haurienda)*[43]. Damit ist dem Umgang der Juristen mit dem

---

[42] BÜCHNER, Konstanten, S. 29; KNOCHE, Verbindung, S. 42; vgl. auch SCHMIDT, Grundfragen, z.B. S. 155, und ders., Abfassungszeit, S. 230. KNOCHE und SCHMIDT haben diese Erkenntnis aber nicht konsequent ausgewertet.

[43] Zu *iuris disciplina* vgl. BÜCHNER, *leg.*, S. 12: „Rechtswissen"; BADER, S. 13: „Kenntnis des Rechts"; DE PLINVAL, *leg.*, S. 10: „connaissance du droit"; ZIEGLER, *leg.*, Akademie-Ausgabe, S. 223: „Lehre vom Recht"; WATSON, Law Making, S. 31 und 120: „science of law"; SCHMIDLIN, Regula iuris, S. 92 mit Anm. 4: „Rechtswissenschaft". – Im Gegensatz dazu aber VILLEY, Rückkehr, S. 284: das Recht leite sich aus der Philosophie ab; ebenso STROUX, Griechische Einflüsse, S. 98; v. LÜBTOW, Cicero, S. 234; vgl. KENTER, S. 247. – Richtig schon F. SUÁREZ (leg. prooem. 79), der unter *iuris disciplina* bei Cicero die *iuris*

ohnehin begrenzten Fachgebiet des (sogenannten) *ius civile*[44] die Wissenschaftlichkeit abgesprochen: es fehlt die philosophische Fragestellung als Kriterium der Wissenschaftlichkeit. Die *iuris consulti* bleiben gleichsam an der Oberfläche, wenn sie nach Maßgabe des jeweiligen Einzelfalles auf die positiven Normen zurückgreifen, die (u. a.) in den *XII tabulae* und im *edictum praetoris* niedergelegt sind[45], und haben es bisher versäumt, sogar das enge Fachgebiet zur Wissenschaft zu machen[46].

Cicero jedoch weitet zum einen rein quantitativ die Dimension der Beschäftigung mit dem Recht aus, indem er mit den *instituta rerum publicarum* und den *optimae leges* ganz allgemein die Rechtsmaterie gleich welchen Gemeinwesens und gleich welchen Fachgebietes (I 15,16) ins Auge faßt. Zum anderen aber – und das ist entscheidend – eröffnet er eine qualitativ neue Dimension, indem er die philosophische Frage nach der „Quelle", nach der Meta-Norm positiver Normen (I 16) stellt, um ein Kriterium zur Beurteilung von *instituta rerum publicarum* zu gewinnen und über „optimale", in *leges* gefaßte Rechtsnormen[47] sprechen zu können. So wird die Philosophie, die als Lehre von der *natura (hominis)* die Erkenntnis der Meta-Norm vermittelt, selber zu einer Quelle (vgl. I 17: *hauriendam*) – zur „Quelle", zum grundlegenden Bestandteil einer alle Gebiete des Rechts erfassenden Rechtslehre, die eben aus diesem Grunde und nur deshalb als eine Wissenschaft *(iuris disciplina)* angesprochen werden kann.

Cicero bestätigt diese Einsicht des Atticus (I 17: *Non enim* etc.). Im Unterschied zu den berühmtesten Juristen in Vergangenheit und Gegenwart[48] will er „nämlich" nicht – jedenfalls nicht jetzt[49] – unter Rückgriff auf die positiven Normen der *XII tabulae* und des *edictum praetoris* die Frage beantworten,

---

prudentia versteht (zit. bei BEJARANO SANCHEZ, S. 39). – Die Philosophie als „Quelle" von *artes*: Cic. *de orat.* I 9; *Tusc.* I 64 (vgl. I 1), u. ö.

[44] S. o. S. 43, 45 f.

[45] Aber nicht nur darin: siehe Cic. *top.* 28 (zit. oben Anm. 39). – Das Zwölftafelgesetz als „traditionelle Normengrundlage": KASER, PR I, S. 199; siehe auch BLEICKEN, Lex publica, S. 90 ff., bes. S. 93. Vgl. Cic. *de orat.* I 195 und Liv. III 34,6. – Zum *edictum praetoris*: KASER, PR I, S. 201 f., 205–209.

[46] Vgl. aber Cic. *de orat.* I 180, wo Q. Mucius Scaevola als *homo omnium disciplina iuris civilis eruditissimus* bezeichnet wird; er hatte ja tatsächlich – wenn auch methodisch nicht in Ciceros Sinne – das *ius civile* wissenschaftlich behandelt (s. o. Anm. 24). Die *iuris civilis disciplina* des Servius liegt zur Zeit von *de legibus* offensichtlich noch nicht vor (s. o. Anm. 26 f.). Cicero bescheinigt seinem Freund, er behandle das *ius civile* „*summa auctoritate et scientia*" (*leg.* I 17).

[47] Zur *lex* als „Instrument für normative Satzung" siehe BLEICKEN, Lex publica, S. 68 f.

[48] Servius Sulpicius Rufus. – Zu ihm und Q. Mucius Scaevola s. o. Anm. 24 ff. Vgl. auch KUNKEL, Herkunft, S. 14 und 25; SCHMIDT, Abfassungszeit, S. 99 f.; KENTER, S. 78 f.

[49] Zu dem in *leg.* I 10 angesprochenen Altersplan s. o. S. 41.

welche Klage- und Geschäftsformeln von Fall zu Fall aufzustellen sind *(quem ad modum caveamus in iure)* oder welche Rechtsauskunft jeweils bei privatrechtlichen und zivilrechtlichen Problemen zu erteilen ist *(quid de quaque consultatione respondeamus)*[50]. Schon sein Hinweis auf das *ius civitatis/universum ius* (I 14), die *instituta rerum publicarum* sowie die *optimae leges* (I 15) und den *fons legum et iuris* (I 16) erlaubte den Schluß, daß er die Normen selbst zum Gegenstand einer wissenschaftlichen Diskussion macht, und zwar die Normen nicht nur Roms und aller Gebiete seines Rechts (darunter auch seines sogenannten *ius civile*). In I 17 kündigt er nun an, er werde sich der *tota causa universi iuris ac legum* in der Weise bemeistern, daß das sogenannte *ius civile (hoc civile quod dicimus)* auf einen kleinen und engen Teil (der Natur)[51] eingeschränkt sei. Nicht nur die im gewöhnlichen Sprachgebrauch *ius civile* genannte, wie Atticus anfangs verlangt hatte, sondern die gesamte Rechtsmaterie *(universum ius ac leges)*[52] wird also zur „*causa*".

Aber nicht allein dies. Bereits in I 16 war die philosophische Dimension erkennbar geworden. Cicero will gedanklich hinter die Materie der positiven Normen zurückgreifen, sie „hinterfragen", indem er nach dem *fons legum et iuris* sucht. In I 17 wird jetzt die Philosophie an die Spitze des Programms von *de legibus* gestellt[53]; sie wird, nach dem Hinweis des Atticus am Anfang des Kapitels, sozusagen offiziell als Grundlage der folgenden Rechtslehre etabliert und verleiht so dem Vorhaben Ciceros im definierten Sinne den Charakter der Wissenschaftlichkeit. Vor seiner Behandlung der positiven Normen will Cicero nämlich das „Wesen des Rechts" erklären und es vom „Wesen des Menschen" herleiten *(natura enim iuris explicanda nobis est eaque ab hominis repetenda natura)*. Realisiert hat er dies in I 18ff. und II

---

[50] Zu *cavere* und *respondere* als den Hauptaufgaben (neben *agere*) der Kautelarjurisprudenz siehe SCHULZ, Geschichte, S. 57–62, bes. S. 59 und 61 (mit Anm. 7) zu Cic. *leg.* I 17; KASER, PR I, S. 186f., 210ff.; CANCELLI, Revisione, passim, bes. S. 625ff., 641.

[51] Text: *in parvum quendam et angustum locum concludatur naturae.* – Manitius (siehe ZIEGLER/GÖRLER, *leg.*, S. 28, App. zur Stelle; vgl. MOSER-CREUZER, S. 44f.) scheidet *naturae* aus; ihm folgen DE PLINVAL, *leg.*, S. 10, und KENTER, S. 79 (Dittographie, verursacht durch das unmittelbar folgende *natura enim* etc.). Eine sichere Entscheidung ist wohl kaum möglich. – SOMMER, S. 122f. mit Anm. 9, vermutet, Cicero orientiere sich an Aristoteles (NE V 10, 1134b); daher könne *naturae* „durchaus sachgemäß" sein.

[52] Zu *leges et ius* s.o. Anm. 39. – Daß *universum ius* hier nicht wie in *leg.* I 14 die Gesamtheit der Rechtsnormen nur eines einzigen Gemeinwesens bezeichnet, geht aus dem oben im Text Folgenden hervor. Vgl. auch SCHMIDT, Grundfragen, S. 156. – NÖRR, Rechtskritik, S. 58, betrachtet *leg.* I 17 als Beispiel für philosophische Kritik am römischen Recht; doch mit *ius civile* ist hier nicht das römische Recht als Ganzes gemeint, sondern nur das Fachgebiet der *iuris consulti* als Teil des *universum ius*.

[53] Zum Verhältnis von Programm und Ausführung siehe SCHMIDT, Abfassungszeit, S. 230ff.

7–14. Was nach I 12 die *dicendi cogitatio*, die *paratio*, die *meditatio* für das Durchfechten einer juristischen *causa* war, soll jetzt die Philosophie für die *tota causa universi iuris ac legum* sein.

Die positiven Normen werden entsprechend der Disposition von I 17 in zwei Schritten erörtert. Zuerst will Cicero mit Quintus und Atticus Gesetze „erwägen", nach denen *civitates* – also nicht nur die römische *civitas*[54] – regiert werden sollen *(considerandae leges quibus civitates regi debeant)*. Wir dürfen dies, gemäß dem Thema der Schrift (I 15), als die Ankündigung von *optimae leges* verstehen. Die Realisierung erfolgt in Gestalt eines *Codex* von Gesetzen *de religione* (II 19ff.) und *de magistratibus* (III 6ff.), denen sich wohl noch Gesetze *de iudiciis* (vgl. den Hinweis in III 47) und *de educatione/ disciplina* (vgl. III 29f.) angeschlossen haben bzw. anschließen sollten[55]. – Sodann *(tum*, I 17) sollen, wieder gemäß dem Thema des Werkes (I 15: *de institutis rerum publicarum)*, die bei den Völkern geltenden Normen *(iura et iussa populorum)* behandelt werden, darunter auch die sogenannten *iura civilia* Roms *(ne nostri quidem populi latebunt quae vocantur iura civilia*, I 17). Dies geschieht jeweils im Anschluß an den Text der eines der verschiedenen Gebiete des Rechts abdeckenden Gesetze (II 23ff., III 12ff.)[56], wobei dem römischen Recht gesonderte Abschnitte zugedacht sind (II 46ff.; III 48f. angekündigt, aber nicht erhalten).

Die mit Ausnahme von J. Sauter, R. Harder und K. Büchner allgemein akzeptierte Interpretation des Rechtsdenkens und der Grundkonzeption von *de legibus* geht dahin, daß Cicero im philosophischen Teil mit ethischen Grundsätzen, die er von der *natura hominis* herleite, eine inhaltliche Bestimmung des *ius naturae* vornehme und daß er sein „optimales" Gesetzesrecht von Buch II und III als – mehr oder weniger geglückte – Verwirklichung des so verstandenen Naturrechts auffasse. Demnach läge seinem Rechtsdenken die Vorstellung von den zwei Kreisen (Naturrecht – positives Recht) zu Grunde, die im Idealfall deckungsgleich sind[57]. Die Einführung des Themas und die Disposition von *de legibus* (I 10–17), deren Gewicht für das Verständnis des Werkes insgesamt wohl außer Frage stehen, läßt diese Interpretation jetzt endgültig als unzutreffend erscheinen. Was also können wir im Gegensatz dazu von den in I 18 beginnenden Erörterungen erwarten, und in welchem Zusammenhang stehen sie mit den *leges* und deren *ius* in Buch II und III?

---

[54] Das Problem des Geltungsanspruches der *leges* behandele ich in Teil IV 8ff.

[55] Vgl. DE PLINVAL, *leg.*, p. LIIIff.; KENTER, S. 79.

[56] Unverständlich HEUSS, Ciceros Theorie, S. 208 (16), Anm. 10a, und S. 235 (43): Cicero verfahre bei der Kommentierung in Buch III „eklektisch" bzw. „ausgesprochen selektiv"; siehe demgegenüber SCHMIDT, Abfassungszeit, S. 254ff.

[57] S.o. S. 23ff., 26ff.

Die Aussagen von I 16 und 17 über das Verhältnis von Recht (Gesetz) und Natur lassen zweifelsfrei erkennen, daß ein Naturrecht im Sinne moderner Naturrechtslehren in der Konzeption von de *legibus* keinen Platz finden kann. Das diesem Werk zu Grunde liegende Rechtsdenken weist eine andere Struktur auf. Cicero will „optimales" positives Recht *(optimae leges; leges quibus civitates regi debeant)* präsentieren und bestehende Normen *(instituta rerum publicarum; iura et iussa populorum)* einer Prüfung unterziehen. Dazu aber bedarf es eines verläßlichen Maßstabes für optimale Qualität. So ergab sich für Cicero die Notwendigkeit, nach dem *fons legum et iuris* zu suchen: nach der Quelle, dem Maßstab, der Meta-Norm von positiven Normen, die man „Recht", und von positiven Ge- oder Verboten, die man „Gesetze" nennen darf.

Schon in I 16 deutete er an, daß dies die *natura* – und nicht ein *ius naturae*, eine *lex naturae* – sein wird[58]. Den Beweis sollen die philosophischen Darlegungen erbringen, die der erste Programmpunkt (I 17) in Aussicht stellt. Diesem zufolge wird Cicero das *ius* zunächst als Abstraktum behandeln. Bevor er eine in *leges* gefaßte („optimale") Rechtsmaterie vorlegt, soll das Recht theoretisch erörtert, das „Wesen des Rechts" – d.h. das Recht „an sich" – erklärt und das Vorhandensein des Begriffs in der *natura hominis*, im Menschen „an sich", dargetan werden: wenn man das „Wesen des Rechts", den Rechtsbegriff, vom Wesen des Menschen herleiten kann, so setzt dies die Vorstellung voraus, daß der Rechtsbegriff in irgendeiner Weise im Menschen angelegt ist: der Mensch hat von Natur aus eine (mehr oder weniger stark ausgeprägte) Vorstellung von dem, was Recht seinem Wesen nach ist, und dies will Cicero seinen Gesprächspartnern in philosophisch-anthropologischen Überlegungen nahebringen. Das *ius* seiner *leges* hätte dann dem Anspruch nach insofern die optimale Qualität, als es dem vorab theoretisch entwickelten natürlichen Rechtsbegriff entspricht und von daher gesehen mit der *natura hominis* übereinstimmt. Fragen wir nun nach Ciceros Verständnis des Naturrechts, so kann die Antwort nicht mehr schwerfallen, auch wenn weitere Einzelheiten anhand des philosophischen Teils und der Gesetze des *Codex* erst noch überprüft werden müssen. Für Cicero ist das Naturrecht in *de legibus*[59] weder eine „überpositive, abstrakte Grundordnung"[60] noch ein Kanon von ethischen Normen, nach denen sich das *ius* der *leges* richtet bzw. richten sollte[61], noch auch ist das *ius* der *leges* mit dem *ius naturae* „iden-

---

[58] S.o. S. 49. – Dagegen spricht nicht die in I 56 erwogene, aber nicht weiter durchdachte metaphorische *(quasi, tamquam)* Gleichsetzung von *natura* bzw. *virtus* und *lex*.
[59] Ob auch in anderen Schriften, steht hier nicht zur Debatte; s.o. Teil I e.
[60] KASER, RG, S. 138.
[61] S.o. S. 23ff.

tisch"[62], so als teilte Cicero die uns geläufige „dichotomische" Rechtsauffassung, nach welcher Naturrecht und positives Recht zwei inhaltlich verschiedene Bereiche bilden, die einander möglichst weitgehend, bis zur „Identität", durchdringen sollten. Denn wenn die *natura* als der *fons legum et iuris* aufgefaßt werden kann (I 16), so bedeutet schon dies nichts anderes, als daß Cicero unter „Gesetzen" – die ihren Namen verdienen – Naturgesetze, unter „Recht" positive, durch Gesetz festgelegte wie auch außergesetzliche Normen *(leges et ius)*[63] versteht, deren Quelle die Natur ist[64], so daß man sie als Naturrecht bezeichnen kann.

Gemäß I 17 sodann soll der Rechtsbegriff *(natura iuris)* in der *natura hominis* angelegt und daher aus ihr herleitbar sein. In der Ausführung dieses ersten Programmpunktes wird mithin nicht die materielle Substanz des Naturrechts bestimmt, sondern der theoretische bzw. philosophisch-anthropologische Nachweis geführt, daß die *natura hominis* insofern, als in ihr die Vorstellung vom Recht angelegt ist, darüber entscheidet, was das Recht „an sich" – seiner Natur, seinem Wesen nach – ist. Es soll, mit einem Wort, das Recht als Naturrecht definiert, das „Naturrechtsprinzip" (J. Sauter)[65] entwickelt werden. Und wenn Cicero schließlich auf den philosophischen Teil einen *Codex* von Gesetzen folgen lassen will, so dürfen wir *a priori* vermuten, daß es sich bei dessen Inhalt um das Konkretum handelt, das dem Abstraktum – dem Begriff des Rechts als Naturrecht, dem Naturrechtsprinzip – zugeordnet ist.

Demnach wäre also das *ius* der *leges* des zweiten und dritten Buches – als dem (Natur-)Rechtsbegriff entsprechend und, metaphorisch ausgedrückt, der *natura* als dem *fons legum et iuris* entstammend – Ciceros Naturrecht.

3. Recht als Naturrecht

Eine Definition soll, wie Cicero mehrfach in verschiedenen Schriften ausgeführt hat, die *vis* – Sinn, Bedeutung, Eigenschaft, „Wesen" – einer Sache erklären *(explicare)*, indem sie die nur dem untersuchten Gegenstand zukommenden Merkmale *(proprium, propria, res propriae)* herausstellt[1], die-

---

[62] So aber SCHMIDT und BADER, oben S. 26f.

[63] S. o. S. 48 mit Anm. 39f.

[64] Die Frage nach der gesetzgeberischen Praxis und nach dem Verständnis der Metapher „Natur als Quelle" ist hier noch nicht relevant. Ich behandele sie in Teil III 6 und 7.

[65] S. o. S. 35f.

[1] So z. B. *de orat.* I 189, II 164, III 113; *rep.* I 38; *orat.* 116; *part. orat.* 41; *top.* 26, 29, 83; *off.* I 7.

sen also gleichsam enthüllt[2], wobei auch etymologische Erläuterungen des die Sache bezeichnenden Wortes hilfreich sein können[3].

a. Definitionen (I 18–20)

In diesem Sinne gibt Cicero am Beginn des philosophischen Programmteils (I 18) eine Definition von *lex*, die der Stoa verpflichtet ist[4]. Er versteht unter „Gesetz" die der Natur eingepflanzte höchste Vernunft, die befiehlt, was man tun soll, und das Gegenteil verbietet *(lex est ratio summa, insita in natura, quae iubet ea quae facienda sunt prohibetque contraria)*. Wie der Fortgang der Darlegungen in I 21–23 erkennen läßt, ist die Vernunft etwas Göttliches, das dem Menschen als einem Teil der Natur innewohnt. Die göttliche Vernunft im Menschen gleicht jedoch anfangs einem schwächlichen und unentwickelten „Pflänzchen". Aber sie ist der Stärkung und Entwicklung fähig. „Gesetz" kann diese Vernunft daher nur sein, wenn sie im menschlichen Geist gefestigt und zur Vollendung gebracht ist *(eadem ratio cum est in hominis mente confirmata et confecta[5], lex est;* I 18)[6]. Und weil unter vollendeter Vernunft die Klugheit zu verstehen ist, kann auch die Klugheit als „Gesetz" bezeichnet werden, dessen Wirkung darin besteht, daß es befiehlt, richtig zu handeln, und verbietet, sich zu vergehen *(itaque arbitrantur* – sc. die Philosophen – *prudentiam esse legem, cuius ea vis sit ut recte facere iubeat, vetet delinquere;* I 19). Der Begriff *lex* ist damit als *summa, confirmata, confecta ratio (insita in natura, in hominis mente)* und als *prudentia* definiert. Daher gilt folgendes sowohl von *lex* als auch von *ratio* und

---

[2] Siehe *top.* 9: *definitio … quae quasi involutum evoluit id de quo quaeritur; orat.* 116: *involuta rei notitia definiendo quaerenda est.*

[3] Siehe *part. orat.* 41: *in primisque commovet explicatio vocabuli ac nominis; top.* 10: *notatio, cum ex verbi vi argumentum aliquod elicitur; top.* 35 (*notatio*): *quam Graeci* ἐτυμο-λογίαν *vocant, id est verbum ex verbo veriloquium* (ebd., 36f.: *postliminium* als Beispiel); *top.* 83. – Dazu BARWICK, Probleme, S. 58ff.

[4] Vgl. dazu THIAUCOURT, S. 26f.; THEILER, S. 44f.; SCHMIDT, Grundfragen, S. 163ff.; KOESTER, S. 522f., 527ff.; G. WATSON, S. 225 (ff.). Siehe auch FERRARY, S. 760 mit Anm. 3; GIGON, Literarische Form, S. 64; HORSLEY, S. 37ff., 43–45. Stoische Stellen: SVF III 314, 323, 613 u.ö.; vgl. ebd., II 1003. – Ausführlichere Erörterung der Gesetzestheorie Ciceros (jedoch ohne Quellendiskussion) unten in Teil II 4a und b.

[5] Siehe (ZIEGLER)/GÖRLER, *leg.*, zur Stelle und ebd., S. 116.

[6] Schon dieser Satz (*ratio cum est* etc.), ebenso dann I 19 (*lex = mens ratioque prudentis*), I 22, I 59f., II 8, II 11 Anfang, hätte WELZEL (S. 46f.) davor bewahren müssen, Platon gegen Cicero auszuspielen. – GIGON, Literarische Form, S. 64, meint zu Unrecht, in der Formulierung dieses Punktes bei Cicero müsse „ein Fehler stecken". Die innere Kohärenz der Gedankenführung Ciceros geht aus der oben gegebenen Darstellung hervor. Vgl. bereits SCHMIDT, Grundfragen, S. 164ff.

prudentia: einerseits befehlen sie, was man tun soll (*facienda*), und verbieten, was man nicht tun darf; andererseits befehlen sie, richtig zu handeln (*recte facere*), und verbieten, falsch zu handeln.

Die Sache, um die es in der Definition geht, haben die Griechen[7], so fährt Cicero fort (I 19), mit einem Wort bezeichnet, das vom Zuteilen dessen hergeleitet ist, was einem jeden zusteht (νέμειν – νόμος), während das lateinische Wort (*lex*) von *legere* (auswählen) abstammt (*eamque rem illi Graeco putant nomine ⟨a⟩ suum cuique tribuendo appellatam, ego nostro a legendo*). So liegt im griechischen Wort die Bedeutung (*vis*) von Angemessenheit (*aequitas*), im lateinischen die von Auswahl (*nam ut illi aequitatis, sic nos delectus vim in lege ponimus*). Obwohl aber von der Etymologie her gesehen *aequitas* nicht zum lateinischen Wort gehört, sind beide Aspekte, angemessene Zuteilung und Auswahl, nach Ciceros Meinung – von der Sache her gesehen – dem „Gesetz" eigen (*et proprium tamen utrumque legis est*)[8].

Wenn dies nun alles zutrifft, so heißt es in I 19 weiter, muß man bei der Bestimmung der Herkunft des Rechts von *lex* im definierten Sinne ausgehen (*a lege ducendum est iuris exordium*). Zur Begründung (*enim*) nennt Cicero drei Charakteristika von *lex*, welche, durch die Definition bereits angesprochen, zeigen sollen, inwiefern *lex* Aufschluß über das *exordium iuris* gibt:

α. *Lex* – als *ratio summa, insita in natura* – ist eine Kraft, Wirkung, Eigenschaft der Natur (*naturae vis*), weist also über sich selbst hinaus auf die Natur als möglichen Ursprung des Rechtes hin.

β. *Lex* – als *ratio in homine confirmata et confecta* – ist Geist und Vernunft des Klugen (*mens ratioque prudentis*), weist also auf den *vir prudens* als möglichen Ursprung des Rechtes hin.

γ. *Lex* – als *summa ratio* und *prudentia* gebietend, was man tun und daß man demgemäß (richtig) handeln soll (*facienda, recte facere*), – ist die Richtschnur für Recht und Unrecht (*iuris atque iniuriae regula*), weist also auf sich selbst als möglichen Ursprung des Rechtes hin.

Für den Rechtsbegriff Ciceros, dies sei noch hinzugefügt, ergibt sich daraus folgendes: nimmt man alle Aussagen über das von *lex* Gebotene zusammen, so ist *ius* das kraft Gesetzesbefehls Erlaubte (*facienda*), und da das Gesetz zugleich befiehlt, richtig – d. h. im Sinne des Erlaubten – zu handeln (*recte facere*), können wir *ius*, den Inhalt von *lex*, als die Norm für richtiges Handeln bezeichnen[9].

Von *lex*, wie eben definiert, unterscheidet Cicero nun (I 19), was *lex* nach alltäglichem Sprachgebrauch bedeutet: eine schriftlich festgesetzte Willens-

---

[7] THIAUCOURT, S. 26ff.; POHLENZ, Nomos, S. 333ff.; EFFE, Gesetz als Problem, S. 302ff. – Vgl. LESKY, Gesetzesbegriff der Stoa, S. 592ff.

[8] Siehe dazu auch unten Teil II 4, S. 78.

[9] Vgl. *part. orat.* 106: *recte factum = iure factum*.

äußerung, die etwas befiehlt oder verbietet (*quae scripta sancit quod vult aut iubendo ⟨aut vetando⟩, ut vulgus appellat*)[10]. Werden die *leges scriptae* der Definition von *lex* aber gerecht, befehlen sie das Erlaubte (*facienda*), und befehlen sie, richtig zu handeln (*recte facere*)? Setzen sie Normen für richtiges Handeln – mit einem Wort: ist ihr Inhalt *ius*? Diese Fragen werden hier noch nicht gestellt, geschweige denn beantwortet. Aber Cicero suggeriert seinen Lesern doch, indem er das gewohnte Verständnis von *lex* deutlich von *lex* nach seiner Definition abhebt, daß nicht ohne weiteres jede *lex scripta* der Definition entspricht und somit auch gesetzte Normen nicht allein schon auf Grund ihrer Gesetztheit Recht sind. Dies jedenfalls schwingt schon mit, wenn Cicero den Gedankengang mit der Ankündigung beendet (ebd.), bei der Konstituierung des Rechts von jenem höchsten Gesetz ausgehen zu wollen, welches allezeit früher „geboren" wurde, als man je ein Gesetz aufgeschrieben oder überhaupt ein Gemeinwesen gegründet hat (*constituendi vero iuris ab illa summa lege capiamus exordium, quae saeclis omnibus ante nata est quam scripta lex ulla aut quam omnino civitas constituta*).

Zweimal hat Cicero im Zusammenhang mit *lex* und *ius* von einem *exordium* gesprochen (I 19). An der ersten Stelle (*a lege ducendum est iuris exordium*) meint er die Herkunft des *ius*, bei deren Bestimmung man von *lex* als *naturae vis, mens ratioque prudentis, iuris atque iniuriae regula* ausgehen müsse, also bei der theoretischen Erläuterung des Begriffs. Ebendies hat er getan, als er die Definition von *lex* an den Anfang seiner rechtstheoretischen Darlegungen (*iuris principia*, I 18) stellte; von I 21 an wird dann die in der Definition vorbereitete Verbindung des *ius* mit *natura, ratio, prudentia/sapientia*[11], *lex* erläutert[12]. – An der zweiten Stelle meint er demgegenüber (*vero*, ebd.) den Anfang oder Ausgangspunkt der Konstituierung, der Positivierung des Rechts[13]: wenn er das Recht konstituiert, d. h. inhaltlich durch *leges* festsetzt, will er noch einmal bei *lex* im definierten Sinne den Anfang nehmen (*constituendi vero iuris ab illa summa lege capiamus exordium*). Wie hiermit angekündigt, schickt Cicero im zweiten Buch seinen *leges*, also dem

---

[10] Vgl. Cic. *inv.* II 162: *lege ius est, quod in eo scripto, quod populo expositum est, ut observet, continetur*; *auct. ad Herenn.* II 13, 19: *Lege ius est id, quod populi iussu sanctum est.*

[11] Siehe I 22: *quae* (sc. *ratio*) *quom adolevit atque perfecta est, nominatur rite sapientia*. In I 18f. war *ratio confirmata/confecta = prudentia (lex)*; vgl. auch I 58ff. – Zum Verhältnis von *prudentia* und *sapientia* siehe *off.* I 153; vgl. ebd., II 5 (*sapientia*); III 71 (*prudentia*); Cic. *Hortens. fr.* 96 Gr.: *id enim est sapientis, providere; ex quo sapientia est appellata prudentia.*

[12] Aufgenommen in I 33, zugespitzt auf das Verhältnis von *lex* und *ius* in I 42. Die Stellen werden in den folgenden Kapiteln noch mehrfach besprochen.

[13] Nicht „Grundlegung", wie BÜCHNER meint (Sinn, S. 86). – Vgl. VALENTE, S. 332, und KENTER, S. 87f. – Vgl. I 42: *lex* konstituiert *ius*.

aus der Sicht von I 19 zu konstituierenden Recht, theoretische Aussagen über das Gesetz (*vis naturaque legis*) voraus, die nun auch das Problem der *leges scriptae* einbeziehen (II 7ff.); sinnvollerweise übrigens, da man von jemandem, der nach dem *fons legum et iuris* fragt (I 16), erwarten kann, daß er außer einer Rechtstheorie (ab I 21) auch eine Gesetzestheorie entwickelt und beider Verhältnis zu positiven Normen und positiven Ge- oder Verboten zur Sprache bringt.

Zuerst aber geht es Cicero um die Theorie des Rechts als des Inhaltes von *lex*. Mit seiner Definition von *lex* als *vis naturae* etc. hat er bereits zu verstehen gegeben, was er für das *exordium iuris* hält. Diesen Gedanken führt er I 20 weiter[14], nachdem Quintus ihn darin bestärkt hat, daß es – nach Maßgabe des philosophisch-wissenschaftlichen Anspruches dieser Untersuchung der *tota causa universi iuris ac legum* (I 17) – sinnvoller ist, bei der späteren Konstituierung des Rechts – nämlich der Gesetzgebung von Buch II an – von der *summa lex* (= *ratio summa*) als von der *lex scripta* auszugehen.

Bei der Frage nach *ius* ist *summa lex* als *naturae vis* und *iuris atque iniuriae regula* etwas Sekundäres, das Primäre ist die *natura*[15]. Man kann, wie Cicero es ja auch getan hat (I 18f.), von der Definition von *lex* ausgehend, zum Primären vorstoßen, zum *exordium iuris*, zum *fons iuris*. Daher die Frage an Quintus (I 20): *Visne ergo ipsius iuris ortum a fonte repetamus?* Der Ursprung des Rechts „an sich", des Rechts als Abstraktum, soll von der Quelle hergeleitet werden: eine Banalität, so scheint es. Aber dieser Anschein verflüchtigt sich sofort, wenn wir Ciceros Kritik an der unwissenschaftlichen – d.h. unphilosophischen – Jurisprudenz bedenken. Die Juristen (I 16f.) fragen nicht nach dem Recht „an sich", sondern nach dem Recht im konkreten Fall, und sie greifen dabei auf die positiven Normen der *XII tabulae* und des *edictum praetoris* zurück, fragen aber nicht nach der Quelle bereits gesetzter oder noch zu setzender Normen, die den Namen Recht verdienen[16]. So jedoch Cicero: ebendiese Quelle soll Thema seiner rechtstheoretischen (*ipsum ius*) Ausführungen sein. Wenn man die Quelle des Rechts „an sich" gefunden habe (I 20), werde keinem Zweifel unterliegen, worauf das zurückzuführen oder zu beziehen sei, „was Gegenstand unserer Untersuchung ist" (*quo –* sc. *fonte ipsius iuris – invento non erit dubium quo sint haec referenda quae quaerimus*). Der Gegenstand des Gespräches[17] in Arpinum steht fest: es sind *optimae leges* bzw. *leges quibus civitates regi debeant* sowie *instituta rerum publicarum* bzw. *iura et iussa populorum* einschließlich der „sogenannten"

---

[14] Siehe aber Schmidt, Grundfragen, S. 168: Cicero beginne „gleichsam noch einmal von vorn".

[15] Vgl. Schmidt, Grundfragen, S. 168: „Rückgriff auf die natura hinter der lex naturae".

[16] Siehe oben Kap. 2, S. 49–51.

[17] Zu *quae quaerimus* vgl. I 15: *quaeramus isdem de rebus*.

iura civilia Roms (I 15/17). Dies alles soll mithin auf den *fons ipsius iuris* zurückgeführt oder bezogen (*referenda*) werden.

Die „Quelle", welcher theoriegemäß der Rechtsbegriff (*ipsum ius*), dementsprechend dann auch durch *leges* zu konstituierende, daher „optimale" Normen entstammen[18] und welche daher zugleich als Kriterium zur Beurteilung geltender Normen Roms und anderer Völker aufgefaßt wird, – in diesem umfassenden Sinne also die „Quelle" ist aber, wie nach dem Programm von I 16 f. auch kaum noch anders zu erwarten, nicht ein *ius naturae*, sondern die *natura*. Denn in I 20 sagt Cicero: *Quoniam igitur eius rei publicae, quam optumam esse docuit in illis sex libris Scipio, tenendus est nobis et servandus status omnesque leges adcommodandae ad illud civitatis genus, serendi etiam mores nec scriptis omnia sancienda, repetam stirpem iuris a natura, qua duce nobis omnis est disputatio explicanda.*

Leges und *mores* sind konkrete Erscheinungsformen des *ius*[19]. Das *ius* der *leges* und *mores*, das Cicero vom zweiten Buch an vorlegen wird[20], soll dem *genus civitatis* angepaßt sein, welches in der Schrift *de re publica* durch Scipio als das beste dargestellt worden war[21]. Das Anliegen von *de legibus* – nicht anders als das der Schwesterschrift – ist nach der gerade wiedergegebenen Erklärung Ciceros eindeutig politisch, nicht wissenschaftlich bzw. philosophisch oder theoretisch motiviert[22]. Der optimale *status* der von den Vorfahren geschaffenen *res publica* ist in Gefahr, ja fast schon verloren[23], – ihn gilt es durch optimale Rechtsetzung zu erhalten und zu bewahren (*tenendus, servandus*). Der Wissenschaft (Philosophie) wird in diesem politischen Programm eine dienende Funktion zugewiesen[24]. Gemeinsam mit Quintus und Atticus will Cicero rechtstheoretische Erwägungen an den Anfang stellen[25]: es soll der Nachweis erbracht werden, daß das Recht in der Natur verwurzelt, der Rechtsbegriff in der Natur des Menschen angelegt ist (*repetam stirpem iuris a natura*), – daß das Recht theoretisch Naturrecht ist. Von ausschlaggebender Bedeutung für das Verständnis der Beziehung zwischen Rechtstheo-

---

[18] Zur gesetzgeberischen Praxis, die sich hinter dieser Metapher („Quelle") verbirgt, siehe unten Teil III 6a.

[19] Cic. *top*. 31: *lex, mos, aequitas* als *formae iuris*. Vgl. Nörr, Divisio, S. 10ff., 40f., 45ff. – Zu *mores* siehe Bleicken, Lex publica, z. B. S. 354ff., 387ff., 432. Siehe auch oben S. 48, Anm. 39.

[20] Zu *mores*, die es zu „säen" gilt, vgl. II 40 und 61.

[21] Daß es sich um das *ius* eines *genus (civitatis)* handeln soll, wird uns S. 148f. noch beschäftigen.

[22] Vgl. aber zuletzt Meier, Ohnmacht, S. 196, wo dieser entscheidende Aspekt nicht zur Geltung gebracht wird.

[23] Siehe z. B. *Q. fr.* III 4, 1; *rep*. V 2. Meier, RPA, S. 1ff.

[24] Vgl. dazu Müller, Βίος, passim, bes. S. 227f., sowie unten Teil IV 11, S. 164f.

[25] Vgl. Thiaucourt, S. 25.

rie und konkreter Rechtsmaterie ist nun das an der Spitze des zitierten Satzes stehende *quoniam*. In der reformpolitisch motivierten Absicht, mit *leges* und *mores* gleichsam das *optimum ius* des *optimum genus civitatis* zu konstituieren, liegt die Begründung (*quoniam*) dafür, daß Cicero den Gesetzen rechts- (und gesetzes-) theoretische Überlegungen vorausschickt: offensichtlich ist der Gedanke maßgebend, daß das *ius* der *leges* und *mores* insofern als optimal gelten soll, als es, nach Ciceros Anspruch, gemäß seiner Theorie mit dem Begriff des Rechts als Naturrechts übereinstimmt und also Recht „von Natur" – Naturrecht – ist. Anders gesagt: was das Problem der materiellen Substanz des Naturrechts in *de legibus* angeht, so drängt sich auch auf Grund von I 20 wieder[26] der Schluß auf, daß Cicero das konkrete *ius* seiner *leges* als *ius naturae*, die *leges* selbst als *leges naturae* betrachtet.

Dieser Schluß bedarf noch der Überprüfung[27] anhand der Gesetzestheorie des zweiten Buches und der Rechtsmaterie der Gesetze von Buch II und III. Doch festhalten können wir jetzt schon auf jeden Fall, daß Cicero im philosophischen Teil von *de legibus* keine inhaltliche Bestimmung des Naturrechts in Form von Naturrechtssätzen, sondern eine theoretische Bestimmung der Herkunft des Rechts vornehmen will. Als Quelle (*fons*) oder Wurzel (*stirps*) des Rechts „an sich" (*ipsius iuris*) soll die *natura (hominis)*[28], das *ius* theoretisch daher als *ius naturae* verstanden werden. Darüber hinaus spricht gegenwärtig nichts gegen die Erwartung, daß für Cicero – ganz im Gegensatz zu der „dichotomischen" Interpretation seines Rechtsdenkens, die in der Forschung den Ton angibt, – das *ius naturae* der materiellen Substanz nach nicht in einem Ensemble von ethischen Normen besteht, an denen sich das positive Recht orientiert oder zu orientieren hat, sondern in dem *ius* optimaler *leges*, optimalem positivem Recht also, dessen Quelle gemäß seiner Naturrechtstheorie oder dem Naturrechtsprinzip die *natura (hominis)* ist.

b. *natura hominis* und *ius* (I 21ff.)

Von I 21 an stellt Cicero nun in der Form eines Lehrvortrags seine (teleologische) Konzeption der *natura hominis* dar. Ein wichtiger Bestandteil des Ensembles von anthropologischen Konstanten, die, zu ihrer vollen Entfaltung gebracht, den Menschen als solchen kennzeichnen, sind die *inchoatae intellegentiae*, dunkle, der Entwicklung harrende Vorstellungen von den meisten, ja von allen Dingen (I 26,59; vgl. I 27 und 30). Es handelt sich um (unklare) Begriffe von Gott (I 24), von Gesetz, Recht, Gerechtigkeit (I 33;

---

[26] S. o. S. 53f.

[27] In Teil II 4 und III 5.

[28] Als Teil der Gesamtnatur und durch *ratio* als einziges Lebewesen mit Gott „verwandt": I 21ff.

vgl. I 18f. und 22f.), generell von den *virtutes* (I 33,59f.), überhaupt von allen *principia naturae* (I 44–46)[29]. Somit ist der Rechtsbegriff also – wie auch andere Grundbegriffe – dem Menschen gleichsam angeboren, ist in seiner *natura* angelegt und konnte daher, wie in I 17 angekündigt, erkenntnismäßig von der *natura hominis* hergeleitet, umgekehrt die *natura hominis* als „Quelle" des Rechtsbegriffs (I 20) aufgefaßt werden.

Ich brauche jetzt nicht alle weiteren Einzelheiten der Anthropologie Ciceros zu besprechen[30]. Denn im Hinblick auf die Interpretation der Rechtstheorie und der Grundkonzeption von *de legibus* ist nichts so aufschlußreich wie die Erkenntnisse, die Quintus und Atticus aus Ciceros theologischen (I 21–23) und anthropologischen (I 24–27) *principia iuris*[31] sowie der Erläuterung des Satzes gezogen haben, *nos ad iustitiam esse natos neque opinione sed natura constitutum esse ius* (I 28). Der diesbezügliche Vortrag Ciceros (I 28ff.) und alles Vorangehende haben Quintus den sicheren (*certe*) Eindruck vermittelt, *ex natura ortum esse ius* (I 34). Er betrachtet mithin das angekündigte (I 20) Ziel der Rechtstheorie seines Bruders, daß nämlich die *natura* der *fons/ortus ipsius iuris* bzw. *stirps iuris* (und folglich auch der *fons legum et iuris*) ist, als erreicht: Recht hat von der Theorie her als Naturrecht zu gelten. – Atticus stimmt Quintus zu (*an mihi aliter videri possit...?*) und wendet die rechtstheoretische Erkenntnis sogleich ins Konkrete (I 35). Nachdem er die durch Ciceros Bild von der *natura hominis* begründeten Einsichten zusammengefaßt hat[32], folgert er (ebd.): *quae quom vera esse recte ut arbitror concesserimus, qui iam licet nobis a natura leges et iura seiungere?* Und Cicero antwortet: *Recte dicis, et res se sic habet* (I 36). Aus dem theoretischen Verständnis des Rechts als Naturrecht hat sich der in politisch-legislatorischer Praxis anzuwendende Grundsatz[33] ergeben, daß man Normen innerhalb und außerhalb von Gesetzen (*leges et iura*)[34], positive Normen also,

---

[29] POHLENZ, Grundfragen, S. 97–99; ders., Stoa I, S. 244f., und Stoa II, S. 126f.; LUCK, Antiochos, S. 40f., 65f. – POHLENZ weist darauf hin, daß die Lehre von den *inchoatae intellegentiae* nicht stoisch ist, und vermutet, daß Cicero selbständig eine Annäherung an die Ideenlehre Platons vollzogen hat (Grundfragen, S. 99; vgl. ders., Stoa I, S. 245). Dagegen BOYANCÉ, Cicéron, S. 260–262: es sei schon Antiochos von Askalon gewesen, der diese Deutung vertreten habe; siehe auch ders., L'éloge, S. 25f.

[30] Vgl. SCHMIDT, Grundfragen, S. 169ff.

[31] Angekündigt in I 18, aufgegriffen von Atticus in I 28.

[32] In I 35: ... *cum haec iam perfecta sint, primum quasi muneribus deorum nos esse instructos et ornatos, secundo autem loco unam esse hominum inter ipsos vivendi parem communem⟨que⟩ rationem, deinde omnes inter se naturali quadam indulgentia et benivolentia, tum etiam societate iuris contineri*; vgl. damit I 16. – SCHMIDT, Grundfragen, S. 190ff.; KENTER, S. 141f.

[33] Vgl. unten Teil III 6a.

[34] S.o. S. 48, Anm. 39.

nicht von der *natura* trennen darf. Demnach sind positive Ge- oder Verbote
und Normen, die diesem Grundsatz entsprechen, Naturgesetze und Naturrechte, und nur solche dürfen – als „von Natur" – den Namen *leges* bzw. *iura*
tragen.

Spätestens an dieser Stelle gelangen wir von Vermutungen und begründeten Schlußfolgerungen zu der Gewißheit, daß der Gesprächskreis in Arpinum das uns selbstverständliche dichotomische Rechtsdenken nicht teilt, – es
sei denn, man wollte, wie mehrfach geschehen, *natura* als *ius naturae* deu-
ten[35]. Doch dazu geben uns die Aussagen des Textes kein Recht. So bleibt es
denn dabei, daß Cicero – auf der Basis seiner Rechtstheorie, nach welcher
das Recht als Naturrecht zu gelten hat, – mit Zustimmung des Quintus und
Atticus unmittelbar die *natura (hominis)* als Quelle oder Norm positiven
Rechtes ansieht, das „Recht" genannt zu werden verdient. Für ein Naturrecht als Kanon von ethischen Normen, an denen sich das positive Recht zu
orientieren hätte, ist in dieser Konzeption kein Raum. Die eben besprochenen Textstellen legen vielmehr wieder den Schluß nahe[36], daß das Naturrecht
nach Ansicht der Herren in Arpinum seiner materiellen Substanz nach aus
positiven, gesetzlichen oder außergesetzlichen, Normen besteht (vgl. I 35:
leges et iura), die – dem natürlichen (angeborenen) Rechtsbegriff entsprechend – mit der *natura* in Einklang stehen bzw. „von Natur" sind.

Die philosophischen Ausführungen, die sich an I 35 anschließen, enthalten
nicht nur keinen Widerspruch gegen diese Interpretation, sondern bestätigen
sie unter dem Gesichtspunkt der Abwehr des Rechtspositivismus. Mit I 36
wendet sich Cicero erneut[37] dem Beweis des Satzes zu, das Recht sei „von
Natur" (*natura esse ius*). Dabei sucht er dem bereits angesprochenen Mißverständnis[38] vorzubeugen, alle Normen, die als Rechtsnormen gelten, stünden
mit der *natura* in Einklang und erfüllten somit die Anforderungen der Theorie. Gemeint ist nämlich mit dem genannten Satz, daß nur eine natürliche
Norm – ein Naturrechtssatz – den Namen „Recht" verdient[39]. Umgekehrt

---

[35] So z.B. Voigt I, S. 192 (vgl. S. 185); Hildenbrand, S. 563, 571; Schubert, S. 37; v.
Hippel, S. 201 mit Anm. 21 (Hinweis auf Cic. *off.* III 25): Cicero bezeichne das Naturgesetz „auch als ‚natura' schlechthin"; Cancelli, Interpretazione, S. 221. Vgl. Nörr, Rechtskritik, S. 26 (zu *leg.* II 11 ff., wohl bes. zu II 13 f.): „Qualifikation der dem Naturrecht
entgegenstehenden *falsa lex* als Nicht-Lex"; doch Cicero nennt II 13 nicht das Naturrecht,
sondern die *natura* als Maßstab von *lex*. Richtig dann wieder Nörr, a.a.O., S. 25: „die der
Natur entsprechende *lex* als *vera lex*" (ebenfalls mit Hinweis auf II 11 ff.). – Zur Problematik Gesetz/„Naturgesetz" siehe unten Teil II 4.

[36] Vgl. bereits oben S. 53 f. und S. 60. – Die Probe aufs Exempel erfolgt anhand der
Rechtsmaterie von *leg.* II und III unten in Teil III 6.

[37] Schmidt, Grundfragen, S. 199 ff.; Abfassungszeit, S. 147 f.

[38] S.o. S. 48 f.

[39] Vgl. Cic. *fin.* III 71: *ius autem, quod ita dici appellarique possit, id esse natura.*

und aufs Konkrete angewendet, besagt dieser theoretische Grundsatz, daß z. B. der Inhalt von Gesetzen nicht prinzipiell Recht sein muß. Das klingt schon in der zitierten Stellungnahme des Atticus (I 35) an[40]. Danach darf man auf Grund der Naturrechtstheorie positive Normen innerhalb und außerhalb von Gesetzen nicht von der *natura* trennen – tut man es doch, das ist der unausgesprochene Hintergedanke, so sind solche Normen eben alles andere als Rechtsnormen.

Diese von der Theorie her notwendige Konsequenz spricht Cicero selber in aller Schärfe aus (I 42 ff.). Als ein Zeichen von allergrößter Torheit brandmarkt er die positivistische Annahme, *omnia iusta esse quae scita sint in populorum institutis aut legibus* (I 42). Die Erfahrung nämlich zeigt, daß es Gesetze geben kann – z. B. von Tyrannen erlassene –, die nicht als *leges iustae* und deren Inhalte nicht als gerecht gelten können. Hätten etwa jene berüchtigten Dreißig in Athen Gesetze erlassen wollen, so würde man diese keinesfalls für *leges iustae* halten, selbst wenn sich das ganze Volk von Athen an Tyrannengesetzen erfreute (ebd.). Ebensowenig war Sulla im Jahre 82 auf die *rogatio* des *interrex* L. Valerius Flaccus hin durch eine *lex iusta* zum *dictator legibus scribundis et rei publicae constituendae* bestellt worden; denn der Inhalt dieser *lex* war ungerecht: Sulla erhielt durch sie die Befugnis, ohne ordentlichen Prozeß Todesurteile verhängen zu lassen, und brauchte dafür keine Rechenschaft abzulegen (ebd.)[41].

Die faktische Gültigkeit eines Gesetzes sagt also nichts darüber aus, ob es selbst und damit sein Inhalt gerecht ist. In der Bekämpfung des Positivismus[42] bedient sich Cicero einer polemischen *deductio ad absurdum* dieser Ansicht, indem er, mit negativem Vorzeichen, von der materiellen Substanz solchen „Rechtes" über deren „ethische" Qualität zum „Rechts"-Prinzip fortschreitet: Wenn Beschlüsse des Volkes und des Senates sowie richterliche Entscheidungen für den Rechtscharakter konstitutiv wären, könnten Raub, Ehebruch, Testamentsfälschung durch Mehrheitsentscheid in den Rang des Rechts erhoben werden[43]. Gesetzt den Fall, die positivistische Anschauung

---

[40] S. o. S. 61 f.; ebenso I 19.

[41] *Lex Valeria*: ROTONDI, S. 348 f. – Zur Sache: HEUSS, RG, S. 176 ff.; MEIER, RPA, S. 246 f.; BELLEN, passim; GABBA, S. 799 ff.; LEHMANN, S. 36, 40 f. – Vgl. NÖRR, Rechtskritik, S. 63, sowie unten Teil IV 12, S. 195 f., 216 f.

[42] Vgl. HEUSS, Ciceros Theorie, S. 204 (12): Cicero als „Antipositivist".

[43] Siehe I 43: *quodsi populorum iussis, si principum decretis, si sententiis iudicum iura constituerentur, ius esset latrocinari, ius adulterare, ius testamenta falsa supponere, si haec suffragiis aut scitis multitudinis probarentur.* – Vgl. Cic. *top.* 28: *ius* ist enthalten in *leges* (vgl. *populorum iussis*), *senatus consulta* (vgl. *principum decretis*; dazu auch *leg.* III 10 und 27 f. – HEUSS, Ciceros Theorie, S. 248 (56) ff.; THOMAS, Cicéron, S. 192 f., 199 f., 209 f.; LEHMANN, S. 26 f.), *res iudicatae* (vgl. *sententiis iudicum*).

wäre richtig, so könnte als „Rechts"-Norm gesetzt werden: man muß Schlechtes und Verderbenbringendes (d. h. Ungerechtes) für gut und heilbringend (d. h. gerecht) halten[44]. Und schließlich, in letzter Steigerung, könnte – da infolge der bekämpften Ansicht ein Gesetz Unrecht in Recht verwandelt – ein Gesetz auch grundsätzlich Schlecht in Gut verwandeln[45].

Die Absurdität dieser Konsequenzen aus dem Rechts- und Gesetzespositivismus sollte für sich selbst sprechen. Aber Cicero will damit natürlich andererseits nicht prinzipiell in Abrede stellen, daß *populi*, *principes*, *iudices* als normensetzende Organe auch tatsächlich gerechte Anordnungen treffen, also Recht setzen können. Er lehnt es vielmehr ab, die bloße Tatsache, daß eine Norm von einem dieser Organe ausgeht, als Beweis für den Rechtscharakter der positiven Norm anzuerkennen: ihre Gesetztheit besagt noch nichts für ihre Gerechtheit. Was Recht zu sein beansprucht, muß – wie könnte es nach den vorangegangenen philosophischen Darlegungen jetzt auch anders sein? – eine „Bekräftigung" von seiten der Natur erhalten[46]. Denn die *natura* ist ja nach der Theorie der *fons (ortus, stirps) ipsius iuris* und folglich auch der *fons* solcher positiven Normen (*leges et ius/iura*), die als Rechtsnormen bezeichnet werden dürfen[47]. Positive Normen können und müssen sich also daraufhin überprüfen lassen, ob sie in diesem Sinne „von Natur" sind[48].

Die Auseinandersetzung mit dem Positivismus führt schließlich zu einer zweiten (nach I 35), für die gesetzgeberische Realisierung des Programms von *de legibus* (I 17) maßgebenden Erkenntnis.

In I 15 und 17 hatte Cicero eine kritische Behandlung von *instituta rerum publicarum/iura et iussa (= leges) populorum* angekündigt, d. h. von römischen wie nichtrömischen positiven Normen, die als Rechtsnormen (bzw. Gesetze) gelten, und diese Behandlung sollte sich an die Aufstellung von *optimae leges/leges quibus civitates regi debeant* anschließen. Aus der Rechtstheorie war bereits die Verpflichtung des Gesetzgebers hergeleitet worden (I 35), *leges et iura* vorzulegen, die nicht von der *natura* „getrennt" sind, deren Quelle also die *natura* ist. Wenn danach nun dem Programm von I 17 gemäß solche Normen untersucht werden sollen, die man in Rom und anderen Gemeinwesen als Rechtsnormen ansieht, so steht zu erwarten, daß auch hier

---

[44] Siehe I 44: *Quodsi tanta potestas est stultorum sententiis atque iussis, ut eorum suffragiis rerum natura vertatur, cur non sanciunt ut quae mala perniciosaque sunt habeantur pro bonis et salutaribus?*

[45] Ebd.: *Aut cur cum ius ex iniuria lex facere possit, bonum eadem facere non possit ex malo?*

[46] Siehe I 43: *si natura confirmatura ius non erit, ⟨virtutes omnes⟩ tollantur.*

[47] S. o. S. 49, 58 f., 61 f.

[48] Zu „von Natur" s. u. Teil III 6 a.

die *natura* – nicht ein *ius naturae* oder eine *lex naturae* – als Meta-Norm in Erscheinung tritt.

Den entsprechenden Grundsatz formuliert Cicero auf dem Hintergrund der abgelehnten positivistischen Anschauung in I 44: ein gerechtes, d.h. gutes Gesetz (*lex bona*) – ein Gesetz also, welches Gerechtes anordnet und dessen Inhalt daher als Recht gelten darf – kann nicht anders von einem wegen seines ungerechten Inhaltes ungerechten, d.h. schlechten Gesetz (*lex mala*) unterschieden werden als durch die *naturae norma*[49], wie denn nicht nur über Recht und Unrecht, sondern grundsätzlich auch über das sittlich Gute und Schlechte durch die *natura* entschieden wird (*Atqui nos legem bonam a mala nulla alia nisi naturae norma dividere possumus. Nec solum ius et iniuria natura diiudicatur, sed omnino omnia honesta et turpia*). Dies besagt nicht, daß die *natura* eine *norma* setzt, etwa das Naturrecht oder das Naturgesetz[50]; sondern die *natura* ist selber Norm und Kriterium (vgl. *natura diiudicatur*) wie allgemein für *bonum* und *malum* als *principia naturae* (I 46; vgl. I 37), so folglich auch für *lex bona/mala* und deren guten oder schlechten, heil- oder verderbenbringenden[51], richtigen oder falschen[52], gerechten oder ungerechten[53] Inhalt – mit einem Wort: für *ius* und *iniuria*[54].

4. *Summa lex* und positive *leges*

Ebenso wie die Rechtstheorie des ersten Buches von *de legibus* hat auch Ciceros Gesetzestheorie in der Forschung eine dichotomische Interpretation erfahren. Danach unterscheidet man zwischen Naturgesetz und positiven Gesetzen und schreibt Cicero die Ansicht zu, jenes stehe über diesen und sei ihr Maßstab; wahre Gesetze seien daher gleichsam Schattenbilder der ewigen Norm, an das Naturgesetz gebunden, adäquater Ausdruck der *summa lex* oder erhielten von dieser ihre Kraft[1].

---

[49] Zu dieser s.u. Teil III 6a.

[50] So aber z.B. SCHUBERT, S. 33.

[51] Vgl. I 44, zit. Anm. 44.

[52] Vgl. I 18f.: *facienda, recte facere*; I 37: *recta*.

[53] Vgl. I 44: zit. oben Anm. 45.

[54] Von *leg*. II 13f. her erweist sich die Unterscheidung zwischen *lex bona/mala* dann im nachhinein als provisorisch; dazu unten Teil II 4, S. 80.

[1] Siehe z.B. TURNEBUS, S. 545ff., 609; VOIGT I, S. 185ff.; SCHUBERT, S. 29–38; VALENTE, S. 333–337; POHLENZ, Stoa I, S. 132f.; SCHMIDT, Grundfragen, S. 115, 117, 120, 121f., 166ff. u.ö.; WIRSZUBSKI, Libertas, S. 105; HENTSCHKE, S. 124ff.; VERBEKE, S. 38; CANCELLI, Interpretazione, S. 213; HEUSS, Ciceros Theorie, S. 206 (14); NÖRR, Rechtskritik, S. 26 und 29; DÖRRIE, S. 227ff. Vgl. auch BLÄNSDORF, S. 141f., 143f.; GIGON, Literarische Form, S. 62f. – Zu νόμος φύσεως vgl. KOESTER, S. 522–530.

Doch weder das Rechtsdenken, wie sich inzwischen herausgestellt hat, noch auch das Gesetzesdenken Ciceros in I 18f. und II 8–14 weist diese dichotomische Struktur auf. Denn Quelle und Maßstab von *leges*, die als solche gelten dürfen, ist nicht das Naturgesetz, sondern die Natur. Im theoretischen Teil definiert Cicero „Gesetz" als Naturgesetz. Folglich können nur mit dem Gesetzesbegriff in Einklang stehende Ge- und Verbote, also Naturgesetze, den Namen „Gesetz" tragen. Die Bestimmungen des *Codex Ciceronianus* im zweiten und dritten Buch des Werkes heißen *leges*, weil nach Ciceros Ansicht ihre Quelle, wie es die Theorie vorsieht, die Natur ist: die *leges* sind, der Definition von *lex* entsprechend, Naturgesetze.

a. Definitionen (I 18f., II 8ff.)

Das Verhältnis von *natura* und *lex/leges* war im ersten Buch bereits mehrmals am Rande zur Sprache gekommen. Nach I 16 soll die *natura* der *fons iuris* und der *fons legum* sein[2]; in I 35 zieht Atticus aus der Anthropologie seines Freundes den Schluß, *leges (et iura)* dürfe man nicht von der *natura* trennen; Cicero selbst erklärt in I 44 die *natura* zur *norma* für die Unterscheidung von *lex bona* und *mala*[3]. Schon diese sporadischen Bemerkungen legen den Gedanken nahe, daß *leges*, deren Quelle die Natur ist bzw. die der *natura* als der *norma* entsprechen, Naturgesetze sind und daß überhaupt nur solche naturgemäßen Bestimmungen als *leges* gelten dürfen, wenn gegen das Verbot der Trennung von der *natura* (I 35) verstoßende keine *leges* sind; in diesem Falle würde sich die Unterscheidung von *lex bona* und *mala* (I 44) als provisorisch und uneigentlich herausstellen: eine *lex mala (iniusta)* ist keine *lex*[4].

Das theoretische Fundament dieses Gesetzesdenkens besteht in der Vorstellung von *lex* als in der Natur verwurzelter *ratio summa* (I 18), als *naturae vis* (I 19) und – auf Grund der Identität von *lex* und naturgegebener *ratio (recta, summa)* – als Gabe der Natur (I 33). Am Beginn des zweiten Buches von *de legibus* (II 8ff.) werden diese Gedanken noch einmal aufgegriffen und mit dem Blick auf das Problem der *leges scriptae* erklärt und vertieft[5]. Die dort vorgetragenen gesetzestheoretischen Erwägungen hatte Cicero in I 19 angekündigt: nach einem Vortrag über das *exordium iuris* (= *natura*) sollen

---

[2] S. o. S. 55ff. und S. 61f. (für das Folgende).
[3] Vgl. auch II 2, wo Atticus im Rückblick auf Ciceros vorangegangene Darlegungen (Buch I) sagt: *ut tu paulo ante de lege et de iure disserens ad naturam referebas omnia, sic* (etc.).
[4] So dann in II 13; s. u. S. 80.
[5] Daß II 8ff. und I 18ff. in sinnvollem Zusammenhang miteinander stehen, haben P. L. Schmidt und A. Hentschke gegen K. Büchner (u. a.) erwiesen; s. o. Teil II 1, S. 23.

am Anfang der Konstituierung des Rechts durch *leges* theoretische Erwägungen zum Gesetzesbegriff angestellt werden[6].

Das Gespräch über das Verhältnis von *natura* und *ius* war mit einem Enkomion auf die *sapientia* und den *vir sapiens* (I 57 ff.) zu Ende gegangen[7]. Wie er es in Aussicht gestellt hatte (I 19), wendet Cicero sich in II 8 erneut der Betrachtung von „Eigenschaft und Wesen des Gesetzes" zu, d.h. einer Betrachtung des Gesetzes „an sich". Erst nach Klärung des Gesetzesbegriffs will er, dem in I 15 und 17 formulierten Programm folgend, zu den „einzelnen Gesetzen" übergehen, also in erster Linie die Gesetzgebung in Angriff nehmen, aber auch geltende Normen untersuchen (*videamus igitur rursus, priusquam adgrediamur ad leges singulas, vim naturamque legis*)[8]. Weil nämlich das Gesetz „an sich", der Gesetzesbegriff, Bezugspunkt für „alles" sein muß – für die festzusetzenden Vorschriften ebenso wie für bereits bestehende, die als *leges* gelten –, soll die theoretische Besinnung Fehler vermeiden helfen, die durch unzutreffende Ausdrucksweise bedingt sein können (*ne quom referenda sint ad eam* – sc. *vim naturamque legis* – *nobis omnia, labamur interdum errore sermonis*, II 8). Denn wenn man eine falsche Vorstellung von „Eigenschaft und Wesen des Gesetzes" hat, könnte es beim Gespräch über die „einzelnen Gesetze" geschehen, daß man Bestimmungen – neue oder geltende – für *leges* hält, die in Wahrheit keine sind: nur solche, die dem richtigen Verständnis von Gesetz „an sich" entsprechen, d.h. dem richtigen Gesetzesbegriff, sind *leges*. Daher bedarf es einer genauen Kenntnis der Eigenschaft (*vis*) von *lex*, die im Begriff selbst liegen soll; nach Maßgabe dieser *vis* nämlich sollen die einzelnen Rechtssätze (*iura*) bestimmt werden (ebd.), so daß also die Ge- und Verbote, die die *iura* festsetzen, über die erst noch theoretisch zu erklärende *vis legis* verfügen und daher selbst *leges* sind[9].

---

[6] S.o. S. 57 f.

[7] Das Enkomion und seine Bedeutung werden in Teil III 6a erörtert.

[8] Zur Einzelinterpretation vgl. SCHMIDT, Grundfragen, S. 110–122, allerdings mit dem oben (S. 65 mit Anm. 1) genannten Vorbehalt; außerdem trifft die Ansicht von SCHMIDT (ebd.) nicht zu, Cicero verstehe unter der *vis (legis)* das „Naturgesetz" (S. 112) bzw. das „Weltgesetz" (S. 113).

[9] Der überlieferte Text ABH = V lautet: *ne ... labamur ... errore sermonis ignoremusque vim sermonis eius, qua* (V[1]; *quo* V[2]) *iura nobis definienda sint.* – Das zweimalige *sermonis* ist problematisch. DAVISIUS streicht das erste *sermonis* (bei MOSER-CREUZER, S. 174), was MOSER (ebd., S. 174 f. mit Note) zurückweist; außerdem entscheidet sich MOSER für *quo* statt *qua*. So auch DU MESNIL, der aber seinerseits das zweite *sermonis* streicht (S. 92). Anders wiederum DE PLINVAL (*leg.*, S. 42): *nominis* statt des zweiten *sermonis* (so auch HENTSCHKE, S. 125, Anm. 27) und *quo* statt *qua*. ZIEGLER (mit VAHLEN): *rationis* statt des zweiten *sermonis*, (ZIEGLER)/GÖRLER, *leg.*, App. zur Stelle, S. 54. Text (ZIEGLER)/GÖRLER, *leg.*, S. 54: *vim + sermonis + eius qua.* – SCHMIDT, Grundfragen, S. 112, Anm. 2, und BÜCHNER, Sinn, S. 85, sowie ders., *leg.*, S. 43, schließen sich ZIEGLER (VAHLEN) an.

Wir dürfen demnach eine Definition erwarten, die – mit dem Ziel, Irrtum und Unkenntnis zu beseitigen, – diejenigen Merkmale (*res propriae*)[10] zusammenträgt und erklärt, die theoretisch das Gesetz als solches kenntlich machen und die aus diesem Grunde allen Ge- und Verboten zu eigen sein müssen, die den Namen *lex* tragen; ist dies nicht der Fall, so handelt es sich nicht um *leges*.

Gleich zu Beginn seiner Definition nimmt Cicero gegen ein falsches Gesetzesdenken Stellung. Mit starkem antipositivistischem Akzent gibt er zu verstehen, was seiner Meinung nach nicht zu den *res propriae* des Gesetzes „an sich" gehört und daher für den Gesetzescharakter konkreter Bestimmungen keine Relevanz besitzt. Er weist die Ansicht zurück (II 8), Gesetz sei, was vom menschlichen Verstand ersonnen und von Völkern durch Beschluß angeordnet wird (*legem neque hominum ingeniis excogitatam*[11] *nec scitum aliquod esse populorum*). Wie diese negative Definition des Gesetzes „an sich" im Hinblick auf *leges scriptae* zu verstehen ist, wird sich erst später zeigen. Hier sei nur soviel vorweggenommen: natürlich werden Gebote und Verbote, daran läßt Cicero gar keinen Zweifel (II 11), von Menschen ersonnen und durch Volksbeschluß in Kraft gesetzt. Aber diese Tatsachen sind akzidentell, sie gehören nicht zu den *res propriae* von *lex*, sie machen gesetzte Ge- und Verbote noch nicht zu Gesetzen. Ob es sich tatsächlich um Gesetze handelt, hängt einzig und allein von ihrer Qualität ab[12].

Im folgenden positiv formulierten Teil der Definition (II 8) erscheint nun das Gesetz „an sich" als etwas Ewiges (*aeternum quiddam*), das die ganze Welt mit Weisheit beim Befehlen und Verhindern (*imperandi prohibendique sapientia*) regiert; folglich *(ita)* ist jenes vornehmste und höchste Gesetz (*princeps, ultima lex*) der alles mit Vernunft (*ratione*) erzwingende oder verbietende Geist Gottes (*mens dei*), zugleich aber auch Vernunft und Geist des Weisen (*ratio mensque sapientis*)[13], geschaffen zum Befehlen und Abschrecken (*ad iubendum et ad deterrendum idonea* – sc. *ratio mensque sapientis*). Die mit der *ratio (mens) dei* identische *ratio mensque sapientis*[14] also ist die ewige *lex princeps/ultima*. In welchem Verhältnis steht sie zu den *leges singulae?* Ist sie deren Quelle, Norm, Vorbild? Erhalten *leges scriptae* von dieser

---

[10] Zur *definitio* s. o. S. 54 f.

[11] DAVISIUS (u. a.): *excogitatum* (bei MOSER-CREUZER, S. 175).

[12] Diesen antipositivistischen Aspekt hat SERRAO (Cicerone, S. 100 f.) nicht erkannt. – Zur Sache vgl. schon I 43 f., oben S. 63 f.

[13] Vgl. I 19: *mens ratioque prudentis*. Zu *prudentia/sapientia* s. o. S. 57, Anm. 11. – Falsch THEILER, S. 47: Cicero unterscheide zwei *leges*.

[14] Zur Identität siehe auch I 22 f.; *nat. deor.* II 79. Vgl. *rep.* VI 26. – Falsch DIETER, Iustitia, S. 35.

lex ihre Kraft, sind sie ihr untergeordnet, ihre Abbilder, ihre Schattenbilder[15]?

Ciceros Erklärung der Definition läßt erkennen, daß dies nicht der Fall ist,
auch wenn die metaphorische Sprache dieses und der folgenden Kapitel einer
solchen Interpretation Vorschub leisten mag.

Wir betrachten zunächst den Gedankengang II 9–10. Quintus (II 9) bezeichnet die in der Definition mit *ratio (mens) dei/sapientis* gleichgesetzte *lex*
princeps/ultima als *lex caelestis* und bittet seinen Bruder, deren Eigenschaft
oder Wirkungsweise (*vis*) zu erklären, bevor er zur Aufstellung von Gesetzen
kommt, die für das Volk bestimmt sind (*leges populares*)[16]. Er hält dies trotz
der Definition für notwendig, da man sonst der Macht der Gewohnheit erlie-
gen und sich durch sie verleiten lassen könnte, das übliche Gesetzesverständnis – *lex* als menschliche Erfindung und Volksbeschluß – beizubehalten
(ebd.).

Cicero folgt dieser Anregung. Von klein auf habe man „nämlich" gelernt,
Bestimmungen wie die der *XII tabulae* als *leges* – im üblichen Sinne – zu
bezeichnen (ebd.). Aber in Wahrheit (*sed vero*) – hier greift Cicero den
antipositivistischen Aspekt seiner Definition wieder auf –, in Wahrheit aber ist
für den Gesetzescharakter solcher und anderer *iussa ac vetita populorum*
entscheidend, daß sie die *vis* haben[17], zum Richtighandeln aufzurufen und
vor falschem Handeln zu warnen (*vim habere ad recte facta vocandi et a*
peccatis avocandi)[18]. Nicht entscheidend ist mithin die Art ihres Zustande-
kommens und ihre tatsächliche Geltung. Die genannte *vis* aber, die allein
darüber entscheidet, ob *iussa/vetita* als *leges* aufzufassen sind, ist „älter" als
Völker und Gemeinwesen (vgl. I 19), „gleichaltrig" mit Gott (II 9): es handelt sich um die *vis* der über Richtiges und Falsches bestimmenden *ratio*
divina[19] (als Teil der *mens divina*, II 10).

Zwei historische Beispiele sollen dartun, daß die Gott und Mensch gemeinsame *ratio* als *lex* – d. h. als Maßstab für Recht und Unrecht (vgl. I 19) –
existiert, ohne daß menschliche Handlungsweisen durch *leges scriptae* geregelt sind: Horatius Cocles und Sextus Tarquinius haben sich richtig bzw.

---

[15] S. o. Anm. 1.

[16] So schon TURNEBUS, S. 609: *Sententia igitur est, antequam venias ad tuarum legum*
editionem. Siehe auch II 8: *priusquam adgrediamur ad leges singulas.* – Vgl. Schmidt,
Grundfragen, S. 115, Anm. 1.

[17] Schon TURNEBUS – ihm folgend DAVISIUS (bei MOSER-CREUZER, S. 177 f.), DE PLINVAL
(*leg.*, S. 42), VALENTE (S. 336) – vermißte hier eine Negation (*vim ⟨non⟩ habere*). Doch
gegen eine Negation spricht der ganze Kontext, aber auch z. B. schon Cic. *de orat.* I 194 f.

[18] Vgl. I 19: *prudentia* als *lex, cuius ea vis sit, ut recte facere iubeat, vetet delinquere.*

[19] Falsch THEILER, S. 48, der *vis* und *ratio* gleichsetzt.

falsch verhalten, obwohl ihre Taten nicht durch positive Gesetze geboten
bzw. verboten waren (II 10). Sie haben der *lex (fortitudinis*[20], *lex sempiterna*)
gehorcht bzw. gegen sie verstoßen; denn sie verfügten über die *ratio*, die,
hervorgegangen aus der Allnatur, sowohl dazu antreibt, richtig zu handeln,
als auch vor verbrecherischem Handeln warnt (*erat enim ratio, profecta a
rerum natura, et ad recte faciendum inpellens et a delicto avocans*). Gesetz
beginnt die *ratio* nicht mit ihrer schriftlichen Fixierung zu sein, sondern bei
ihrer Entstehung zusammen mit der *mens divina* (*quae* – sc. *ratio* – *non tum
denique incipit lex esse quom scripta est, sed tum quom orta est ...simul cum
mente divina*). Daher[21] ist das zum Befehlen und Verbieten geschaffene wahre und vornehmste Gesetz (*lex vera atque princeps*) die richtige Vernunft
(*recta ratio*) Juppiters (II 10). – Die zustimmende und zugleich schon genera-
lisierende Äußerung des Quintus zeigt (II 11), daß Ciceros Erklärung von *lex*
als *aeternum quiddam* und als *ratio/mens dei* (II 8) ein erstes Ziel erreicht hat:
das Richtige und Wahre – wie z. B. die *recta ratio* als *vera lex* – ist göttlich[22],
und es entsteht weder, noch vergeht es mit den Buchstaben schriftlicher
Anordnung, ist also ewig[23].

Soweit der Inhalt von II 9–10 (f.). Die wechselseitige Zuordnung der
Begriffe *lex (princeps, ultima, caelestis, sempiterna, vera atque princeps),
ratio/mens (dei/sapientis), natura (rerum), vis, iussa/vetita populorum, leges
(singulae/populares)* macht die Erkenntnis unumgänglich, daß Cicero keine
über den *leges scriptae* stehende, jenen Kraft verleihende, als Vorbild, Maßstab, Norm wirkende, als Quelle von *leges scriptae* aufzufassende *lex naturae*
kennt. Gewiß entsteht durch die metaphorische Sprache der Eindruck, als

---

[20] Siehe auch Cic. *Tusc.* IV 53: *fortitudo* als Gehorsam gegen die *summa lex* (Definitionen des Sphairos und des Chrysippos).

[21] *Quam ob rem* (II 10) korrespondiert mit *ita* II 8.

[22] Vgl. I 22: *nihil ratione divinius*.

[23] Der Text (II 11, erster Satz) lautet mit der Konjektur von VAHLEN (ZIEGLER/GÖRLER,
leg., S. 55): *Adsentior frater, ut quod est rectum verumque, ⟨aeternum quoque⟩ sit neque
cum litteris quibus scita scribuntur aut oriatur aut occidat.* – DAVISIUS (bei MOSER-CREUZER,
Note S. 179): *ut quod est rectum, verum quoque sit*; vgl. auch TURNEBUS, ebd., S. 611. –
Statt VAHLENS Konjektur sollte man vielleicht eher ⟨*divinum quoque*⟩ einsetzen. Dafür
sprechen zwei Gründe: 1. Der Kontext II 8–10 betont hinsichtlich der *ratio (mens)* als *lex*
mit Nachdruck den Aspekt des Göttlichen; dieser würde daher auch gut in das Resumé des
Quintus passen. 2. Der Aspekt des Ewigen, gleichfalls im Kontext vorbereitet, kommt am
Ende des Satzes durch *neque cum litteris* etc. zum Ausdruck, weshalb ein vorangestelltes
⟨*aeternum quoque*⟩ als überflüssig erscheint. Vgl. auch I 61; dort sind *divinum* und *aeternum* – in dieser Reihenfolge – zusammengestellt (*quid divinum aeternumque sit*). Ebenso
Cic. *Tusc.* I 66 (Selbstzitat aus der verlorengegangenen *consolatio*), wo sogar der Kausal-
nexus zwischen *divinum* und *aeternum* hergestellt wird: *quicquid est illud* (sc. *animus, mens
humana*; ebd., 67) *quod sentit, quod sapit, quod vivit, quod viget, caeleste et divinum ob
eamque rem aeternum sit necesse est.*

habe er an zwei verschiedene *leges* – Naturgesetz und geschriebenes (menschliches) Gesetz – gedacht und sie in ein „hierarchisches" Verhältnis zueinander gestellt. Wie sollte man auch nicht, wenn von *lex princeps, sempiterna* etc. gesprochen wird, ganz unwillkürlich die *leges singulae/populares* als „sekundäre" oder weniger „vornehme", als nicht ewige, sondern von jener „hergeleitete" *leges* mit begrenztem Geltungsanspruch auffassen[24]?

Doch sobald man die Aufmerksamkeit auf die Bedeutung der *ratio* und der *vis rationis* statt auf die eindrucksvollen Prädikationen von *lex* konzentriert, entsteht ein ganz anderes Bild, welches überdies dem Wesen der *definitio* gerecht wird. So beansprucht etwa die *definitio hominis* – als *definitio* des *genus* – Gültigkeit für alle *homines* (I 29 f.). Sie gibt eine Aufstellung der anthropologischen Konstanten (I 21–27), die das alle Angehörige der Gattung kennzeichnende Bild der *natura hominis* bestimmen, und wer ihr daher, wie der *tyrannus*, nicht entspricht, darf nicht den Gattungsnamen tragen[25]. Oder nehmen wir andere Beispiele, die *definitio* des *rector rei publicae*, des *iuris consultus*, des *philosophus*, des *orator* (in *de orat.* I 211–213): alle und nur solche Menschen, denen die in der jeweiligen Definition genannten Merkmale eigen sind, erhalten den entsprechenden Gattungsnamen. Dies gilt schließlich auch für die Definition des Beamten „an sich" (*leg.* III 2), in der zugleich jeder einzelne Beamte angesprochen ist. Definitionen sind gleichsam heuristische Modelle, die in der Vielfalt ähnlicher Phänomene die Orientierung ermöglichen und dazu verhelfen sollen, Schein und Wirklichkeit auseinander zu halten.

Nicht anders die *definitio legis* in *leg.* II 8, die als Bezugspunkt für die *leges singulae/populares* aufgestellt wurde: sie gilt für alle *leges*; die *vis naturaque legis* ist die *vis naturaque* aller Ge- und Verbote, die *leges* heißen dürfen, und umgekehrt sind daher solche, die diese *vis naturaque* nicht haben, also nicht der Definition entsprechen, keine *leges*.

b. *vis/natura legis* und *lex scripta*

In seinem Bild von der *vis naturaque legis* hat Cicero das Gesetz „an sich" mit den Prädikaten *princeps, ultima* versehen und als *ratio (mens) dei/sapientis* definiert (II 8). „Quelle" der in Gott und Mensch prinzipiell gleichen *ratio*[26]

---

[24] Vgl. u. a. SCHMIDT, Grundfragen, S. 264.

[25] So in *rep.* II 48: … *qui quamquam figura est hominis, morum tamen inmanitate vastissimas vincit beluas. quis enim hunc hominem rite dixerit, qui sibi cum suis civibus, qui denique cum omni hominum genere nullam iuris communionem, nullam humanitatis societatem velit?*

[26] S. o. Anm. 14.

ist die *natura (rerum)*, und die *ratio* hat die Eigenschaft, zum Richtighandeln
anzutreiben und vor Vergehen zu warnen (II 10). Auf Grund ihrer Herkunft
(*natura*) können wir die mit dieser Eigenschaft ausgestattete *ratio = lex
princeps, ultima, caelestis, sempiterna* auch als *lex naturae* bezeichnen. Gesetz
„an sich" bedeutet also Naturgesetz. In ihrer Existenz als *lex naturae* ist nun
die *ratio* von Positivierung unabhängig; Horatius Cocles hat ihr Folge geleistet, Sextus Tarquinius ihr zuwidergehandelt (II 10). Aber sie kann eine
Positivierung erfahren, sie kann schriftliche Form annehmen, und sie hört
darum doch nicht auf, naturentsprungene *ratio = lex naturae* zu sein. Denn
wenn Cicero von ihr sagt (II 10), sie sei *lex (sempiterna = lex naturae)* nicht
erst, seit sie aufgeschrieben wurde, d. h. nicht erst als *ratio scripta*, so bringt
er damit gleichzeitig zum Ausdruck, daß sie auch als *ratio scripta* existieren
kann und daß sie auch in dieser Form *lex naturae* ist. Genau denselben
Gedanken lesen wir bereits in I 42, wo es heißt, ungerecht sei, wer die *lex (=
recta ratio = lex naturae)* ignoriert, „sei sie aufgeschrieben oder nicht"[27]. Eine
lex scripta kann also – ja muß, da in I 18f. und II 8ff. das *genus* definiert wird,
– *lex naturae* sein.

Unter Gesetz versteht Cicero demnach Naturgesetz (= *ratio*), ob schriftlich aufgezeichnet (*ratio scripta*) oder nicht. Mit schriftgewordener *ratio =
lex naturae* aber meint er nichts anderes als ein *iussum/vetitum populorum*,
das eben deshalb den Namen *lex* erhält, weil und sofern es *ratio scripta* ist,
weil und sofern es als solche die Natur zur „Quelle" hat[28], weil und sofern es
lex naturae in schriftlicher Form ist. Von daher erübrigen sich die Erwägungen von D. Nörr[29] zu II 11ff., wo Cicero „nur die der Natur entsprechende *lex*
als *vera lex* bezeichnete": „Dieser Ansatz hätte verlangt, daß die ‚Übereinstimmung mit der Natur' nicht nur als ‚Eigenschaft' eines Gesetzes, sondern
als ‚Merkmal' des Gesetzesbegriffes verstanden wäre. Eine derartig scharfe
Differenzierung scheint dem antiken Naturrechtsdenken fremd geblieben zu
sein". – Gerade diese Differenzierung aber hat Cicero in II 8–14 vorgenom-
men, und darin dürfen wir seine eigenständige, ihn von den griechischen
Denkern unterscheidende Leistung erkennen.

Ob ein Ge- oder Verbot in diesem Sinne zu Recht als *lex* bezeichnet wird,
erkennt man einzig und allein an seiner *vis*. Von ihr war Cicero ausgegangen,

---

[27] SCHMIDT, Grundfragen, S. 209, spricht in diesem Zusammenhang von der „Möglichkeit", „daß manche schriftlichen Gesetze doch dem Naturgesetz entsprechen", und S. 210,
Anm. 1, „daß die ‚lex summa' sich auch in der ‚lex scripta' auswirken kann"; vgl. KENTER,
S. 166: „Law ... is based on the unwritten Law", und S. 170: *„summa lex* can be reflected in
scripta lex". – Aber Cicero meint etwas anderes: eine jede „wahre" *lex scripta* ist eine *lex
naturae*; dazu siehe weiter unten in diesem Kapitel.
[28] Dazu unten Teil III 6a.
[29] Rechtskritik, S. 25. Vgl. GRIMAL, S. 205.

als er – unter dem Gesichtspunkt der Frage seines Bruders nach der *vis caelestis legis* (= *vis rationis dei/sapientis* = *vis legis naturae*), d. h. nach der Eigenschaft des Gesetzes „an sich", – die Gesetzesdefinition von II 8 erläuterte. Dabei tritt gleich zutage (II 9), daß der negativ formulierte Teil der Definition (*legem neque hominum ingeniis excogitatam nec scitum aliquod esse populorum*, II 8) nicht etwa eine den *leges singulae* übergeordnete *lex naturae* einführen sollte; dieser Teil war vielmehr, wie auch das Folgende, gedacht als theoretische Aussage über das Gesetz als Inbegriff von *leges singulae* und daher für *leges singulae* allgemein bestimmt. Cicero lehnt nämlich in II 9 erneut das gewohnte (*a parvis enim* etc.) Verständnis von *lex* als einer menschlichen Erfindung und als eines Volksbeschlusses ab und versichert demgegenüber (*sed vero* etc.), *iussa* und *vetita populorum* – wie das unmittelbar zuvor zitierte römische der *XII tabulae* (*si in ius vocat*) – seien *leges*, weil und sofern sie über die *vis ad recte facta vocandi et a peccatis avocandi* verfügen (II 9).

Ausschließlich diese Qualität also – und nicht die unbestrittene, aber doch eben nur akzidentelle Tatsache (II 11), daß Vorschriften von Menschen ersonnen werden und durch Volksbeschluß Geltung erhalten, – macht geschriebene Ge- und Verbote zu Gesetzen; umgekehrt sind daher solche, die sich nicht durch diese Qualität auszeichnen, keine *leges*, mögen sie auch diesen Namen tragen[30]. Die genannte *vis* aber ist die *vis rationis* (II 10: *nec ratio divina non hanc vim ... habere* – erg. *potest*; ebd.: *ratio* – sc. *dei/hominis* – *et ad recte faciendum inpellens et a delicto avocans*). Ein *iussum/vetitum populorum* folglich, das über diese Eigenschaft oder Qualität verfügt, gibt sich als *ratio scripta* zu erkennen – als *ratio scripta* entstammt ein solches *iussum/vetitum* der *natura*[31]: es ist *lex naturae* und verdient aus diesem Grunde den Namen *lex*.

Mit dieser Theorie von der „wahren" *lex scripta* als der *lex naturae* steht Cicero ganz sicher nicht auf dem Boden der stoischen Philosophie; denn die Stoa hat immer an der Auffassung festgehalten, daß die geschriebenen Anordnungen der Menschen mehr oder (in der Regel) weniger gute „Zusätze" zum „Naturgesetz" sind und daher nicht im eigentlichen Sinne als Gesetze gelten können[32]. Cicero dagegen hat ganz ohne jede Uneigentlichkeit die *lex scripta* als *lex naturae* definiert, so daß alle gesetzten Ge- und Verbote, die *leges* heißen, aber nicht der Definition entsprechen, keine *leges* sind. Dies ist

---

[30] Das Motiv wird uns noch mehrmals begegnen: II 11 und 13 f. – Falsch DÖRRIE, S. 227: die oben genannte *vis* sei in „allen Rechtssatzungen, auch im differenziertesten Detail", enthalten; gerade gegen ein solches positivistisches Verständnis nimmt Cicero hier Stellung!

[31] Dazu unten Teil III 6 a.

[32] Vgl. oben Teil II 1, S. 31 mit Anm. 41.

in der Forschung bisher offenbar nicht erkannt worden. Es wäre nun reizvoll und sicher auch lohnend, der Frage nachzugehen, wann die bis heute übliche, *lex naturae* und *lex scripta* substantiell scheidende Interpretation von Ciceros Gesetzestheorie erstmals in Erscheinung tritt. Eine gesicherte Antwort ist jedoch im Rahmen dieser Untersuchung nicht möglich. Aber es sei doch wenigstens darauf hingewiesen, daß Laktanz und Augustinus in ihren *lex-aeterna*-Lehren anscheinend als erste christliche Autoren Gedanken und Formulierungen aufgreifen, die uns von *de legibus* (bzw. von *de re publica*) her vertraut sind[33]. Aber beide übernehmen nur einen Teil der Gesetzestheorie, die Definition von *lex*[34], und lassen deren Anwendung auf die *lex scripta* durch Cicero unberücksichtigt, weil sie sie implizit von ihrer theologischen Position aus nicht teilen können[35]. Es ist nicht ausgeschlossen, daß man Ciceros Gesetzes- (und Rechts-) Denken bisher unbewußt immer nur gleichsam mit den Augen des Laktanz und des Augustinus betrachtet hat[36].

Aber wie dem auch sei: wenn wir jetzt auf die Interpretation der *definitio legis* samt erstem Teil ihrer Erklärung zurückblicken und uns noch einmal die bisher geltende Auffassung vor Augen führen[37], so dürfen wir zu dem Ergebnis kommen, daß die zum Grundbestand des europäischen Nachdenkens über das Verhältnis von Natur und Gesetz gehörende dichotomische Interpretation der Lehre Ciceros sich nicht mehr beibehalten läßt. Ciceros Denken hat eine andere Struktur:

α. Naturgesetz und geschriebenes Gesetz sind in *de legibus* nicht zwei wenn auch aufeinander bezogene oder zu beziehende, so doch verschiedene

---

[33] Vgl. BECKER, Cicero, Sp. 106ff., 117ff.; SCHMIDT, Zeugnisse, S. 305ff., 322ff. – *Lex naturae* bei Ambrosius: FLÜCKIGER, S. 370ff.; bei AUGUSTINUS: ebd., S. 384f. – Von großer Bedeutung für das christliche Naturrechtsdenken scheint Philon von Alexandrien gewesen zu sein: KOESTER, S. 529–540; HORSLEY, S. 36, 58f.

[34] Lact. *inst. div.* VI 8, 6–9 (= Cic. *rep.* III 33). – Augustinus: z.B. *de lib. arb.* I 15; *c. Faust.* 22, 27 (SCHMIDT, Zeugnisse, S. 323). Weitere Belegstellen in der Anm. 35 genannten Literatur.

[35] Zu Laktanz siehe SCHILLING, Naturrecht, S. 70–78. Zu Augustinus: ders., a.a.O., S. 173–201; SCHUBERT, S. 4–20; DEMMER, S. 111–151; GIORGIANNI, S. 55ff. – Vgl. G. WATSON, S. 228, 235f. Zur naturrechtlichen Auslegung neutestamentlicher Stellen (Mt. 7,12/Lk. 6, 31; bes. Römer 2,14–16) in der patristischen Literatur: REIMER, bes. S. 543ff. Vgl. auch unten S. 124, Anm. 5 (FLÜCKIGER).

[36] Besonders eindrucksvoll ist in dieser Hinsicht die Arbeit von SCHUBERT, S. 23–39, in der z.B. gegen den Wortlaut von *de legibus* behauptet wird, Cicero unterscheide wie Augustinus zwischen *lex aeterna* und (von dieser hergeleiteter) *lex temporalis* (S. 26, Nr. 6; S. 37, Nr. 2). Vgl. VERDROSS, Primäres Naturrecht, passim; Augustinus: ebd., S. 449f.; ders., Statisches, S. 21ff. – Siehe auch die oben S. 24, Anm. 7 und 8, genannte Literatur zu primärem/sekundärem bzw. statischem/dynamischem Naturrecht. – WAGNER, S. 50, konstatiert ein „doppeltes Naturrecht" bei Cicero; vgl. auch ebd., S. 222–225.

[37] S.o. S. 65.

Dinge. Es handelt sich vielmehr in beiden Fällen um die *ratio*, die lediglich zwei unterschiedliche Existenzformen annehmen kann. Das geschriebene Gesetz als *ratio scripta* ist Naturgesetz, nicht anders als die nicht geschriebene *ratio*, die sich im intuitiv richtigen Handeln (Horatius Cocles) manifestiert.

β. Man darf sich durch die metaphorische Sprache Ciceros nicht beirren lassen. Die emphatischen Prädikationen von *lex* – *princeps, ultima, caelestis, sempiterna, vera atque princeps*[38] – dienen nicht zur qualitativen Unterscheidung von *lex naturae* und *lex scripta*[39]. Sie sollen vielmehr auf dem Hintergrund des gewohnten, in Rom noch nie in Frage gestellten positivistischen Denkens – *lex* als menschliche Erfindung und Volksbeschluß[40] – den Wert der „wahren" *lex scripta* als *lex naturae* (= *ratio scripta*) herausstellen und diese mit der falschen, den Namen *lex* nicht verdienenden (vgl. II 13f.; dazu weiter unten) kontrastieren.

γ. Nach den untersuchten Texten gibt es für Cicero keine *lex naturae* im Sinne einer *lex*, die dem „wahren" geschriebenen Gesetz übergeordnet oder vorgeordnet wäre und dieses vermittelst seiner *vis* erst zur *lex* machte. Quelle, Maßstab, Norm des Gesetzes „an sich" und damit des geschriebenen Gesetzes, das theoriegemäß seinen Namen verdient, ist die Natur. Aus der Natur nämlich geht die *ratio* hervor, und sei sie nun *scripta* oder *non scripta*: sie ist *lex naturae*. Die „wahre" *lex scripta* = *ratio scripta* also ist als *lex naturae* definiert. Alle positiven Ge- oder Verbote, die sich nicht in diesem Sinne als Naturgesetze ausweisen, sind keine *leges*. Ein jedes aber, das *ratio scripta* = *lex naturae* ist, darf den Namen *lex* tragen. Dies wiederum erkennt man daran, daß es über die *vis ad recte facta vocandi et a peccatis avocandi* = *vis rationis* verfügt (*ratio: et ad recte faciendum inpellens et a delicto avocans*). Die „wahre" *lex scripta* erhält mithin ihre *vis* nicht von einem über ihr stehenden Naturgesetz (= *ratio*); sondern die *vis* ist ihr als der *ratio scripta* wesensmäßig eigen.

δ. Nur so wird schließlich Ciceros Anspruch in seiner ganzen Tragweite verständlich, in *de legibus* einen *Codex* von Ge- und Verboten vorgelegt zu haben, „die niemals für ungültig erklärt werden" (II 14). Denn die als *ratio scripta* definierte *lex scripta* ist *lex naturae*; die *lex naturae* aber, als *ratio scripta/non scripta* mit der *vis rationis* ausgestattet und als solche von der Definition her ewig (*lex sempiterna*), kann nach II 14 niemals aufgehoben werden.

[38] Siehe auch *leg.* I 19 und II 11: *summa lex*; III 3: *suprema lex*.
[39] So aber bei den frühen christlichen Denkern, wohl unter dem Eindruck der Lehre vom Sündenfall. Vgl. die Hinweise bei VERDROSS, Primäres Naturrecht, S. 449f.; FUCHS, Lex naturae, S. 16ff.; BLOCH, S. 37ff.
[40] Vgl. oben S. 68ff.

c. *leges scriptae*

Mit dem letzten Punkt habe ich dem Folgenden ein wenig vorgegriffen. Denn noch hat Cicero seine auf diese Erklärung hinführende Erläuterung der Definition von *lex* (II 8) nicht beendet. Der überlieferte Text der Fortsetzung (II 11), der sich auf die Identität von *mens (ratio) dei* und *ratio mensque sapientis* (II 8) bezieht, ist im ersten Satz unvollständig erhalten: *Ergo ut illa divina mens summa lex est, item quom in homine est perfecta* *** *in mente sapientis.* Es liegt nahe, nach *perfecta* ⟨*ratio*⟩ zu ergänzen[41]. Aber wie soll es weitergehen? Verschiedene Möglichkeiten sind erwogen worden; doch Einigkeit konnte bisher nicht erzielt werden[42]. Sinngemäß (vgl. I 18, 22; II 8) ist vielleicht darauf hingewiesen worden, daß, wie die *divina mens* als *summa lex* zu verstehen sei, so auch die *mens sapientis*, d.h. die *mens* dessen, der seine *ratio* zur höchsten Vollendung ausgebildet hat[43]. Der unmittelbar anschließende Satz (*quae sunt autem* etc.; II 11) führt, allerdings etwas abrupt (*autem*) und ohne deutlichen Bezugspunkt im Vorangehenden[44], die Problematik der scheinbaren und der „wahren" *lex scripta* in die Diskussion ein. Cicero spricht hier von *varie* und *ad tempus* aufgestellten Ge- und Verboten, von solchen also, die bei verschiedenen Völkern gleiche Sachverhalte unterschiedlich regeln und daher nur eine räumlich begrenzte Gültigkeit haben, sowie von solchen mit zeitlich begrenzter Gültigkeit, da sie innerhalb eines Volkes durch Neuregelung eines Sachverhaltes obsolet geworden sind[45] oder ersatzlos aufgehoben wurden; diese aber tragen das *nomen* „Gesetz" mehr auf Grund des unkritischen Beifalls, den sie gefunden haben, als deshalb, weil es von der Sache her (*re*) zuträfe (*quae sunt autem varie et ad tempus descriptae populis, favore magis quam re legum nomen tenent*)[46].

Diese Formulierung impliziert in der Umkehrung den Gedanken – und dies mag den abrupten Übergang erklären –, daß die „wahre" *lex scripta* = *lex naturae*, die als schriftlich fixierte *ratio/mens sapientis* über die *vis ad recte facta vocandi et a peccatis avocandi* verfügt (II 9f.), für allgemein bei allen

---

[41] (ZIEGLER)/GÖRLER, *leg.*, S. 120. Vgl. TURNEBUS, S. 611f.; MOSER-CREUZER (DAVISIUS), S. 179ff.; DE PLINVAL, *leg.*, S. 43.

[42] Siehe vorige Anmerkung.

[43] S. o. S. 55ff.

[44] Vgl. SCHMIDT, Grundfragen, S. 118.

[45] Siehe diesen Gedanken in der Rede des Philus/Karneades: *genera ... iuris, institutorum, morum consuetudinumque ... in tot gentibus varia, ... in una urbe ... milliens mutata* (*rep.* III 17; ähnlich ebd., 20 und 21, dazu unten Teil IV 9a).

[46] Vgl. I 42, wo Cicero die Eventualität erwägt, die Athener hätten tyrannischen Gesetzen Beifall gezollt, und wo er betont, dies würde solche Vorschriften nicht zu *leges iustae* gemacht haben. In II 13f. wird sich zeigen, daß solche *iniusta iussa* den Namen *leges* nicht tragen dürfen. – Zu *ad tempus* siehe GRIMAL, S. 206, sowie die folgende Anmerkung.

Völkern gültig und für unaufhebbar gehalten werden muß[47]. Unausgesprochen bleibt dabei (wohl weil es sich von selbst versteht), daß sie das Werk eines *sapiens* ist (vgl. unten Teil III 6 und 7). Die sachliche Berechtigung, Vorschriften im definierten Sinne *leges* zu nennen, bestimmt Cicero nun von dem Ziel her, welchem *leges* zu dienen haben (II 11). Dabei lehnt er zum dritten Male nach II 8 und 9 das positivistische Gesetzesdenken ab. Natürlich fallen Gesetze nicht vom Himmel, und kein Prophet ist dank göttlicher Offenbarung ihr Vermittler: sie werden von Gesetzgebern „erfunden" (*inventas esse*); es sind also Menschen – *sapientes* –, die Vorschriften ersinnen, festsetzen (vgl. *scita sanxerint*), aufschreiben (vgl. *scripturos*), dem Volk zur Abstimmung vorlegen (vgl. *laturos*), und es ist das Volk, das sie durch Beschluß annimmt (vgl. *adscitis susceptisque*)[48].

Aber diese Tatsächlichkeiten verschaffen den Vorschriften noch lange nicht den Namen *leges*. Sie müssen vielmehr bestimmten Zielen gerecht werden, damit man sie so nennen kann. Als *lex* nämlich darf nach Ciceros Meinung (II 11) nur bezeichnet werden, was die *salus civium*, die *incolumitas civitatum*, die *vita hominum quieta et beata*, das *honeste beateque vivere* anstrebt; und da Menschen, die verderbenbringende und ungerechte Vorschriften (*perniciosa et ⟨in⟩iusta iussa*) konzipieren, dem Volk alles andere als Gesetze zur Abstimmung vorlegen[49], erscheint umgekehrt nur ein den vorher genannten Zielen dienendes und daher *salutare et iustum iussum*[50] als des Namens *lex* würdig. Pointiert gesagt: selbst wenn das Volk die ungerechte Vorlage eines „Gesetz"-Gebers durch Beschluß sanktioniert oder auf andere Weise sein Einverständnis bekundet, ist dies kein Gesetz[51], und selbst wenn das Volk die gerechten Vorschriften eines Lykurg oder Solon nicht hätte annehmen wollen, hörten diese nicht auf, Gesetze zu sein. Der Volksbe-

---

[47] Dies verkennt GRIMAL, S. 206, wenn er meint, auch die *lex vera* werde als *ad tempus* gegeben aufgefaßt. – Vgl. auch die Stellungnahme des Quintus im ersten Satz von II 11. – Das Natürliche als das überall und immer Gültige: *rep.* III 13 (nach der von Philus/ Karneades in Frage gestellten Ansicht). Siehe auch *rep.* III 18 (im gleichen Zusammenhang): *nec varietatem natura patitur*. Ähnlich z.B. auch Cic. *parad.* III 22 (Bezug auf die *leg.* I 25 als *perfecta et ad summum perducta natura* definierte *virtus*); *Lael.* 32 (*natura mutari non potest*); *top.* 63 (*in natura ... constantia est*); *off.* III 35 (*recta, convenientia, constantia natura desiderat*). – Die Problematik der Allgemeingültigkeit und der Natürlichkeit wird in den folgenden Kapiteln noch eingehend besprochen.

[48] Zu *leges inventas esse* vgl. II 8: *legem neque .. excogitatam*; *inventio* als *excogitatio*: Cic. *inv.* I 9. – Lykurg (ironisch in der Rede des Philus/Karneades) als *legum optumarum et aequissumi iuris inventor*: *rep.* III 16 (vgl. ebd., II 2).

[49] Vgl. wieder die Kritik in I 42ff., oben Teil II 3, S. 63f.

[50] Vgl. die Kontrastierung von *malum/perniciosum – bonum/salutare* in I 44.

[51] Vgl. nochmals I 42: der Beifall der Athener hätte tyrannische „Gesetze" nicht zu *leges* (*iustae*) gemacht.

schluß oder der Beifall der Menge – nicht anders als die Tatsache, daß der
Text einer Vòrschrift im Kopf eines Menschen entsteht, – sind akzidentell,
haben für den Gesetzescharakter eines Ge- oder Verbotes keine konstitutive
Bedeutung.

Das lateinische *nomen „lex"* erhält nun von den Zielen der „wahren" *lex*
als eines *salutare et iustum iussum* her einen neuen, erweiterten Sinn. In I 19
hatte Cicero seiner etymologischen Erklärung von νόμος (νέμειν- *suum cuique tribuere – vis aequitatis*) und von *lex (legere – vis delectus)*[52] hinzugefügt:
dennoch *(tamen)* – d. h. obwohl man das Folgende dem lateinischen *nomen*
allein nicht entnehmen kann – ist der *lex* nach seinem Verständnis die *vis*
sowohl *aequitatis* als auch *delectus* eigen *(et proprium tamen utrumque legis
est)*; das Gesetz schafft also Gerechtigkeit, indem es jedem das Seine zukommen läßt, und es „wählt" aus, wobei ungesagt bleibt, was es auswählt. Das
gleichsam synthetische, durch die griechische Komponente bereicherte Verständnis des ursprünglich wertneutralen Wortes[53], in I 19 nur erst behauptungsweise ausgesprochen, erfährt durch II 11 seine Rechtfertigung[54]. Die
etymologisch aus dem lateinischen Wort nicht herleitbare „Synthese" wird
hier von der in ihren Zielen zuvor dargestellten, mit *lex* zu bezeichnenden *res*
her stillschweigend in das lateinische *nomen* sozusagen hinein- und dann
wieder herausinterpretiert: nach Maßgabe der *res (salutare et iustum iussum)*
liegt in dem *nomen (lex)* „Sinn und Bedeutung der Wahl des Gerechten und
Wahren" *(in ipso nomine legis interpretando inesse vim et sententiam iusti et
veri legendi)*[55]. Das Wahre (und Richtige) aber ist, wie Quintus erkannt hatte,
göttlich und ewig[56].

Ein Ge- oder Verbot nun, dem der Name *lex* zukommt, weil es das Gerechte, Wahre, Göttliche, Ewige auswählt und schriftlich festhält sowie, dies

---

[52] S. o. Teil II 3, S. 56 mit Anm. 7.

[53] Also nicht die wertneutrale Etymologie von *lex – legere – vis delectus*; so aber
SCHMIDT, Grundfragen, S. 119f. Vgl. auch ders., Abfassungszeit, S. 243.

[54] Vgl. jedoch BÜCHNER, Sinn, S. 85f. (zit. S. 86): die „Weisheit des ersten Buches" (sc.
die Etymologie in I 19) werde im zweiten „einfach wiederholt", „noch dazu in einer
weniger reichen Form" (sc. ohne die Etymologie von νόμος). Die im zweiten Buch (II 11)
aufgegriffene Weisheit des ersten ist jedoch das *proprium tamen utrumque legis*, d. h. die
„Synthese", und diese hat Cicero nicht wiederholt, sondern – unter Verwendung der aus I
19 bekannten wertneutralen Etymologie von *lex* – nunmehr begründet. – Gegen BÜCHNER
mit anderen Argumenten bereits SCHMIDT, Abfassungszeit, S. 243; vgl. jedoch meinen
Vorbehalt oben in Anm. 53.

[55] Die Lesart von *Codex* H lautet: *veri* statt *iuris* AB². Ihr folgen DE PLINVAL, SCHMIDT
(Grundfragen, S. 119f.), BÜCHNER *(leg.,* S. 46), HENTSCHKE (S. 125, Anm. 29). (ZIEGLER)/
GÖRLER, *leg.,* S. 55, schließt sich AB² *(iuris)* an. – Zu *interpretari* siehe die Studie von
FUHRMANN (Interpretatio), z. B. S. 85ff., 96f.; S. 88 mit Anm. 14 wird das *interpretari* von
leg. II 11 allerdings unter das Stichwort „etymologische Ableitung" eingeordnet.

[56] S. o. S. 70 mit Anm. 23.

darf hinzugefügt sein, zum Richtighandeln aufruft und vor Verbrechen warnt, – eine solche *lex scripta* also ist, als *lex naturae = ratio scripta*, unaufhebbar. Dieser ungeheure Anspruch ergibt sich wie selbstverständlich aus der Gesetzestheorie von II 8ff., und Cicero hat ihn denn auch auf seine eigenen *leges* übertragen, um derentwillen er die Theorie ja entwickelt hatte (vgl. I 20). Ohne Gesetz im definierten Sinne: ohne Naturgesetz als *ratio scripta/non scripta*, gibt es kein Gemeinwesen; daher zählt das Gesetz zu den erstrebenswerten, ja den höchsten Gütern (*bona*) und zu den *res optimae* (II 12)[57]. Auf diesem hellen Hintergrund wird noch einmal (II 13) – zum vierten Male nach II 8,9,11 – der Gesetzespositivismus verworfen. Bei den Völkern, meint Cicero, wird tod- und verderbenbringenderweise vieles angeordnet, was den Namen *lex* ebensowenig verdient wie die Abmachungen, die Verbrecher einvernehmlich untereinander treffen (*quid? quod multa perniciose, multa pestifere sciscuntur in populis, quae non magis legis nomen adtingunt, quam si latrones aliquas consensu suo sanxerint*)[58].

Die Art der Inkraftsetzung und die tatsächliche Geltung von Ge- und Verboten spricht also in keiner Weise für die Gesetzlichkeit des Gesetzten: es entscheidet ausschließlich die Qualität; die schlechten Vorschriften normensetzender Organe sind nicht Gesetze. Denn – so lautet Ciceros Erklärung (II 13) – wenn Ignoranten und Kurpfuscher todbringende statt heilsamer Vorschriften geben, so kann man solche nicht füglich als Verordnungen von Ärzten ansprechen; gleiches gilt im staatlich-politischen Bereich (*in populo*): die – notwendig schlechte – Vorschrift eines Unwissenden und Unerfahrenen kann nicht den Namen *lex* tragen[59]. Daraus folgt umgekehrt und in Anknüpfung an II 11 (*vis/sententia legis: iusti et veri legendi*): „Gesetz" bedeutet Unterscheidung von Gerechtem und Ungerechtem, es bestimmt also, was (oder wer) gerecht ist und ungerecht[60], und diese unterscheidende Be-

---

[57] Zum Verhältnis *lex – civitas* bei der Stoa vgl. SVF III 328, 329, 330, 613. Während aber Cicero vom konkreten irdischen Gemeinwesen spricht (vgl. noch *rep.* I 49 und die schönen Worte in *Cluent.* 146f.), beziehen sich die stoischen Aussagen über νόμος und πόλις auf metapolitische Phänomene (zur Charakterisierung des stoischen „Staates" s.o. Teil II 1, S. 31f.). Eine Aussage wie die von Cic. *leg.* II 12 jedenfalls ist, da sie ja die *lex scripta* als *ratio scripta* versteht, im Munde eines Stoikers ganz undenkbar; auch Antiochos von Askalon kommt dafür nicht in Frage (s.o. S. 31 mit Anm. 41).

[58] Zu *„leges" latronum* vgl. auch *off.* II 40.

[59] *Nam neque medicorum praecepta dici vere possunt, si quae inscii inperitique pro salutaribus mortifera conscripserint, neque in populo lex, cuicuimodi fuerit illa, etiam si perniciosum aliquid populus acceperit.*

[60] Vgl. I 18: *iubet ea quae facienda sunt prohibetque contraria*; I 19: *lex* als *iuris atque iniuriae regula*; I 33: *lex* als *recta ratio in iubendo et vetando*; I 42: *lex* als *recta ratio imperandi atque prohibendi*; I 58: *lex* als *vitiorum emendatrix* und *commendatrix virtutum*; II 8; II 10: *vis* der *ratio divina* (= *lex*) *in rectis pravisque sanciendis*.

stimmung erfährt ihre Ausprägung nach Maßgabe der *natura*, wie sich denn dementsprechend nach der *natura* Gesetze richten, die Strafen für Übeltäter festlegen und gute Menschen verteidigen und schützen[61]. Anders gesagt: wenn Ge- und Verbote den Namen „Gesetze" erhalten, so nicht deshalb, weil sie von normensetzenden Organen erlassen worden sind, sondern weil sie über gerecht und ungerecht (Gerechte und Ungerechte) entscheiden und, indem sie dies tun, zur Abwehr der Schlechten und den Guten zum Schutz dienen.

Maßstab oder Norm ist auch jetzt wieder die *natura* – als Gesetze gelten nur Naturgesetze[62]. Andersartige, d. h. nicht an der *natura* orientierte Bestimmungen dürfen daher nach der Erkenntnis des Quintus (II 13) nicht nur nicht für Gesetze gehalten, sondern auch nicht einmal so genannt werden[63]. Beispiel (II 14) sind die von den Volkstribunen L. Apuleius Saturninus (i. J. 103/100), Sextus Titius (i. J. 99), M. Livius Drusus (i. J. 91) erwirkten Plebiszite[64]. Sie waren, da nach Meinung der Gebrüder Cicero nicht an der *natura* orientiert, keine Naturgesetze und daher *a priori* keine *leges*, ganz abgesehen davon, daß sie ohnehin faktisch nur *ad tempus* (vgl. II 11) Gültigkeit besaßen; denn ein Federstrich des Senates hatte genügt, sie zu beseitigen[65]. „Je-

---

[61] Siehe II 13: *Ergo est lex iustorum iniustorumque distinctio, ad illam antiquissimam et rerum omnium principem expressa naturam, ad quam leges hominum diriguntur, quae supplicio inprobos adficiunt, defendunt ac tuentur bonos.* – Zu *iustorum/iniustorum* mask. oder neutr. siehe MOSER-CREUZER, S. 187.

[62] Vgl. NÖRR, Rechtskritik, S. 25 (zit. oben Anm. 29).

[63] Damit hat sich die I 44 von der *naturae norma* her getroffene Unterscheidung von *lex bona/mala* im nachhinein endgültig als provisorisch erwiesen. Ähnlich verfährt Cicero bei der Bestimmung von Verfassungsformen und deren Entartungen: *rep.* III 43 (vgl. *rep.* III 1, Referat des Augustinus, *c. d.* II 21). – Der Gedanke *leg.* II 13 (f.) besagt, daß ein schlechtes Gesetz von der Theorie bzw. vom Gesetzesbegriff her kein Gesetz ist; das *nomen* steht nur solchen Vorschriften zu, die der *naturae norma* entsprechen –, Naturgesetzen. – Zu *habenda/appellanda* vgl. *de orat.* III 137; *Lael.* 6; *Tusc.* V 7ff.

[64] ROTONDI, S. 329f., 331, 332, 333. – Plebiszite als *leges* seit der *lex Hortensia* (i. J. 287): ROTONDI, S. 238ff.; MEIER, RPA, S. 116, 121f., 124; BLEICKEN, Lex publica, S. 94ff.

[65] Vgl. SERRAO, Cicerone, S. 97f. – NÖRR, Rechtskritik, S. 14 mit Anm. 28, spricht hier allerdings von „schlechten Gesetzen". Doch es handelt sich für Cicero vom Gesetzesbegriff her um „Nicht-Gesetze" (vgl. oben Anm. 63); so dann auch NÖRR selbst, a. a. O., S. 26 und 63 (freilich ist einzuschränken: solche Vorschriften widersprechen nicht dem „Recht" bzw. dem „Naturrecht", sondern der *natura*, und ihr Inhalt ist nicht Naturrecht, ist also Nicht-Recht). – NÖRR, a. a. O., S. 26: für Cicero sei die *lex mala* in I 44 „geltendes Gesetz"; deshalb sei es „nur konsequent, daß auch seine Qualifikation der ... *falsa lex* als Nicht-Lex (sc. in II 11ff.) keineswegs zu deren praktischen (nicht allein theoretischen) Ungültigkeit führte". Dazu weist NÖRR auf II 14 hin und fährt fort: es „mußten auch nach seiner (sc. Ciceros) Meinung die von ihm als demagogisch gekennzeichneten schlechten *leges Titiae, Apuleiae, Liviae* durch den Senat ausdrücklich kassiert werden". Aber wie sonst, wenn nicht durch eines der normensetzenden Organe, kann die „praktische Ungültigkeit" von

nes Gesetz aber, dessen Eigenschaft ich erklärt habe, kann weder (vom Senat) beseitigt noch (durch Volksbeschluß) aufgehoben werden", fügt Cicero hinzu (II 14). Und Quintus zieht daraus den Schluß (ebd.): „Offenbar willst du also solche Gesetze in Vorschlag bringen, die niemals aufgehoben werden"[66].

d. *leges scriptae* als *leges sempiternae*

Man hat dieses kleine Dialogstück (II 14) in der Forschung mit Erstaunen zur Kenntnis genommen und darin eine „plaisanterie"[67], auch eine gewisse Scherzhaftigkeit und „gutmütigen Spott" bei Quintus und „leichte Selbstironie" auf seiten Ciceros[68] zu erkennen geglaubt, ohne allerdings die Ernsthaftigkeit des Gemeinten grundsätzlich in Zweifel ziehen zu wollen[69]. Doch nach meiner Interpretation der vorangehenden Kapitel kann man weder erstaunt sein noch auch nur einen Hauch von Ironie verspüren; allenfalls ein wenig Courtoisie, wenn nämlich Cicero den Bruder und den Freund an seiner „Gesetzgebung" beteiligt, indem er ihnen gleichsam die Rolle der Volksversammlung überträgt[70]. Dies ist, wie gesagt, nicht mehr als ein Zeichen von Courtoisie. Denn ob ein Ge- oder Verbot ein Gesetz ist, hängt nach Ciceros Theorie nicht von der Zustimmung des Volkes ab[71]; ob also Quintus und

---

offiziell erlassenen (aber „schlechten") Vorschriften herbeigeführt werden? Im übrigen ist für Cicero, vom Ende der gesetzestheoretischen Darlegungen her gesehen (II 13 f.), die *lex mala* von I 44 eben nicht „geltendes Gesetz", sondern allenfalls nur „geltende Vorschrift" ohne Gesetzescharakter (vgl. oben Anm. 63); denn der Gesetzesbegriff ist ja ausschließlich von der Qualität her bestimmt, so daß die „schlechte geltende Vorschrift" eben nicht „Gesetz" ist. Die Aussage über die formelle Aufhebung von „Gesetzen" in II 14 kann daher nicht als „Konsequenz" (im Sinne von NÖRR) aus I 44 angesehen werden.

[66] Text II 14: Marcus: *...Lex autem illa, cuius vim explicavi, neque tolli neque abrogari potest.* Quintus: *Eas tu igitur leges rogabis videlicet, quae numquam abrogentur.* Marcus: *Certe, si modo acceptae a duobus vobis erunt.*

[67] BILL, S. 244–246; S. 245 f.: „On s'étonnera ... de la légèreté avec laquelle il (sc. Cicero) propose des lois immuables. Cette remarque (sc. *leg.* II 14) fait l'impression d'une plaisanterie, surtout, comme il ajoute, ,pourvu que ces lois soient acceptées par vous deux'". Vgl. VALENTE, S. 335.

[68] SCHMIDT, Grundfragen, S. 121 f.; vgl. auch BILL, zit. vorige Anm.

[69] BILL, S. 246: „Cependant, même ces mots ne sont peut-être pas sans fond sérieux"; SCHMIDT, a. a. O., S. 121.

[70] Siehe *rogare* und *accipere* in II 14 (zit. oben Anm. 66). Vgl. auch II 24 (Atticus): *Suade igitur si placet istam ipsam legem, ut ego „utei tu rogas" possim dicere*, etc.; II 36: *istam Romae legem rogato*; III 11 (Cicero): *Lex recitata est; discedere et tabellam iubebo dari.*

[71] S. o. S. 77 f.

Atticus die Gesetze annehmen oder nicht, hat für den von der Theorie her bestimmten Gesetzescharakter der Vorschriften des *Codex Ciceronianus* keine Bedeutung[72]. Daher auch sind und bleiben die Gesetze über das Volkstribunat und die geheime Abstimmung entgegen den ablehnenden Voten der beiden (III 26,33,37f.) Bestandteil des *Codex.*

Was manchem an dem zitierten Dialogstückchen als „plaisanterie", Scherz, Ironie erscheinen wollte, ist in Wahrheit die uneingeschränkt ernstgemeinte logische, von keinerlei „légèreté"[73] oder gar Naivität[74] zeugende Konsequenz aus der Gesetzestheorie I 18f. und II 8ff. Diese Theorie und ihre Konsequenz fallen sicher aus dem Rahmen sowohl des philosophischen Denkens der Stoa als auch des römischen Gesetzesdenkens vor und wohl auch nach Cicero. In Rom nämlich wird das Gesetz üblicherweise positivistisch unreflektiert als Volksbeschluß aufgefaßt[75], der auf eine *rogatio* hin erfolgt und dem ein von Menschen ersonnenes Konzept zu Grunde liegt[76]; ein solcher Beschluß wiederum kann vom Volk auch nachträglich korrigiert oder gar ersatzlos aufgehoben werden[77]. Cicero jedoch hat den auf diesem traditionellen römischen Gesetzesverständnis basierenden Sprachgebrauch für mißverständlich erklärt (II 8 und 9) und zum Beweis die Erfahrungstatsache ins Feld geführt (II 11 und 13f.; vgl. I 42), daß es einander widersprechende, nur vorübergehend gültige, unheilbringende „Gesetze" gibt. Also kann nach seiner Meinung das traditionelle Verständnis, mag es bei „guten" Ge- und Verboten auch zutreffen, für den Gesetzesbegriff nicht konstitutiv sein. Aus diesem Grunde definiert er, vom römischen Denken abweichend, „Gesetz" mit den Worten der Stoa als der Natur entstammende *ratio (mens) dei/sapien-*

---

[72] Die „geringe Zahl der Annehmenden" steht also Ciceros sicherem Bewußtsein der Vorbildlichkeit seiner Gesetzgebung keineswegs entgegen, und von ihrer Zustimmung oder Ablehnung hängt das „Schicksal des Gesetzes" nicht ab; so jedoch SCHMIDT, Grundfragen, S. 121f.

[73] BILL, zit. oben Anm. 67.

[74] WIRSZUBSKI, Libertas, S. 105.

[75] Aber es gibt auch andere Kategorien von *leges*: BLEICKEN, Lex publica, S. 61ff. – Zu *lex* als Volksbeschluß siehe *auct. ad Herenn.* II 13,19: *lege ius est id, quod populi iussu sanctum est, quod genus: ut in ius eas, cum voceris*; dazu Cic. *leg.* II 9. Die letzte der *XII tabulae* enthielt die Bestimmung (Liv. VII 17,12; vgl. IX 33,9 und 34,6f.): *... ut quodcumque postremum populus iussisset, id ius ratumque esset*; RICCOBONO, Fontes I, S. 73. Vgl. Ateius Capito bei Gellius, *n. A.* X 20,2: *lex* als *generale iussum populi aut plebis rogante magistratu*; zu Ateius Capito: SCHULZ, Geschichte, S. 141f. – Cicero selbst: *inv.* II 162: *lege ius est, quod in eo scripto, quod populo expositum est, ut observet, continetur*. Für die Zeit nach Cicero: z.B. Gaius, *inst.* I 3: *Lex est, quod populus iubet atque constituit*; entsprechend ebd. die Definition von *plebiscitum.*

[76] Vgl. oben S. 68f. – BLEICKEN, Lex publica, S. 61ff., 244ff., 274ff.

[77] Dazu Cic. *inv.* II 134; vgl. auch ebd., I 68f.; Cic. *Att.* III 23,2; 15,6; *post redit. in sen.* 8 sowie *leg.* II 14.

tis, die ewig existiert; die festsetzt, was richtig ist, was falsch, was man tun, was man lassen soll; die zum Richtighandeln aufruft, vor Vergehen warnt; die schließlich – dies kommt nach II 14 als weiteres Konstituens hinzu – unaufhebbar ist[78]. „Gesetz" ist für Cicero Naturgesetz.

Aber auch im Vergleich zum stoischen Denken hat Cicero eine entscheidende Neuerung[79] eingeführt. Sie besteht darin, daß er die Definition von *lex* als *ratio (recta, summa* etc.) auf das geschriebene Ge- und Verbot anwendet und somit dieses, im Gegensatz zur Stoa, als *ratio scripta*, als geschriebenes Naturgesetz versteht, das in der Theorie bei allen Völkern gleich ist und nicht nur vorübergehend Gültigkeit besitzt, mithin also ewig sein soll[80]. Denn kein Stoiker hat sich jemals, soweit zu sehen, dazu verstanden, auch nur die Möglichkeit ins Auge zu fassen, ein positives Gesetz könnte νόμος = ὀϱϑὸς λόγος[81] sein. Wenn nämlich der νόμος (als ὀϱϑὸς λόγος) *per definitionem* φύσει und nicht ϑέσει ist[82], so kann umgekehrt, was ϑέσει ist, nicht φύσει, eine positive Vorschrift also nicht νόμος sein: ϑέσει νόμος wäre demnach aus stoischer Sicht eine *contradictio in adiecto*, und wer, wie etwa Antiochos von Askalon, das stoische Philosophem akzeptiert, wird notwendigerweise durch jene Definition von νόμος dazu geführt, positiven Vorschriften wie den *XII tabulae* Roms die Bezeichnung *„leges"* abzusprechen[83].

Bedürfte es noch eines Beweises für die Neuartigkeit des Verständnisses der *lex scripta* in *de legibus*, so wäre er in II 14 zu finden. Cicero will *leges*

---

[78] So schon – und ausführlicher – *rep.* III 33: *huic legi nec obrogari fas est, neque derogari aliquid ex hac licet, neque tota abrogari potest, nec vero aut per senatum aut per populum solvi hac lege possumus.* – Vgl. dazu Teil IV 9a, S. 129ff.

[79] Bereits Laktanz wußte, daß Cicero der stoischen Philosophie Neues (sogar *plurima nova*) hinzugefügt hat, wobei *inst. div.* I 2,3 konkret das Thema der *providentia* gemeint ist (Hinweis auf diese Stelle bei BECKER, Cicero, Sp. 108): *M. Tullius, quamvis Academicae disciplinae defensor esset, de providentia gubernatrice rerum et multa et saepe disseruit, Stoicorum argumenta confirmans, et nova ipse afferens plurima; quod facit tum in omnibus philosophiae suae libris, tum maxime in iis, qui sunt de natura deorum.* – Eine eigenständige Synthese von stoischem und jüdischem Rechtsdenken hat vielleicht Philon von Alexandrien hervorgebracht: KOESTER, S. 530–540 (bestritten von HORSLEY, S. 42ff.).

[80] S. o. S. 70, 76f. zu II 11. – Die empirische Wirklichkeit stimmt aber mit der Theorie nicht überein; zu diesem Problem und seiner Lösung durch Cicero s. u. Teil IV 9.

[81] SVF I 162; III 4, 332, 337, 613, 614; vgl. II 1003.

[82] SVF III 308: φύσει τε τὸ δίκαιον εἶναι καὶ μὴ θέσει, ὡς καὶ τὸν νόμον καὶ τὸν ὀϱϑὸν λόγον, καϑά φησι Χϱύσιππος. Vgl. auch SVF II 528.

[83] S. o. Teil II 1, S. 31. – Aus anderen Gründen kommt STRAUSS, S. 161, zu der Überzeugung, es sei „ganz irreführend, Cicero einen Anhänger der stoischen Naturrechtslehre zu nennen". Vgl. auch HATHAWAY, S. 3: Cicero sei nicht „a simple adherent of the Stoic natural law teaching". – Antiochos wird immer wieder als „Quelle" Ciceros genannt: vgl. RAWSON, Interpretation, S. 342; GIGON, Literarische Form, S. 61; HORSLEY, S. 37ff. – Der Unterschied zwischen Cicero und Antiochos ist HORSLEY, S. 42ff., entgangen.

präsentieren: damit ist im Grunde genommen schon alles gesagt; denn nach der Theorie dürfen nur solche Vorschriften *leges* heißen, die der Definition von *lex* entsprechen. Es versteht sich daher nach den Ausführungen in II 8–13 geradezu von selbst – und man müßte erstaunt sein, wenn dies nicht der Fall wäre –, daß er für seine *leges* den Anspruch geltend macht, der von der Theorie her der *lex* „an sich" eigen ist: die Unaufhebbarkeit. Dem Begriff nach ist „Gesetz" als Naturgesetz unaufhebbar (II 14: *lex autem illa cuius vim explicavi, neque tolli neque abrogari potest*) – Ciceros *leges* sollen unaufhebbar sein (II 14: die Schlußfolgerung des Quintus und die bestätigende Antwort Ciceros) – die *leges* sind dem Anspruch nach Naturgesetze.

Was aber ist der Inhalt von Naturgesetzen – wenn nicht Naturrecht?

III. Gesetzgebung und Gesetzgeber

5. Das *ius* des *Codex Ciceronianus*

Cicero hat mit seiner vom stoischen und römischen Gesetzesdenken gleich weit entfernten Theorie die anspruchsvolle Absicht bekundet, Gesetze – und das heißt jetzt: Naturgesetze – vorzulegen. Es sollen Vorschriften sein, die eben deshalb *leges* heißen und unaufhebbar sind, weil ihre „Quelle", ihr Maßstab, ihre Norm die *natura* ist. Eine jede Norm aber, die Cicero mit seinen *leges (naturae)* festsetzt, hat ihrerseits zur Norm ebenfalls die *natura*; denn kann etwas anderes als *ius naturae* der Inhalt einer *lex naturae* sein?

Zu der Vermutung, daß Cicero sein positives Recht als Naturrecht auffaßt, gab auch schon die Rechtstheorie des ersten Buches von *de legibus*, nach welcher ganz generell das *ius* als *ius naturae* aufzufassen ist, mehrfach Anlaß[1]. Und in der Tat läßt sich nun zeigen, daß Gesetz und Recht des *Codex Ciceronianus* im zweiten und dritten Buch das der Theorie des philosophischen Teils entsprechende Konkretum darstellen sollten. Danach, in Kapitel 6, behandele ich die Frage, wie Cicero seine eigene Rolle als Gesetzgeber legitimiert: woher gewinnt er für sich selbst die Überzeugung und wie sucht er seine Gesprächspartner und die Leser des Werkes von der Fundiertheit seines Anspruches zu überzeugen, in dem *Codex* Vorschriften und Normen vereinigt zu haben, deren „Quelle" die *natura (hominis)* ist bzw. die der *naturae norma* entsprechen? In Kapitel 7 schließlich erörtere ich das Verhältnis des Gesetzgebers zu den tradierten Normen.

a. Die *iura* der *leges*

Cicero hat den Begriff „*ius naturae*" im ersten Buch des Werkes (soweit es erhalten ist) nur ein einziges Mal verwendet (I 40), den Begriff „*lex naturae*" im Gesamtbestand des von *de legibus* Überlieferten überhaupt nicht. Es scheint, daß er sich eine gewisse Zurückhaltung auferlegt hat, vielleicht wegen mangelnder Vertrautheit seines Publikums mit der Vorstellung vom Naturrecht (und vom Naturgesetz) im Rahmen des römischen Denkens[2]; viel-

---

[1] S. o. Kap. 3 passim.
[2] Vgl. den erstaunten Zwischenruf des Atticus, I 28.

leicht wegen einer Abneigung der Fachjurisprudenz gegen diesen „griechischen Import"[3].

Vielleicht aber auch hat er den Begriff vermieden, weil der Naturrechtsgedanke im forensischen Alltag Verwirrung zu stiften begann. Für diese Vermutung sprechen jedenfalls seine Erwägungen in I 40. Danach erleiden Menschen, die Verbrechen gegen ihre Mitmenschen und die Götter begangen haben, Strafe weniger durch Gerichtsurteile als durch das Gewissen (*angore conscientiae fraudisque cruciatu*)[4]. Gesetzt nämlich den Fall, es gäbe die Furcht vor gerichtlicher Strafe nicht – beim gegenwärtigen Zustand der Rechtspflege in Ciceros Augen offenbar keine Seltenheit (*quae – sc. iudicia – hodie multifariam nulla sunt, ubi sunt tamen, persaepe falsa sunt*) – : welche Beunruhigung würde die Verbrecher dann noch peinigen? Keine, wenn man der hier bekämpften Ansicht wäre, allein gerichtliche Strafe und nicht die Natur sollte die Menschen von Unrechttun abhalten. Doch dieser Ansicht widerspricht Cicero mit einem Hinweis auf das durch schlechtes Gewissen bedingte Verhalten solcher Menschen, die gegen die Natur[5] gehandelt, also Verbrechen begangen haben. Denn obwohl in dem angenommenen Fall das Motiv der Furcht vor gerichtlicher Strafe fehlt, habe dennoch (*tamen*) kein Verbrecher je die Dreistigkeit besessen, darauf zu verzichten, entweder schlankweg zu leugnen oder einen Grund für berechtigte Gekränktheit (als Anlaß für Rache etc.) zu fingieren und zur Verteidigung seiner Untat das Heil bei „irgendeinem Recht der Natur" zu suchen (*defensionem facinoris a naturae iure aliquo quaerere*).

In Rom war es demnach – und vielleicht nicht selten – vorgekommen, daß man sich vor Gericht auf „Naturrechte" berief, wenn Anklage wegen Verstoßes gegen geltende Normen erhoben worden war[6]. Auf diese Weise mußte der Naturrechtsgedanke selbstverständlich in Verruf geraten[7], und Cicero

---

[3] Vgl. SCHULZ, Geschichte, S. 86 f.

[4] Vgl. SCHMIDT, Grundfragen, S. 207–209; KENTER, S. 157–163.

[5] Vgl. Cic. *rep*. III 33 und V 6.

[6] Gänzlich mißverstanden von CANCELLI, Interpretazione, S. 208: „*L'espressione ius naturae* è usata in 1,40, per dire che ad esso si appellano (invocando la legittima difesa od altro e simile) pure i malvagi".

[7] Daß Cicero selber das Naturgesetz und Naturrecht nicht als Mittel zur Legitimation ungesetzlichen Handelns verwendet, zeigt sich klar in *Phil*. XI 28 (ebenso *Mil*. 10 f.). Dort geht es um die Frage, *qua lege, quo iure* C. Cassius in die Dolabella zugesprochene Provinz Syrien eindringt: *eo* (sc. *iure*), *quod Juppiter ipse sanxit, ut omnia quae rei publicae salutaria essent, legitima et iusta haberentur. Est enim lex nihil aliud nisi recta et a numine deorum tracta ratio imperans honesta, prohibens contraria*. Der Bezug auf *de legibus* ist evident. Doch (ungeschriebene) *lex = recta ratio* und (ungeschriebenes) Naturrecht können nur deshalb auf den Plan gerufen werden, weil die positive (Natur-)Rechtsordnung außer Kraft ist: *Huic igitur legi paruit Cassius, cum est in Syriam profectus, alienam provinciam si*

fällt es in dem eben zitierten Satz denn auch spürbar schwer, hier das Wort *ius naturae* überhaupt zu gebrauchen. So jedenfalls wird wohl erklärlich, daß er den im römischen Rechtsbewußtsein offenbar ganz ungesicherten[8] und durch Verbrecher vor Gericht diskreditierten Begriff in seinen philosophischen Reflexionen über die *natura iuris* vermeidet – auch wenn von der Sache her klar ist, daß er dort um des *ius* seiner *leges* willen über nichts anderes als eben das Naturrecht (und Naturgesetz) spricht.

Die klarste Aussage über das positive Recht von *de legibus* als *ius naturae*[9] steht am Ende des erhaltenen Teils von Buch III. In I 17 hatte Cicero nicht nur versprochen, Gesetze vorzulegen, sondern auch römische wie nichtrömische Normen, unter Einschluß der gesetzten Normen (*iussa*) und der „sogenannten" *iura civilia* Roms[10], zur Sprache zu bringen. Dies war im zweiten Buch im Rahmen eines Kommentars zum Gesetz *de religione* (II 19–22) geschehen (II 46ff.), zu welchem Atticus den Freund aufgefordert hatte (II 24; anschließend beginnt der Kommentar). Im dritten Buch soll es nicht anders sein. Atticus bittet Cicero, die Gründe darzulegen, die ihn dazu be-

---

homines legibus scriptis uterentur, his vero oppressis suam lege naturae. Béranger, Cicéron, S. 130f. Vgl. Hirzel, Ἄγραφος νόμος, S. 26f. – Die Übersetzung von Kasten, Akademie-Ausgabe, S. 243, hat den Sinn leider vollständig verbogen. – Vgl. auch Cic. *har. resp.* 32: Berufung auf *lex naturae*, wo das *ius civile* unzureichend ist (Usucapionsverbot bzgl. Göttereigentum).

[8] Vgl. oben Anm. 3 sowie Waldstein, Entscheidungsgrundlagen, S. 78ff.

[9] In III 3 entwickelt Cicero eine naturrechtliche bzw. naturgesetzliche Theorie von *imperium*: *Nihil porro tam aptum est ad ius condicionemque naturae – quod quom dico, legem a me dici intellegi volo –, quam imperium, sine quo nec domus ulla nec civitas nec gens nec hominum universum genus stare, nec rerum natura omnis nec ipse mundus potest. Nam et hic deo paret, et huic oboediunt maria terraeque, et hominum vita iussis supremae legis obtemperat.* – „Befehl" als Wesensmerkmal von *lex*: I 18 (*iubet – prohibet*), 19 (*iubeat – vetet*), 33, 42; II 8 u.ö. – Vgl. die Interpretation von III 3 bei Heuss, Ciceros Theorie, S. 216 (14)f.: die „metaphysische Verklärung von Herrschaft und Ordnung" habe „allgemeine Gültigkeit" und gebe „nur in dieser Eigenschaft einen gefälligen Vorspann für den römischen Staat" ab; mehr leiste sie aber nicht, und es würden aus ihr „keinerlei Konsequenzen" gezogen, S. 217 (25). Doch Cicero hat sehr wohl Konsequenzen gezogen: es ist gerade die Naturrechtlichkeit bzw. Naturgesetzlichkeit der in *de legibus* (speziell in der *discriptio magistratuum* von Buch III) festgesetzten Herrschaftsform, die dieser und allgemein dem hier implizierten *genus rei publicae* (vgl. III 12) den Anspruch auf Allgemeinverbindlichkeit verschafft; dazu unten Kap. 8 und 9. Im übrigen nimmt keineswegs „natürlich nach der philosophischen Konzeption ‚jeder' Staat an dem Naturgesetz teil" (so aber Heuss, ebd., wohl auf Grund seiner unzutreffenden Auffassung von Naturrecht bei Cicero; s.o. Teil II 1, S. 29ff.), sondern nur die nicht entarteten *genera* (vgl. *rep.* I 42f., III 43ff.), letztlich aber doch nur das *genus mixtum* der Werke *de re publica* und *de legibus*, da die übrigen *genera* allzu leicht entarten (vgl. *rep.* I 44f., 69ff.; II 41ff., 47 u.ö.).

[10] D.h., nach dem Sprachgebrauch der Fachjurisprudenz, das Privatrecht; s.o. Teil II 2, S. 49ff.

wogen haben, sich für die gerade vorgeschlagene *discriptio magistratuum* (III 6–11) und nicht für eine andere zu entscheiden (III 13: *ut disputes, quibus de causis maxime placeat ista discriptio*). Cicero sagt seinerseits eine entsprechende Erklärung zu, innerhalb deren er – wie schon im zweiten Buch – auch das römische Recht behandeln werde (III 13: *ut institui nostra iura attingam*). Als man nun nach seiner Ansicht „genug über die Magistratur gesprochen" hat, will er, scheinbar zerstreut, zum Gesetz *de iudiciis* übergehen (III 47)[11]. Doch Atticus erinnert an das eingangs gegebene Versprechen (III 48): *de iure populi Romani, quem ad modum instituisti, dicendum nihil putas?* Hier stellt er somit den Teil des römischen Rechts zur Debatte, der die Magistratur betrifft. Cicero soll *de potestatum iure* (ebd.) sprechen, über die Kompetenzen der Magistrate[12]; denn es sei eine Schande, daß die meisten „politischen" Beamten, wenn sie für einen begrenzten Zeitraum ihr Ressort übernehmen, keine Kenntnis ihrer Rechtsstellung besitzen[13] und dann im Verlauf ihrer Amtszeit nur so viel an Kenntnissen erwerben, wie ihnen die nachgeordneten Verwaltungsbeamten vermitteln wollten[14].

Daraufhin erklärt Cicero seine Bereitschaft, die Kompetenzen zu behandeln, allerdings nach Möglichkeit nur kurz; denn darüber habe M. Iunius[15], der mit dem Vater des Atticus befreundet war, ein ausführliches und mit Sachverstand geschriebenes Buch verfaßt (III 49). Es folgt der entscheidende Satz: *Nos autem de iure nat⟨ur⟩ae cogitare per nos atque dicere debemus, de iure populi Romani quae relicta sunt et tradita* (ebd.)[16].

Es kann dahingestellt bleiben, ob mit *relicta* „schon außer Kraft gesetztes", mit *tradita* „noch geltendes" Recht gemeint ist[17] oder ob nicht vielleicht eher einerseits ererbtes und noch „aktuelles"[18], andererseits in den Schriften

---

[11] Dieses war dann wohl Gegenstand des nicht überlieferten vierten Buches; KENTER, S. 79. Vgl. SCHMIDT, Grundfragen, S. 40–43; HECK, Buchschluß, S. 496 ff.

[12] SCHMIDT, Grundfragen, S. 42.

[13] SCHULZ, Geschichte, S. 54, weist auf Gell. (u. a.) XIV 7,1 hin: als Pompeius sich auf das Konsulat (70) vorbereitete, bat er Varro um eine Einführung in das Verfassungsrecht.

[14] III 48. – Ähnlich steht es mit den Gesetzen (III 46): *eae leges sunt, quas apparitores nostri volunt*. Dies motiviert Cicero zur Einrichtung einer „Nomophylakie" (III 46 ff.); dazu HEUSS, Ciceros Theorie, S. 260 (68) f.; LEHMANN, S. 33 f.

[15] Congus, genannt Gracchanus wegen seiner Freundschaft mit C. Gracchus; SCHULZ, Geschichte, S. 54.

[16] Die Konjektur von TURNEBUS hat allgemein Anerkennung gefunden; siehe – außer den modernen Ausgaben von *de legibus* – MOSER-CREUZER, S. 475 f. und S. 744 (TURNEBUS).

[17] So SCHMIDT, Grundfragen, S. 43, mit Hinweis auf III 37, wo Quintus die Ansicht äußert, im gegenwärtigen Gespräch würden *ereptae leges (p.R. ?)* zur Geltung gebracht.

[18] Vgl. Cic. *rep.* I 70: ... *quam* (sc. *rem publicam) patres nostri nobis acceptam iam inde a maioribus reliquerunt*.

der *iuris consulti* überliefertes, „ruhendes", jederzeit aktualisierbares Recht. Wichtiger ist die Feststellung[19], daß Ciceros allgemein gehaltene Aussage (vgl. *debemus*) die gesamte Rechtsmaterie sowohl des dritten als auch des zweiten Buches (wie auch vorausblickend der verloren gegangenen Bücher)[20] als *ius naturae* kennzeichnet. Wenn es noch eines Beweises für die Richtigkeit unserer Interpretation des philosophischen Teils der Schrift bedurft hätte – hier ist jetzt durch den Autor selber mit der wünschenswerten Deutlichkeit ausgesprochen, was von der Rechtstheorie her gar nicht anders sein kann: Cicero faßt sein positives Recht – das Recht seiner *leges* – als Naturrecht auf; sein Gesetzesrecht ist nicht mit dem Naturrecht „identisch" und „verwirklicht" oder „reflektiert" dieses nicht, sondern es „ist" Norm für Norm das Naturrecht.

Die Aussage scheint aber nicht nur die konkrete Rechtsmaterie, sondern auch den philosophischen Teil des Werkes zu meinen. Dort nämlich hatte Cicero zwar zu verstehen gegeben, daß seine Ansichten sich mit denen griechischer Philosophen berühren[21]. Aber ganz unübersehbar war auch seine in III 49 behauptete Eigenständigkeit des Denkens (*cogitare per nos*) zutage getreten. Dafür nur drei Beispiele: In I 36 (ff.) befürchtet Atticus den Verlust von Ciceros *libertas disserendi*. Doch der Freund beruhigt ihn: es geht ihm nur darum, daß die I 38 aufgezählten philosophischen Schulen seine Meinung „billigen" (*probare*), – womit implizit gesagt sein dürfte, daß er deren Lehren nur zum Teil oder in modifizierter Form übernimmt[22]. In II 14 sodann teilt Cicero seinen Gesprächspartnern mit, daß er wie Platon den *leges* ein *prooemium legis* vorausschicken will. Nachdem er dies getan hat (II 15 f.), stellt Quintus fest: *in hoc admodum delector quod in aliis rebus aliisque sententiis versaris atque ille* (sc. Platon). *Nihil enim tam dissimile quam vel ea quae ante dixisti vel hoc ipsum de deis exordium. Unum illud mihi videris imitari, orationis genus* (II 17). Cicero unterscheidet sich also der Sache nach (*aliae res*) wie auch in den Aussagen (*aliae sententiae*) grundlegend von Platon, und zwar nicht nur in bezug auf das *prooemium legis*, sondern auch hinsichtlich dessen, was dem vorausgegangen ist (*ea quae ante dixisti*), nämlich in der Rechts- und Gesetzestheorie. Cicero will darin ganz „er selbst"

---

[19] Vgl. SCHMIDT, Abfassungszeit, S. 231; CANCELLI, Interpretazione, S. 208, 223.

[20] SCHMIDT, Grundfragen, S. 41 ff., denkt nur an das (nach seinem Verständnis aus ethischen Normen bestehende) „Naturrecht" des ersten Buches; vgl. auch HECK, Buchschluß, S. 497, zu *ius naturae*: „Rechtsphilosophie". – Eine gleichfalls für alle Bücher gültige Aussage auch im Kommentar zu den Gesetzen *de religione* (II 46); dazu weiter unten.

[21] Siehe I 18, 28; II 8, 11. Vgl. I 36 ff., III 13 ff.

[22] Das Quellenproblem wird in dieser Untersuchung nicht behandelt; vgl. oben S. 21. – Vgl. die Interpretation von SCHMIDT, Grundfragen, S. 199 ff., 249 ff.; GIGON, Literarische Form, S. 67.

sein, und Quintus bestätigt diese Absicht mit Nachdruck[23]. – Das dritte Beispiel ist die stoische Rechts- und Gesetzestheorie. Von ihr hat Cicero einige
Formulierungen übernommen[24]. Seine Eigenständigkeit aber wird durch die
Tatsache dokumentiert, daß er im Gegensatz zur Stoa das geschriebene Ge-
und Verbot als den Namen *lex* verdienende *ratio scripta* (= *lex naturae*)
definiert hat (II 9f.)[25]. Damit war der Weg frei zu der gesprächsweisen und
ebenfalls in vielfacher Hinsicht eigenständigen (*per nos... dicere*, III 49)
Setzung von Normen[26], die nach der Theorie des Autors eben nur deshalb
Rechtsnormen sind, weil ihre „Quelle" die *natura* ist.

b. Das *ius* im Kommentar

Offenbar wollte Cicero nun aber nicht nur das *ius* seines *Codex* als *ius naturae* verstanden wissen, sondern auch diejenigen Normen des geltenden *ius
populi Romani*, die, in III 48f. angekündigt, doch nicht überliefert, unter
dem Gesichtspunkt des *ius potestatum* herangezogen worden sind[27].

Schon im Kommentar zu den *leges* des zweiten Buches behandelt er das *ius
populi Romani*, und die dort als Ergänzung des *ius* der *leges* nachgetragenen
Normen sind dem Anspruch nach ebenfalls „von Natur", d.h. sie sind – wie
das *ius* der *leges* des *Codex* – Naturrecht. Beide Bücher (II und III) – von den
folgenden kann man es nur vermuten – weisen in der Gestaltung der je
unterschiedlichen Rechtsmaterie die gleiche Struktur auf[28]. Gemäß der Ankündigung in I 17 stehen an der Spitze die *leges quibus civitates regi debeant*:
die Gesetze *de religione* (II 19–22) und *de magistratibus* (III 6–11). Ihnen
folgt jeweils (II 24–68; III 12–49) ein Kommentar[29]. Darin werden – ebenfalls

---

[23] Siehe II 17 (Marcus): *sententias interpretari perfacile est, quod quidem ego facerem,
nisi plane esse vellem meus. Quid enim negotii est eadem prope verbis isdem conversa
dicere?* – Quintus: *Prorsus adsentior. Verum ut modo tute dixisti, te esse malo tuum.* – Zu
Cicero – Platon s.o. Teil I, S. 7ff., sowie SEEL, Cicero, S. 393f.

[24] Vgl. oben S. 55, 83.

[25] S.o. S. 73, 82f.

[26] Eigenständigkeit der Gesetzgebung in *de legibus*: 1. allein schon die Tatsache, daß
hier erstmals seit den *XII tabulae* der Versuch einer Kodifizierung unternommen wurde; 2.
Abweichungen vom gegenwärtig Geltenden (z.B. II 46f.) bzw. Neuerungen „im Geiste
des *mos maiorum*" (II 23; vgl. III 12). Vgl. KEYES, Original Elements, S. 312ff.; SEEL,
Cicero, S. 397ff.; BÜCHNER, Sinn, S. 83; DÖRRIE, S. 230ff.; RAWSON, Interpretation, S.
346ff.; HEUSS, Ciceros Theorie, S. 207 (15) bis Ende; LEHMANN, S. 12ff. (passim, bis S.
51).

[27] Vgl. SCHMIDT, Abfassungszeit, S. 231.

[28] Vgl. SCHMIDT, ebd., S. 229ff.

[29] In II 24 als *suasio*, in III 13 als *explicatio* bezeichnet; *suasio* ist *t.t.* des römischen
Gesetzgebungsverfahrens.

wie I 17 angekündigt – römische und nichtrömische Normen in der Reihenfolge der *leges* erörtert[30]. Dieser Kommentar erfüllt nicht nur die Aufgabe, den Sinn einzelner Gesetze zu verdeutlichen[31] und die Aufnahme einer Bestimmung in den *Codex*[32] oder, wie im dritten Buch, die gesamte *discriptio magistratuum* in ihrer Eigenart zu rechtfertigen[33]. Darüber hinaus nimmt Cicero hier die Gelegenheit wahr, gleichsam Durchführungsbestimmungen nachzutragen, wo es ihm notwendig zu sein scheint[34]. Bereits in I 20 hatte er darauf hingewiesen, daß nicht alles, was Rechtsgeltung haben soll, auch schriftlich im Gesetzestext fixiert werden wird (*nec scriptis omnia sancienda*). Die *leges* geben also nicht jede Einzelheit der Rechtsordnung wieder, zu der ja nach römischem Verständnis gerade auch die *mores* gehören[35]. Sie beschränken sich auf die Hauptsachen, auf die maßgebenden Grundgedanken der Rechtsordnung[36], und lassen daher Raum für eine Ausgestaltung im Detail. Der Ansatz dazu liegt im Kommentar zu den *leges* vor.

Überliefert ist, wie gesagt, nur die entsprechende Partie des zweiten Buches. Doch den Prinzipien, die in II 46ff. dargestellt und angewendet werden, will Cicero grundsätzlich, d.h. auch bei der Erörterung des *ius p.R.* bzw. des *ius potestatum*, in den anderen Büchern folgen. Im zweiten Buch nämlich bittet Atticus den Freund, bei der Erläuterung der Gesetze *de sacris perpetuis* und *de Manium iure*[37], den beiden letzten aus dem Bereich *de*

---

[30] So z.B. II 26ff., 32ff.; III 13ff., 46f. und öfter.

[31] Ein Beispiel: der Kommentar zum ersten Gesetz *de religione* (II 19: *Ad divos adeunto caste*) – neben der körperlichen Reinheit kommt es vor allem auf die „Reinheit des Herzens" an (II 24). Zur reformerischen Intention Ciceros vgl. DÖRRIE, S. 231f.

[32] Wie das Tribunat (III 9, 16f., 19–26) und die schriftliche Stimmabgabe (III 10, 33ff.); vgl. dazu TROIANI, S. 180ff.

[33] Siehe die Forderung des Atticus in III 13: *ut disputes, quibus de causis maxime placeat ista discriptio.* Ausgeführt, aber nur z.T. erhalten, ab III 15.

[34] Hier könnte zwar der Gedanke an primäres/statisches und sekundäres/dynamisches Naturrecht im modernen Sinne naheliegen (vgl. Teil II 1, S. 24); es wird sich aber zeigen, daß diese Kategorien für Cicero inadäquat sind.

[35] Vgl. I 20: *serendi etiam mores*; davon ist in dem Fragment von *de legibus* nichts erhalten. Oder sollte etwa ganz allgemein das den Gesetzen des *Codex* entsprechende und nach Inkraftsetzung mit staatlicher Autorität erzwingbare (vgl. *rep.* I 2f.) Verhalten gemeint sein? – Wenn Cicero *leg.* II 23 sagt, einige seiner *leges* hätten in römischen Gesetzen kein Vorbild, entsprächen aber dem *mos maiorum, qui tum ut lex valebat*, so ist dieser nunmehr von Cicero „gesetzte" *mos* etwas anderes als der, den es zu „säen" gilt.

[36] Siehe II 18: *leges autem a me edentur non perfectae – nam esset infinitum –, sed ipsae summae rerum atque sententiae.* – Der Terminus *leges (non) perfectae* hat nichts mit dem Einteilungsprinzip von *leges publicae* in *leges perfectae, minus quam perfectae, imperfectae* zu tun; dieses stammt nach der Vermutung von BLEICKEN (Lex publica, S. 217–220) aus der späten Kaiserzeit (vgl. auch BRUWAENE, Précisions, S. 40).

[37] Vgl. III 47, wo Atticus unter Bezug auf diese Bitte Cicero auffordert, *de potestatum iure* zu sprechen.

religione (II 22), näher auf die Konkurrenz von römischem *ius pontificium* und römischem *ius civile* einzugehen (II 46f.)[38]. Darauf erwidert Cicero (II 46), er werde grundsätzlich (*in hoc omni sermone nostro*) – also wie jetzt im zweiten, so auch danach im dritten Buch (und in den verloren gegangenen Büchern) – folgendermaßen vorgehen: er werde, zu welchem *genus legis* man in der Diskussion auch gelange, das dieses *genus* betreffende *ius civile* Roms besprechen (*quod ad cumque legis genus me disputatio nostra deduxerit, tractabo quoad potero eius ipsius generis ius civile nostrum*). Dabei solle immer klar erkennbar sein (ebd.), von welchem Gegenstand (vgl. *locus*) – d.h. von welcher einzelnen *lex* des in Rede stehenden *genus legis* – sich die jeweilige *pars iuris* herleite; so sei es, genügend geistige Beweglichkeit vorausgesetzt, nicht schwer, das einem eventuell neu auftretenden Sachverhalt entsprechende *ius* zu finden, da man ja wisse, auf welchen „Paragraphen" (*caput*) man zurückgreifen muß.

Mit dem Gesetz *de religione*, welches in zahlreiche *leges* unterteilt ist, und dem Gesetz *de magistratibus*, welches sich ebenfalls aus einer Vielzahl von Einzelvorschriften zusammensetzt, liegen zwei *genera legis* vor[39]. Eine vereinfachende Darstellung, die das Folgende teilweise vorwegnimmt, soll den eben referierten Gedankengang verdeutlichen:

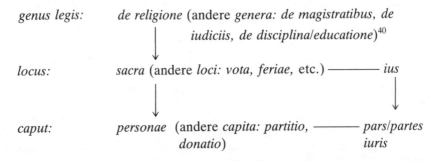

genus legis: *de religione* (andere *genera: de magistratibus, de*
                           iudiciis, de disciplina/educatione)[40]

locus: *sacra* (andere *loci: vota, feriae,* etc.) ———— *ius*

caput: *personae* (andere *capita: partitio,* ——— *pars/partes*
                           donatio)   *iuris*

Cicero wendet das in II 46 formulierte Prinzip auf sein Gesetz *de sacris perpetuis* an, welches neben allen übrigen *leges* des zweiten Buches unter das *genus „de religione"* fällt[41]. Er kommt zu dem Ergebnis, daß das *ius civile* –

---

[38] Vgl. dazu BRUCK, S. 6f.; GOAR, S. 83ff.; MICHEL, Droit, S. 187–189.

[39] So richtig SCHMIDT, Grundfragen, S. 81; auf S. 86 (ebd.) bezeichnet SCHMIDT dann aber das *ius pontificium* und das *ius civile* als *genera iuris* (ebenso ders., Abfassungszeit, S. 135). – Siehe aber III 1, wo die *lex de magistratibus* (indirekt) als *genus legis* erscheint.

[40] Zum Gesamtplan des Werkes vgl. oben S. 52.

[41] Bei den vorangehenden Gesetzen hat er dies offensichtlich nicht für nötig gehalten. Auch die Anwendung des Prinzips auf das *ius Manium* unterbleibt; Cicero stellt sie späteren *interpretes* anheim (II 62), wofür er sich auf Platon beruft (II 67). Dazu unten Teil IV 12, S. 211f.

anders als derzeit in Rom üblich[42] – nichts mit dem Gesetz zu tun haben soll
(II 47 und 52f.). Ausschließlich Vorschriften des römischen *ius pontificium*
können hier Anwendung finden, und Cicero übernimmt wie selbstverständlich einen Teil dieses Rechts und ordnet ihn seiner *lex* zu. Das Problem, das
es zu regeln gilt (*locus*, II 47 Ende), sind die *sacra privata*, deren Fortdauer
nach dem Tode eines *pater familias* das Gesetz (II 22) vorschreibt; andere
loci – de votis, de feriis et de sepulchris, et si quid eius modi est – hält Cicero
für zu unbedeutend (II 47; vgl. 50), als daß sie hier eigens erörtert werden
müßten[43]. Aus dem Gesetz ergibt sich die Frage, wie denn nun die Aufrecht-
erhaltung des privaten Opferkultes gewährleistet, die Vorschrift also erfüllt
werden soll. Cicero schließt sich dem Grundsatz des römischen *ius pontificium* an, daß demjenigen die Fortführung des Opferkultes obliegt, der das
Vermögen eines verstorbenen *pater familias* erbt[44]. Ebenso sind für ihn die
iura maßgebend, die – *pontificum auctoritate* (II 48) – die weiteren Einzelheiten betreffen. Der erste „Paragraph" bezieht sich auf den in Frage kommenden Personenkreis (II 47f.), der zweite und dritte (II 50f.) sind den Problemen der Erbteilung (*partitio*)[45] und der Schenkung (*donatio*) gewidmet. In
der Praxis auftretende Einzelfragen (*quaestiunculae*) können leicht einer Lösung zugeführt werden, wenn man sie nur dem jeweils der Sache nach gebotenen „Paragraphen" (*caput*) zuordnet und die darin festgelegte *pars iuris*
anwendet (II 51).

Dieses Detail habe ich etwas ausführlicher dargestellt, weil es über Ciceros
Methode Aufschluß gibt, geltende römische Normen in Beziehung zu einem
Gesetz seines *Codex* zu bringen. Es werden, so hat sich hier gezeigt, nur
solche *iura* der *pontifices* herangezogen, die mit dem *ius* der *lex* in Einklang
stehen und daher geeignet sind, als (rechtsverbindliche) Vorschriften zur
Realisierung des Gesetzesrechts zu dienen ; ein *ius* der *pontifices*, das Cicero
als dem (konventionell verstandenen) *ius civile* zugehörig betrachtet, wird
konsequenterweise nicht übernommen (II 52f.). Die nachgetragenen *iura*
Roms aber habe den gleichen Charakter wie das *ius* der jeweiligen *lex* des
Codex, das sie – als *partes iuris* – ergänzen: sie sind Teil des *ius* bzw. richten
sich nach dem *ius* der *lex scripta* Ciceros, welches sich seinerseits gemäß der
Rechtstheorie nach der *natura* richtet bzw. „von Natur" ist, und sie stimmen
daher auch selber mit der *natura* überein. Auch das römische *ius* des Kommentars im zweiten Buch (II 46ff.) ist *ius naturae*[46].

---

[42] Vgl. dazu Bruck, S. 19f.

[43] Schmidt, Abfassungszeit. S. 135.

[44] S. II 48, 1. Satz; II 50, 1. Satz.

[45] Vgl. II 53: *partitio* als *caput*. – In II 62 wird der letzte Satz des Gesetzes über das *ius*
Manium (II 22 Ende) als *caput* bezeichnet.

[46] Vgl. oben Anm. 34. Die nachgetragenen Normen sind also kein „sekundäres/dynami-

Man könnte nun vielleicht einwenden, dies sei eine bloße Konstruktion, die zwar der logischen Grundstruktur des Werkes entspreche, aber den Intentionen Ciceros kaum angemessen sei. Der Einwand wäre sehr ernst zu nehmen, wenn nicht Cicero selber die hier vorgetragene „Konstruktion" bestätigte, so daß sie sich als adäquate „Rekonstruktion" erweist.

Der Anfang seines Kommentars zum letzten der Gesetze *de religione* (II 22) ist nicht vollständig überliefert (II 54–68). Aber es wird doch deutlich genug, daß Cicero die Vorschriften des römischen *ius pontificium* als verbindlich auch für die Durchführung seiner *lex* über die *iura deorum Manium* angesehen hat[47]. Er greift nun aber nicht nur auf das *ius pontificium* zurück, sondern auch auf einschlägige *iura* der *XII tabulae* (II 58ff.). Dies geschieht ebenfalls in der Weise, daß die *iura* Roms als „Ausführungsbestimmungen"[48] zu seiner *lex* zu verstehen sind[49]. Darüber hinaus stellt Cicero einen klaren Bezug zur *natura* her, der uns berechtigt, die herangezogenen römischen *iura* im Sinne des Verfassers als Naturrechtssätze, die römischen *leges* als Naturgesetze zu bezeichnen. So sagt er (II 59) vom Inhalt derjenigen *lex* der *XII tabulae*, die eine Begrenzung des Aufwandes und der Totenklage bei Begräbnissen verfügt[50]: *Haec laudabilia et locupletibus fere cum plebe communia. Quod quidem maxime e natura est, tolli fortunae discrimen in morte*[51]. – Doch nicht nur diese eine römische Norm ist nach Ciceros Meinung *e natura*, sondern alle in II 58ff. herangezogenen Vorschriften der zehnten Tafel der *XII tabulae*[52]. Denn im Rückblick auf das Voraufgehende heißt es II 61: *Haec habemus in XII, sane secundum naturam, quae norma legis est*[53].

Die *natura* als *norma legis*: der Zusammenhang dieser Aussage mit I 44 (*nos legem bonam a mala nulla alia nisi naturae norma dividere possumus*) und der Gesetzestheorie von I 18f. und II 8–14 ist offenkundig[54]: Cicero

---

sches Naturrecht"; sie sind ebensowenig „dynamisch" – d.h. also: ebenso „statisch" – wie die „primären" des *Codex*.

[47] Dazu II 55: *Totaque huius iuris conpositio pontificalis magnam religionem caerimoniamque declarat. Neque necesse est edisseri a nobis quae finis funestae familiae, quod genus sacrificii Lari vervecibus fiat*, etc.

[48] Vgl. Anm. 34 und 46.

[49] Vgl. die wertenden Begriffe, mit denen die römischen *iura* bedacht werden: *verum, laudabilia* (II 59); *recte, humane* (II 60).

[50] Vgl. WIEACKER, XII Tafeln, S. 311ff.

[51] Vgl. den ähnlichen Gedanken in II 25.

[52] Zu dieser vgl. RICCOBONO, Fontes I, S. 66–69; WIEACKER, XII Tafeln, S. 344ff.

[53] Vgl. auch II 9 (ff.), wo Cicero den ersten Satz der ersten *tabula (si in ius vocat)* auf Grund seiner *vis (vis rationis)* als *lex = ratio scripta = lex naturae* erscheinen läßt (oben Teil II 4, S. 69 und 73). – Zur *tabula I* siehe RICCOBONO, Fontes I, S. 26 (ff.), und WIEACKER, XII Tafeln, S. 319. – Ciceros generelle Bewertung der *XII tabulae: de orat.* I 193ff.

[54] Zu I 44 s.o. Teil II 3, S. 65. Zur Gesetzestheorie: Teil II 4 passim.

betrachtet die römischen *leges* des Kommentars (wie schon die seines *Codex*) nicht als „Ausprägung des Naturgesetzes"[55], sondern, da sie der Definition *lex* = Naturgesetz entsprechen, unmittelbar als Naturgesetze. Deren Inhalt aber – und in gleicher Weise der übernommene Teil des römischen *ius pontificium* – ist Naturrecht. Atticus nämlich[56] bringt dies in folgender Bemerkung unmißverständlich zum Ausdruck: *Gaudeo nostra iura ad naturam accommodari maiorumque sapientia admodum delector* (II 62). – *Nostra iura*, d. h. alle von II 46 an den *leges* des *Codex Ciceronianus* zugeordneten *iura* Roms[57] aus dem Bereich sowohl des *ius pontificium* als auch des *ius* des *XII tabulae* (vgl. noch II 64), entsprechen der *natura*[58], sie sind Naturrecht, gleichsam die positivierte *sapientia (= perfecta ratio)* der *maiores*.

Nach dieser Interpretation von III 47 ff. und II 46 ff. ist davon auszugehen, daß Cicero generell das *ius* der *leges* seines *Codex – de religione, de magistratibus* und das nicht Überlieferte – im Einklang mit seiner Rechtstheorie als *ius naturae* verstanden hat (III 49). Ferner gilt grundsätzlich (II 46) für die Kommentarteile des ganzen Werkes, daß die römischen *iura* das *ius* der *leges* des *Codex* im Sinne von Bestimmungen zur Durchführung ergänzen.

Was die Qualität dieser *iura* angeht, so hat sich gezeigt, daß Cicero im zweiten Buch die nachgetragenen *leges* der *XII tabulae* (im Einklang mit seiner Gesetzestheorie) als *leges naturae* und generell das seine eigenen *leges* ergänzende römische *ius (ius pontificium, ius der XII tabulae)* als *ius naturae* auffaßt; ein qualitativer Unterschied zwischen dem *ius* des *Codex* und den römischen *iura* innerhalb des Kommentars besteht also nicht[59]. Daher liegt zum Schluß auch die Vermutung nahe, daß ebenso das römische *ius potestatum* (III 48) im verloren gegangenen Teil des Kommentars zum Gesetz *de magistratibus* für Cicero nichts anderes war als *ius naturae*. Ohnehin spricht dafür schon die Rechtstheorie des philosophischen Teils von *de legibus*, nach welcher nur solche Normen *ius* genannt werden dürfen – gleiches gilt nach der Gesetzestheorie für *leges* –, deren Quelle oder Norm die *natura* ist[60]: *ius* ist *ius naturae*, *lex* ist *lex naturae*. Wir können daher dem sprachlichen Nebeneinander von *ius naturae* und *ius populi Romani* in III 49 keine qualitativ

---

[55] So aber SCHMIDT, Abfassungszeit, S. 255.

[56] Oder Quintus; vgl. den Apparat zur Stelle in der Ausgabe von ZIEGLER/GÖRLER, *leg.*, S. 83. – PÖSCHL, S. 130, Anm. 2, entscheidet sich mit der handschriftlichen Überlieferung für Quintus.

[57] Zu denen sicher auch der II 61 f. angesprochene *mos (maiorum)* gehört.

[58] Siehe jedoch HEUSS, Ciceros Theorie, S. 207 (15), Anm. 9b: Atticus meine (trotz *iura*) nur das II 61 besprochene Usucapionsverbot für Grabgrundstücke; vgl. auch BLEIKKEN, Lex publica, S. 431, Anm. 210.

[59] Vgl. oben S. 92 f.: die nachgetragenen *iura* Roms als *partes* des *ius* einer *lex* des *Codex Ciceronianus*.

[60] S. o. Teil II 3, S. 61 f.; Teil II 4, S. 76 ff.

differenzierende Bedeutung zusprechen, so als wären hier nun doch nach der
Art des modernen Naturrechtsgedankens *ius naturae* und positives Recht
voneinander abgesetzt; denn Ciceros *ius naturae* in *de legibus* ist ebenso
positives Recht – *ius* der *leges* – wie die jenes ergänzenden Normen sei es des
ius pontificium und der *XII tabulae* im zweiten, sei es des römischen *ius
potestatum* jetzt im dritten Buch. Nichts spricht gegen die Annahme, daß sich
das *ius populi Romani* nachträglich und zur Freude aller am Gespräch Betei-
ligten[61] wie schon im zweiten Buch als *ius naturae* erwiesen hat.

A. Heuß hatte in seiner Interpretation von *de legibus* die „Relikte der
philosophischen Darlegung" aus dem Blickfeld verbannt[62]. Diese Maßnahme
lag durchaus in der Konsequenz jener seit A. Turnebus weithin gültigen
Tradition[63], nach welcher der philosophische Teil des Werkes in Form von
ethischen Prinzipien die materielle Substanz des Naturrechts festlegt und
Cicero den Anspruch erhebt, seine *leges* bzw. *iura* von diesem „hergeleitet"
zu haben. Von dieser Prämisse aus war schon R. Philippson der Meinung, es
würden, anders als erwartet, keine „aus dem Naturrecht" abgeleitete „Ver-
nunftsgesetze" formuliert[64], und unter gleicher Voraussetzung konstatierte
zuletzt J. Bleicken[65], daß die positiven Gesetze des *Codex Ciceronianus*
„nicht an einer dem Naturrecht verpflichteten Logik gemessen" wurden[66].
Angesichts der Tatsache, daß sich die hinter diesen Wertungen stehenden
Erwartungen nicht erfüllt haben[67], hat man denn auch folgerichtig von einem
Mißlingen der Absicht Ciceros und von mangelhafter philosophischer Durchdringung der Gesetzesmaterie gesprochen[68]. So war es nur noch ein letzter
Schritt in die einmal eingeschlagene Richtung, daß A. Heuß die störende
Masse der philosophischen „Auslassungen" Ciceros[69] interpretatorisch sozu-
sagen neutralisiert hat.

---

[61] Vgl. die Stellung der Aussagen über nachgetragenes positives römisches Recht als
Naturrecht (II 59, 61, 62) im argumentativen Zusammenhang von II 46–68; dazu oben S.
93 ff. – Die entsprechende Partie von III fehlt.

[62] Ciceros Theorie, S. 200 (8).

[63] Siehe oben Teil II 1, S. 23 ff.

[64] Tullius, Sp. 1121.

[65] Lex publica, S. 431.

[66] Vgl. jedoch SCHMIDT, Abfassungszeit, z. B. S. 231–235.

[67] Vgl. auch die Zurückhaltung von SCHMIDT, Abfassungszeit, S. 235 („… wie auch
immer wir das Gelingen dieses Versuches beurteilen mögen, Philosophie und römisches
Recht zu vereinigen"), und von BADER, S. 120.

[68] PHILIPPSON und BLEICKEN, a. a. O. – Siehe schon THIAUCOURT, S. 32: „Sans doute
Cicéron n'avait pas la force d'esprit nécessaire pour rattacher à la théorie du droit dévelop-
pée dans le livre I des lois exclusivement romaines qu'il rapporte dans le reste de l'ouvra-
ge" (ebd., S. 37 und 330).

[69] Ciceros Theorie, S. 207 (15).

Grundsätzlich jedoch wird man fragen müssen, ob ein solches Verfahren legitim ist. Statt Cicero „philosophische Insuffizienz"[70] zu bescheinigen, sollte man sich jetzt vielmehr mit der an sich naheliegenden Alternative zur bisherigen Denktradition anfreunden, daß das seit A. Turnebus angewendete Interpretationsschema für *de legibus* inadäquat ist.

Inzwischen hat sich nach den Ansätzen von J. Sauter, R. Harder und K. Büchner[71] herausgestellt, daß die traditionelle Prämisse der Interpretation von *de legibus* nicht mehr zu halten ist. Man hatte – worauf schon R. Harder in anderem Zusammenhang aufmerksam machte[72] – an Ciceros Werk die falschen Fragen gestellt, und es ist daher letzten Endes auch nicht verwunderlich, daß dann bei der Gesamtinterpretation sich meistens eines nicht zum anderen fügen wollte. Demgegenüber kann jetzt noch einmal als Ergebnis der vorangehenden Analyse festgehalten werden, daß der philosophische Teil der Schrift nicht mehr als inhaltliche Festlegung des Naturrechts im Sinne eines Ensembles von ethischen Grundsätzen o. ä. aufzufassen ist. Es handelt sich hier vielmehr um die theoretische Explikation der Ansicht, daß Gesetz und Recht „an sich" – als „von Natur" – Naturgesetz und Naturrecht sind und daß demnach nur solche positiven Vorschriften und Normen Gesetz und Recht genannt werden dürfen, deren „Quelle", wie von der Begriffsbestimmung her gefordert, die *natura (hominis)* ist, widrigenfalls ihnen der jeweilige Name nicht zusteht.

Die Normen der Vorschriften des *Codex* (und der Nachträge in den Kommentaren) hat Cicero dann theoriegemäß als *iura naturae*, die Vorschriften selbst als *leges naturae* verstanden.

6. Cicero als Nomothet

Die Kongruenz von Abstraktum (Theorie) und Konkretum (*leges* und *iura* des *Codex*) zu behaupten – wie Cicero es tut –, ist eines, ein anderes: sie dem Publikum gegenüber glaubwürdig und einleuchtend zu vertreten. Eine Begründung des bisher nur Behaupteten fordert schon die intellektuelle Red-

---

[70] HEUSS, Ciceros Theorie, S. 200 (8) und S. 204 (12) sowie S. 271 (79). – Vgl. auch THIAUCOURT, zit. o. Anm. 68, und VILLEY, S. 276 („mangelnde Strenge seines Denkens"). Auch SEEL, Problem, S. 145, spricht von Ciceros „philosophische(n) Unzulänglichkeiten"; ähnlich PHILIPPSON, Tullius, Sp. 1181f.; CANCELLI, Interpretazione, S. 214f. – Gegen eine Unterschätzung Ciceros als Denker nimmt BÜCHNER Stellung: Einleitung Cicerobild, passim, bes. p. X und XXIII. Siehe zuletzt SCHMIDT, Cicero's Place, passim; DAVIES, Originality, passim.

[71] Vgl. oben Teil II 1, S. 35 ff.

[72] S. 396. – Vgl. auch BÜCHNER, Einleitung Cicerobild, p. IX.

lichkeit, an welcher bei Cicero grundsätzlich zu zweifeln kein Anlaß besteht. Dies fordert darüber hinaus aber auch der praktisch-politische Instinkt; denn daß, im Geiste philosophischer Erkenntnis, eine politische Reform beabsichtigt war und Cicero wie die Gesetzgeber Zaleukos und Charondas *non studii et delectationis, sed rei publicae causa* (*leg.* II 14) den *Codex* seiner Gesetze verfaßt hat[1], steht ganz außer Frage[2]. Wie einst von allen Gelehrten nur Demetrios aus Phaleron, der Peripatetiker, betrachtet jetzt der Gesetzgeber Cicero die Philosophie nicht als intellektuelle Spielerei, nicht als esoterisches, nur in den schattigen Wandelgängen der Schulen beheimatetes und den Reiz beschaulicher Mußezeit erhöhendes „L'art pour l'art", sondern als ein geistiges Instrument, welches dazu bestimmt ist, sich im Getümmel der Alltäglichkeiten und im politischen Kampf als Entscheidungshilfe zu bewähren[3]. Da wäre es schon seltsam, wenn er, ein Mann, der wiederum wie Demetrios als *et doctrinae studiis et regenda civitate princeps* angesehen werden möchte (III 14; vgl. *rep.* III 4–7), es versäumt hätte, die „Lücke" zwischen philosophischer Grundlage und konkreter Materie seines Reformprogramms zu schließen. Er hätte eine Dummheit, schlimmer: hätte einen Fehler begangen, der für einen *orator perfectus*, der sich auch als *philosophus* versteht[4], für einen *regenda civitate princeps*, der als Nomothet reformerisch in das politische Leben eingreifen will[5], unverzeihlich gewesen wäre – er hätte sich selber um die Glaubwürdigkeit seines Anliegens gebracht.

Wie also schließt er jene „Lücke": wie begründet er die Naturgesetzlichkeit seiner *leges* und die Naturrechtlichkeit ihres Inhalts?

---

[1] Zu der Fehldeutung des zitierten Gedankens bei CAUER und KEYES s. o. Teil I, S. 9f.

[2] Über „Krisenbewußtsein und Reformwille" siehe SCHMIDT, Abfassungszeit, S. 114ff. (Auswertung u. a. von I 37, 57; II 14, 35). – Über *de re publica* vgl. schon das Urteil von THIAUCOURT, S. 20: „Le *République* n'était pas seulement une étude spéculative" (ähnlich ebd. S. 37).

[3] So nach *leg.* III 14. Fast die gleichen Worte im Brief Ciceros an Cato vom Jahre 51/50: *fam.* XV 4, 16. – Zu Demetrios vgl. GEHRKE, bes. S. 173ff., 181ff.

[4] Siehe *de orat.* III 142f. (dazu BARWICK, Bildungsideal, S. 69–71). Das Bild des *doctus orator* (= *philosophus*) ist ganz auf Cicero zugeschnitten; in *de orat.* I 79,95 sowie III 95 wird „prophetisch" auf das dereinstige Erscheinen eines solchen *orator* hingewiesen (vgl. BARWICK, Bildungsideal, S. 82; GRAFF, S. 70ff.). – Vgl. Plut. *Cic.* 32,6: πολλάκις αὐτὸς (sc. Cicero) ἠξίου τοὺς φίλους μὴ ῥήτορα καλεῖν αὐτόν, ἀλλὰ φιλόσοφον, φιλοσοφίαν γὰρ ὡς ἔργον ἡρῆσθαι, ῥητορικῇ δὲ ὀργάνῳ χρῆσθαι πολιτευόμενος ἐπὶ τὰς χρείας.

[5] Vgl. *rep.* V 3 (f.): der *rector civitatis* als Gesetzgeber. – Zur Diskussion um *rector/ princeps* in *de re publica* vgl. SCHMIDT, *rep.*, S. 326ff.; dazu auch unten Teil IV 12b. – Vgl. allgemein SEEL, Cicero, S. 397ff.; MARTIN, passim.

a. *sapiens/sapientia* und *natura*

In der Tat hat Cicero die Gesetze „nicht an einer dem Naturrecht verpflichteten Logik gemessen"[6], in der Tat hat er keine am „Ziel des Menschen" orientierte Gesetzes- und Rechtskonstruktion vorgelegt[7], und in der Tat hat er kein „Gesetzessystem" aus weltanschaulichen Prämissen abgeleitet[8]. Aber solche Erwartungen waren auch gar nicht gerechtfertigt. Aus dem philosophischen Teil des Werkes, speziell aus der Anthropologie, ergibt sich, daß Ciceros Konzeption ganz anders strukturiert ist.

Zur Gesetzgebung, die so bezeichnet zu werden verdient, hat allein der *sapiens* die Fähigkeit und Befugnis[9]. Denn das Gesetz „an sich" war als *summa, perfecta, recta ratio = prudentia/sapientia* (I 18f., 22f.) und als *ratio (mens) prudentis/sapientis* (I 19; II 8 und 11) definiert. Daher galt das positive Ge- und Verbot, dem der Name *lex* zusteht, als die positivierte *ratio sapientis* (II 9–11; vgl. I 42). Die Naturgesetzlichkeit normativer Satzung ist nun dadurch bedingt, daß der gesetzgebende *sapiens* „die Natur" verkörpert. Im ersten Buch von *de legibus* hatte Cicero ein teleologisches Bild von der *natura hominis* entworfen. Danach ist das Ziel des Menschen die *virtus* (I 30)[10]. Die *virtus* aber wird als *perfecta et ad summum perducta natura* (sc. *hominis*; I 25) und als *perfecta ratio* (I 45) definiert[11]. Eines bedingt das andere: die *natura hominis* gelangt in den Stand der Vollkommenheit durch

---

[6] S. o. S. 28 (BLEICKEN).

[7] Vgl. BÜCHNER, Sinn, S. 89: nach der Theorie des ersten Buches „hätte ein Naturrecht prinzipiellerer Art (sc. als das im *Codex* gesetzte) aufgestellt werden müssen, das vom Ziel des Menschen her konstruierte". Zur Problematik dieser Ansicht siehe schon oben S. 39.

[8] Vgl. HENTSCHKE, oben S. 38f.

[9] Vgl. oben Kap. 4, S. 77.

[10] *Nec est quisquam gentis ullius, qui ducem nactus ad virtutem pervenire non possit.* – Die Handschrift H^*rec* fügt vor *nactus* ⟨*naturam*⟩ ein; ihr folgen MOSER/CREUZER, S. 77; DU MESNIL, S. 41; SICHIROLLO, S. 73; DE PLINVAL, *leg.*, S. 17. ZIEGLER setzt ⟨*naturam*⟩ hinter *nactus*: ZIEGLER/(GÖRLER), *leg.*, S. 34 (SCHMIDT, Grundfragen, S. 182; KENTER, S. 126). – Vom Kontext her gesehen sollte die Konjektur aber in jedem Fall ausgeschieden werden; so auch – mit anderen Argumenten – BÜCHNER, Konstanten, S. 32 (im Anschluß an VAHLEN, S. 31); neuestens (ZIEGLER)/GÖRLER, *leg.*, S. 34. Denn nach I 27 besteht zwar grundsätzlich die Möglichkeit, daß die *natura hominis* sich „auch ohne Lehrer" (*etiam nullo docente*) selbsttätig entfaltet und in den Stand der Vollkommenheit bringt (*ipsam per se naturam longius progredi* etc.); aber die „Führungskraft" der *natura* (vgl. *Lael.* 19) ist durch mancherlei Störungen und Irritationen (*leg.* I 19, 31f., 33) wenn nicht gänzlich verloren gegangen, so doch weitgehend eingeschränkt (vgl. auch *Tusc.* III 2). Daher ist Erkenntnis der *natura hominis* vonnöten (*leg.* I 33), und zu dieser „führt" die *philosophia* (I 58f.; vgl. BÜCHNER, a.a.O.).

[11] Siehe auch Cic. *acad.* I 20: *quod autem absolutum, id est virtus, quasi perfectio naturae* (erg. *appellatur*).

fortschreitende Festigung und Vervollkommnung der *ratio* (I 27)[12]. Die *per-fecta ratio* aber, die *sapientia*, ist die *ratio sapientis*. Damit schließt sich der Kreis: im *sapiens* manifestiert sich die *perfecta ratio*, die *sapientia*, die *virtus* – die *perfecta et ad summum perducta natura*[13], und in Analogie zu einem ähnlichen Gedanken in einer anderen Schrift Ciceros kann man sogar sagen, daß der *sapiens* die Manifestation der ans Ziel der Vollkommenheit gelang-ten *natura hominis* ist[14].

Aus dieser Perspektive erhält die abstrakte Erklärung von I 20,28,34 (vgl. I 16), in welcher „die Natur" als Ursprung des Rechts gekennzeichnet wor-den war[15], jetzt endlich ihre konkrete Bedeutung. Cicero hat den *sapiens* gemeint – „die Natur", d. h. jetzt: der *sapiens* ist die „Quelle" positiver, ihren Namen verdienender Gesetze bzw. „wahren" positiven Rechts, und „von Natur" wiederum sind „wahre" *leges* und *iura* insofern, als ihr Urheber die *natura hominis* verkörpert; „Gesetze und Recht der Natur" sind Gesetze und Recht des *sapiens*, und die darin vernehmbare Stimme des *sapiens* und sein Wille sind „Stimme und Wille der Natur". Da nun Cicero als Gesetzgeber

[12] Daß sie dazu eines „Führers" oder Lehrers bedarf (s. o. Anm. 10), tut hier nichts zur Sache. – Der Text I 27 lautet: *Nunc quoniam hominem, quod principium reliquarum rerum esse voluit, generavit et ornavit deus, perspicuum sit illud (ne omnia disserantur), ipsam per se naturam longius progredi, quae etiam nullo docente... confirmat ipsa per se rationem et perficit.* – Man wird BÜCHNER, Konstanten, S. 30, darin nicht folgen können, daß Cicero mit *principium reliquarum rerum* den Menschen gemeint haben sollte; gegen diese alte Ansicht schon TURNEBUS, S. 559f. (vgl. MOSER/CREUZER, S. 72f.). Im übrigen ist statt *voluit* (sc. *deus*) wohl besser *volui* (sc. Cicero) zu lesen: nach Ciceros eigenem Willen nämlich, dem der Epikureer Atticus eigens ein weitgehendes „Zugeständnis" machen mußte, damit das Gespräch den geplanten Verlauf nehmen konnte (I 21), ist das göttliche Weltregiment und die Gottesgeschöpflichkeit des Menschen „die Grundlage aller weiteren Ausführungen" (*principium reliquarum rerum*, I 27) zur *natura hominis* (I 21f.; vgl. auch II 15f., 32f.). – Auf die Vermutung, daß es *volui* statt *voluit* heißen könnte, hat schon MOSER(-CREUZER), S. 73, hingewiesen.

[13] SCHMIDT, Grundfragen, S. 228.

[14] Siehe *fin.* V 33: *hoc intellegant, si quando naturam hominis dicam, hominem dicere me; nihil enim hoc differt* etc. – Wenn also für Cicero die Begriffe *natura hominis* und *homo* gleichbedeutend sind, kann man analog dazu die *perfecta natura/natura sapientis* als den *sapiens* verstehen. – Von hier aus führt ein gerader Weg zur Vorstellung vom *sapiens* als dem „lebenden Gesetz" (νόμος ἔμψυχος). Denn der *sapiens* verkörpert, als Manifesta-tion der *perfecta natura hominis*, die *perfecta ratio* = *sapientia* (*virtus*), und da diese als *lex* definiert war, ist er auch die personifizierte *lex* (BORN, S. 128ff.). Siehe *leg.* III 2: der Magistrat als *lex loquens* (dazu HIRZEL, Ἄγραφος νόμος, S. 51f.; SOMMER, S. 109ff., 124ff.; HEUSS, Ciceros Theorie, S. 216 (24) f.); *rep.* I 52: die *vita* dessen, der die *virtus* besitzt, als *lex*; *rep.* II 69: der *prudens* als *speculum* für die Bürger (vgl. dazu *leg.* III 30–32). Personifizierte *virtus* statt Inhaber der *virtus* in *rep.* I 52: *virtute vero gubernante rem publicam*; personifizierte *sapientia* statt *sapientes* in *rep.* III 47: *si enim sapientia est quae gubernet rem publicam.* – Vgl. auch AALDERS, ΝΟΜΟΣ, S. 324f., 325f.

[15] Vgl. oben Teil II 2, S. 47ff., 53f.

auftritt und für seinen *Codex* das Charakteristikum der Naturgesetzlichkeit bzw. Naturrechtlichkeit beansprucht, muß die (um der Glaubwürdigkeit willen notwendige) Begründung dieses Anspruches in seiner Legitimation als personifizierte *natura hominis*: als *sapiens* liegen.

Die Schlußkapitel des ersten Buches von *de legibus* (I 58 ff.), die K. Büchner zu den „schönsten Stücken lateinischer Prosa" rechnet[16], werden allgemein als „Preis der Philosophie" bezeichnet. Mit Recht aber hält P. L. Schmidt dies für wenig aussagekräftig – ganz abgesehen davon, daß Cicero die *sapientia* preist[17], – und macht in Übereinstimmung mit R. Reitzenstein darauf aufmerksam, daß es hier in erster Linie um den *vir bonus et sapiens* und seine gesetzgeberisch-politische Tätigkeit geht[18]. R. Reitzenstein war darüber hinaus der Ansicht – freilich ohne dies näher auszuführen –, daß Cicero sich mit der *laudatio sapientiae* als den berufenen Gesetzgeber – d. h. jetzt: als Verkörperung der *(perfecta) natura hominis*, als *sapiens* – „legitimiert" und „so das ganze Unternehmen" seiner Gesetzgebung „rechtfertigt"[19]. In I 58 ff. wäre demnach die Begründung der Naturgesetzlichkeit des *Codex Ciceronianus* zu finden. Dies gilt es jetzt zu prüfen.

Die *laudatio sapientiae* knüpft an die Erwartung des Quintus an (I 57), sein Bruder werde Gesetze und Anleitung zur richtigen Lebensweise vorlegen (*te existimo … hodierno sermone leges vivendi et disciplinam daturum*). Dies sei, antwortet Cicero (I 58), in der Tat der Sinn ihres Gespräches, und: *utinam esset etiam facultatis meae!* Damit hat er selber die Frage nach seiner Kompetenz (*facultas*) zur Gesetzgebung angeschnitten. Die Antwort bleibt hier den Zuhörern überlassen. Daß sie nach dem Wunsch des Verfassers der Schrift positiv ausfallen sollte, versteht sich von selbst. Daß sie es auch würde, hat Cicero, soviel dabei an ihm liegen konnte, meisterhaft in die Wege geleitet. Dies wird sich zeigen, wenn wir die folgenden Kapitel besprochen haben. In I 58 freilich ist die Kompetenz, d. h. Ciceros Eigenschaft als *sapiens* und damit die Naturgesetzlichkeit des *Codex*, ebensowenig wie in den weiteren Darlegungen bis I 63 begründet.

---

[16] Konstanten, S. 37. Siehe zuletzt BOYANCÉ, L'éloge, S. 21 ff. – Vgl. auch *Tusc.* V 68 ff., von FUCHS (Hingabe, S. 321 ff., 343 ff.; auch MÜLLER, Βίος, S. 227 f.) mit *leg.* I 58 ff. zusammengestellt, sowie „Ciceros Gebetshymnus an die Philosophie" in *Tusc.* V 5 (zur Wertung siehe HOMMEL, S. 54).

[17] KNOCHE, S. 43, 52 ff. – Zum Problem des Verhältnisses von *philosophia* und *sapientia* s. u. S. 102 ff.

[18] REITZENSTEIN, Vermutungen, S. 26 in der Anm. 1 von S. 24; SCHMIDT, Grundfragen, S. 227 (vgl. ders., Abfassungszeit, S. 181 ff.). – Vgl. aber BLEICKEN, Lex publica, S. 430 f.: es fehle in *de legibus* eine Definition der *viri boni*. – Zum Inhalt der Kapitel: SCHMIDT, Grundfragen, S. 224–227; BOYANCÉ, Cicéron, S. 256 ff., 274 f.; ders., L'éloge, S. 24 ff.; KENTER, S. 230 ff.

[19] Vermutungen, S. 18.

Zunächst rückt Cicero die eben zitierte Äußerung seines Bruders (I 57) ein
wenig zurecht. Quintus nämlich hatte *leges vivendi* und *disciplina (vivendi)*
wie zwei voneinander unabhängige Dinge nebeneinander gestellt. In Wahrheit aber (*sed profecto ita se res habet*, I 58) sind beide aufs engste verbunden.
Denn das Gesetz hat als *emendatrix vitiorum* und *commendatrix virtutum* zu
gelten (ebd.)[20]. Nach Ciceros Ansicht geht aus diesem Grund (vgl. *quoniam*)
vom Gesetz – welches sowohl „das Richtige" als auch „Richtighandeln" gebietet – die Anleitung zur richtigen Lebensweise (*vivendi doctrina*, ebd.)
aus[21], so daß, fügen wir hinzu, „richtig" lebt, wer der von der *lex* gegebenen
Anleitung, d. h. den darin ausgesprochenen Ge- und Verboten, Folge leistet.

Der anschließende Gedanke setzt die seit I 22 f. bekannte Definition von
lex als *sapientia* (= *perfecta/recta ratio*) voraus: „So kommt es, daß die Weisheit die Mutter aller guten Dinge ist" (*ita fit ut mater omnium bonarum rerum*
⟨*sit*⟩ *sapientia*, I 58). Daß es und wie es dazu kommt, wird erst im Folgenden
erklärt. Es bleibt hier auch noch offen, welche *bonae res* die Weisheit „ge-
biert". Von den weiteren Ausführungen (I 60–62) her gesehen kann man
aber schon jetzt sagen, daß Cicero nicht die *vivendi doctrina* gemeint hat,
auch wenn von ihr feststeht, daß sie ebenfalls aus der *sapientia* = *lex* hervorgeht[22]. Gemeint sind von der *sapientia* ausgehende Wirkungen, die das Leben
des Besitzers der *sapientia*, des *vir bonus/sapiens*, zur *vita beata* machen
(s. u.). Der Gedanke in I 58 (*ita fit ut* etc.) besagt, daß die *sapientia/lex* als
Quelle der *vivendi doctrina* bei einem Menschen, der die *sapientia* gleichsam

---

[20] Der Gedanke erscheint hier als eine Selbstverständlichkeit (*quoniam ... esse oportet*).
Im erhaltenen Text des ersten Buches war dies aber nicht – wenigstens nicht explizit – zur
Sprache gekommen. Sollte eine diesbezügliche Aussage in dem I 57 verlorengegangenen
Teil gestanden haben (zu der Lücke vgl. REITZENSTEIN, a. a. O.)? Bisher jedenfalls hieß es
nur: *lex* befiehlt, „was man tun soll" (*facienda*, I 18; vgl. II 9 und 10: *recte facta, recta*), und
lex befiehlt, „richtig zu handeln" (*recte facere*, I 19; vgl. II 9 f.: *vis – sc. legis/rationis – ad
recte facta vocandi*; *ad recte faciendum inpellens* – sc. *ratio*). Allenfalls indirekt also „empfiehlt" die *lex* die *virtutes*, indem sie „richtiges" Handeln befiehlt. Vgl. *de orat.* I 193 ff.;
dazu unten Anm. 23.
[21] Seltsame Verkehrung des Sinns bei DE PLINVAL, *leg.*, S. 34: „il faut qu'elle (sc. la loi)
soit tirée de la même doctrine de vie"; ebenso dann auch BÜCHNER, *leg.*, S. 35: „... daß das
Gesetz von dieser Lebenslehre abgeleitet wird". Text I 58: *ut ... ab ea* (sc. *lege*) *vivendi
doctrina ducatur*.
[22] Vgl. jedoch SCHMIDT, Grundfragen, S. 225 (mit Anm. 1): die *sapientia* spende als
mater bonarum rerum die *vivendi doctrina*, und im folgenden (I 58) werde erklärt, wieso
„sie diesen Ehrentitel zu Recht trägt ... Sie schenkt die Erkenntnis der Dinge" etc.; ähnlich
S. 227 f.: es gehe um die *sapientia* des Einzelnen, „die ihm die Selbsterkenntnis vermittelt,
aus der dann die anderen Erkenntnisse entstehen, die aber wieder zur ersteren zurückführen" (?). – Es ist jedoch die *philosophia*, die zur Selbsterkenntnis und Erkenntnis aller
übrigen Dinge leitet, und die von der *philosophia* vermittelte Erkenntnis wiederum ist
sapientia. Das weitere s. o. im Text.

verinnerlicht und ihrer *doctrina* folgt, „alle guten Dinge" als Einzelaspekte der „richtigen Lebensweise" hervorbringt. In den Besitz der *sapientia/lex* aber gelangt der Mensch mit Hilfe der *philosophia*[23]. Dies ist das Thema der Kapitel I 58–60. Im Anschluß daran werden die Wirkungen der *sapientia*, die *bonae res*, dargestellt (I 60–62).

Die *philosophia* als Lehrmeisterin: Cicero nennt sie (I 58) – wie schon Platon es getan hatte (*Tim.* 47 b) – ein Göttergeschenk[24] von unschätzbarem Wert für das Leben der Menschen. Denn sie lehrt die Erkenntnis aller – göttlichen wie menschlichen – Dinge, insbesondere die Selbsterkenntnis (ebd.); mit einem Wort: sie, deren Name *amor sapientiae* bedeutet[25], lehrt *sapientia*[26]. Ihr wichtigstes *praeceptum*, das *nosce te ipsum*, wird dem delphischen Apollon zugeschrieben. Wer, ihm gehorchend, sich selbst erkannt hat (I 59), kennt die *natura hominis* und die in ihr liegenden „Aufgaben" (vgl. I 16). Er hat nämlich das Vorhandensein spezifisch menschlicher Eigenschaf-

[23] Unter anderem Gesichtspunkt und mit leicht polemischer Akzentuierung wird das Verhältnis von *lex/leges* (sc. *XII tabulae*) und Philosophie in *de orat.* I 193–195 behandelt (vgl. Pöschl, S. 153 f.; Schmidt, Abfassungszeit, S. 136 f.). Auch hier, wie in *leg.* I 58, „empfiehlt" das Gesetz (durch Belohnung) die *virtus* und „rät ab" von *vitia* (durch Strafen), und auch hier „lehrt" das Gesetz (durch autoritative Willensäußerung) die richtige, im Einklang mit *virtus/virtutes* stehende Lebensweise: *de orat.* I 194. Das gleiche Ziel verfolgt auch die Philosophie: *de orat.* I 195, – nur daß das Gesetzbuch (hier die *XII tabulae*) sie an *auctoritas* und *utilitas* „bei weitem" übertrifft. Vgl. auch *de orat.* I 194: *docemur non infinitis concertationumque plenis disputationibus, sed auctoritate nutuque legum* etc. Ähnlich wird in *rep.* I 2 f. (vgl. auch *rep.* III 4–7) das Verhältnis zwischen Politiker und Philosoph beurteilt; dazu unten Teil IV 11 b.

[24] Siehe auch Ciceros Übersetzung des platonischen *Timaios* (52). – Wie *leg.* I 58 auch Cic. *fam.* XV 4, 16; *Hort. fr.* 111; *acad.* I 7; *Tusc.* I 64 (mit „Korrektur" Platons: nicht *donum*, sondern *inventum deorum*). – Fuchs (Hingabe, S. 338, Anm. 17 zu S. 318) weist auf Plat. *Phileb.* 16 c hin, wonach insonderheit die Dialektik als eine der drei Teildisziplinen der Philosophie eine δόσις θεῶν ist.

[25] *Leg.* I 58. – So auch Cic. *Hort. fr.* 93; vgl. *Hort. fr.* 106, *Luc.* 114, *Tusc.* I 1 und IV 5, *off.* II 5 (*studium sapientiae*; vgl. *leg.* I 63). – Der Sache nach ist *philosophia* u. a. *disciplina sapientiae* (*Luc.* 114). Siehe Stang, S. 85–89. Vgl. Kenter, S. 232.

[26] Siehe *leg.* I 58: *Haec* (sc. *philosophia*) *enim una nos cum ceteras res omnes, tum quod est difficillimum docuit, ut nosmet ipsos nosceremus.* – Zu *sapientia* als durch die Philosophie vermittelter *cognitio* bzw. *scientia* (*rerum divinarum/humanarum; naturae* etc.) siehe *Tusc.* IV 57, V 7 (ff.); *off.* I 153, II 5; *Hort. fr.* 95 (f.), 110. Vgl. SVF I 374; II 35 und 36. – Allgemein Homeyer, S. 304, 306–310 (Luck, Geschichte, S. 210 ff., ist für Cicero nicht sonderlich aufschlußreich). – In der Forschung werden demgegenüber *sapientia* und *philosophia* ohne weiteres gleichgesetzt: z. B. Homeyer, S. 306; de Plinval, *leg.*, S. 36 mit Anm. 1 auf S. 115 f.; Büchner, Konstanten, S. 36 sowie S. 38 in der Übersetzung von *leg.* I 62; ders. *leg.*, S. 38 (vgl. ebd., S. 144); Kenter, S. 247. Auch Schmidt, Grundfragen, S. 225, 227 f., hält die Begriffe nicht auseinander und sieht sich dann (S. 225, Anm. 3; vgl. S. 227 f., zit. oben Anm. 22) genötigt, die *sapientia* in I 59 von der *sapientia* in I 58 zu unterscheiden. – Gegen eine Gleichsetzung der beiden Begriffe Stang, S. 85.

ten wahrgenommen, anthropologischer Konstanten, die unabhängig von individuellen Besonderheiten allen Angehörigen der Gattung gemeinsam sind
(ebd.): das Göttliche im Menschen, das *ingenium* (vgl. I 22f., 24), sodann –
nach Ciceros teleologischer Konzeption der *natura hominis* in I 24ff. – die
geistige und körperliche Beschaffenheit und Veranlagung des Menschen, vor
allem gewisse *instrumenta ad obtinendam adipiscendamque sapientiam*, die in
I 26 *quasi fundamenta quaedam scientiae*[27] genannt worden waren. Es sind die
adumbratae intellegentiae „von allen Dingen" (I 59; vgl. I 26,30)[28], so etwa
von Gott (I 24), von den *virtutes* (I 33), überhaupt von allen *principia naturae*[29]. Die „schattenhaften Vorstellungen" aber können „ans Licht" gebracht werden (I 59: *quibus inlustratis*)[30], wobei Cicero, wie aus I 60 hervorgeht, in erster Linie an die *virtutes* gedacht hat (*cognitis perceptisque virtutibus*)[31]. Auf diese Weise schreitet die *natura hominis* ihrem Ziel entgegen, der
perfecta natura, der *virtus*, der *sapientia*[32], und gleichsam auf dem Wege zum
Ziel gewinnt der sich selbst Erkennende die Überzeugung (*cernat*, I 59), daß
er nach „Erleuchtung" jener *intellegentiae* – d.h. wenn er das Ziel, die *sapientia*, erreicht haben wird – unter Führung der *sapientia* stehend ein *vir
bonus* und aus diesem Grunde *beatus* sein wird[33].

Soweit Ciceros Grundsatzerklärung über den von der *philosophia* gewiesenen Weg zur *sapientia*. Am Schluß wurde deutlich das „Glücklichsein" des
vir bonus/sapiens – des Typus selbstverständlich – als Wirkung des Besitzes
der *sapientia* gekennzeichnet. In den folgenden Kapiteln wird dies nun im
einzelnen ausgeführt. Dabei stellt Cicero eine Fülle von *bonae res* vor, deren
„Mutter" die *sapientia* ist und die in ihrer Gesamtheit die *vita* des *sapiens* als

---

[27] Zu *sapientia* als *scientia (cognitio)* s. o. Anm. 26.

[28] Dazu oben Teil II 3, S. 60f. mit Anm. 29.

[29] Vgl. auch *Cael.* 12; *fin.* V 18, 43, 59f.; *Tusc.* I 57, III 2; *Luc.* 21f.

[30] BOYANCÉ, Cicéron, S. 264, Anm. 1.

[31] Diese Formulierung spricht gegen die Ansicht von POHLENZ (Grundfragen, S.99), die
„Begriffe" bedürften der Klärung „durch die Empirie"; Cicero meint doch wohl eine
Denkoperation (*cognitis*).

[32] Dies nach I 22f., 25, 27, 30, 45.

[33] Nicht, wie BÜCHNER (Konstanten, S. 32; vgl. ebd., S. 38) auf Grund seiner Gleichsetzung von *sapientia* und *philosophia* (s. o. Anm. 26) gemeint hatte, „daß man *sapientia duce*
ein guter Mann werde, zur *virtus* komme" (vgl. auch SCHMIDT, Grundfragen, S. 225). –
Text I 59: *quom se ipse perspexerit totumque temptarit* (sc. derjenige, der dem *praeceptum
philosophiae* von I 58 Folge leistet), *intelleget, quem ad modum a natura subornatus in
vitam venerit* (vgl. I 16, 25–27, 35) *quantaque instrumenta habeat ad obtinendam adipiscendamque sapientiam, quoniam principio rerum omnium quasi adumbratas intellegentias animo ac mente conceperit, quibus inlustratis sapientia duce bonum virum et ob eam ipsam
causam cernat se beatum fore*. – Daß *res omnes* in diesem Text nicht die *res* sind, deren
„Mutter" nach I 58 die *sapientia* sein soll, braucht wohl nicht eigens nachgewiesen zu
werden.

„glücklich" bestimmen. Diese *bonae res* sind den drei klassischen *partes sapientiae*[34] Ethik (I 60), Physik (I 61), Dialektik unter Einschluß der Rhetorik (I 62) zugeordnet[35].

α. Die Wirkung der *sapientia* als Besitz der *virtutes* (Ethik, I 60)

Das „Glücklichsein" des *vir bonus/sapiens* ist die Folge der geistigen Inbesitznahme (Verinnerlichung) der *virtutes* (*cognitis perceptisque virtutibus*). Es besteht[36], als Wirkung der *temperantia*, in der Freiheit von physischen Bedürftigkeiten, namentlich von der *voluptas*; als Wirkung der *fortitudo* in der Freiheit von Angst vor Tod und Schmerz; als Wirkung der *iustitia erga homines/deos* in der Anerkenntnis der Menschen als Mitmenschen (*societas caritatis*) und einer gläubigen, von *superstitio* freien Verehrung der Götter; als Wirkung der *prudentia* im geschärften Blick beim Unterscheiden des Guten vom Schlechten und bei der Wahl des einen wie der Ablehnung des anderen.

β. Die Wirkung der *sapientia* als Erkenntnis der *natura rerum* (Physik, I 61)

Bei der Betrachtung des Himmels, der Erde, der Meere und überhaupt des Wesens aller Dinge (*natura rerum*) begreift der *vir bonus/sapiens* Werden und Vergehen, Zeitliches und Ewiges, sogar den Gott, der alles lenkt und regiert, und er erkennt, daß der Kosmos gleichsam eine Stadt (*urbs*), er selbst als *sapiens* aber ein Bürger der Kosmopolis ist[37]. In dieser *cognitio naturae*, der zweiten *pars sapientiae*, vollendet sich die Selbsterkenntnis und bringt als schönste Frucht die Geringschätzung alles dessen hervor, was gemeinhin als höchstes Gut auf Erden gilt[38].

γ. Die Wirkung der *sapientia* als *ars loquendi* (Dialektik, Rhetorik, I 62)[39]

Dialektik und Rhetorik sind zwei Elemente der Kunst, dem Gedachten und Erkannten sprachlich Ausdruck zu verleihen. Beide – zusammengenommen

---

[34] Da sie Gegenstand der *philosophia* sind, können sie auch als *partes philosophiae* erscheinen: *fin.* V 9 (ff.), *acad.* I 19 (und 30). – Siehe dazu BOYANCÉ, Parties, passim; ders., L'éloge, S. 26ff., 31ff., 34ff.

[35] BOYANCÉ, Cicéron, S. 257f., 274f.; ders., L'éloge, S. 36f. – Mit *leg.* I 60ff. vgl. *Tusc.* V 68ff., *fin.* V 9ff., *acad.* I 19ff.

[36] Vgl. KENTER, S. 236f.; BOYANCÉ, L'éloge, S. 27–31.

[37] Vgl. I 23 (*civitas deorum atque hominum*); *rep.* I 19. – Zum „Weltstaat" siehe unten Kap. 9b, S. 135ff., und Kap. 10a, S. 144ff.

[38] Vornehmlich *gloria*; vgl. I 32 und 52 sowie *rep.* I 26, VI 16 und 20–25.

[39] Zusammengehörigkeit beider auch nach *or.* 61ff., 113ff.; *acad.* I 32; *Tusc.* V 72. – BOYANCÉ, Cicéron, S. 275; ders., L'éloge, S. 36f.; vgl. KENTER, S. 243.

die dritte *pars sapientiae* – stehen dem *vir bonus/sapiens* mit je unterschiedlicher Wirkung zu Gebote. Er behält seine Erkenntnis der *natura hominis* und der *natura rerum* nicht still für sich, sondern gibt sie mittels *disputatio* und *oratio* an seine Mitmenschen weiter. In der *subtilis disputatio*, philosophischem Gespräch und Schrifttum, wird das Erkannte durch dialektische Methodik gesichert (*vallabit* – sc. der *sapiens* – *disserendi ratione, veri et falsi iudicandi scientia et arte quadam intellegendi, quid quamque rem sequatur et quid sit quoique contrarium*). Die hiermit erzielte „Umwallung" (*saepimentum*) erweist sich so als Wirkung dieses Elements der dritten *pars sapientiae*. Der *sapiens* weiß aber, daß er *ad civilem societatem* geboren ist. Daher wird er als Politiker tätig und bedient sich der *fusa latius perpetua oratio*, der kunstvoll nach den Vorschriften der Rhetorik ausgestalteten Rede. Das politische Wirken des *sapiens* als *perfectus/doctus orator*[40] besteht unter anderem im Regieren (*qua* – sc. *oratione* – *regat populos*), im „Stabilisieren" von Gesetzen (*qua* – sc. *oratione* – *stabiliat leges*), im Verfassen von Geschichtswerken – all' dieses „geboren" aus der im Reden angewandten Rhetorik als zweitem Element der letzten *pars sapientiae*.

Cicero beendet die *laudatio sapientiae* mit einem Satz, der zum Ausgangspunkt I 58 zurücklenkt, wo die *sapientia (lex)* als *mater omnium bonarum rerum* bezeichnet worden war: *Quae quom tot res tantaeque sint, quae inesse in homine perspiciantur ab iis qui se ipsi velint nosse, earum parens est educatrixque sapientia* (I 62).

Der Satz faßt in äußerster Gedrängtheit alles vorher Ausgeführte zusammen. Den Gedanken von I 58 aufgreifend, nennt Cicero die Weisheit „Mutter und Erzieherin einer Vielzahl von großartigen Dingen". Weisheit ist hier, wie zu sehen war, keine außerhalb des Menschen stehende, erzieherisch von außen an ihn herantretende Macht, sondern die Eigenschaft dessen, der sich durch die Philosophie hat belehren lassen (I 57 f.). Mit den von der *sapientia* des *vir bonus* „geborenen" und „aufgezogenen" *res* meint Cicero die I 60–62 dargestellten Wirkungen des geistigen Besitzes der *sapientia* (drei *partes*) in der privaten und öffentlichen Leibensweise des *vir bonus*: das konkrete Verhalten und die Haltung des *sapiens* sich selbst und den Mitmenschen gegenüber. Wie aber zur *sapientia*, so natürlich dann auch zu deren Hervorbringung – dem „richtigen", dem „glücklichen" Leben als Summe jener „Dinge" – trägt der Mensch die Veranlagung in sich, und dies wiederum erkennt man, wie schon I 59 angedeutet (*cernat se beatum fore*, sc. nach Erwerb der *sapientia*), auf dem Wege der Selbsterkenntnis.

Atticus fragt nun, wohin die *laudatio sapientiae* ziele (I 63), und Cicero

---

[40] Zu dessen theoretischem Bild (z. B. *de orat.* III 142 f.) siehe BARWICK, Bildungsideal, S. 67–71.

entgegnet abschließend (ebd.): in erster Linie auf die „Dinge", die gleich anschließend behandelt werden – die positiven Gesetze des *Codex*; ihnen soll eine ebenso große Bedeutung zukommen wie den zuvor besprochenen „Dingen", die aus der *sapientia* hervorgehen (*ad ea* – erg. *pertinent* – ... *de quibus acturi iam sumus, quae tanta esse volumus*). Deshalb bedarf die „Quelle" der *leges*, die *sapientia* (und implizit der *sapiens*[41]), einer angemessenen Würdigung (*non enim erunt* – erg. *tanta* –, *nisi ea fuerint unde illa manant amplissima*). Außerdem aber könne er die *sapientia*, um deren Erwerb er sich unentwegt bemühe und die ihn, wer immer er auch sei, zu dem gemacht habe, der er sei, nicht mit Stillschweigen übergehen (*quod eam quoius studio teneor quaeque me eum quicumque sum effecit, non possum silentio praeterire*).

b. Ciceros Legitimation

Wir fragen nach Ciceros Begründung der behaupteten Naturgesetzlichkeit des *Codex*, die in der Legitimation seiner selbst als Nomothet liegen muß[42]. Im Gegensatz zur Ansicht von R. Reitzenstein[43] gibt uns die *laudatio sapientiae* keine positive Antwort: es handelt sich in I 58–63 nicht um Legitimation und Rechtfertigung, sondern wieder lediglich um Behauptungen. Cicero hat zu verstehen gegeben, daß er die *sapientia* für die „Quelle" seiner *leges* hält; diese erscheinen dann später (II 9ff.) als positivierte *ratio sapientis = sapientia*[44]. Er hat außerdem zu verstehen gegeben, daß er sich, mittels Philosophie in den Besitz der *sapientia* gelangt, für einen *vir bonus/sapiens* hält, d. h. für die Verkörperung der *sapientia = virtus = perfecta natura hominis*[45], und daß er als *sapiens* somit über die eingangs (I 58) beschworene *facultas* zur Gesetzgebung zu verfügen glaubt, nach der Gesetzestheorie von II 8–11 also über die Kompetenz zur Positivierung seiner (*perfecta*) *ratio = sapientia*.

Nun, es kommt aber nicht darauf an, was er selber glaubt und meint und wofür er sich selber hält, sondern darauf, daß andere dem auch zustimmen können. Dies mußte ein *orator perfectus* besser wissen als jeder andere. Cicero hat es gewußt. Er war sich offenkundig darüber im klaren, daß eine *laudatio* der in I 58ff. präsentierten Art ins Leere gehen und – zum Schaden

---

[41] Vgl. oben S. 99f.
[42] S.o. S. 100f.
[43] Zit. oben S. 100.
[44] S.o. Teil II 4, S. 72ff. – Daß Cicero am Ende des ersten Buches behauptungsweise von seiner eigenen *sapientia* spricht (Selbsterkenntnis etc.), klingt schon in I 58 an: *haec enim una* (sc. *philosophia*) *nos ... docuit* – die Philosophie hat „uns" *sapientia* gelehrt, d. h. ich besitze die *sapientia*.
[45] S.o. S. 99f.

für die Glaubwürdigkeit des ganzen Werkes und seiner reformpolitischen
Intention – als eitle Selbstüberhebung ihres Verfassers abgetan werden könnte, wenn sie eines substantiell greifbaren Fundaments entbehrte. Die Ma-
nier, in der Cicero dieses Fundament bei der Komposition des Werkes geschaffen hat, ist ein schriftstellerisches Kabinettstück.

Seine Legitimation als Nomothet erwächst, wie gesagt, aus der Legitimität
seiner Behauptung, ein *vir bonus/sapiens* zu sein, d.h. die *perfecta natura
hominis* zu verkörpern. Die Legitimation und mit ihr die Begründung der
Naturgesetzlichkeit des *Codex Ciceronianus* liegt, wie gezeigt, nicht in der
laudatio sapientiae – sie liegt vielmehr in allen vorausgehenden Kapiteln des
ersten Buches von *de legibus*. Quintus, Atticus, die Leser des Werkes sollen
und können in dem Bild des Typus eines *sapiens* als „Quelle" der *leges* (I
58ff.) eben deshalb den Autor selbst erkennen, weil er zuvor detailliert jene
Kenntnisse und Erkenntnisse ausgebreitet hatte, von denen man dann erst
am Schluß erfährt, daß sie einen Menschen als *vir bonus/sapiens* ausweisen
und ihn somit zum Gesetzgeber qualifizieren.

Dies braucht jetzt nicht mehr in aller Ausführlichkeit dargestellt zu werden; ein kurzer Überblick genügt.

In den anthropologischen Darlegungen I 24ff. hatte Cicero seine Erkenntnis der *natura hominis* demonstriert, die nach I 58f., mit Hilfe der Philosophie durch Selbsterkenntnis auf dem Wege zur *sapientia* erworben, einem *vir
bonus/sapiens* eigen ist; und daß er die *adumbratae intellegentiae* z.B. von den
virtutes in sich „erleuchtet" (vgl. I 59: *quibus inlustratis*), die *virtutes* also
„erkannt" hat und somit auch besitzt (vgl. I 60: *cognitis perceptisque virtutibus*)[46], belegt die eindringliche Diskussion um *iusta/recta/honesta/virtus* in I
37–56.

Die zweite *pars sapientiae*, die Erkenntnis der *natura rerum* (I 61) unter
Einschluß der Theologie und der Vorstellung von der Kosmopolis, war in I
21–23 (25) angesprochen worden; in der Schrift *de re publica*, auf welche
Cicero in *de legibus* oftmals zurückverweist (z.B. I 15,20,27; II 23; III 4), war
diesem Komplex mit visionärer Kraft ein großer Teil des sechsten Buches
gewidmet[47].

Für Cicero dialektische Kunstfertigkeit, den ersten Aspekt der dritten *pars
sapientiae*, durfte dem Publikum die theoretische und politische Schriftstellerei (*subtilis disputatio*, I 62) in Form der Werke *de inventione, de oratore,
de re publica* und *de legibus* selbst (besonders I 36ff.) das beste Beispiel sein.

---

[46] Dahinter steht der ganze Erkenntnis- und Bildungsoptimismus Platons. Vgl. aber *rep.*
I 2f.!

[47] Siehe *rep.* VI 9ff.: *Somnium Scipionis*. Darüber zuletzt die gleichnamige Studie von
K. Büchner.

Und was endlich den zweiten Aspekt dieser *pars sapientiae* betrifft, die Rhetorik und ihre Anwendung im öffentlichen Leben (*fusa latius perpetua oratio*, I 62), so brauchte Cicero über seine diesbezügliche Qualifikation nicht viele Worte zu verlieren. Denn daß er in der aktiven Politik, an höchster Stelle stehend, und als Anwalt vor Gericht (vgl. I 10–12) Triumphe gefeiert und sich damit auch hier im Sinne von I 62 als *sapiens*, im Sinne von *de oratore* als *perfectus/doctus orator*[48] bewährt hatte, konnte er als bekannt voraussetzen; etwaige Zweifel an seiner Fähigkeit, die vom *sapiens* als *orator* geforderte Leistung auch auf dem Felde der Geschichtsschreibung zu erbringen (I 62: *factaque et consulta sempiternis monumentis prodere*)[49], hatte er schon im Einleitungsgespräch beseitigt, wo er sich von Quintus und Atticus als potentiellen Historiker vorstellen ließ (I 5 ff.).

So konnte es, aufs Ganze gesehen, den Gesprächspartnern und kann es den Lesern des Werkes dann auch schwerlich als Anmaßung vorkommen, daß er zum guten Schluß behauptet (I 63), seine *leges* würden – wie schon die I 60 bis 62 dargelegten „guten Dinge" – aus der *sapientia* hervorgehen[50], und die *sapientia* habe ihn zu dem gemacht, der er sei. Die darin zum Ausdruck kommende Überzeugung, die *sapientia* zu besitzen, ja als „Quelle" von Gesetzen zu verkörpern, dank seiner *sapientia* ein *vir bonus* mit Kompetenz zur Gesetzgebung zu sein, war schon längst in reichem Maße legitimiert.

Mit dieser Legitimation aber ist von vorneherein und ein für allemal die Naturgesetzlichkeit des *Codex Ciceronianus* und die Naturrechtlichkeit der darin enthaltenen Normen begründet: die positiven *leges* und *iura* entsprechen der Theorie von Gesetz und Recht, orientieren sich an der *natura hominis* und sind realiter „von Natur", weil ihre „Quelle" – der *sapiens* Cicero – die *sapientia/virtus/perfecta natura hominis*[51] verkörpert. Von dieser Art der Begründung her ist die Erwartung einer rationalen „Konstruktion" der Materie des *Codex* zum Erweis seiner Naturgemäßheit[52] für *de legibus* inadäquat. Cicero, einmal als Nomothet legitimiert, braucht weder vom „Ziel des Menschen" ausgehend zu „konstruieren" noch auch bei jedem einzelnen Gesetz darzulegen, daß oder inwiefern es „von Natur" ist. Es erübrigen sich auch alle Versuche[53], die Naturgesetzlichkeit der *leges* durch Aufweis „philosophischer Einflüsse" darzutun: weder spricht das Vorhan-

---

[48] S. o. S. 98.

[49] DEFOURNY, S. 156 ff.; BOYANCÉ, Sur Cicéron, S. 135 ff.; vgl. PETZOLD, Cicero und Historie, S. 254, 259 ff.; RAWSON, Cicero the Historian, passim.

[50] Vgl. auch *rep.* II 37, wo die Beiträge römischer Könige (*sapientes*) zur Verfassung ihres Gemeinwesens als *bonae res* bezeichnet werden.

[51] S. o. S. 99 f.

[52] Vgl. BÜCHNER, zit. o. Anm. 7; BLEICKEN und HENTSCHKE, oben S. 99.

[53] Vgl. SCHMIDT, Grundfragen, S. 270; ders., Abfassungszeit, S. 232 ff.

densein solcher Einflüsse für noch deren Nichtvorhandensein gegen die Naturgesetzlichkeit. Als *sapiens* verfügt Cicero über die durch theoretische Aussagen des Werkes weder explizit noch implizit eingeschränkte Befugnis[54], je nach konkretem Fall und Sachverhalt, orientiert allein an der (*perfecta*) *natura hominis* – also an sich selbst –, seine *perfecta ratio = virtus = sapientia* zu positivieren und auf diese Weise der „Stimme und dem Willen der Natur" Gehör und Geltung zu verschaffen: er selbst „ist" die Natur, und was er im *Codex* festlegt, entstammt der Natur, weil es sein Werk[55] ist.

7. Der Gesetzgeber und die tradierten Normen

Nach Ciceros Theorie besitzt der *sapiens* als Gesetzgeber die durch nichts eingeschränkte Befugnis, seine (*perfecta*) *ratio = sapientia* zu positivieren, d.h. nach intuitivem Erfassen dessen, was jeweils das „Richtige" ist, Gesetze aufzustellen[1]. In der Praxis jedoch steht dieser Freiheit eine relative Gebundenheit an tradierte Normen gegenüber, die man aber – aus anderer Perspektive – auch wieder als relative Freiheit von der Tradition auffassen kann[2].

a. Freiheit und Gebundenheit

Der *sapiens* Cicero wußte, daß er nicht gleichsam vor dem Nichts stand. Er wußte, daß er sich als Gesetzgeber in einer anderen Lage befand als jene frühen *sapientes (virtute/ingenio praestantes viri* etc.), die in grauer Vorzeit angesichts des ursprünglichen Zustandes der Roheit und Wildheit ihrer Mitmenschen den kulturgeschichtlichen Aufstieg zu einem Leben nach Gesetz und Recht eingeleitet hatten[3]. Dies lehrt besonders eindringlich das zweite

---

[54] Auch II 11 bedeutet keine Einschränkung; denn daß der *sapiens* sein gesetzgeberisches Tun in den Dienst der dort genannten Ziele menschlichen Zusammenlebens in staatlicher Gemeinschaft stellt, schränkt ihn nicht ein, sondern qualifiziert ihn als *sapiens*.

[55] Dagegen spricht nicht die Tatsache, daß er zu tradierten Normen in einem Verhältnis relativer Gebundenheit steht; siehe dazu Teil III 7.

[1] S.o. S. 99f.

[2] Vgl. dazu die Erwägungen von Heuss, Ciceros Theorie, S. 201 (9) ff.

[3] Texte zur Kulturentstehungslehre: Cic. *inv.* I 2f., *Sest.* 91f., *de orat.* I 33ff., *rep.* I 2 und III 1ff., *off.* II 41. – Vgl. Uxkull-Gyllenband, S. 41ff.; Gatz, S. 157ff. – Nach den genannten Stellen zu urteilen, gibt es für Cicero kein Goldenes Zeitalter, keine selige Urzeit o.ä. Dagegen scheint auf den ersten Blick *leg.* I 27 zu sprechen, wonach die *natura hominis* „von selbst" in den Stand der Vollkommenheit gelangt: *etiam nullo docente.* Dies klingt so, als ob Cicero an eine Zeit dächte, in der solches möglich war. Doch es handelt

Buch seines Werkes *de re publica*⁴. Hier erweist sich das klare Bewußtsein der Zugehörigkeit zu einer in vielen Menschenaltern geschaffenen Tradition (bes. II 2f.) naturgesetzlicher bzw. naturrechtlicher Lebens- und Gemeinschaftsform als das Konstituens seines politischen Denkens. Nach seiner Darstellung der Anfänge des *populus Romanus* und des schrittweisen Entstehens der römischen Rechtsordnung und Verfassung bis in die Zeit nach dem (zweiten) Decemvirat sind das römische Gemeinwesen und sein positives Gesetz und Recht die historisch manifeste *sapientia maiorum*⁵ – sind, als Werk römischer *sapientes*, „von Natur"⁶. Es wäre daher völlig unverständlich und sozusagen ein Zeichen von mangelnder *sapientia* gewesen, wenn Cicero nun in der Komplementärschrift *de legibus* so getan hätte, als ob es nirgendwo auf der Welt Naturgesetze und Naturrecht gäbe oder jemals gegeben hätte. Seine Ankündigung, Rechte und Gesetze „stabilisieren" zu wollen⁷, setzt denn auch die Existenz von Vorschriften und Normen voraus, die einer „Stabilisierung" – durch Aufnahme in den *Codex* – würdig, also selber schon „von Natur" sind.

Allerdings, und insofern ist die Gebundenheit des Gesetzgebers an die Tradition eben doch nur relativ, gewährt der theoretische Ansatz von *de legibus* dem *sapiens* eine relative Freiheit gegenüber den Vorschriften und Normen, die er vorfindet. Denn diese dürfen, im Gegensatz zur positivistischen Anschauung, nicht schon lediglich auf Grund ihres faktischen Vorhandenseins als wahr, richtig, gerecht und *a priori* bindend anerkannt werden⁸.

sich hier nicht um den Anfang einer quasi-historischen Kulturentstehungslehre, sondern um ein „Denkmodell". Cicero will einsichtig machen, daß der menschlichen Natur das Ziel der Entfaltung und Vervollkommnung ihrer selbst immanent ist und daß der Mensch alle Anlagen in sich trägt, das Ziel auch zu erreichen. Ob sich dabei in der historischen Wirklichkeit ein „Von-Selbst" ereignet oder jemals ereignet hat, steht hier nicht zur Debatte. Anders in den oben genannten Texten: dort ist – wie z.B. *rep.* III 4 – von „großen Einzelnen" die Rede, *quorum animi altius se extulerunt et aliquid dignum dono ... deorum* (sc. *animus*) *aut efficere aut excogitare potuerunt*; vgl. *leg.* I 59. Das sind aber die schöpferischen Ausnahmemenschen. Von seliger Urzeit, in der sich bei allen Menschen die Selbstentfaltung der *natura, ratio* etc. zugetragen hätte, findet sich bei Cicero keine Spur. Erst bei der Betrachtung der (*naturalis*) *societas* und *coniunctio hominum inter ipsos* in *leg.* I 26ff. (vgl. I 16) kommt die empirische Wirklichkeit der Menschen in das Blickfeld, und dort, bei der Konfrontation des „Denkmodells" mit der Empirie, ist von Selbstentfaltung keine Rede: die Menschen bedürfen einer „Führung" (oben S. 99, Anm. 10; S. 100, Anm. 12).

⁴ Vgl. Pöschl, S. 72ff.
⁵ Girardet, S. 183f.
⁶ Vgl. oben Kap. 5b, S. 91ff.
⁷ Siehe I 37: *ad stabilienda iura* (Schmidt, Abfassungszeit, S. 115: *ad stabiliendas leges*) *... omnis nostra pergit oratio*; I 62 zur *oratio sapientis: qua stabiliat leges*.
⁸ S.o. Teil II 3, S. 62f.; Teil II 4, S. 72f., 77ff.

Der *sapiens* aber besitzt die Erkenntnis der *naturae norma* (I 44, 58ff.; II 13)
– er verkörpert sie, ist in Person diese *norma*[9] –, und er besitzt die *prudentia*
(= *summa, confirmata, confecta ratio*, I 18f.): die *ingenii acies ad bona
seligenda et reicienda contraria* (I 60)[10]. Er kann also beurteilen, ob andere
Menschen vor ihm die *perfecta ratio* positiviert hatten, ob die Normensetzung
anderer mithin als das Werk von *sapientes* das „Werk der Natur" gewesen
war und bestehende Vorschriften und Normen somit wirklich als *leges* bzw.
iura Anerkennung verdienen. In diesem Sinne kann der *sapiens* nicht nur,
sondern muß sogar[11] als Nomothet eine Unterscheidung zwischen (Natur-)
Gesetzen und Nicht-Gesetzen, zwischen (Natur-)Recht und Nicht-Recht
treffen und die entsprechende Auswahl aus dem Tradierten vornehmen.
Prinzipiell darf es dabei gleichgültig sein, ob „wahre" *leges* und *iura* den
Köpfen römischer oder nichtrömischer *sapientes* entstammten und zu welcher Zeit in der Vergangenheit sie aufgeschrieben worden waren. Entscheidend ist einzig und allein, daß sie – als positivierte *ratio sapientium* – der
immer und überall auf der Welt gleichen *naturae norma* entsprechen, was ja
der *sapiens* Cicero (wie natürlich auch jeder andere *sapiens*) als Verkörperung dieser *norma*, der *perfecta natura hominis*, zu beurteilen vermag.

Von diesen etwas abstrakten Implikationen der Theorie des Gesetzgebers
und seines Verhältnisses zur Normentradition her läßt sich nun vielleicht ein
erweitertes Verständnis der Eigenart des *Codex Ciceronianus* wie auch der
beigefügten Kommentare seines Urhebers gewinnen. Der *Codex* selbst (II
19–22, III 6–11) dokumentiert, völlig unabhängig von Herkunft und Menge
des eingearbeiteten Materials der Tradition, zunächst einmal grundsätzlich
die gesetzgeberische Willensäußerung des *sapiens* Cicero und als solche den
„Willen der Natur": jede einzelne *lex = ratio scripta sapientis* ist eine Manifestation der *recta/perfecta ratio* Ciceros, erwachsen aus intuitivem Erfassen
dessen, was je nach Sachverhalt „richtig" ist.

Der *Codex* dokumentiert aber gleichzeitig noch etwas anderes. Cicero
hatte versprochen, im Kommentar zu seinen *optimae leges/leges quibus civitates regi debeant* (I 15/17) die *instituta rerum publicarum* (I 15)/*iura et iussa
populorum* einschließlich derjenigen Roms zu behandeln (I 17). Dazu veran-
laßt ihn aber nicht antiquarisches Interesse, noch will er rechtsvergleichende
Studien treiben oder gar die Weite des Horizonts seiner Bildung vorführen.
Der gleichsam technischen Funktion nach sollte der Kommentar vielmehr
den Sinngehalt und praktische Konsequenzen der *leges* erläutern, die Auf-

---

[9] S. o. Kap. 6a, S. 99f.

[10] Ähnliche Definitionen der *prudentia*: Cic. *inv.* II 160; *nat. deor.* III 38; *fin.* V 67; *off.*
I 153, III 71.

[11] Nach Maßgabe der gegenüber I 44 (*lex bona/mala*) geschärften Terminologie, auf die
man sich II 13f. geeinigt hatte; s. o. Teil II 4, S. 79f.

nahme bestimmter Vorschriften in den *Codex* begründen und, wo nötig, Einzelheiten materieller Art nachtragen[12]. Dies alles hat aber auch noch einen anderen Sinn: im Kommentar enthüllt der Gesetzgeber Cicero seine geistige Übereinstimmung mit anderen *sapientes* – er ordnet seinen *Codex*, ohne sich in platten „Quellenhinweisen" zu ergehen, in die gesetzgeberische Tradition aller *sapientes* ein, die in seinen Gesichtskreis getreten sind.

b. *consensus sapientium*

Die Kommentierung beginnt in II 23 und III 12 mit der generellen – Atticus bzw. Quintus in den Mund gelegten – Feststellung, daß die *leges* überwiegend auf tradierte Normen römischer Provenienz zurückgehen. Das Gesetz *de religione*, meint nämlich Atticus (II 23), „weicht nicht viel" von den Gesetzen des Königs Numa und den altehrwürdigen *mores* Roms ab[13]; die *discriptio magistratuum* Ciceros ist, so Quintus (III 12), weitgehend identisch mit der bekannten römischen. Cicero erklärt seinem Freund (II 23), notwendigerweise sei, da sich in den Vorträgen Scipios (insbesondere *rep.* I und II) das römische Gemeinwesen im altüberlieferten Zustand als das beste von allen erwiesen habe, nun auch die Gesetzgebung auf das beste Gemeinwesen abgestimmt (*optumae rei publicae leges dare consentaneas*). Die – *optimae* – *leges* stimmen also weitgehend mit denen der *optuma res publica* Roms überein, und wenn, fährt Cicero fort (ebd.), im vorgelegten Teil des *Codex* (sc. *de religione*) Vorschriften enthalten seien, die in Rom bisher noch niemals Gesetzesform erhalten hätten, so seien sie doch im Kern Bestandteil des *mos maiorum* gewesen, „der damals sozusagen Gesetzeskraft besaß" (*tamen fuerunt fere in more maiorum, qui tum ut lex valebat*)[14]. – Eine ähnliche Antwort erhält Quintus (III 12): die zweckmäßige Einrichtung eines Gemeinwesens, die Scipio „in jenen sechs Büchern" gepriesen habe, sei nur durch die in *de legibus* (III) festgesetzte Organisationsform der Magistratur gewährleistet; und weil die *maiores* diese bereits *sapientissime moderatissimeque* geschaffen hätten, sei nichts oder doch nicht viel zu erneuern gewesen[15].

Der *Codex*, die positivierte *sapientia (recta/perfecta ratio)* seines Urhebers,

---

[12] S.o. S. 91.

[13] Zu Numa siehe auch *rep.* II 25–27, V 3 und 6 (nach Pöschl, S. 144 und S. 164).

[14] Zu *mos* und *lex* siehe Bleicken, Lex publica, S. 354 ff., 393 ff., 428 ff. – Zum Problem der Neuerungen Ciceros im religiösen Bereich vgl. zuletzt Dörrie, S. 230 ff.; Rawson, Interpretation, S. 346 ff.

[15] Zu Neuerungen in der *discriptio magistratuum* siehe Keyes, Original Elements, S. 312 ff.; vor allem jetzt Heuss, Ciceros Theorie, S. 207 (15) ff. (passim); Lehmann, S. 12–51. Vgl. auch Rawson, Interpretation, S. 349 ff.

ist also nach dieser Erklärung durchweg dem verpflichtet, was der *sapiens* Cicero als die *sapientia maiorum* erkannt und anerkannt hat (vgl. noch II 62). Auf Schritt und Tritt begegnen uns daher im Kommentar Hinweise auf römische Vorbilder für einzelne Gesetze[16].

Der *Codex* ist aber nicht allein der *sapientia maiorum* verpflichtet. Außer bei seinen Landsleuten hat der *sapiens* Cicero auch bei Nichtrömern, wann immer sie gelebt haben mögen, die „Stimme der Natur" vernommen. Ein Teil seiner *leges* geht entweder unmittelbar oder mittelbar auf griechische *sapientes* bzw. *sapientia* zurück. Dafür einige Beispiele:

> Zur ersten Gruppe gehören folgende Bestimmungen aus II 22: *popularem laetitiam in cantu et fidibus et tibiis moderanto eamque cum divum honore iungunto; impius ne audetur placare donis iram deorum; nequis agrum consecrato.* Zu diesen Vorschriften hat Cicero sich durch Platon (*sapientissimus, doctissimus*) anregen lassen (II 38f., 41, 45), während er die Neuerung in III 11 (*Cesoris fidem legum custodiunto* etc. – „Nomophylakie")[17] allgemein „den Griechen" verdankt (III 46f.).

> In die zweite Gruppe fallen solche Gesetze Ciceros, die griechisch beeinflußte römische Tradition aufnehmen:
> II 19: *In urbibus delubra habento.* – II 26: Übereinstimmung zwischen Griechen (Pythagoras, *doctissimus vir*; Thales, *sapientissimus in septem*) und Römern.
> (II 20 f.: Augurat. – II 33: *consensus omnium gentium.*)
> II 22: *Sumptum in ollos* (sc. *bonos leto datos*) *luctumque minuunto.* – II 59: Solon, *XII tabulae*[18]; 62ff. (*sepulchra*): *sapientissimi legum scriptores, mos Atheniensium,* Solon, *XII tabulae,* Pittakos v. Mytilene/ Lesbos, Demetrios von Phaleron, Platon.

Dies waren, wie gesagt, nur einige Beispiele; sie lassen sich natürlich noch vermehren. Man kann nun zwar den immer wieder deutlich betonten Rückgriff auf römische und griechische *sapientia* auch als „Quellenhinweis" verstehen, und sicher läßt sich dadurch leichter in Erfahrung bringen, woher die eine oder andere Norm des *Codex Ciceronianus* stammt[19]. Aber das ist doch nur eine Nebensache; Cicero wollte gewiß nicht der Quellenforschung die Arbeit erleichtern. Sein Anliegen war es vielmehr, den Gesprächspartnern

---

[16] So z. B. II 26, 29, 37, 46ff., (54), 55ff., 58, 59, 60ff.; III 15ff., 24, 26, 38ff., 42, 44.

[17] Dazu HEUSS, Ciceros Theorie, S. 260 (68) f.; LEHMANN, S. 33f.

[18] BRUWAENE, Précisions, bes. S. 46ff.; RAWSON, Interpretation, S. 342ff.; DÖRRIE, S. 225–231; vgl. SIEWERT, S. 332–338.

[19] Vgl. Anm. 18.

vor Augen zu führen, daß dank seiner *sapientia* die *sapientia maiorum* und die *sapientia* nichtrömischer *sapientes* im *Codex* „aufgehoben" ist und dadurch die angekündigte „Stabilisierung" (I 37) erfahren hat. Von der Grundsatzerklärung in II 23 und III 12 und von den zitierten Beispielen her gesehen manifestiert sich im *Codex Ciceronianus* der gesetzgeberische *consensus omnium sapientium*, hergestellt durch den *sapiens* Cicero.

IV. Die Ordnung der Welt

8. Der Geltungsanspruch des *Codex Ciceronianus* als Forschungsproblem

a. Der universalistische Aspekt

Folgt man einmal, gleichsam provisorisch, der Logik des Rechts- und Gesetzesdenkens von *de legibus* und der Vorstellung Ciceros von Gesetzgebung und Gesetzgeber, so wird man unausweichlich zu der Annahme geführt, daß der *Codex Ciceronianus* kein inhaltlich anders geartetes Normengefüge neben sich duldet beziehungsweise – was aber nur die andere Seite desselben Gedankens ist – Geltung bei allen Menschen beansprucht.

Dieser Schluß ergibt sich zwingend aus Ciceros Lehre, daß alle Vorschriften und Normen, die nicht, wie es nach seiner Theorie von Gesetz und Recht notwendig wäre, der *naturae norma* entsprechen und somit nicht „von Natur" sind, als Nicht-Gesetze und als Nicht-Rechte beurteilt werden müssen[1]. Das Verdikt träfe konkret sämtliche außerhalb des *Codex Ciceronianus* existierenden Bestimmungen, sofern sie wenn nicht im Wortlaut, so doch in der Aussage von denen des *Codex* abweichen. Die Vorschriften und Normen nämlich, die der *sapiens* Cicero als *auctor* eines *consensus omnium sapientium* (s. o. Teil III 7b) zu einem neuen und neuartigen Ganzen zusammengefügt hat, orientieren sich an der *(perfecta) natura hominis* – sind „von Natur" – und heißen aus diesem Grunde *leges* und *iura*. Da nun einerseits die immer und überall auf der Welt gleiche Natur verlangt, daß gleiche Sachverhalte – wie Religion und Verfassung – immer und überall auf der Welt gleich geregelt werden (vgl. u. Teil IV 9a), und da andererseits Cicero selbst alle Sachverhalte im Sinne der Natur geregelt zu haben beansprucht (s. o. Teil III 6b), können aus seiner Sicht nicht zugleich auch solche Bestimmungen „von Natur" sein, die sich substantiell von denen seines *Codex* unterscheiden: solche sind mithin keine *leges* bzw. *iura*. – Dieser Exklusivität der Materie des *Codex* entspricht ein auf gleiche Weise nach Maßgabe der philosophischtheoretischen Grundgedanken des Gesetzeswerkes erschließbarer universaler Geltungsanspruch der Rechtsmaterie des *Codex*. Denn indem die *leges* und *iura* als Willensäußerung des *sapiens* Cicero und Manifestation des *consensus omnium sapientium* den „Willen der Natur" zum Ausdruck bringen,

---

[1] S. o. S. 62ff., 71, 76ff.

erheben sie Anspruch auf Geltung bei allen, die sozusagen *eiusdem naturae* sind –, bei allen Menschen auf der Welt.

Das also sind Folgerungen, die in der Logik des philosophischen Ansatzes der Grundkonzeption von *de legibus* liegen. Entscheidend ist jedoch, ob Cicero selber so weit gegangen ist: gibt es in seinem Gesetzeswerk Anhaltspunkte für diese ja nur deduktiv gewonnenen Vorstellungen? Wer ist „Adressat" der *leges*, wer soll die Rechtsordnung des *Codex Ciceronianus* annehmen? Die ganze Menschheit?

Das vornehmste Ziel der Gesetzgebung Ciceros ist ohne Zweifel eine Reform der *res publica* des *populus Romanus*. Die (Natur-)Gesetze des *Codex* sind dazu bestimmt, in Rom den von den *maiores* durch die Leistung vieler Generationen mit höchster *sapientia*[2] geschaffenen, allmählich aber – seit der Gracchenzeit[3] – mehr und mehr ins Wanken geratenen *optimus status rei publicae (civitatis)* zu sichern[4]. Die ideale Mischverfassung (*rep.* I 69) gewährleistet zwar von ihrer Struktur her durch *aequabilitas* ein Höchstmaß an innerer Stabilität (*firmitudo*) des Gemeinwesens; doch bei *magna vitia principum* ist selbst sie nicht gegen Zerfall und „revolutionäre" Veränderung gefeit. Fortgeschrittener Zerfall und drohende „Revolution" kennzeichnen nach Ciceros Diagnose die innenpolitische Lage Roms zur Zeit der Abfassung der Werke *de re publica* und *de legibus*[5], d.h. in den Jahren 54 bis 51. Sicherung des historisch Erreichten[6], Stabilisierung der Verhältnisse im Sinne der Mischverfassungstheorie tut daher not: wegen des politischen und moralischen Versagens der Führungsschicht – *rep.* V 2: *nostris vitiis*[7] – scheint die *optima res publica* der Römer ihren Glanz nicht nur, sondern ihre Lebenskraft eingebüßt zu haben und fast schon nicht mehr zu existieren (*rep.* V 2: *rem publicam verbo retinemus, re ipsa vero iam pridem amisimus*)[8].

„Adressat" des *Codex Ciceronianus* ist also sicher der *populus Romanus*. In *de legibus* gibt es nun aber einige Aussagen, die ebenso unzweifelhaft

---

[2] Siehe die programmatische Erklärung in *rep.* I 70 und II 2f. sowie *leg.* I 20 und III 12.

[3] Vgl. BÉRANGER, Jugements, bes. S. 748ff., 762f.

[4] Siehe *leg.* I 20: *Quoniam igitur eius rei publicae, quam optumam esse docuit in illis sex libris Scipio, tenendus est nobis et servandus status*, etc. Vgl. auch III 4. SCHMIDT, Abfassungszeit, S. 113ff. – Wann dieser *status* nach Ciceros Meinung historisch erreicht war, läßt sich wegen der Textlücke *rep.* II 63f. nicht genau sagen; ganz sicher aber nicht in der *rep.* II 56 geschilderten Zeit vor der Einführung des Volkstribunates (so jedoch SCHMIDT, Abfassungszeit, S. 140, sowie *rep.*, S. 301; dagegen GIRARDET, S. 185f., 198ff.).

[5] Siehe z.B. *Att.* IV 18,2 (vgl. IX 5,2); *fam.* II 5,2 (vgl. I 7, 10 und 8,3f.); *Q. fr.* III 4,1 und 5,4 (vgl. II 13,5) u.ö. – S.o. Teil I, Anm. 6 und 7.

[6] Vgl. auch *rep.* I 70f., III 41.

[7] Vgl. auch *rep.* I 69: *magna vitia principum*; dazu *leg.* III 30–32.

[8] Vgl. auch *off.* II 29. Sachlich stimmt Caesar mit Ciceros Zeitdiagnose überein: Suet. *div. Iul.* 77. Dazu s.u. Teil V b.

bezeugen, daß Cicero seinen *leges* einen Geltungsanspruch zugedacht hat, der über die Grenzen der römischen *res publica* hinausgeht. Es handelt sich um folgende Stellen:

I   17: *considerandae leges quibus civitates regi debeant*
I   37: *ad res publicas firmandas et ad stabilienda iura*[9] *sanandos⟨que⟩ populos omnis nostra pergit oratio*
I   57: (Quintus:) *te existimo cum populis tum etiam singulis hodierno sermone leges vivendi et disciplinam daturum;* (Marcus:) *est huius vero disputationis Quinte proprium id quod expectas* (I 58)
II 35: *Non enim populo Romano, sed omnibus bonis firmisque populis leges damus*
III 4: *Nos autem quoniam leges damus liberis populis*, etc.[10]

In der Forschung – die das Problem des Geltungsanspruchs der *leges* bisher aber nur sehr selten und eher am Rande zur Kenntnis genommen und zu lösen versucht hat – sind diese Aussagen mit der philosophischen Grundkonzeption des Werkes in Zusammenhang gebracht worden. Im Ergebnis allerdings weichen die Interpretationen stark voneinander ab.

b. Positionen der Forschung

Auszugehen ist von den beiden Studien, die P. L. Schmidt über *de legibus* vorgelegt hat („Grundfragen", „Abfassungszeit"). Danach erhebt Cicero, gemäß den oben zitierten Aussagen, für seine *leges*, obwohl es sich im wesentlichen um römische handele, den „Anspruch allgemeiner Geltung"[11]. Einerseits ist dieser Anspruch durch *de legibus* naturrechtlich begründet[12]. Andererseits betrachtet Cicero, so P. L. Schmidt[13], entsprechend der Theorie Scipios in *de re publica* den Staat der *maiores* als den besten; dessen Gesetze – die in *de legibus* kodifizierten – müßten folglich die gleiche Qualität haben, das Beste aber sei allgemein verbindlich. Da nun Rom eine von den *res publicae* sei, die es zu festigen gelte (vgl. I 37, zit. oben in a), dort das Ideal also erst noch realisiert werden müsse, lasse sich die Behauptung vertreten, „daß die *patria* Ausgangspunkt und Ziel der ciceronischen Gesetzgebung ist". Ungeachtet dessen sollen die *leges* aber doch auch als „das Naturrecht

---

[9] Siehe jedoch Schmidt, Abfassungszeit, S. 115: *ad stabiliendas leges*.
[10] Vgl. auch I 62: der *sapiens* wird sich der *fusa latius perpetua oratio* bedienen, *qua regat populos*, etc.
[11] Abfassungszeit, S. 114f.
[12] Schmidt, Grundfragen, S. 73 und 158; Abfassungszeit, S. 231.
[13] Abfassungszeit, S. 115.

reflektierende Mustergesetze" mit „Anspruch auf allgemeine Gültigkeit" anzusehen sein[14]. Demnach wäre die römische *res publica* zwar das vornehmste,
aber nicht das einzige Ziel der Gesetzgebung Ciceros. Vielmehr wären außer
dem *populus Romanus* und seiner *res publica* auch alle übrigen Staaten auf
der Welt „Adressaten" des *Codex Ciceronianus*. Für die politische Intention
von *de legibus* ergäbe sich daraus das Zukunftsbild einer differenzierten, aus
vielen Einzelstaaten mit gleicher – römisch geprägter – Rechtsordnung bestehenden Staatenwelt.

Diese politische Konsequenz aus seiner eigenen Interpretation hat P. L.
Schmidt allerdings nicht ausgesprochen, und es scheint mir auch durchaus
fraglich zu sein, ob er sie überhaupt intendiert hat. In seinem Werk über die
Abfassungszeit von *de legibus* jedenfalls behandelt er diesen Aspekt nicht,
und in seinen „Interpretatorischen Grundfragen" neigt er offenkundig der
Ansicht zu, Cicero habe es mit dem universalen Geltungsanspruch nicht
ernst gemeint. In I 17 etwa, wo *leges quibus civitates regi debeant* angekündigt
werden, verspreche der Autor mehr, „als er halten kann und will"[15]; der
römische Charakter der Gesetze sei als „Einschränkung des weitgefaßten
Plans" einer Mustergesetzgebung zu betrachten. Zwar könnten die *leges*
„theoretisch sogar den Anspruch erheben, auch außerhalb Roms zu gelten";
doch mag P. L. Schmidt nicht glauben, daß Cicero die Ankündigung von I 17
„voll verwirklichen konnte oder auch nur wollte"[16]. Wohl werde „der Plan
nach außen aufrecht erhalten"; aber Cicero „war nicht in der Lage, völlig
abstrakte Richtlinien aufzustellen"[17].

Ganz anders beurteilt U. Knoche Ciceros Absichten. Auch er konstatiert
einen universalen Geltungsanspruch der *leges*, und er führt ihn auf eine
„Verbindung der Lehre vom Naturrecht mit dem römischen Recht und Gesetz" zurück[18]. Seine Untersuchung von *de legibus* konzentriert sich auf den
philosophischen Teil des Werkes. Ciceros dort unternommener Versuch,
„den Gesetzesbefehl des römischen Volkes in Kongruenz zu bringen mit dem
Gesetzesbefehl der Natur", sei eine „revolutionäre Tat"; durch sie eröffne
sich der Ausblick, daß das römische Recht vom *ius proprium* Roms zum *ius
commune* – zum „Weltenrecht" – werden könnte[19]. Cicero postuliere „die
Verwaltung des ganzen Reiches als eine sittliche Aufgabe", und dieser Ge-

---

[14] Abfassungszeit, S. 230 (f.).

[15] Grundfragen, S. 157; dort auch das Folgende.

[16] Ebd., S. 269; dort auch das Folgende.

[17] Vgl. dazu oben S. 38f., 99, 109f. meine Einwände gegen die ähnliche Ansicht von
Büchner, Bleicken, Hentschke.

[18] So der Titel seines Aufsatzes. – Universaler Anspruch: Knoche, S. 43, 48f., 50, 52f.,
54f.

[19] S. 42; vgl. S. 49 und 59.

danke, folgerichtig zu Ende gedacht, scheine zu ergeben: „das römische
Reich wird gleichgesetzt mit der Kulturwelt, dem *orbis terrarum*. Es umfaßt
die verschiedensten Nationalitäten und Rechtsordnungen. Die Rechtsordnung Roms, baut man sie nur auf absolut gerechten Gesetzen auf, hat demnach die Chance, Weltenrecht im gültigsten Sinne zu werden. Diesen Weg
will Cicero hier der Zukunft weisen"[20].

Ciceros „Weltgesetzgebung" richtet sich also dem naturrechtlich begründeten Anspruch nach an die „Kulturwelt", d. h. an alle Völker bzw. Staaten
des mit dem *orbis terrarum* gleichgesetzten *imperium* der Römer[21]. In diesem
Zusammenhang weist U. Knoche der Lehre Ciceros von den zwei *patriae* –
der *patria naturae/loci* und der *patria civitatis/iuris* (II 5) – „eine gewisserma-
ßen symbolische Bedeutung" zu: in Analogie zum darin angesprochenen
Verhältnis zwischen den römischen *municipia* (hier: Tusculum, Arpinum)
und Rom selbst könne man sich sein „Urteil über das Verhältnis der Nationalitäten zum römischen Reich vorstellen: Die Nationen sollen ruhig mit dem
Herzen an ihren eigenen Traditionen hängen; aber die Ordnung der Welt
sollte die römische Rechtsordnung verbürgen... Diese Ordnung, geschaffen
durch das gerechte Gesetz und Recht Roms, steht allen offen, und die Chance einer Umwandlung der Welt zur Kulturwelt ist geradezu unbegrenzt"[22].

Cicero hätte nach dieser Interpretation in *de legibus* mit rechtsphilosophi-
scher Begründung die Zielvorstellung entwickelt, daß die römische *civitas*
entsprechend dem „kulturwelt-weiten" bzw. „welt-weiten" Geltungsanspruch des *Codex* zur *patria civitatis/iuris* aller Angehörigen der derzeit völkerrechtlich noch selbständigen „Nationen" werden soll. Politisch gedacht,
wäre das gleichbedeutend mit dem Ende der rechtlich und politisch differenzierten Staatenwelt, wie sie in den Tagen Ciceros noch besteht. An ihre
Stelle träte der – wohl kaum durch freiwilligen Verzicht der Völker auf ihre
Selbständigkeit zustande kommende – Weltstaat mit römisch-republikanischer Verfassung (*leg.* III) und Rechtsordnung, und alle Menschen wären
potentiell *cives Romani*: ein kühner Blick in die Zukunft, der die *Constitutio
Antoniniana* in republikanischem Geiste vorwegnimmt!

---

[20] S. 58f.

[21] Zu dieser Gleichsetzung vgl. Vogt, Orbis Romanus, passim, bes. S. 156f. – Dazu
auch unten Kap. 10c, S. 151ff.

[22] S. 59. – Vgl. dazu Schmidt, Abfassungszeit, S. 266 mit Anm. 11 und 12 (noch ohne
Kenntnis des vor seinem Buch über die Abfassungszeit von *de legibus* (1969/1970) erschie-
nenen Aufsatzes von U. Knoche (1968), der seinerseits auf Schmidt, Grundfragen, zurückgreift). – Leider hat Ziegler, *leg.*, Akademieausgabe, S. 234, die glückliche Konjektur von Schmidt zu II 5: ⟨patriam⟩ *habet civitatis* statt ⟨duas⟩ *habet civitatis* (Abfassungszeit, S. 266, Anm. 11), nicht übernommen. Ebensowenig (Ziegler)/Görler, *leg.*, S. 52.

Zum Problem des Geltungsanspruches der *leges* des *Codex Ciceronianus* haben noch einige andere Forscher Stellung genommen, doch sämtlich ohne sich kritisch mit den einander widerstreitenden Interpretationen von P. L. Schmidt und U. Knoche auseinanderzusetzen und vor allem ohne eingehende Analyse der philosophischen Grundkonzeption unter diesem politischen Gesichtspunkt.

So sagt K. Büchner in seiner Erläuterung der Diskussion zwischen Quintus und Marcus Cicero um das Volkstribunat (III 15–17, 19–26), „allen Völkern, für die seine (sc. Ciceros) Gesetzgebung ja Geltung haben soll", werde diese – genuin römische – Institution empfohlen[23]. Hier wird also eher beiläufig und so, als verstünde sich das von selbst, den *leges* Ciceros ein universaler Geltungsanspruch zugeschrieben. Die politische Konsequenz wäre in diesem Falle aber nicht, wie bei U. Knoche, der Weltstaat mit der Rechtsordnung von *de legibus*, sondern eine differenzierte Staatenwelt, in welcher alle Völker die Rechtsordnung und Verfassung des *Codex Ciceronianus* besitzen. Doch dies hat K. Büchner in dem zitierten Satz – seiner einzigen Stellungnahme zum Geltungsanspruch – allenfalls nur angedeutet. Einzelheiten erfahren wir nicht, und es bleibt zudem das grundsätzliche Problem unerörtert, ob Cicero, wie P. L. Schmidt meinte, die universalistische Perspektive nur „theoretisch" oder nicht vielleicht doch auch politisch-praktisch verstanden wissen wollte.

Eindeutig, wenn auch ohne nähere Begründung, äußert sich dazu L. P. Kenter in seinem Kommentar zu I 37. Er hält die universalistische Ausdrucksweise (*ad res publicas firmandas ... sanandos⟨que⟩ populos*) für Camouflage: trotz des „general character" dieser Aussage gelte das Reformprogramm von *de legibus* allein der römischen *res publica* und dem *populus Romanus*[24].

Die letzte Stellungnahme zum Geltungsanspruch stammt aus der Feder von E. Rawson: „We must remember that though Cicero was thinking in the 'De legibus' primarily of Rome, he did believe that his laws, springing as they did directly from natural law[25], were adapted to any state. The Romans had already a tendency to suppose their patterns would fit anywhere: Pompey for one had recently imposed very Roman constitutions in Bithynia and else-

---

[23] Anhang zur Übersetzung von *leg.*, S. 140.

[24] S. 147. Zu den übrigen Aussagen des ersten Buches (I 17 und 57), in denen der über Rom hinausgehende Anspruch erkennbar wird, hat KENTER nicht Stellung genommen: siehe S. 79 f. (I 17), 230 (I 57); vgl. S. 228. – HEUSS, Ciceros Theorie, S. 199 (7), Anm. 6, versteht II 35 nicht politisch-universalistisch; im übrigen behandelt er diesen Aspekt nicht.

[25] Daß diese Ansicht nicht zutrifft, glaube ich in Kap. 4 gezeigt zu haben.

where"[26]. Und in ihrem Ciceroportrait schreibt die Forscherin[27]: „Cicero's conviction that the laws of Rome (sc. in *de legibus*) are consonant with the laws of nature[28] perhaps helped to prepare the way for the extension of Roman institutions over the whole Empire."

Leider hat E. Rawson darauf verzichtet, diesen Gedanken zu präzisieren. Außerdem ist daran zu erinnern[29], daß ihre Ansichten zu *de legibus* unter einem generellen „Theorie- bzw. Utopievorbehalt" stehen: nach ihrer Überzeugung ist das Gesetzeswerk kein aktuelles, für die politische Praxis gedachtes Reformprogramm, sondern „Theorie" und „Utopie". So gesehen, ergibt sich aus dem universalistischen Aspekt der „Utopie", nach welchem sich der Geltungsanspruch der *leges* „theoretisch" auf alle Staaten der Welt (bzw. des *imperium*) erstreckt, die mit P. L. Schmidt übereinstimmende, U. Knoche aber entgegengesetzte Konsequenz, daß Cicero das „theoretisch-utopische" Bild nicht eines Weltstaates, sondern einer rechtlich und verfassungsmäßig nach dem Muster von *de legibus* geordneten Staatenwelt vor Augen hatte.

Dieser Überblick über den gegenwärtigen Stand der Forschung dürfte folgendes hinlänglich deutlich gemacht haben:

α. Einig ist man sich darin, daß Cicero für seine *leges* einen universalen Geltungsanspruch erhebt. Daß zwischen der philosophischen Grundkonzeption von *de legibus* und den oben wiedergegebenen Aussagen, die auf einen über die römische *res publica* hinausgehenden Geltungsanspruch des *Codex Ciceronianus* hindeuten, ein innerer Zusammenhang bestehe, ist zwar mehrfach behauptet, aber nicht nachgewiesen worden.

β. Aus dem universalen Geltungsanspruch wurden gegensätzliche Konsequenzen gezogen. Während U. Knoche für die „weltstaatliche" Lösung plädierte, entschieden sich P. L. Schmidt, K. Büchner und E. Rawson für eine „staatenweltliche" Lösung, indem sie meinen, die *leges* des *Codex* gälten dem Anspruch nach für alle Staaten der Welt, womit implizit gesagt ist, daß die eigenstaatliche Existenz der Völker unangetastet bliebe.

γ. Die universalistische Komponente des Gesetzeswerkes wird nur von U. Knoche politisch-praktisch verstanden. Die anderen Forscher, soweit sie sich zu diesem Problem äußern, sprechen sich dezidiert für eine „theoretische" oder „utopische" Interpretation aus (P. L. Schmidt, L. P. Kenter, E. Rawson).

---

[26] Interpretation, S. 343 mit Anm. 27 (Hinweis auf Plin. *epp.* X 112, 114, 115; dazu gehört auch noch X 79); vgl. dies., Cicero, S. 154.

[27] S. 154.

[28] Vgl. oben Anm. 25.

[29] S.o. Teil I, S. 5f.

In den folgenden Kapiteln will ich versuchen, die hier skizzierten offenen Fragen zu beantworten, wobei ich aber schon jetzt zu bedenken gebe, daß der fragmentarische Zustand, in welchem das Gesetzeswerk heute vorliegt, gelegentlich die Beweisführung empfindlich beeinträchtigt.

9. Empirische Wirklichkeit und Zukunftsperspektiven in *de re publica* und *de legibus*

Die Schrift *de legibus* ist bekanntlich nach dem Willen ihres Autors (I 20, II 23, III 4 und 12) die Komplementärschrift zu *de re publica*. Die *leges* des *Codex* entsprechen dem *genus rei publicae*, das Scipio in *rep.* I theoretisch expliziert und in *rep.* II anhand des römischen Gemeinwesens historisch exemplifiziert hatte. Manche Probleme von *de re publica* – ich nenne nur das Stichwort *princeps* – können daher durch Rückgriff auf *de legibus* einer Lösung zugeführt werden[1]. Gegebenenfalls ist nun aber auch der umgekehrte Weg gangbar: von *de re publica* her läßt sich ein Zugang zu Antworten auf Fragen erschließen, die aus der Interpretation von *de legibus* erwachsen, so jetzt bei der Frage, wen Cicero als den „Adressaten" seiner *leges* betrachtete.

Daß auch in dieser Hinsicht zwischen den beiden Werken ein innerer Zusammenhang bestehen soll, mag eine zunächst ungewohnte Vorstellung sein. Sie findet jedoch festen Rückhalt in den Texten. Beide Werke zeichnen, wie sich herausstellen wird, ein Bild von der empirischen Wirklichkeit im Bereich der auf der Welt bestehenden Rechtsordnungen, der „ältere Zwilling" allerdings viel ausführlicher als der „jüngere", und beide Werke entwerfen auf diesem Hintergrund ein zukunftsorientiertes Gegenbild, der „jüngere Zwilling" detailliert, der „ältere" eher allgemein.

Die Rechtsordnung des *Codex Ciceronianus* soll in der Tat nach Ciceros Willen zum Besitz aller Menschen werden. Die Ansicht, daß Gesetz und Recht der Natur einen universalen Geltungsanspruch erheben, wird bereits in Buch III der Schrift *de re publica* gedanklich vorbereitet, und hier auch, so scheint es, wird schon, im Vorgriff auf *de legibus*, philosophisch-theoretisch und historisch begründet der römischen Außenpolitik die Verpflichtung zugesprochen, der gesamten Menschheit eine einheitliche, mit der Natur im Einklang stehende Rechtsordnung zu geben, eben jene Rechtsordnung, die dann in *de legibus* kodifiziert wird.

---

[1] Vgl. SCHMIDT, *rep.*, S. 329f.; zuletzt LEHMANN, S. 4f., 43f.

a. Zu *rep*. III

In *rep*. III läßt Cicero zwei Mitglieder des Gesprächskreises um den jüngeren Scipio über die *iustitia* und über das *ius* (als den Maßstab für gerecht und ungerecht) eine kontroverse Diskussion führen. Leider sind die Rede des Philus und die Gegenrede des Laelius in *rep*. III 8–31 bzw. 33ff. nur bruchstückhaft überliefert[2]. Die Kontroverse ging von der Ansicht Scipios aus, ohne *iustitia* sei innerhalb eines Gemeinwesens die *concordia*, das *artissimum* und *optimum vinculum incolumitatis*, auf keinen Fall gewährleistet (II 69). Philus hat dann, wie dem Referat dieser Diskussion bei Augustinus (c. d. II 21 = *rep*. II 69) zu entnehmen ist, auf die weit verbreitete Meinung hingewiesen[3], ein Gemeinwesen könne ohne Ungerechtigkeit nicht gelenkt werden (*rem publicam regi sine iniuria non posse*). Dies wiederum war für Scipio der Anlaß, nunmehr den sicheren Nachweis zu fordern, nicht nur daß die genannte These falsch, sondern daß im Gegenteil absolut wahr sei, *sine summa iustitia rem publicam geri nullo modo posse* (II 70). Philus erhält daraufhin die undankbare Aufgabe (III 8), als *advocatus diaboli* Argumente, die aus der Philosophiegeschichte bekannt sind (Karneades)[4], gegen die Behauptung Scipios anzuführen. Die Widerlegung[5] dieser Argumentation übernimmt Laelius. Von seinem Vortrag ist jedoch am wenigsten erhalten, immerhin aber als eines der wichtigsten Zeugnisse für die geistige Einheit der Werke *de*

---

[2] Zur Rekonstruktion und Interpretation s. u. a. POHLENZ, Stoa II, S. 102 (Anordnung der Fragmente der Laeliusrede); CAPELLE, S. 86ff., 89ff.; BÜCHNER, Iustitia, passim; HECK, Bezeugung, S. 264–267; ders., Iustitia civilis, passim; FERRARY, passim (unter bes. Berücksichtigung des Quellenproblems; zur Reihenfolge der Gedanken in der Laeliusrede: S. 752ff., 759ff., 768ff.). Vgl. WILSING, S. 32ff.; SCHMIDT, *rep*., S. 305; GIGON, *rep*., S. 263–269.

[3] Ebenfalls *rep*. II 69; siehe HECK, Bezeugung, S. 118ff.

[4] Siehe u. a. CAPELLE, S. 86ff.; PÖSCHL, S. 127–131; FUCHS, Widerstand, S. 2ff., 28f.; NÖRR, Rechtskritik, S. 20ff., 59f.; FERRARY, S. 751f.; GIGON, *rep*., S. 263ff.

[5] Laktanz (*inst. div.* V 16,13 = Cic. *rep*. III 31; HECK, Bezeugung, S. 81ff.) hielt sie für mißlungen: er hatte den (nichtchristlichen) Philosophen generell bescheinigt, sie verstünden nichts von der „wahren" (d. h. christlichen) *iustitia*: *epit.* 50 (55), 5–8 = Cic. *rep*. III 10f.; HECK, Bezeugung, S. 98f. mit S. 84; BÜCHNER, Iustitia, S. 73 und 79; HECK, Iustitia civilis, S. 172f. mit Anm. 3, 174, 176ff. Vgl. GÖRLER, Problem, S. 14. Zu den Unterschieden zwischen Cicero und Laktanz siehe auch BUCHHEIT, Definition, S. 362–367, 367f. – Vgl. auch Lact. *inst. div.* VI 11, 12: *hic, hic, Marce Tulli, aberrasti a vera iustitia* (zit. BECKER, Cicero, Sp. 108f.); dazu FLÜCKIGER, S. 363f., der vor der Annahme warnt, „heidnische und christliche Antike hätten den Naturrechtsgedanken als gemeinsames Erbe überliefert"; denn der christlichen Auffassung liege „eine ganz andere Wertskala zugrunde (…) als der stoischen Naturrechtslehre", und es ergebe sich, „bei gleicher Berufung auf das Gesetz der Natur, eine ganz andere Ethik" (S. 364). Vgl. oben Teil II 4, S. 73f. – Kritisch zu FLÜCKIGER: REINER, passim, bes. S. 537ff.

re publica und *de legibus* die Definition von *vera lex* als *recta ratio* in *rep.* III
33. Überliefert hat sie der Kirchenvater Laktanz[6]. Der „christliche Cicero"[7]
konnte beide Reden noch vollständig lesen. Er hielt die Argumentation des
Philus/Karneades für überzeugend, da die zur Diskussion stehende *iustitia*
kein *fundamentum stabile* gehabt habe.

Die Frage, ob das Urteil des Laktanz[8] zutrifft, braucht hier nicht erörtert
zu werden. Es geht einzig um die Argumente, mit denen der *advocatus
diaboli* das *fundamentum iustitiae* zu erschüttern versucht hat. Ich referiere,
ohne auf jede Einzelheit einzugehen, die Grundgedanken, soweit die Fragmente dies zulassen.

Philus/Karneades „bekämpft" in seiner Rede (III 8 ff.) die platonisch-ari-
stotelische Theorie der Gerechtigkeit, die er zuvor offenbar in ihren Grund-
zügen dargestellt hat (III 9–12). Nach dieser gilt *iustitia* als eine altruistische,
der Weisheit eng verwandte Tugend, die dem Menschen angeboren ist, und
die Gerechtigkeit des von Natur aus gerechten Menschen besteht u. a. darin,
daß er um den Nutzen der Mitmenschen eher besorgt ist als um seinen
eigenen, daß er jedem das ihm Zustehende zugesteht, daß er fremdes Leben
und Eigentum nicht antastet (vgl. auch III 24). In dieser dem „Angriff"
vorausgehenden Darstellung der Position des „Gegners" ist außerdem wohl
auch von Gerechtigkeit als Gehorsam gegen das gesetzte Recht die Rede
gewesen sowie davon, daß *virtus* keine *inconstantia* des Verhaltens und *natura* keine *varietas* dulde: sämtlich Argumente der Verteidiger einer natürlichen Gerechtigkeit, die später (III 18f.) gegen ihre Theorie gewendet
werden.

Am Beginn des „Angriffs" auf die Theorie wird Platons und des Aristoteles „heißes Bemüh'n" um philosophische Sicherung der natürlichen *iustitia*
rundweg für gescheitert, eine Berücksichtigung des Stoikers Chrysippos für
unnötig erklärt (III 10f.,12f.). Daran schließt sich der Versuch an, nachzu-
weisen (III 13ff.), daß das Recht, verstanden als Inbegriff von Normen, nach
denen sich die Menschen in ihrem Verhalten richten sollen und nach denen
ihr Verhalten als gerecht oder ungerecht beurteilt werden kann, kein verläßlicher Maßstab sei. Das Recht nämlich, so lautet die These des Philus/Kar-
neades (III 13), ist etwas Bürgerliches, von den Bürgern Festgesetztes. Es ist
nichts Natürliches, von der Natur Festgesetztes. Denn wäre dies der Fall, so

---

[6] Lact. *inst. div.* VI 8, 6–9; HECK, Bezeugung, S. 89f.; siehe auch SCHMEKEL, S. 55ff.
(vgl. REITZENSTEIN, Vermutungen, S. 6 mit Anm. 1); SCHMIDT, Abfassungszeit, S.
185–187; FERRARY, S. 752ff.

[7] So genannt von Pico della Mirandola (1573): BECKER, Cicero, Sp. 106.

[8] So in *epit.* 50 (55), 5–8 (= Cic. *rep.* III 11). Der Grund dürfte darin liegen, daß er die
(nichtchristlichen) Philosophen als *divini iuris ignari* ansah: *inst. div.* VI 9,2 (= Cic. *rep.* III
20; vgl. HECK, Bezeugung, S. 90f.; ders., Iustitia civilis, S. 176f.). – Vgl. oben Anm. 5.

gälte allen Menschen, an ihm gemessen, wie sie im Urteil über warm und kalt, bitter und süß übereinstimmen, auch gleiches als gerecht und ungerecht (*ius enim ... civile est aliquod, naturale nullum. nam si esset, ut calida et frigida et amara et dulcia sic essent iusta et iniusta eadem omnibus*). Es ließe sich mithin auch, wäre das positive Recht Naturrecht, die philosophische Theorie der natürlichen Gerechtigkeit im täglichen Leben anwenden.

Diese These wird nun falsifiziert. Der *advocatus diaboli* führt eindrucksvoll die Empirie ins Feld (III 14ff.). Das Ergebnis dürfte niemanden im Gesprächskreis um Scipio überrascht haben. Denn schon ein flüchtiger Blick auf die Verhältnisse in den verschiedenen Staaten (III 14–16) bringt Gewißheit, daß von Einigkeit im Urteil über gerecht und ungerecht nicht entfernt die Rede sein kann, weil überall verschiedene Normen gelten. Betrachtet man nämlich (III 16) die einzelnen *genera iuris, institutorum, morum consuetudinumque* in den Staaten auf der Welt – d. h. das positive Recht, verteilt auf *genera* wie Sakralrecht, Verfassungsrecht, Privatrecht –, so muß man zur Kenntnis nehmen,

- daß sie von Staat zu Staat verschieden sind (*varia*)[9];
- daß sie sogar im Laufe der Geschichte einer einzigen Stadt, etwa Roms, unzähligemal verändert worden sind (*milliens mutata*)[10].

Der Grund liegt darin, daß die Menschen nach je unterschiedlichen und wechselnden Nützlichkeitserwägungen (*pro utilitate*) festzusetzen pflegen, was als Recht gelten soll[11].

Die empirisch feststellbaren Tatsachen im Bereich der geltenden Normen sprechen also dagegen, daß das positive Recht „von Natur", daß es Naturrecht ist. Denn wenn die Natur die Normen festgesetzt hätte, wären unter den Menschen überall und zu allen Zeiten unverändert die gleichen Normen in Geltung (III 18: *∗⟨quodsi natura⟩ sanxisset iura nobis, et omnes isdem et idem non alias aliis uterentur*). Gerade das ist aber nicht der Fall, wie die Empirie lehrte. Es existiert mithin, mag ein positives Recht als Naturrecht auch theoretisch vorstellbar sein, in der Wirklichkeit kein verläßlicher Maßstab für gerecht und ungerecht. Daher gerät denn alsbald in ein Dilemma,

---

[9] Siehe auch *rep*. III 20 (= Lact. *inst. div*. VI 9,2–4): *per omnes populos diversa et varia iura; rep*. III 21 (= Lact. *inst. div*. V 16,2–4): *iura sibi homines ... sanxisse ... varia pro moribus*.

[10] Siehe auch *rep*. III 21 (= Lact. *inst. div*. V 16,2–4): *(iura) apud eosdem pro temporibus saepe mutata*.

[11] So Lact. *inst. div*. VI 9,2–4 (= Cic. *rep*. III 20): *... cur enim per omnes populos diversa et varia iura sunt condita, nisi quod una quaeque gens id sibi sanxit, quod putavit rebus suis utile? –* Lact. *inst. div*. V 16,2–4 (= Cic. *rep*. III 21): *... iura sibi homines pro utilitate sanxisse, scilicet varia pro moribus*.

wer – der Natur folgend – die philosophisch definierte *iustitia* im täglichen Leben zu praktizieren trachtet[12]. Nach der Theorie nämlich sollte Gerechtigkeit auch Gehorsam gegen die Gesetze bedeuten, sollte ferner *virtus* allgemein und so besonders die *virtus* der *iustitia* mit *inconstantia* unverträglich sein, fordert schließlich *iustitia* die Realisierung des *suum cuique*.

Doch Gesetzestreue und *constantia* des Verhaltens schließen einander aus. Hält man sich an das positive Recht, so muß man sich angesichts der widernatürlichen *varietas* bzw. *mutationes* im Bereich der geltenden Normen nach widersprüchlichen oder einander mit unterschiedlicher Regelung ein- und desselben Sachverhaltes ablösenden Gesetzen richten, macht sich also der *inconstantia* schuldig und ist, von der Theorie her gesehen, „ungerecht". Wollte man hingegen *inconstantia* vermeiden[13], und würde man deshalb zum Beispiel solchen Normen, die ältere ersetzen, den Gehorsam verweigern, wäre man ebenfalls „ungerecht", da die philosophische Definition der *iustitia* doch auch Gesetzestreue verlangt. Die tatsächliche, die allenthalben praktizierte Gesetzestreue aber resultiert nicht aus einem natürlichen Willen zur Gerechtigkeit, sondern schlicht aus der Angst vor Strafe. „Mutter" dieser realen Gerechtigkeit, so heißt es in einem anderen Fragment der Rede (III 23), ist nicht die Natur oder ein Wille zum Guten, sondern die Schwäche, d. h., da man in der Regel nicht stark genug ist, die Gesetze straflos zu übertreten, letzten Endes der Nutzen, der hier im Vermeiden nachteiliger Folgen von Ungehorsam gegen die Gesetze liegt[14].

Nicht minder problematisch ist in der Praxis auch der Grundsatz des *suum cuique tribuere*; denn für das, was einem jeden zusteht, gibt es keine allgemein anerkannten Maßstäbe[15]. Schließlich erweist sich anhand konkreter Beispiele aus dem Bereich der Beziehungen zwischen einzelnen Menschen und zwischen den Staaten, daß, wer eher für das Wohlergehen anderer sorgt als für sein eigenes, zwar im philosophischen Sinne gerecht ist, wegen der schädlichen Folgen aber töricht, und daß umgekehrt, wer nur für seinen eigenen Vorteil sorgt, weise, doch nicht im philosophischen Sinne gerecht ist (siehe *rep.* III 21 f., 24–30). Eines der Beispiele muß dem Kreis um Scipio besonders schmerzlich gewesen sein: der militärisch-expansionistische Aspekt der römischen Außenpolitik (*rep.* III 20–22, 24, 28, 36). Seit eh und

---

[12] Das Folgende nach *rep.* III 18 f.

[13] Dies steht nicht *expressis verbis* in *rep.* III 18 f., läßt sich aber gut im Sinne des Gedankengangs ergänzen.

[14] Beispiel in *rep.* III 23: die römische Mischverfassung. Vgl. WILSING, S. 37 f.

[15] Der Text bricht III 19 ab mit einem Hinweis auf die Lehren des Pythagoras und des Empedokles, nach welchen das Schlachten von Tieren als eine Ungerechtigkeit gelten soll, da alle Lebewesen unter der gleichen *condicio iuris* stünden.

je, so wird in der Rede behauptet[16], folgen die Römer den Bahnen nicht der
von den Philosophen definierten natürlichen Gerechtigkeit, sondern der
kraß utilitaristischen, die hier als „Weisheit" bezeichnet wird. Die Expansion
über die ganze Welt erfolgte nach Maßgabe eines allein zum Nutzen Roms
geschaffenen Kriegsrechts, dessen Exekution daher zwar ein Akt der „Weisheit", doch nicht der philosophischen Gerechtigkeit war. Wollten die Römer
natürliche Gerechtigkeit üben, müßten sie ihr weltweites *imperium* aufgeben
und in die einstigen Hütten am Tiber zurückkehren (III 21).

Damit ist durch die Empirie auch die philosophische These erschüttert,
daß Gerechtigkeit und Weisheit aufs engste zusammengehören[17]. Nach des
Philus/Karneades empirisch gestützter Gegenthese gibt es vielmehr zwei Arten von Gerechtigkeit, eine „bürgerliche" und eine „natürliche" (*civilis/na-
turalis iustitia*); doch die erste ist zwar Weisheit, aber nicht Gerechtigkeit,
während die zweite zwar Gerechtigkeit, aber nicht Weisheit ist[18]. Dem kann
man abschließend noch hinzufügen, daß dem Satz, empirische Gerechtigkeit
sei eine bürgerliche, aber nicht natürliche Gerechtigkeit, der Satz am Beginn
der Argumentation entspricht, das positive Recht sei etwas Bürgerliches,
aber nicht Naturrecht[19].

Soweit die Grundgedanken der Redefragmente. Zu bedauern ist die Tatsache, daß die Ausführungen über das Problem der *iustitia* in der Innenpolitik fast (vgl. III 23) ganz verloren gegangen sind, wie übrigens auch die
entsprechenden Passagen der Antwort des Laelius (vgl. III 38ff.). Dieses
Problem war schließlich doch der Ausgangspunkt des Rededuells[20], und Augustinus bezeugt, daß Philus/Karneades es auch behandelt hat[21]. Aufs Ganze
gesehen aber kann man wohl den – wegen des fragmentarischen Zustandes
der Rede allerdings nicht völlig sicheren – Eindruck festhalten, daß der
advocatus diaboli systematisch sämtliche Aspekte der platonisch-aristoteli-
schen Theorie der Gerechtigkeit[22] angegriffen und empirisch zu falsifizieren
versucht hat[23]. Bevor ich nun zu der Gegenrede des Laelius übergehe, mache

---

[16] Zu diesen und anderen Motiven der Philusrede s. u. a. CAPELLE, S. 86–97; PÖSCHL, S.
127ff.; FUCHS, Widerstand, S. 2ff., 27ff.; SCHOTTLAENDER, S. 118ff.; WERNER, Problem,
S. 534ff.; STRAUB, Hegemonie, S. 3f.; SCHMIDT, *rep.*, 304f.

[17] Die These klang an in III 12, wo es heißt, Platon und Aristoteles hätten sich das Ziel
gesetzt, *eam virtutem* (sc. *iustitiam*) *...excitare iacentem et in illo divino solio non longe a
sapientia conlocare.*

[18] III 31 (nach Laktanz).

[19] Daß Recht und Gerechtigkeit nicht dasselbe sind, habe ich oben S. 34f. gezeigt.

[20] S. o. S. 124.

[21] Aug. *c.d.* XIX 21 (= Cic. *rep.* III 36) in einem Referat der Kontroverse, bezogen auf
den „Verteidiger" der *iniustitia*: *... nisi per iniustitiam rem publicam stare ... non posse.*

[22] S. o. S. 125.

[23] Vgl. III 9: *subvertere, tollere, refutare, evertere, refellere.*

ich im Rückblick noch einmal auf einen zentralen Gedanken der Philus-Rede aufmerksam. Ich meine die These, daß bei allen Menschen, wäre das positive Recht Naturrecht, zu allen Zeiten gleiche Normen in Geltung wären und daß deshalb, an diesen Normen gemessen, überall auf der Welt unveränderlich Gleiches als gerecht bzw. ungerecht angesehen würde (*rep.* III 13 und 18). Falsifiziert werden sollte die These durch die Empirie: weil bei den Menschen unterschiedliche und wechselnde Normen gelten und folglich hier und jetzt gerecht ist, was dort und gestern ungerecht war, ist das positive Recht nicht Naturrecht. In der These und ebenso im Falsifizierungsversuch steckt aber ein vielleicht folgenreicher Denkfehler, auf den ich gleich zurückkommen werde.

Von der Antwort des Laelius ist bedeutend weniger erhalten als von der Philus-Rede. In der folgenden Interpretation wird daher manches hypothetisch bleiben müssen[24]. Sicher aber ist zunächst jedenfalls, daß Laelius sich in *rep.* III 33 durch eine Definition von „Gesetz" = Naturgesetz und damit implizit von „Recht" = Naturrecht als Befürworter des Naturrechtsgedankens präsentiert hat und daß er dort als Gegenbild zu der von Philus/Karneades beschworenen empirischen Wirklichkeit im Bereich der positiven Normen das philosophisch fundierte Bild einer zukünftigen Wirklichkeit entworfen hat.

Der Text *rep.* III 33 ist in zwei Teile gegliedert. Cicero hat sie durch einen Wechsel der Zeitstufe als solche kenntlich gemacht und scharf voneinander abgehoben. Der erste Teil, die Definition von *lex*, ist durchgängig im Präsens gehalten. Sie lautet folgendermaßen:

est quidem vera lex recta ratio, naturae congruens, diffusa in omnis, constans, sempiterna, quae vocet ad officium iubendo, vetando a fraude deterreat, quae tamen neque probos frustra iubet aut vetat, nec improbos iubendo aut vetando movet. huic legi nec obrogari fas est, neque derogari aliquid ex hac licet, neque tota abrogari potest. nec vero aut per senatum aut per populum solvi hac lege possumus, neque est quaerendus explanator aut interpres Sextus Aelius[25].

Doch unvermittelt erscheint in der Fortsetzung des Textes (ebd.) ebenso durchgängig das Futur:

---

[24] Zur Rekonstruktion des Inhalts der Reden vgl. o. Anm. 2.
[25] Zur Terminologie der Gesetzessprache (*obrogare, derogare, abrogare*) vgl. Cic. *Att.* III 23,3 (MOMMSEN, StR III, S. 360ff.; siehe auch BISCARDI, Aperçu, S. 456ff.; SERRAO, Cicerone, S. 97f.). Zu Sextus Aelius s. SCHULZ, Geschichte, S. 13 und S. 41ff.; KUNKEL, Herkunft, S. 8f.

nec erit alia lex Romae, alia Athenis, alia nunc, alia posthac, sed et omnes gentes et omni tempore una lex et sempiterna et inmutabilis continebit unusque erit communis quasi magister et imperator omnium deus: ille legis huius inventor, disceptator, lator; cui qui non parebit, ipse se fugiet ac naturam hominis aspernatus hoc ipso luet maximas poenas, etiamsi cetera supplicia quae putantur effugerit[26].

Im definitorischen Teil des Textes wird vom „wahren Gesetz" als der *recta ratio* gesagt, es sei *naturae congruens* und *diffusa in omnis*. „Gesetz" also ist, wie auch in *de legibus*[27], Naturgesetz und besitzt eine universalistische Komponente: der Definition nach ist Naturgesetz – und selbstverständlich (vgl. *leg.* I 42) dann auch Naturrecht – Gesetz und Recht aller Menschen. Ebenfalls wie in *de legibus*[28], ist *vera lex* als der Inbegriff einer Vielzahl von Naturgesetzen zu verstehen, von Recht setzenden, ihren Namen verdienenden *leges* mit konkreten Strafbestimmungen. Der letzte Satz von *rep.* III 33 deutet das auch zumindest an. Danach erleidet, wer die *vera lex* übertritt, in eben dieser Übertretung die größte Strafe, mag er auch „den übrigen sogenannten Strafen entgehen"[29]. Diese *cetera supplicia* sind nichts anderes als Sanktionen, die von „wirklichen" – d.h. mit dem Gesetzesbegriff übereinstimmenden – *leges* verhängt werden[30].

Der zweite Teil des Textes nun steht, wie schon bemerkt, durchgängig im Futur: er macht Aussagen über etwas, das – irgendeines fernen Tages – sein wird (*erit, continebit, erit, parebit, fugiet, luet, effugerit*). Dieser sprachliche Befund, den die Übersetzungen häufig nicht berücksichtigen, ist in der Forschung bisher offenbar weder als Problem empfunden noch für die Interpretation fruchtbar gemacht worden[31], was daher zu erklären sein mag, daß *de re publica* meist als philosophisch-theoretisches und nicht als politisch-programmatisches Werk angesehen wird[32]. Aber wie dem auch sei: Laelius, dieser

---

[26] Vgl. dazu auch Lact. *inst. div.* V 8,10, von ZIEGLER/GÖRLER, *leg.*, S. 36, der Lücke zwischen *leg.* I 33 und 34 zugewiesen (vgl. ebd., S. 118). SCHMIDT, Zeugnisse, S. 319f., denkt wohl zu Recht an das vierte Buch von *de legibus*.

[27] S.o. Teil II 4, S. 66ff.

[28] S.o. S. 72ff.

[29] Vgl. dazu *leg.* I 40 und II 43f.

[30] Vgl. auch *leg.* II 13.

[31] Vgl. SENN, S. 61, Anm. 1; WALDSTEIN, Vorpositive Ordnungselemente, S. 16. Die Übersetzung von K. ATZERT (Cicero, Staatslehre/Staatsverwaltung. Goldmanns Gelbe Taschenbücher Nr. 458. München o.J., S. 89), der W. WALDSTEIN folgt, ist falsch (Präsens statt Futur). Richtig dagegen ZIEGLER, *rep.* Akademieausgabe, S. 149/151. Richtig auch K. BÜCHNER (Iustitia, S. 73f.), der aber das Futur nicht auswertet. Vgl. FLÜCKIGER, S. 225f.

[32] Vgl. jetzt aber generell SCHMIDT, *rep.*, S. 319ff., sowie unten Teil IV 11.

„ausgesprochen nüchterne Realist"[33], zeichnet in dem Text nicht das Bild einer metaphysischen Wirklichkeit, an deren zukünftige reale Existenz man letzten Endes nur glauben oder auch nicht glauben könnte. Das Zukunftsbild hat seinen „Ort" nicht im Himmel der ach so schönen Ideen und Ideale, sondern – konkret auf der von den Römern beherrschten Erde. Denn Laelius spricht – notwendigerweise theoretisch-programmatisch[34] – von einer zukünftigen Zeit, in welcher, gemäß der universalistischen Komponente seiner Definition von *lex*, die *vera lex* als *diffusa in omnis* tatsächlich überall auf der Welt Geltung haben wird: in Rom, in Athen, bei allen Völkern. Konkret gewendet, denn *vera lex* ist Inbegriff von *leges verae*, spricht er von einer zukünftigen Wirklichkeit, in welcher die ganze Menschheit unter überall gleichen ewigen (vgl. *lex sempiterna*) und unveränderlichen (vgl. *lex inmutabilis*; *nec ... alia nunc, alia posthac*) Naturgesetzen und den durch sie festgelegten Naturrechten lebt.

Wie Laelius die Gewißheit, daß dies dereinst so sein werde, begründet haben könnte, wird gleich erst zu erwägen sein. Zuvor können wir dem Text noch etwas anderes entnehmen. Philus/Karneades hatte ein eindrucksvolles Bild vom Zustand im Bereich der positiven Normen auf der Welt in Vergangenheit und Gegenwart gezeichnet. So mußte für die Teilnehmer an dem Gespräch feststehen, daß allenthalben *varietas* herrscht und daß *mutationes* der Normen an der Tagesordnung sind, auch in Rom selbst[35]. Laelius nun hat diese naturwidrigen gegenwärtigen Realitäten zur Kenntnis genommen. Er hält dem *advocatus diaboli* in politisch-programmatischer Absicht ein Zukunftsbild entgegen, das gerade auf der Voraussetzung beruht, daß die empirische Gegenwart seiner Definition und ihrem universalistischen Aspekt nicht – noch nicht – entspricht. In bester Advokatenmanier (vgl. III 42) hat der Verteidiger des Naturrechtsgedankens das Unbestreitbare nicht nur nicht geleugnet, sondern zur Basis seiner eigenen Argumentation gemacht.

Über wichtige Einzelheiten und den Gang der Argumentation[36] lassen sich angesichts des fragmentarischen Überlieferungszustandes der Rede aber leider nur Vermutungen anstellen. Die *causa*, die Laelius verteidigt hat, ist der Satz: *sine summa iustitia rem publicam geri nullo modo posse*[37], was nur, wie nach der Philus-Rede feststehen dürfte, dann möglich ist, wenn positives Recht Naturrecht ist.

[33] Büchner, Platonismus, S. 87.
[34] Vgl. unten S. 144f.
[35] S. o. S. 126f.
[36] Vgl. oben Anm. 2.
[37] II 70; s. o. S. 124.

Am Ende der Rede waren sich die Gesprächsteilnehmer mit Scipio jedenfalls darin einig (III 42), daß die Verteidigung ein voller Erfolg war. So hätte
Laelius denn nicht nur einfach behauptet, sondern auch nachgewiesen, daß
u. a. das römische Kriegsrecht „von Natur" ist, die römische Expansion daher Vollzug „wahrer" Gerechtigkeit war (vgl. III 34–37); daß die römische
Innenpolitik, orientiert an natürlichem Recht im Rahmen einer naturrechtlichen Verfassung (vgl. III 34 und 37), allen Bürgern wahre Gerechtigkeit
widerfahren läßt; daß generell die Lebensgrundlagen und Wertvorstellungen
des römischen Gemeinwesens mit der Natur übereinstimmen (vgl. III 38ff.).

In dem Beweisgang, der auf dieses Ergebnis hinauslief, muß er sich auch
mit dem grundlegenden, aus der Empirie gewonnenen Argument des *advocatus diaboli* auseinandergesetzt haben, wonach die widernatürliche *varietas*
und die *mutationes* der bei den Menschen geltenden Normen das reale Vorhandensein von Normen ausschließe, die von Natur sind. Es versteht sich
wohl von selbst, daß dieses Argument durch die bekenntnishafte Gesetzestheorie des Laelius in III 33 allein nicht entkräftet werden konnte. Es mußte
auch dargetan werden, daß und inwiefern sich aus der Empirie kein prinzi-
pieller Widerspruch gegen den Naturrechtsgedanken herleiten läßt.

Laelius hat die naturwidrige Realität nicht bestritten. Doch dem Argument des Philus/Karneades[38], so einleuchtend es zunächst wirkt, liegt ein
Denkfehler zugrunde: es schließt keineswegs aus, daß eine der zahlreichen
unterschiedlichen Rechtsordnungen auf der Welt „von Natur" sein kann,
obwohl sie faktisch nur Partikularrecht ist; denn der faktisch begrenzte Geltungsbereich von Normen sagt nichts über ihre Qualität im Sinne einer Theorie von Naturgesetz und Naturrecht.

An dieser Stelle könnte Laelius angesetzt haben. Vielleicht hat er die
empirische Zuständlichkeit (*varietas, mutationes*) für eine Folge fehlender
Übereinstimmung eines Teils der geltenden Normenordnungen mit der Natur erklärt – gerade die Übereinstimmung mit der Natur fordert ja seine
Definition von *lex* (III 33: *naturae congruens*). So spräche denn die empirische Wirklichkeit nicht, wie der *advocatus diaboli* gemeint hatte, gegen das
reale Vorhandensein von Naturgesetzen und Naturrechten, sondern wäre
lediglich der Beweis für die mangelhafte Qualität eines Teils der gleiche
Sachverhalte in Raum und Zeit unterschiedlich regelnden Normen. Der
Nachweis sodann, daß demgegenüber ein anderer Teil der positiven Normen
– eben kein anderer als die gesamte römische Rechtsordnung – entsprechend
der Definition von *lex* mit der Natur übereinstimmt, dürfte Laelius nicht
sonderlich schwergefallen sein. Denn Scipio hatte ja (*rep.* II) Recht und
Verfassung des römischen Staates als über viele Generationen hin gestaltge-

---

[38] S. o. S. 125f., 129.

wordene *sapientia* der *maiores* dargestellt, die immer wieder der „Stimme der Natur" gehorchten[39].

Dies alles sind, wie ich noch einmal betone, Vermutungen. Auch wenn sie, wie die folgenden, teilweise gewagt sind, erscheinen sie mir doch vom Sinnzusammenhang her gerechtfertigt.

Für vertretbar halte ich auch die Feststellung, daß angesichts der Empirie (*varietas*, *mutationes*) aus der Perspektive der Definition *rep.* III 33 Naturgesetz und Naturrecht als eine universale politische Aufgabe[40] zu gelten haben, deren Lösung den naturgewollten – und daher „gesollten" – Zustand der Menschheit herbeiführt, in welchem es keine *varietas iuris, institutorum, morum consuetudinumque* und keine *mutationes* der Normen mehr gibt. Seinem faktischen Geltungsbereich nach ist nun das positive römische Recht Partikularrecht, seiner Qualität nach, aus der Sicht des Laelius, aber Naturrecht mit Anspruch auf universale Geltung. Ich nehme an, daß Cicero seinen Laelius die sich hier aufdrängende Konsequenz auch hat aussprechen lassen: daß die römische Außenpolitik die Pflicht hat, nicht nur die Gefahr zu bannen, daß das *imperium ad vim a iure* übergehen könnte (III 41), sondern darüber hinaus die Pflicht – und das Recht –, alle Menschen auf der Welt unter der römischen Naturrechtsordnung zu vereinen.

Die äußere Voraussetzung dazu besteht: der *populus Romanus* hat sich der Herrschaft über den *orbis terrarum* bemächtigt[41] und gebietet rechtmäßig über Provinzen (III 36f.) und über autonome Staaten, die ihm freiwillig

---

[39] GIRARDET, S. 183 ff.

[40] Vgl. jedoch, bezogen auf das „Naturrecht" in *de legibus*, die gegenteilige Ansicht von HEUSS, zit. o. S. 29.

[41] Siehe *rep.* III 20, in der Kritik des Philus/Karneades (*rep.* III 20–22 und 24f.) an der Expansion Roms: *possessionem sibi totius orbis comparavit*; *rep.* III 21: *qui* (sc. *Romani*) *totius orbis potirentur*; *rep.* III 24: *noster hic populus ... cuius imperio iam orbis terrae tenetur.* – Vgl. dazu auch *rep.* III 35 (= Non. p. 498,16): *noster autem populus sociis defendendis terrarum iam omnium potitus est.* HECK, Bezeugung, S. 205f. und S. 266, versteht den Satz als das „unfreiwillige Eingeständnis" des Laelius, daß das Imperium das Ergebnis einer durch Bündnisverpflichtungen erzwungenen Interventionspolitik sei; zur Stelle auch GELZER, Anfänge, S. 33; HAUSMANINGER, S. 344 mit Anm. 47 (eine etwas bittere Bemerkung, Vorwurf, Mahnung im Munde des Laelius); vgl. auch SCHOTTLAENDER, S. 92f. und S. 97. Die Formulierung paßt aber ebenso gut, wenn nicht sogar besser, in die Rede des Philus/Karneades: STRAUB, Hegemonie, S. 13 (vgl. ders., Caesars „Gerechter Krieg", S. 2). Denn in dem Satz ist – abgesehen von den gleichen sachlichen Gegebenheiten (*rep.* III 21; vgl. III 20, von HECK, Bezeugung, S. 90f., jedoch ausgeschieden) – der gleiche ironische Unterton vernehmbar wie in *rep.* III 16, wo Philus/Karneades sagt: *nos vero iustissimi homines, qui Transalpinas gentis oleam et vitem serere non sinimus, quo pluris sint nostra oliveta nostraeque vineae*, etc.; ironisch gleichermaßen die Aussage über Lykurg (ebd.): *ille legum optumarum et aequissumi iuris inventor, agros locupletium plebi ut servitio colendos dedit.*

gehorchen (III 41)[42]. Erfüllt der *populus Romanus* die aus seiner Rechtsordnung erwachsende universale politische Aufgabe, dann schafft er eben jenen
Zustand, dessen Nichtvorhandensein in der Gegenwart Philus zutreffend
konstatiert (wenn auch unzutreffend ausgewertet) hatte (III 13 und 18), daß
nämlich – entsprechend der Definition von *lex* als *diffusa in omnis* (III 33) –
allen Menschen die gleichen Normen gemeinsam sind, folglich bei allen das
gleiche als gerecht bzw. ungerecht gilt, folglich wahre Gerechtigkeit möglich
ist. Dann in der Tat ist das Zukunftsbild des Laelius (III 33) Wirklichkeit
geworden, hat – in jenem zukünftigen „Jetzt" und „Morgen" (*nunc, posthac*)
– die *vera lex*, die *lex sempiterna et inmutabilis* als Inbegriff von positiven
leges verae, sempiternae, inmutabiles Geltung in Rom, in Athen, bei allen
Völkern. Nicht ausgeschlossen endlich auch, daß Cicero seinen Laelius aus
der Sicht des Jahres 129 „prophetisch" auf einen zukünftigen Gesetzgeber
hat hinweisen lassen, der das römische Naturrecht als Grundlage der universalen Aufgabe Roms kodifizieren wird –, wie er ja schon in seinem Werk *de
oratore* (I 95) den Redner Antonius auf den zukünftigen *orator perfectus*,
nämlich Cicero, „prophetisch" hatte hinweisen lassen[43].

Über die politisch-organisatorische Form der naturgewollten Ordnung der
Welt nach dem Zukunftsbild des Laelius kann man ebenfalls nur Vermutungen anstellen. Einerseits ist ein Menschheitsstaat denkbar. In *rep.* I 49 nämlich war *lex* als *civilis societatis vinculum*, *civitas* als *iuris societas civium*
definiert worden[44]. Von diesen Gedanken her kann man in Verbindung mit
jener universalen politischen Aufgabe Roms die ganze Menschheit als eine
potentielle *societas iuris*, alle Menschen daher als potentielle *cives* einer einzigen *civitas*: als Angehörige eines weltweiten Gemeinwesens mit der römischen Naturrechtsordnung auffassen. Andererseits kann die Menschheit aber
auch in der Weise zu einer einzigen großen *societas iuris* werden, daß sie sich
in eine Vielzahl von Staaten mit identischen Rechtsordnungen nach dem
Vorbild Roms gliedert. Doch der fragmentarische Text von *rep.* III läßt
keine gesicherte Entscheidung zu.

Das Werk *de legibus* kann uns aber weiterhelfen.

---

[42] Vgl. auch Cic. *off.* II 26f. – Siehe aus der umfangreichen Literatur zu diesen Stellen
z.B. MICHEL, Les lois, passim; STRAUB, Hegemonie, S. 10ff.; SCHOTTLAENDER, S. 84ff.,
97ff.; WERNER, Problem, S. 527f. Vgl. auch TRIEPEL, S. 264ff. – Zum Thema „Weltherrschaft" und Formen der Herrschaft s.u. Kap. 10.

[43] Ähnlich Scaevola, *de orat.* I 79; Crassus, ebd., III 95. Dazu GRAFF, S. 69.

[44] In der sog. Demokratenrede.

b. Zu *de legibus*

Die Motive, die ich in den Reden des Philus/Karneades und des Laelius untersucht habe, begegnen uns im Gesetzeswerk wieder. Die auffälligste Parallele besteht zwischen der Gesetzesdefinition *rep.* III 33 und der Definition von *lex* in *leg.* I 18f., auf die Cicero immer wieder zurückgreift (I 23, 33, 42, 58; II 8, 10, 11, 13, 14; III 3)[45]. Aber auch die von Philus (*rep.* III 14ff.) reich illustrierte Feststellung, daß zwischen den bestehenden Normengefügen der Völker *varietas* herrscht und daß Gesetze fortwährend geändert bzw. abgeschafft werden, also nur zeitweilig in Geltung sind, wird in *de legibus* (II 11) aufgenommen: *Quae sunt autem varie et ad tempus descriptae populis (favore magis quam re legum nomen tenent;* vgl. auch II 13f.). Von Ciceros zukunftsorientiertem Gegenbild zur empirischen Wirklichkeit läßt sich nun aber eine genauere Vorstellung gewinnen, als es in den Erwägungen zu *rep.* III 33 möglich war.

In I 23 hat Cicero sich das bekannte stoische (auch dem platonischen Sokrates nicht fremde)[46] Philosophem des „Weltstaates" zu eigen gemacht[47]. Zwischen Gott und Mensch besteht nach seiner Anschauung eine durch die *ratio* begründete Gemeinschaft und wesensmäßige Verwandtschaft[48]. Beide haben auch die *recta (summa) ratio* gemeinsam, wenn die im Menschen keimhaft angelegte *ratio* beim *vir prudens* bzw. *sapiens* (I 18f., 22; vgl. I 60) ihre Vollendung erreicht hat[49]. Da die vollendete Vernunft als *lex* gilt, sind Götter und Menschen (potentiell) durch *lex* miteinander verbunden, und daraus folgt ihre Gemeinschaft des Rechts (verstanden als des Inhaltes von *lex*). *Lex* und *ius* gemeinsam zu haben bedeutet aber, der gleichen *civitas* anzugehören (vgl. auch II 12 sowie *rep.* I 49). Vervollständigt wird dieses Bild (*multo etiam magis*) durch den Gehorsam gegenüber einer einheitlichen Regierungsgewalt (*imperia et potestates*)[50]. In der Tat, sagt Cicero weiter in I 23, gehorchen Götter und Menschen der himmlischen Ordnung, dem göttlichen Geist, dem höchsten Gott (vgl. auch III 3 sowie *rep.* I 56), so daß die

---

[45] Andere Übereinstimmungen: SCHMIDT, Abfassungszeit, S. 184–187.

[46] Plat. *Gorg.* 508a.

[47] Außerdem: I 61; *rep.* I 19; *fin.* III 64 (vgl. IV 7); *div.* I 131; *nat. deor.* II 154 (vgl. ebd., 78). – Stoische Texte: z.B. SVF II 527–529; III 334–337. Siehe auch Seneca, *de otio* IV 1, VIII 1ff. – Vgl. BIDEZ, Cité, S. 254ff.; v. PÖHLMANN II, S. 268ff.; POHLENZ, Stoa I, S. 132ff. – Für die Stoa ist der „Weltstaat" kein politisches Phänomen; vgl. oben Teil II 1, S. 31f.

[48] Zum Wechsel *deus – dei* siehe SICHIROLLO, S. 58f.; SCHMIDT, Grundfragen, S. 173ff.; KENTER, S. 97 (ff.); GIGON, Literarische Form, S. 65. – Vgl. allgemein GUILLÉN, Dios y los dioses, passim, bes. S. 521ff., 556ff.

[49] Vgl. oben Teil II 3, S. 55f.

[50] Vgl. KENTER, S. 98f.

gesamte Welt (*universus hic mundus*) als *una civitas communis deorum atque hominum* aufgefaßt werden muß.

Diese Sätze sind Ausdruck antizipierenden Denkens. Sie stellen als verwirklicht dar, was dem Menschen von seiner Natur aufgetragen ist: den Schritt von der *ratio* zur *perfecta ratio*, die „Annahme" von *lex* und *ius (naturae)*, den Gehorsam gegenüber dem höchsten Gott, den Besitz des „Bürgerrechts" der *civitas deorum atque hominum*. Die Menschen sind dazu befähigt. Sie besitzen als wichtigste anthropologische Konstante die göttliche *ratio*, und sie besitzen die Fähigkeit, über deren Vollendung das in I 23 entworfene Ziel auch zu erreichen[51]. Doch Cicero weiß sehr wohl, daß die empirische Wirklichkeit von diesem Ziel weit entfernt ist. Die Menschen könnten gleichsam das Leben von Göttern führen, wenn sie einsähen, daß sie alle unter ein und derselben fürsorglichen Aufsicht Gottes stehen[52]. Aber an dieser Einsicht fehlt es ihnen, sie leben sozusagen gegen ihre Natur (I 29, 31 f., 33; vgl. *rep.* III 33). – Ich werde auf die Inkongruenz von anthropologischer und empirischer Wirklichkeit noch genauer eingehen[53] und charakterisiere jetzt nur das in I 23 beschriebene Sein des Menschen als ein „gesolltes" Sein, dessen Erfüllung Cicero hier gedanklich vorweggenommen hat.

Welche Bedeutung hat das Bild vom „Weltstaat"[54], dem potentiell alle Menschen, aktuell aber nur die *prudentes/sapientes* (vgl. I 61) angehören, für die Intention der Gesetzgebung Ciceros? Hat es überhaupt eine Bedeutung für sie, so müssen wir neuerdings fragen; denn will Cicero es nicht vielmehr „richtig" im Sinne von A. Heuß – d.h. als „Abstraktum" ohne konkreten Bezug zum gesetzgeberischen Vorhaben – verstanden wissen[55]?

Auffällig ist die Kombination der Begriffe *imperia* und *potestates*. Cicero hat sie zwar, dies lehrt der Kontext, als Chiffre für die Regierung des *praepotens deus* verwendet. Aber sie evoziert zugleich eine ganz andere Vorstellung. Die Begriffe bezeichnen – wie auch in II 31 und III 9 – exakt die Gesamtheit der römischen Magistratur: *imperia* steht für die Inhaber des *imperium*, also die Konsuln (und die Prätoren), *potestates* für die nachgeordneten Beamten[56]. Daher ist die Frage zumindest nicht abwegig, die sich schon

---

[51] Dazu I 24–35, bes. 27, 30, 32, 35. – Vgl. oben S. 60 f., 99 f.

[52] So in dem Laktanz-Zitat aus dem vierten (?) Buch von *de legibus* (s. o. Anm. 26): *neque se intellegunt esse ... subiectos omnes sub unam eandemque tutelam. quod si teneretur, deorum profecto vitam homines viverent.*

[53] S. u. S. 140 f., 145 ff.

[54] Dazu auch ELORDUY, S. 218–228; vgl. STRAUSS, S. 153 f.

[55] Zit. oben Teil II 1, S. 30.

[56] Natürlich besitzen Konsuln und Prätoren auch magistratische *potestas*, aber die übrigen Beamten haben nicht das mit dem *auspicium* verbundene *imperium*: MEYER, Staat, S. 111 f., 117 f., 123 ff.; BLEICKEN, Verfassung, S. 79 ff.

im Zusammenhang mit *rep.* III 33 stellte[57], ob nämlich nach Ciceros Programm nicht vielleicht alle Menschen einer einzigen großen *civitas* angehören sollten, die – in Analogie zum Regiment des *praepotens deus* über die *civitas deorum atque hominum* – von der römisch-republikanischen Magistratur (*leg.* III) geleitet wird[58]. Jedenfalls erscheint es nicht *a priori* als ausgeschlossen, daß es sich in I 23 gedanklich-strukturell um das gleiche Phänomen handelt, welches J. Straub in ganz anderem Zusammenhang und auf ganz anderem Hintergrund als eine „Wechselwirkung von theologischer Spekulation und politischer Situation" bezeichnet hat[59]. Werden uns also mit der *discriptio magistratuum* des dritten Buches von *de legibus* die verfassungsrechtlichen, im zweiten Buch die religiösen bzw. sakralrechtlichen Grundlagen eines politisch-organisatorisch erst noch zu realisierenden Gemeinwesens vorgestellt, welches alle Menschen auf der Welt zu seinen Bürgern zählt? Soll Rom im Sinne der Lehre von den zwei Vaterländern (II 5) zur *patria civitatis/iuris* aller Menschen werden (U. Knoche)[60]? Will Cicero also – gleichsam im Vorgriff auf die *Constitutio Antoniniana* – das römische Bürgerrecht weltweit ausdehnen und so, dies wäre ja die politische Konsequenz, der Vielfältigkeit der Staatenwelt zugunsten eines Weltstaates römisch-republikanischer Prägung ein Ende machen?

Fast mit Entrüstung erhebt A. Heuß Einspruch gegen eine solche Interpretation von *leg.* I 23: Cicero habe sich nicht den „Kurzschluß" zuschulden kommen lassen, dem Bild vom „Weltstaat" das römische Reich und die römische Herrschaft „unterzuschieben"[61]. Ich will aber die Frage im Augenblick noch unbeantwortet lassen, ob diese Ansicht zutrifft, und untersuche zunächst weiter das Problem des eventuellen Zusammenhangs zwischen Ciceros Anthropologie und den über Rom hinausweisenden Tendenzen, die von P. L. Schmidt, U. Knoche und anderen (s. o. Teil IV 8b) unterschiedlich interpretiert worden sind. Erst von daher erschließt sich die Bedeutung des „Weltstaates".

---

[57] S. o. S. 134.

[58] Vgl. MÜLLER, Autonome Theorie, S. 107f., 110f., 115ff.; VERBEKE, S. 39.

[59] Wobei Cicero im vorliegenden Text freilich an eine politische Situation in der Zukunft dächte. – STRAUB, Herrscherideal, S. 119, zur theologischen Rechtfertigung der Monarchie (Konstantins d. Gr.) in der Tricennatsrede, die der Bischof Eusebius von Caesarea zu Ehren des ersten christlichen Kaisers gehalten hat: „die staatsrechtlichen Verhältnisse der historischen Gegenwart erhalten ihre Rechtfertigung durch die Deutung eines Ideals, dessen Bild selbst wieder nach dem Gleichnis der politischen Erlebniswelt gezeichnet ist".

[60] S. o. S. 120.

[61] Ciceros Theorie, S. 207 (15). – Vgl. PÖSCHL, S. 101 (bezogen auf den Gedanken der Ewigkeit): „Bei Cicero ... empfängt der Staat, das römische Reich, den Glanz, die Göttlichkeit und Erhabenheit des Kosmos" (ebd. S. 9ff.).

Die Rechtsgemeinschaft zwischen Gott und Mensch gründet sich nach I 23 auf eine zwischen beiden bestehende *societas rationis*. Dabei will von vorneherein und ein für allemal bedacht sein, daß das dort von Cicero als *societas (communio) legis/iuris* bezeichnete Sein nicht als ein empirisches, sondern als ein gesolltes Sein aufzufassen ist; denn wie der einzelne Mensch nur potentiell zur *summa, recta, perfecta ratio = prudentia/sapientia* gelangt (vgl. I 24–27), so auch kommt jene *societas* nur potentiell zustande. Getreu diesem Vorbild erscheint nun in einem gleichsam horizontalen Gedankengang, der Ciceros „vertikaler" Darstellung (Verhältnis Gott – Mensch, I 21 ff.) folgt[62], auch die ganze Menschheit als potentielle *societas iuris* (I 28–35). Die Natur hat jedem Menschen mit der *ratio* zugleich die *recta ratio = lex* als *recta ratio in iubendo et vetando* und folglich das von ihr gesetzte *ius* „gegeben": allen ist die *ratio* gegeben, allen mithin auch das *ius* (I 33).

Diese „Gabe" ist – wie auch das Ensemble der übrigen anthropologischen Konstanten[63] – eine Aufgabe. Verlangt wird und möglich ist eine Entwicklung der *ratio* zur *recta ratio = virtus* (vgl. I 27 und 29f.) im Wege der Selbsterkenntnis, die zur Anerkenntnis („Pflege") des allen gemeinsamen Rechts führt[64]. Dazu sind die Menschen befähigt und bestimmt. Wir sind, sagt Cicero (I 33), unserer Natur nach dazu geschaffen, einer vom anderen am Recht Anteil zu erhalten und alle untereinander am Recht teilhaben zu lassen; die Menschen sollen, mit anderen Worten, auf der Basis ihrer natürlichen Zuneigung zu den Mitmenschen durch wechselseitige Anerkennung des Rechts – d. h. durch die *virtus* der *iustitia*[65] und andere *virtutes* – eine Gemeinschaft des Rechts bilden[66].

---

[62] „Vertikal" – „horizontal": BADER, S. 118 f.

[63] Siehe I 26 (f.): u. a. *sensus* und vor allem die *inchoatae intellegentiae* als *quasi fundamenta quaedam scientiae* (vgl. I 27, 30, 33, 44, 59); dazu oben Teil II 3, S. 60 f. und Kap. 6, S. 103 f.

[64] Siehe I 33: *quodsi, quo modo est natura, sic iudicio homines humani, ut ait poeta* (Terent. *Heautont.* 77), *nihil a se alienum putarent, coleretur ius aeque ab omnibus.* – Vgl. dazu die „Entwicklungsgeschichte" eines Menschen, der – dem wichtigsten *praeceptum philosophiae*: dem Wort des delphischen Gottes folgend – zum *vir sapiens* wird: I 58–62 (s. o. Kap. 6, S. 103 ff.).

[65] Vgl. I 28: *nos ad iustitiam esse natos.*

[66] Text (ZIEGLER)/GÖRLER, *leg.*, S. 35 (mit S. 117): *ad participandum alium ab alio communicandumque inter omnes ius nos natura esse factos.* – Seit DAVISIUS ist *ius nos* statt des überlieferten *iustos* (ZIEGLER/GÖRLER, App. zur Stelle) allgemein anerkannt (VILLEY geht jedoch vom überlieferten *iustos* aus: Rückkehr, S. 283; auch dies ist erwägenswert im Hinblick auf I 34, wo Cicero über die Freundschaft als Gemeinschaft von *iusti* (*sapientes*) spricht). – Vgl. I 43: das *diligere homines* als *fundamentum iuris*; I 60: wer die *natura hominis* erkannt hat, *societatem … caritatis coierit cum suis omnisque natura coniunctos suos duxerit.* Vgl. allgemein BODÉÜS, L'amour naturel, S. 50 ff.

Alle Menschen, so faßt Atticus diese Gedanken zusammen (I 35), sind untereinander durch eine Art natürlicher Güte und Zuneigung, dann auch Rechtsgemeinschaft verbunden (*omnes inter se naturali quadam indulgentia et benivolentia, tum etiam societate iuris contineri*)[67], – wobei auch jetzt wieder klar sein muß, daß es sich hier nicht um das empirische, sondern um das gesollte Sein handelt[68]. Das allen gemeinsame *ius* aber kann nur ein für alle gleiches sein. Denn es gibt nach Ciceros Theorie (I 42) nur ein einziges Recht, welches die Menschen zu einer Gemeinschaft verbindet, und dieses wird durch eben jene *lex* konstituiert, die als *recta ratio* bekannt ist (*est enim unum ius, quo devincta est hominum societas et quod lex constituit una, quae lex est recta ratio imperandi atque prohibendi*). Nun hieß es schon in *rep.* III 33: wer dem Naturgesetz (und dem Naturrecht) nicht gehorcht, „flieht vor sich selbst", verschmäht die *natura hominis*[69]. Wer das Naturgesetz (und mit ihm das die *societas hominum* konstituierende Naturrecht) ignoriert, sagt Cicero jetzt in *leg.* I 42, der ist ungerecht (*quam* – sc. *legem* – *qui ignorat, is est iniustus*)[70]. Dieser Gedanke besagt in der Umkehrung, daß die *virtus* der *iustitia* (und *virtus* allgemein) im Gehorsam gegen Naturgesetz und Naturrecht als Inbegriff wahrer positiver *leges* und *iura* besteht[71]. Ein Leben in

---

[67] SCHMIDT, Grundfragen, S. 185–192, bes. S. 188. – Die Menschheit als *societas rationis*: vgl. auch *off.* I 11 f., 50 f. Natürliche Mitmenschlichkeit: *leg.* I 60; vgl. auch *fin.* II 45; III 62 f., 66 f.; IV 4 und 17; V 65 f. Die Menschheit als *societas iuris*: vgl. auch *off.* III 21–28; *Tusc.* I 64; *fin.* III 66 f.

[68] An der faktischen Inkongruenz von anthropologischem und empirischem Sein läßt Cicero keinen Zweifel: I 29, 31 f., 33; dazu unten S. 140 ff. und S. 145. Über die Möglichkeit, in der Praxis die Kongruenz herbeizuführen, gibt Cicero sich keinen Illusionen hin: s. u. S. 150 und 167 f.

[69] S. o. S. 130.

[70] Vgl. auch *rep.* V 5: der *rector rei publicae* als *summi iuris peritissimus, sine quo iustus esse nemo potest, civilis* (erg. *iuris*) *non inperitus*. (Es wäre gewiß falsch, bei der grundsätzlichen Gleichheit der rechtsphilosophischen Positionen von *rep.* und *leg.* das *summum ius* und das *ius civile* im Sinne der bekannten Unterscheidung von Naturrecht und positivem Recht aufzufassen: *summum ius* ist das Recht „an sich", *ius civile* (im Sinne des *ius civitatis*: s. o. S. 42 f.) die Gesamtheit positiver, mit dem Rechtsbegriff übereinstimmender Normen, die um deswillen (Natur-)Rechtsnormen sind; ebenso das Verhältnis zwischen *summa lex* und *lex scripta*, oben Teil II 4, S. 72 ff.). – Zu *leg.* I 42 vgl. *fin.* III 67, wo Cicero einen Ausspruch des Chrysippos wiedergibt: *quoniam ... ea natura esset hominis, ut ei cum genere humano quasi civile ius intercederet, qui id conservaret, eum iustum, qui migraret, iniustum fore.*

[71] Vgl. *fin.* III 67 (zit. vorige Anm.) sowie die Definition von *virtus* in Cic. *inv.* II 159: *habitus animi naturae modo atque rationi consentaneus.* Nach *leg.* II 10 ist die *ratio naturae* das (Natur-)Gesetz. Ebenso dann auch *off.* III 23: *naturae ratio, quae est lex divina* (*et humana*: dies entspricht genau der Gesetzesdefinition von *leg.* II 10, wo die *lex scripta* (*off.*: *humana*) als *ratio scripta* erscheint). – Vgl. auch *Tusc.* IV 53, zwei Definitionen von

virtus (iustitia etc.) nach diesem Verständnis wiederum ist die *recte vivendi ratio* (I 30, 32), und auch diese kann – wie ihr Orientierungspunkt, Naturgesetz bzw. Naturrecht, – nur eine für alle Menschen gleiche sein[72].

So jedenfalls „ist" es von Natur, und so „soll" es nach dem Willen der Natur auch im konkreten Leben der Menschen sein: das im philosophisch-anthropologischen Entwurf vorgebildete Sein der Menschheit – die universale *societas*, die *iustitia* aller, die allen gemeinsame *recte vivendi ratio* – verlangt als ein der *natura hominis* immanentes Sollen, aus der Latenz an das Licht der empirischen Wirklichkeit gebracht zu werden.

Doch die empirische *societas hominum* und die empirische *ratio vivendi* der Menschen sieht anders aus, als sie soll. Die naturgewollte Kongruenz von anthropologischem und empirischem Sein besteht nicht (I 29). Alle Menschen sind auf Grund der *depravatio consuetudinum, opinionum vanitas*[73] (I 29), *corruptela malae consuetudinis* (I 33) ethischen Fehlurteilen und ethischem Fehlverhalten anheimgefallen (I 31 f., 33). So besteht denn die *naturalis societas* und *coniunctio hominum inter ipsos* vorerst nur in den allen gemeinsamen anthropologischen Konstanten und den darin liegenden, als „Aufgabe" zu verstehenden Möglichkeiten (I 16 und 28–30), harrt also wie die *recte vivendi ratio* aller noch der Verwirklichung. Zu dieser kann es nur kommen, wenn die genannten Irritationen und Verkehrtheiten abgebaut werden.

Hier wäre es nun die Aufgabe (natur-)gesetzlicher Vorschriften, helfend, anleitend, warnend einzugreifen und die fehlerhafte *ratio vivendi* zu korrigie-

---

virtus/fortitudo, die erste aufgestellt von dem Zenon-Schüler Sphairos: *adfectio animi legi summae in perpetiendis rebus obtemperans*; die zweite von Chrysippos: *fortitudo* als *scientia rerum perferendarum vel adfectio animi in patiendo ac perferendo summae legi parens sine timore*. Beispiel dafür in *leg.* II 10: Horatius Cocles.

[72] So nach dem Resumé des Atticus (I 35): *unam esse hominum inter ipsos vivendi parem communem⟨que⟩ rationem*. Atticus rekapituliert hier die wesentlichen Gesichtspunkte der Anthropologie Ciceros (wieso das Resumé „nicht eben sehr genau, aber auch nicht gerade falsch" ist, wird wohl GIGONS Geheimnis bleiben: Literarische Form, S. 66), die er als Beweis für die Richtigkeit der Naturrechtstheorie und ihrer Konsequenz ansieht, daß das positive Recht (*leges et iura*), wenn es denn „Recht" sein will, mit der Natur in Einklang stehen muß (ebd.). Seine Aussage über die *vivendi ratio* bezieht daher nicht die in I 29, 31 f. angesprochenen Fehlerhaftigkeiten aller Menschen ein, sondern meint ausschließlich die von der *virtus* (I 30) her bestimmte *recte vivendi ratio* (I 32) als ein aus dem anthropologischen Sein erwachsendes Sollen. – Vgl. SICHIROLLO, S. 81; SCHMIDT, Grundfragen, S. 190 ff.; KENTER, S. 142. – In I 45 wird die *virtus* als *constans et perpetua ratio vitae* definiert.

[73] So (ZIEGLER)/GÖRLER, *leg.*, S. 34. Beispiele für „nichtige" Anschauungen sowie deren Folgen gibt I 31 f. – Vgl. MOSER-CREUZER, S. 74 f.; DU MESNIL, S. 40; BÜCHNER, *leg.*, S. 19 und S. 116 ff.; KENTER, S. 122.

ren[74]; denn Cicero hat „(Natur-)Gesetz" als *vitiorum emendatrix* und *commendatrix virtutum* (I 58) definiert[75]. Die Menschheit bedarf einer positiven Rechtsordnung, die sich an der *natura hominis* orientiert: sie bedarf eines die universale *societas hominum* bindenden *ius* als Inbegriffes positiver *iura* und einer das *ius* konstituierenden *lex* als Inbegriffes von *leges*, die – als positivierte *ratio/mens sapientis* – der *natura hominis* entstammen.

Den Grundsatz für einen legislatorischen Akt, der darauf abzielt, hatte Atticus formuliert (I 35): in konsequenter Auswertung der Anthropologie seines Freundes sagt er, *leges* und *iura* dürften nicht von der *natura* getrennt, müßten also „von Natur" sein. Die Regelungen innerhalb der einzelnen *genera iuris* (Religion, Verfassung etc.) können aber, wenn sie von der *natura hominis* her erfolgen bzw. unmittelbar von ihr ausgehen und also mit ihr übereinstimmen, nicht anders als für alle *homines* gleiche sein. Sie sind daher, sofern sie nur der von Cicero bekräftigten (I 36) Erkenntnis des Atticus gerecht werden, in ihrer Gesamtheit das *ius* der *societas hominum*, und diese wird selber zur *societas iuris*, wenn sie das so im einzelnen festgelegte *ius (naturae)* annimmt. Eine positive Rechtsordnung mithin, deren *leges* und *iura* der Definition von *lex* und *ius* als Naturgesetz und Naturrecht (s. o. Teil II 3 und 4) entsprechen, fordert die Anerkennung aller, die *eiusdem naturae* sind: sie ist ihrer Intention nach universal. Wer ihr dann auch den Gehorsam erweist, also *iustitia* übt bzw. ein Leben in *virtus* führt (*recte vivendi ratio*), bildet mit anderen seinesgleichen, potentiell mit allen Menschen, in der „gesollten" Wirklichkeit die naturgewollte zwischenmenschliche *societas iuris*.

Nur eine einzige positive Rechtsordnung kann, als Richtmaß der *recte vivendi ratio*, die der *natura hominis* entsprechende und daher für alle *homines* verbindliche sein, und nur eine einzige: die an der *natura hominis* orientierte und daher für alle Menschen gleiche, *ratio vivendi* kann, als die natürliche, die richtige sein. Doch wie stellt sich faktisch die Welt der positiven Normen dar?

Nicht anders, als Philus/Karneades in seinem so eindrucksvollen Vortrag geschildert hatte (*rep.* III 8ff.). Hier und dort und gestern und heute gelten und galten verschiedene Regelungen für gleiche Sachverhalte, mit der Folge, daß wahre Gerechtigkeit nicht möglich, daher die *ratio vivendi* der Menschen naturwidrig je unterschiedlich ist.

Auch Cicero – wie schon Laelius[76] – kann und will diese Tatsachen nicht leugnen; sie sind sogar notwendige Voraussetzung, sind Stimulans seines

---

[74] Diese ethische Zielsetzung ist ganz klar ausgesprochen in der Stellungnahme des „Crassus" (Cicero) zu den *XII tabulae*: *de orat.* I 193ff.

[75] Siehe auch die ethische Komponente des Gesetzesbegriffs in I 19 (zur *vis legis*: *ut recte facere iubeat, vetet delinquere*). Ebenso dann auch II 10 u. ö.

[76] S. o. S. 131f.

gesetzgeberischen Vorhabens. Die Menschen standen und stehen derzeit unter Ge- und Verboten (*leg.* II 11), die unterschiedlich in Raum und Zeit (*varie, ad tempus*) festlegen, was als richtig, recht, gerecht und was als falsch, unrecht, ungerecht gelten soll. Nicht jede dieser verschiedenen und dazu nur temporär gültigen Vorschriften kann aber „von Natur" sein: die Natur duldet nicht *varietas* noch *inconstantia* (*rep.* III 18). Zumindest ein Teil der Vorschriften trägt den Namen *leges* nur *favore* und nicht *re*[77]: es sind teilweise keine Naturgesetze. Wären sie es nämlich, d. h. wäre nach der Forderung von *de legibus* die Natur die Quelle aller positiven Ge- und Verbote[78], so wären sie nicht *varie* und *ad tempus* gesetzt, so wären vielmehr überall auf der Welt und ein für allemal gleiche Sachverhalte gleich geregelt (vgl. *rep.* III 13 und 18); denn der Bezugspunkt von „wahrem" Gesetz und Recht, die *natura hominis*, ist ja immer und überall der gleiche. Daher muß man die faktische Verschiedenheit der geltenden Vorschriften und Normen letztlich auf mangelnde Erkenntnis der *natura hominis* bei einem Teil derjenigen zurückführen, die sich – ohne die *perfecta natura* zu verkörpern, d. h. ohne *sapientes* zu sein[79] – als „Gesetz"-Geber betätigen (vgl. *leg.* II 11 und 13).

c. Rechtsuniversalismus

Von der im Vorangehenden dargestellten Position aus gewinnt nun die Zukunftspersektive von *de legibus* im Vergleich zu den Vermutungen über die Laelius-Rede in *de re publica*[80] festere Konturen: der *Codex Ciceronianus* darf als die Materie eines Programms gewertet werden, welches jener von Philus/Karneades und Cicero selber diagnostizierten Zuständlichkeit der naturwidrigen Unterschiede, des Wechsels der positiven Normen in der politischen Realität ein Ende machen soll.

Cicero hatte sich vor seinen Gesprächspartnern durch die philosophischen und anthropologischen Darlegungen in I 21 ff. als ein Mann ausgewiesen, der

---

[77] Siehe *leg.* II 11: *favore magis quam re legum nomen tenent.* Diese recht zurückhaltende Formulierung läßt die Möglichkeit offen, daß es auch solche Vorschriften gibt, die, selbst wenn sie (noch) nicht überall gelten, gleichwohl sachlich zutreffend *leges* – d. h. *leges naturae* – genannt werden. Dabei denkt Cicero ganz gewiß z. B. an Gesetze der *XII tabulae* (so in II 9), die ja – als *leges (naturae)* – den *leges* des *Codex* zugeordnet sind (s. o. Kap. 5b, S. 94 f.): ihr faktischer Geltungsbereich ist (noch) auf das römische Gemeinwesen beschränkt. Die faktisch partikulare Gültigkeit von Vorschriften spricht für sich genommen also nicht dagegen, daß es sich um „wahre" *leges (leges naturae)* handeln kann. – Vgl. oben zur Laeliusrede, S. 132.

[78] Siehe I 16, 20, 27, 35 u. ö.

[79] S. o. Kap. 6a, S. 99 ff.

[80] S. o. Kap. 9a, S. 133 f.

die *natura rerum* allgemein und die *natura hominis* im besonderen erkannt hat. Er war, wie sich darin erwies, dem Wort des delphischen Gottes gefolgt und konnte daher als ein zur (Natur-)Gesetzgebung befähigter und berufener *vir sapiens* (I 57 ff.), als Verkörperung der *perfecta natura hominis* gelten[81]. Als solcher stellt er sich durch *de legibus* in den Dienst der universalen Aufgabe, das empirische Sein der Menschheit in die naturgewollte Kongruenz mit dem anthropologischen Sein zu bringen. Es gilt, das Richtmaß der *par* und *communis*, der *recte vivendi ratio* aller: das die Menschen zur universalen *societas iuris* einende *ius*, im einzelnen festzusetzen. Gleichsam im Namen der von ihm erkannten *natura hominis* – ja mehr noch: diese verkörpernd – will Cicero, als *vir sapiens* im Besitz der *summa, perfecta, recta ratio* (= *prudentia, sapientia, virtus*), *leges optimae* (I 15) formulieren, indem er auf der Basis des von ihm hergestellten *consensus omnium sapientium* eine Positivierung seiner *ratio* vornimmt; denn die *lex scripta*, die ihren Namen verdient, war ja als die *ratio scripta* von *sapientes* definiert[82]. Seine *leges optimae* sind, als *leges* eines *sapiens* (bzw. von *sapientes*), Naturgesetze, seine *iura* das die *societas hominum* bindende *ius naturae*.

Aus diesem Grunde kann sich der anvisierte Geltungsbereich des *Codex Ciceronianus* nicht auf die römische *res publica/civitas* beschränken: der *Codex* ist an alle Menschen „adressiert". Die *leges* erheben – als Naturgesetze – Anspruch nicht nur auf Unantastbarkeit (II 14; vgl. *rep.* III 33), sondern auch auf Anerkennung in der ganzen Welt (vgl. *rep.* III 13, *e contrario*). Von der philosophischen Grundkonzeption her erklärt es sich, daß sie generell die für „die Völker" wie für jeden einzelnen Menschen (*populi* – *singuli*) bestimmten *leges vivendi* (I 57) sein sollten. Zielvorstellung von *de legibus* ist also die weltweite Annahme der durch Ciceros *leges* fixierten *iura*. In dem hiermit vorgeschlagenen Schritt, wird er von allen vollzogen, verwirklicht sich der Wille der Natur, die universale *societas legis/iuris*, und im konkreten Befolgen dieser Naturrechtsordnung durch alle Menschen besteht die naturgewollte *par, communis, recte vivendi ratio*.

Dies also können wir nun als die allgemeinen, von der Theorie (Anthropologie) her bestimmten Grundzüge des zukunftsorientierten Gegenbildes zur empirischen Wirklichkeit ansehen, welches Cicero in *de legibus* entworfen hat. Es ergänzt in mancher Hinsicht die Beobachtungen zu den (fragmentarischen) Gedanken des Laelius in *rep.* III 33. Jetzt aber stellt sich hier wie schon dort die Frage nach der politisch-organisatorischen Struktur der universalen *societas iuris*. Denkt Cicero, in Analogie zur *civitas deorum atque hominum*, an einen Welt- oder Menschheitsstaat mit der republikanischen

---

[81] S.o. Kap. 6b, S. 107 ff.
[82] S.o. Teil II 4, S. 77 f.

Verfassung des Gesetzeswerkes (U. Knoche)[83]? Denn alle, die *lex, ius, imperia* und *potestates* gemeinsam haben, gehören doch derselben *civitas* an (I 23, II 12; *rep.* I 49); also auch die ganze Menschheit, wenn sie dereinst durch den Besitz der Rechtsordnung Ciceros zur naturgewollten *societas legis/iuris* geworden sein sollte? Oder schwebt Cicero im Blick auf die Zukunft eine differenzierte Staatenwelt mit überall gleicher Rechtsordnung vor (P. L. Schmidt, „Abfassungszeit"; K. Büchner; E. Rawson)[84]? – Oder war es ihm schließlich doch nicht sonderlich ernst mit dem universalen Geltungsanspruch seines *Codex* (P. L. Schmidt, „Grundfragen")[85], ist alles nur Camouflage, das Ziel des Programms in Wahrheit allein das römische Gemeinwesen (L. P. Kenter)[86]? Oder ist alles überhaupt nur „Utopie" (E. Rawson)[87]?

10. Die Struktur der Weltordnung

Das Naturrecht der Gesetze des *Codex Ciceronianus* (und der Nachträge in den Kommentaren) soll, der philosophischen Grundkonzeption von *de legibus* entsprechend, das Recht aller Menschen sein. Eine in jeder Hinsicht befriedigende Antwort auf die Frage nach der politisch-organisatorischen Form, die Cicero diesem Universalismus gegeben hat – sei es „nur" theoretisch, sei es mit der Absicht, die Weltordnung praktisch zu verwirklichen – ist allerdings auf Grund des fragmentarischen Zustandes der Schrift *de legibus* nicht möglich. Der überlieferte Teil enthält aber doch einige Aussagen, die in eine bestimmte Richtung weisen und, bei scharfer Interpretation, eine Präzisierung der bisher gewonnenen Ergebnisse möglich machen.

a. „Weltstaat"

Wer bei dem Begriff „Utopie" nicht gleich an ein bar jeden Kontaktes zur Realität in den luftleeren Raum hineinkonzipiertes Wunschgebilde denkt[1],

---

[83] S. o. S. 119f.
[84] S. o. S. 118f., 121f.
[85] S. o. S. 119.
[86] S. o. S. 121.
[87] S. o. S. 122.

[1] Aus der schier uferlosen Literatur zum Utopiebegriff seien hier nur genannt: das von A. Neusüs herausgegebene Sammelwerk (Utopie. Begriff und Phänomen des Utopischen); Mannheim, S. 179ff.; Kamlah, Utopie, z. B. S. 15ff.; Kytzler, Utopisches Denken, S. 45ff. – Ciceros *de legibus* insgesamt als „Utopie", aber anders als im hier gemeinten Sinne: Rawson (und Stockton), oben S. 5f.

kann den „Weltstaat" (I 23) getrost als Utopie bezeichnen, als ein „Nirgendwo", gewiß, – aber nach *de legibus* im Sinne eines „Noch-Nicht" mit begründetem Ausblick auf ein „Demnächst". Denn Cicero hat in seiner teleologi-
schen Anthropologie die Wesensmerkmale des Menschen namhaft gemacht,
die nach seiner Ansicht jeden einzelnen auf der Welt dazu befähigen (I 30),
die der *natura hominis* immanenten Ziele (*virtus, perfecta ratio, perfecta
natura, sapientia*) zu erreichen und so das „Bürgerrecht" jener *civitas* zu
erwerben.

Er hat die „Utopie" also für „machbar"gehalten – über das „Wie" wird
gleich noch zu reden sein –, und es steht uns Heutigen nicht zu, mit ihm
darüber zu rechten, ob die Prämissen seines Zukunftsbildes, die anthropologischen Konstanten und ihre Implikationen, wirklich objektive Gegebenheiten sind oder nicht: genug, daß er sie dafür hielt. Hier geht es ausschließlich
um das Verstehen seiner Anschauungen, nicht um deren Beurteilung.

Die Vorstellung von der Zugehörigkeit aller Menschen zur *civitas deorum
atque hominum* ist, als Produkt antizipierenden Denkens, das geistige Bild
einer zukünftigen empirischen Wirklichkeit. Der gleichsam latente Realitäts-
gehalt dieses Bildes bemißt sich nach den Potenzen, die – für Cicero als
objektive Gegebenheiten – in den anthropologischen Konstanten ruhen (I
24 ff., 58 f.). Diese freilich sind in der empirischen Wirklichkeit der Gegenwart allseits weitgehend korrumpiert (I 29, 31 f., 33). Sie müssen also – und
vor allem: sie können – über Hindernisse hinweg aktiviert werden. Cicero ist
nicht bereit gewesen, sich mit den Widrigkeiten der Empirie abzufinden.
Integrierender Bestandteil seines Bildes von der naturgewollten und somit
„gesollten" Zukunft, die aber weder mit „Naturnotwendigkeit" noch „von
selbst" eintritt, ist der Erziehungsgedanke. Die Menschen bedürfen, um die
virtus = perfecta ratio/sapientia/perfecta natura zu erlangen[2], angesichts der
Korrumpiertheit ihrer natürlichen Anlagen einer belehrenden Führung[3].
Dieser Gedanke besagt, da in I 23 die – Gottheit und Menschheit potentiell
gemeinsame – *perfecta ratio* mit *lex* gleichgesetzt war, daß alle Menschen
durch Erziehung dazu gebracht werden können, die *lex* (und ihr *ius*) anzunehmen, d. h. im Gehorsam sich anzueignen, gleichsam zu verinnerlichen.
Ferner besagt der Gedanke, da ebenfalls in I 23 der „Besitz" von *lex* und *ius*
für die Zugehörigkeit zu einer *civitas* konstitutiv ist, daß jene zukünftige, im
„utopischen" Bild antizipierte Wirklichkeit: die Zugehörigkeit aller Menschen zur *civitas deorum atque hominum*, durch Erziehung herbeigeführt
werden kann.

---

[2] Daß alle Menschen an dieses Ziel kommen, hat Cicero ganz gewiß nicht geglaubt: s. u.
S. 150.

[3] Siehe I 27 und 30. Text und Interpretation S. 99, Anm. 10; S. 100, Anm. 12; S. 110 f.,
Anm. 3.

Diese universale *civitas* der Zukunft ist aber unbestreitbar ein spirituelles, ein metapolitisches Phänomen, und mit Recht, wie sich gleich zeigen wird, betont A. Heuß, daß Cicero ihr nicht das römische Reich und die römische Herrschaft „untergeschoben" hat[4]. Aber es geht zu weit, nun im Gegenzug dem in I 23 Gesagten und Gemeinten gleich jede politische Bedeutung für die Programmatik von *de legibus* abzusprechen. Für Cicero – und um das Verständnis seines politischen Denkens geht es ja schließlich – besitzen konstitutive Elemente der metapolitischen *civitas* im politisch-konkreten Bereich ein gleichfalls universales und (vorerst) „utopisches" Gegenstück.

Zwischen Gottheit und Menschheit soll gemäß dem „utopischen" Bild eine *societas (communio)* hinsichtlich *lex* und *ius* bestehen (I 23). In gleicher Weise sollen jedoch auch die Menschen untereinander eine *societas legis/iuris* bilden (I 33, 35, 42)[5]. Nach der gedanklichen Grundstruktur des Gesetzeswerkes entspricht nun dem Abstraktum von *lex* und *ius* das Konkretum der *leges* und *iura* des *Codex Ciceronianus*: *lex*, definiert als *ratio divina/dei = perfecta ratio humana/ratio sapientis* (I 23f.; vgl. I 18f., II 8 und 10f.), ist Inbegriff der positivierten *ratio dei/sapientis* – der *leges* des *Codex*[6] –, das *ius* jener *lex* Inbegriff der *iura* dieser *leges*. Daher wird, politisch gewendet, Teil der *societas legis/iuris* von Gott und Mensch, wer in die zwischenmenschliche *societas* von *lex/ius (leges/iura)* des *Codex Ciceronianus* eintritt. Was das Verhältnis der beiden universalen und „utopischen" *societates* zueinander betrifft, so kann man sagen: die (potentielle) *societas* aller Menschen untereinander ist die politische Dimension der *societas* zwischen Gottheit und Menschheit, die letztere wiederum die spirituelle, die metapolitische Dimension der erstgenannten.

Die Unterscheidung und wechselseitige Zuordnung dieser beiden Dimensionen wirkt sich auch im Erziehungsgedanken aus. Auf den spirituellen Aspekt habe ich eben bereits hingewiesen. Der politische kommt im überlieferten Teil von *de legibus* wenigstens einmal kurz zur Sprache. In III 10 formuliert Cicero das folgende Gesetz über den Senat: *Is ordo vitio vacato, ceteris specimen esto.* Im Kommentar zur ersten Hälfte dieses Satzes (III 29) spricht er bezüglich des Senates – was aber selbstverständlich nicht nur für diesen gilt – von „zukünftigen Menschen", die sich „eventuell dazu entschlossen haben", den Gesetzen des *Codex* zu gehorchen[7]: unter dieser Voraussetzung gelange kein *vitii particeps* in den Senat; eine schwierige Aufgabe, doch

---

[4] Zit. oben S. 137; dazu auch S. 136.

[5] S. o. S. 138ff.

[6] S. o. Teil II 4b, c, d.

[7] Diese Hoffnung ist natürlich nur sinnvoll, wenn sie die Gesetze auch tatsächlich haben. – Zur Interpretation von III 29 vgl. auch S. 5f., 150, 166ff.

lösbar durch Erziehung, worüber an geeignetem Ort und zur rechten Zeit noch einiges zu sagen sei[8].

Die angekündigten Partien des Werkes, in denen das Problem der *educatio/disciplina* behandelt werden sollte, sind leider nicht erhalten[9]; sie hätten sicher näheren Aufschluß über diese politisch-konkrete Dimension des Erziehungsgedankens und ihr Verhältnis zu dessen spiritueller Dimension geben können. Soviel aber ist dem Text III 29 jedenfalls zu entnehmen: die gehorsame Befolgung der *leges* ist die mittels Erziehung lösbare Aufgabe, die Cicero um einer erwünschten, nach seiner Anthropologie naturgewollten und daher möglichen Zukunft willen der Gegenwart gestellt sieht. Andeutungsweise ist dabei auch die spirituelle Dimension des politischen Gedankens zur Sprache gekommen. Denn wer nach III 29 den *leges* des *Codex* gehorcht, ist ohne *vitium*; er besitzt also, positiv ausgedrückt, die *virtus* = *recta ratio* (I 45). Die *recta ratio* (= *lex*) wiederum ist die Grundlage der *societas legis* (*iuris*) sowohl der Menschen untereinander als auch zwischen Gott und Mensch. Hinsichtlich des Erziehungsgedankens bedeutet dies, daß die politische Erziehung zur Teilhabe an der zwischenmenschlichen *societas legis/iuris* – d. h. zur *virtus* – die spirituelle Erziehung zur Teilhabe an der *civitas deorum atque hominum* impliziert: wer, zum Gehorsam gegen den *Codex Ciceronianus* erzogen, den Stand der *virtus* = *recta ratio* erreicht hat, ist, als Bürger des Gemeinwesens mit der Rechtsordnung von *de legibus*, zugleich auch „Bürger" der metapolitischen Kosmopolis.

---

[8] Text III 29: *Non ... de hoc senatu nec his de hominibus qui nunc sunt, sed de futuris, si qui forte his legibus parere voluerint, haec habetur oratio. Nam cum omni vitio carere lex iubeat, ne veniet quidem in eum ordinem quisquam vitii particeps. Id autem difficile factu est nisi educatione quadam et disciplina; de qua dicemus aliquid fortasse, si quid fuerit loci aut temporis.* – Der Zukunftsaspekt auch in III 19 (*si parebunt his legibus*, sc. die Promagistrate). Der Erziehungsgedanke beschränkt sich natürlich nicht – ebensowenig wie der Geltungsanspruch der *leges* und die Forderung nach Gehorsam – auf den Senat. Vgl. I 57: Cicero werde *cum populis tum etiam singulis leges vivendi et disciplinam* geben. – Man muß schon wie Heuss, Ciceros Theorie, S. 203 (11) und S. 259 (67), „offensichtliche Ironie" und „Übertreibung" eigens in den zitierten Text III 29 hineinhören, um eine Relativierung und Entschärfung der Aussagen durch ihren Verfasser heraushören zu können (vgl. auch Rawson, Cicero, S. 159); siehe demgegenüber Schmidt, Grundfragen, S. 31. Nichts spricht gegen die Annahme, daß es Cicero bitterernst war mit dem, was er sagte. Andererseits wird bekanntlich nichts so heiß gegessen, wie es gekocht ist; davon aber steht in III 29 weder etwas zwischen den Zeilen noch *expressis verbis* im Text. – Smethurst, Cicero and Isocrates, S. 314 f., läßt bei der Bewertung dieses Kapitels von *de legibus* den Erziehungsgedanken außer acht.

[9] Vgl. aber *rep.* IV 3 ff.

b. „Staatenwelt"

Die naheliegende Frage, ob dem spirituellen „Bürgerrecht" das politisch-reale einer potentiell universalen *civitas*, einer sozusagen politischen Kosmopolis mit der Rechtsordnung von *de legibus* entsprechen soll, ist nun aber mit einem klaren „Nein" zu beantworten. Zwar soll die Menschheit nach Ciceros Anthropologie eine universale *societas legis/iuris* bilden; daher auch erschien der Gedanke zunächst erwägenswert, daß die Konzeption des Werkes auf diese Analogie hinauslaufen könnte[10]. Doch so reizvoll der Gedanke auch sein mag – ein politisch-organisatorisch manifestes Gegenstück, das alle Menschen in einem Weltstaat vereinigen würde, hat die *civitas deorum atque hominum* auf Erden nicht. Das heißt aber nicht, daß der spirituellen *civitas* nun keinerlei politisch-programmatische Bedeutung zukäme, noch heißt es, daß der universale Geltungsanspruch des *Codex* damit hinfällig würde. Die spirituelle *civitas* hat nämlich den Charakter eines Modells für die positiv-rechtliche Verfaßtheit zwischenmenschlicher Gemeinschaftsform. Denn da die Gott und Menschen (potentiell) gemeinsame *lex* und ihr *ius* der Inbegriff der *leges* und *iura* des *Codex Ciceronianus* ist, wird mit der *civitas deorum atque hominum* zugleich auch die konkret-politische *civitas hominum* als ein Verband von Individuen definiert, die – nach Maßgabe des *Codex* – *lex/ius/ imperia et potestates* (I 23) gemeinsam haben[11].

Diesem Modell aber soll nach Ciceros eindeutig bekundeter Vorstellung dereinst in der empirischen Wirklichkeit eine Vielzahl von *civitates* entsprechen. Die weltstaatliche Alternative zur gleichgeordneten Vielstaatlichkeit, eine universale römisch-republikanisch verfaßte *civitas*, wird im erhaltenen Teil des Werkes nicht gefordert. Doch nicht nur nicht gefordert, sondern schon von der Theorie her ausgeschlossen: denn grundsätzlich gilt, daß in *de legibus* die Rechtsordnung nicht eines einzigen politischen Gebildes, sondern eines *genus civitatis (optimum genus)* vorgelegt wird[12].

Ganz allgemein gehört zu einem *genus* nach Ciceros Definition des Begriffes niemals ein einziger Gegenstand, sondern immer eine Vielzahl, mindestens aber zwei, die trotz gewisser Verschiedenheiten in jeweils festgelegten

---

[10] S. o. S. 135 ff.

[11] Vgl. die negative Definition von *civitas* in II 12 (Marcus): *Quo si civitas careat ob eam ipsam causam quod eo careat pro nihilo habenda sit, id estne numerandum in bonis? –* (Quintus:) *Ac maximis quidem. –* (Marcus:) *Lege autem carens civitas estne ob ⟨id⟩ ipsum habenda nullo loco? –* (Quintus:) *Dici aliter non potest. –* Positives Gegenstück auch in *rep.* I 49 sowie in *pro Cluent.* 146 f.

[12] Siehe I 20: *...omnesque leges adcommodandae ad illud civitatis genus* (sc. welches in *de re publica* dargestellt worden war); *leg.* II 23: *leges quae genus illud optumum rei publicae contineant*; ähnlich III 12.

Merkmalen übereinstimmen[13]. Das *genus civitatis* von *de legibus* ist durch die Mischverfassung charakterisiert. Cicero (Scipio) hatte es in der theoretischen Debatte von *de re publica* (Buch I) aus dem Vergleich mit anderen *genera* – Monarchie, Aristokratie, Demokratie und deren entarteten Formen – siegreich als das *optimum genus* hervorgehen lassen und die *maxima civitas* Rom (*rep.* II 66) als dessen konkretes *exemplum* (*rep.* I 34, 70 f.; II 64–66) dargestellt[14]. Wenn er also jetzt in *de legibus* die Gesetze vorlegt, die diesem *optimum genus* entsprechen (II 23: *leges ... consentaneas*), so denkt er – eben weil die *leges* einem *genus civitatis* zugedacht sind – weder an Rom allein noch an eine die ganze Menschheit umgreifende politische Einheit, sondern implizit an eine Vielzahl von *civitates*, die sämtlich zu Gemeinwesen *optimi generis* werden, d. h. die exemplarische Mischverfassung und übrige Rechtsordnung Roms in der speziellen Ausprägung von *de legibus*[15] annehmen sollen.

Ciceros Programm impliziert demnach nicht die Beseitigung der eigenstaatlichen Existenz nichtrömischer Gemeinwesen. Das Werk geht daher wie selbstverständlich vom Fortbestehen völkerrechtlich autonomer Bündnerstaaten aus (III 9 und 18: *socii*), und wo auch immer in der Terminologie des Gesetzeswerkes der Geltungsanspruch des *Codex* und die universalistischen Intentionen Ciceros greifbar werden, ist – entsprechend der Theorie und überhaupt erst durch die Theorie verständlich – von *civitates* (I 17) und nicht *civitas*, von *res publicae* (I 37) und nicht *res publica*, von *populi* (I 37 und 57, II 35, III 4) und nicht *populus* die Rede.

Kein römisch-republikanischer Welt- oder Menschheitsstaat also – und doch wird der Universalismus des Programms durch diese Tatsache nicht in Frage gestellt. In dem „utopischen" Naturzustand der Menschheit, den Cicero anstrebt, bleibt trotz der Existenz zahlreicher Staaten auf der Welt jene Einheit gewahrt, welche die philosophische Theorie der universalen *societas legis/iuris* fordert. Es besteht dann nämlich eine Vielzahl von autonomen Gemeinwesen, und diese sind *civitates* insofern, als sie, im Besitz der Naturrechtsordnung des *Codex Ciceronianus*, je für sich dem theoretischen Bild von *civitas* entsprechen, dessen spirituelle Dimension die *civitas deorum* at-

---

[13] Siehe *de orat.* I 189: *genus autem est, quod sui similis communione quadam, specie autem differentis, duas aut pluris complectitur partis; partes autem sunt, quae generibus eis, ex quibus manant, subiciuntur.* – Vgl. *top.* 31. – Beispiel *inv.* I 32: *genus* = *animal*; *partes* = *equus, homo* (etc.). Beispiel in *de legibus*: *homo* (I 29 f.). – Vgl. NÖRR, Divisio, z. B. S. 20 ff.

[14] Zu *rep.* I 34 (fr.) siehe GIGON, *rep.*, S. 237 mit Anm. 14. Siehe z. B. *rep.* I 33 f., 42, 45, 54; *leg.* III 12. – Zu Rom als *exemplum* vgl. HEUSS, Ciceros Theorie, S. 197 (5) ff.

[15] Vgl. HEUSS, Ciceros Theorie, S. 217 (25) f., 248 (56) ff., 257 (65), 268 (76) f.; LEHMANN, S. 3 ff., 100 ff.

que hominum ist. Aber mögen die Menschen in diesem dereinstigen Zustand auch Bürger verschiedener *civitates eiusdem (optimi) generis* sein, so leben sie doch alle unter den gleichen Naturgesetzen und dem gleichen Naturrecht. Sie sind, ohne *cives Romani* geworden zu sein, Angehörige der römisch geprägten Rechtsordnung des *Codex* von *de legibus*, bilden also, ihrem anthropologischen Sein entsprechend, in der zukünftigen, von Cicero programmatisch antizipierten Wirklichkeit, die „gesollte" universale *societas legis/ iuris*. Und wenn sie schließlich, als Bürger verschiedener *civitates* mit identischer Rechtsordnung, diesem Gesetz und Recht gemäß leben, d. h. alle über die gleiche *recte vivendi ratio* verfügen und damit dokumentieren, daß sie *virtus = recta ratio* besitzen, sind sie alle auch des „Bürgerrechts" der spirituellen, metapolitischen *civitas deorum atque hominum* teilhaftig.

Es handelt sich bei diesem Programm um eine rechtsphilosophisch-anthropologisch fundierte Zielprojektion, um „Utopie" im hier gemeinten Sinne eines Entwurfs, der auch die (für objektiv existent gehaltenen) Prämissen seiner Verwirklichung benennt. Freilich darf man dessen sicher sein, daß Cicero die nach seiner Anthropologie bestehende Möglichkeit, daß alle Menschen den *leges* seines *Codex* gehorchen und durch den Gehorsam zur *virtus* (= *recta ratio, sapientia*) gelangen (I 30), realistisch einschätzte. Schließlich war er, mit den Worten von A. Heuß, „ein reifer Mann und kein illusionistischer Kindskopf", sehr wohl wissend, „daß von der Welt nichts Vollkommenes zu erwarten ist"[16]. Auf die Schwierigkeit, allein bei der Führungsschicht einer *civitas* wie der römischen den Gehorsam gegen seine Gesetze zu erwirken, und auf die Notwendigkeit entsprechender Erziehung hat er denn auch nachdrücklich genug aufmerksam gemacht (III 29: *difficile factu ... nisi educatione quadam et disciplina*)[17]: Gesetze haben und ihnen folgen sind zwei ganz verschiedene Dinge.

Das Problem des Gehorsams aber kann natürlich überhaupt nur unter der Voraussetzung relevant werden, daß der *Codex* nach dem universalistischen Programm auch tatsächlich in Rom und allen anderen Staaten eingeführt

---

[16] Ciceros Theorie, S. 271 (79). Vgl. Vogt, Ciceros Glaube, S. 63: Cicero „war und blieb Illusionist".

[17] Die Führungsschicht selbst wiederum soll durch ihr Beispiel erzieherisch auf die übrigen *cives* einwirken: III 30–32 (vgl. *fam.* I 9, 12; *rep.* I 47, II 69; dazu Pöschl, S. 123ff.). – Zu dem platonischen Erziehungsgedanken in *leg.* III 30ff. siehe Boyancé, Citations, S. 251ff.; Schmidt, Grundfragen, S. 314; ders., Abfassungszeit, S. 115 mit Anm. 84; Heuss, Ciceros Theorie, S. 260 (68). – An welche Art Erziehung der Führungsschicht gedacht war, läßt sich wegen des Verlustes der angekündigten Darlegungen *de educatione/disciplina* nicht ermitteln; gewiß nicht nur an die von Gesetzen ausgehende „Erziehung" (beschrieben in *de orat.* I 193ff. – s. o. S. 102f. – und *rep.* I 2f.). Das Problem ist wohl auch in der Schrift *de re publica* (V ?) erörtert worden; vgl. den Hinweis *leg.* III 32 (dazu Heck, Bezeugung, S. 39f. und S. 268f.).

wird. Die Frage nach der praktischen Verwirklichung steht hier indessen noch nicht zur Debatte (dazu unten Teil IV 11 und 12). Zuvor gilt es, sich der geopolitischen Dimension von Ciceros Programm einer rechtlichen Neuordnung der Welt zu vergewissern. Denn was heißt für Cicero und seine Zeitgenossen „Welt", was „Menschheit"?

c. Der geopolitische Aspekt

Nahezu unübersehbar ist im gesamten Werk Ciceros die Anzahl der Stellen, an denen unermüdlich in immer neuen Variationen der *populus Romanus* als „Herr der Welt" gefeiert wird[18]. Es ist hier nun nicht der Ort, im einzelnen der Frage nachzugehen, ob und bis zu welchem Grade bei der Vorstellung von der Weltherrschaft Roms in spätrepublikanischer Zeit „Ideologie" im Spiele ist[19]. Pompeius und Caesar jedenfalls hatten bis zur zweiten Hälfte der fünfziger Jahre dem *populus Romanus* im Westen wie im Osten zahlreiche Völker und Staaten botmäßig gemacht[20]. Cicero war sich nun gewiß darüber im klaren, daß aber nicht alle Länder des Erdkreises „in der unmittelbaren Macht der Römer sind"[21], d.h. als Provinzen dem direkten *imperium p.R.* unterstehen[22]. Doch anders als J. Vogt es gesehen hat, braucht diese Erkenntnis durchaus nicht der Überzeugung zu widersprechen, daß Rom sich faktisch im Besitz der Weltherrschaft befinde[23]. Denn neben der direkten

---

[18] Belege bei VOGT, Orbis Romanus, S. 156f., bes. Anm. 13. – Charakteristisch ist Cic. *dom.* 89: über die *species* und *dignitas populi Romani, quam reges, quam nationes exterae, quam gentes ultimae pertimescant;* 90: *ille populus est dominus regum, victor atque imperator omnium gentium.*

[19] Zum Begriff „Ideologie" vgl. GEIGER, Kap. I mit einem Überblick über die „Lehrmeinungen" (S. 5–22), sowie Kap. IV (S. 47–57); S. 57: die Ideologie liege „in der Objektivierung des Nicht-Objektiven".

[20] Siehe z.B. Cic. *Cat.* III 26 (über Pompeius, der die *finis ... imperii non terrae, sed caeli regionibus* festgesetzt hat); *Sest.* 67 (über Pompeius, *qui omnibus bellis terra marique compressis imperium populi Romani orbis terrarum terminis definisset); prov. cons.* 29 und 33f. (Caesar). – Über die „unsichtbaren Grenzen" des *imperium* siehe KORNEMANN, S. 96f., 100ff. – Zu den geopolitischen Aspekten der Feldzüge Caesars vgl. DION, S. 247ff., 277ff.

[21] VOGT, Orbis Romanus, S. 156.

[22] Zu den unterschiedlichen Formen von *imperium* siehe gleich weiter im Text. – Generell LINTOTT, S. 53ff.

[23] VOGT, Orbis Romanus, S. 156f.: „Natürlich ist Cicero sehr wohl darüber unterrichtet, daß noch nicht alle Länder des Erdkreises in der unmittelbaren Macht der Römer sind. Aber diese Erkenntnis vermag gegen die Überzeugung von der römischen Weltherrschaft nicht aufzukommen". Unter Weltherrschaft versteht J. VOGT also nur die unmittelbare Machtausübung.

– „imperialen" – Form der römischen Herrschaft, d. h. der Herrschaft über Provinzen, steht die indirekte, „hegemoniale"[24]: ihr gehorchen diejenigen Staaten, die mit Rom in vertraglich geregelte Beziehungen eingetreten sind[25]. Zwar hat Cicero keine begriffliche Unterscheidung von „imperial" und „hegemonial" getroffen: in beiden Fällen handelt es sich um Ausübung von *imperium*[26], und die Territorien der „Freunde und Verbündeten" gelten ebenso wie die provinzialisierten Territorien unterworfener Kriegsgegner[27] als Teil des *imperium* im Sinne des Herrschaftsgebietes der Römer. Aber der Sache nach hat er die Unterscheidung nahegelegt, indem er die Methoden der Herrschaftspraxis entsprechend kennzeichnet[28]. Ein Widerspruch zwischen der Rede von Weltherrschaft (imperial/hegemonial) und der politi-

---

[24] Aus der Fülle der Literatur zum Verständnis von *imperium p. R.* einerseits als Befehlsgewalt, andererseits als Befehlsbereich im engeren juristischen Sinne (bezogen auf Provinzen) und im weiteren Sinne (bezogen auf *socii* und *amici*) siehe MOMMSEN, StR III, S. 826f.; GELZER, Gemeindestaat, S. 15ff.; STAUFFENBERG, Germanen, S. 37ff.; TRIEPEL, S. 464ff.; MEYER, Römischer Staat, S. 220–236; MEYER, Cicero und das Reich, S. 101ff., 247ff.; v. LÜBTOW, Volk, S. 649ff.; WEGNER, Socius, S. 72–104; DAHLHEIM, Gewalt, S. 74ff.; BLEICKEN, Verfassung, S. 224ff. Gute Zusammenfassung von SUERBAUM, Staatsbegriff, S. 52–62, bes. S. 58ff. – Zu „imperial" und „hegemonial" vgl. WERNER, Problem, S. 504–523.

[25] So z. B. Cic. *de imp.* 41, wo es von – völkerrechtlich autonomen – *exterae nationes* und *gentes* heißt, sie sähen angesichts eines Mannes von der *temperantia* des Pompeius ein, *non sine causa maiores suos ... servire populo Romano quam imperare aliis maluisse; rep.* III 41: die Gefahr, daß das *imperium ad vim a iure* übergehen könnte, *ut qui adhuc voluntate nobis oboediunt, terrore teneantur* (zur „Freiwilligkeit" vgl. auch *auct. ad Herenn.* IV 9, 13); *off.* II 26f.: *quam diu imperium populi Romani beneficiis tenebatur non iniuriis, ... , regum, populorum, nationum portus erat et refugium senatus, nostri autem magistratus imperatoresque ex hac una re maximam laudem capere studebant, si provincias, si socios aequitate et fide defendissent. itaque illud patrocinium orbis terrae verius quam imperium poterat nominari.* Diese Zeiten sind vorbei: *populo Romano iniuste imperanti, off.* II 29; das *exemplum amissi imperii (iusti)* über die *exterae nationes* sind Caesars Triumph über den autonomen *socius* Massilia sowie weitere *nefaria in socios,* ebd., I 28 (vgl. dazu HORN, Foederati, S. 14, 19ff. mit der seltsamen Auffassung, Massilia – nicht Rom – habe sein *imperium* verloren). *Imperium* über (rechtlich autonome) *gentes, reges, nationes* auch *auct. ad Herenn.* IV (V) 33, 44.

[26] Siehe die Texte in der vorigen Anm., bes. *off.* II 26f.

[27] Bzw. durch Erbschaft erworbenes Gebiet wie im Falle des Königreiches Pergamon; dazu HEUSS, RG, S. 245f.

[28] Siehe *rep.* III 37: *sed et imperandi et serviendi sunt dissimilitudines cognoscendae. nam ut animus corpori dicitur imperare, dicitur etiam libidini, sed corpori ut rex civibus suis aut parens liberis, libidini autem ut servis dominus, quod eam coercet et frangit, sic regum, sic imperatorum, sic magistratuum, sic patrum, sic populorum imperia civibus sociisque praesunt ut corporibus animus; domini autem servos ita fatigant ut optima pars animi, id est sapientia, eiusdem animi vitiosas imbecillasque partes, ut libidines, ut iracundias, ut perturbationes ceteras.*

schen Wirklichkeit täte sich nur dann auf, wenn man in Rom und wenn insbesondere Cicero tatsächlich alles „ignoriert" (so J. Vogt) und nicht nur einfach nicht gekannt hätte, „was ganz außer dem Bereich der römischen Waffen und Verträge liegt"[29].

Dafür aber gibt uns J. Vogt keinen Beleg[30]. Nach Ciceros Ansicht existiert auf der ihm und seinen Zeitgenossen bekannten Welt kein einziger Staat, der sich an militärischer Stärke mit Rom noch messen könnte[31], und das hochgemute Wort, nach dem Ende der auswärtigen Kriege sei ein Zustand erreicht, in welchem die Römer „glänzend mit denen auskommen, die (sie) in Frieden leben lassen"[32], geht keineswegs an den Realitäten vorbei.

Sogar das Partherreich galt, wie auch andere *regna*[33], seit den Verträgen mit Sulla (96), Lucullus (69) und Pompeius (66) als ein Staatswesen, das rangmäßig dem römischen nachgeordnet, ja einem Klientelkönigreich gleichzuachten war. Dies demonstriert der Umgang Sullas mit dem parthischen Gesandten Orobazos bei der ersten Begegnung zwischen Römern und Parthern im Jahre 96. Während der Verhandlungen über die Bitte des Partherkönigs Mithridates II. um *amicitia* (Liv. *epit.* 70) bzw. συμμαχία καὶ φιλία (Plut. *Sulla* V 4) sitzt Sulla in der Mitte zwischen dem kappadokischen Klientelkönig Ariobarzanes I. („Philorhomaios") und Orobazos. Am parthischen Hof wurde diese zeremonielle Geste zutreffend als eine Gleichstellung des Parthers mit dem Kappadokier aufgefaßt, und Mithridates ließ seinen Gesandten aus diesem Grunde nach dessen Rückkehr hinrichten, hat also die Unterordnung unter Rom nicht anerkannt[34].

---

[29] Vogt, Orbis Romanus, S. 157.

[30] Daß Cicero mit der Existenz unbekannter Stämme und Völker rechnet, kann man z. B. in *prov. cons.* 33 nachlesen; ebenso, was mit ihnen geschehen kann, wenn sie „entdeckt" worden sind. Vgl. auch Cic. *leg. agr.* II 34. – Im übrigen geht man in Rom davon aus, daß auch die *ultimae gentes* in Furcht vor Rom leben: Cic. *dom.* 89 (zit. oben Anm. 18).

[31] Siehe Cic. *leg. agr.* I 26: *nullum externum periculum est, non rex, non gens ulla, non natio pertimescenda est.* – *prov. cons.* 31: *possum de omni regione, de omni genere hostium dicere: nulla gens est, quae aut non ita sublata sit, ut vix exstet, aut ita domita, ut quiescat, aut ita pacata, ut victoria nostra imperioque latetur.* – Vgl. auch *Sest.* 67.

[32] Dies in *Sest.* 51: *Nam externa bella regum, gentium, nationum iam pridem ita exstincta sunt, ut praeclare cum iis agamus, quos pacatos esse patiamur.*

[33] Siehe die Arbeiten von Sands und Cimma (bes. S. 221ff., 258ff.).

[34] Plut. *Sulla* V 4. Dazu Sands, S. 221; Badian, Imperialismus, S. 84. Über die Rechtsstellung von *socii atque amici* vgl. Kienast, Entstehung, S. 334ff. Allgemein zu Rom/Partherreich: Wolski, S. 201ff. – Zu dieser ersten Begegnung zwischen Römern und Parthern sowie zu der Frage, ob ein förmliches *foedus* abgeschlossen wurde, siehe Ziegler, Beziehungen, S. 20–24, 36f., 38f.; Cimma, S. 250–252; Keaveney, S. 195–199 (ohne Kenntnis von Ziegler, Beziehungen).

Mehrfach aber haben die Parther in den folgenden Jahrzehnten dem *imperium populi Romani* tatsächlich wie „Klienten" Gehorsam geleistet[35], so angesichts der ultimativen Forderung des Lucullus im Jahre 69 an den parthischen Herrscher Phraates III., mit Rom eine Militärallianz gegen Mithridates VI. von Pontos und Tigranes (d. Ä.) von Armenien einzugehen oder sich in dem Konflikt neutral zu verhalten. Der Parther entschied sich *nolens volens* für das Letztere und schloß mit Lucullus ein *foedus* ab, das die mit Sulla vereinbarte *amicitia* bekräftigte, den Euphrat zur Grenze der beiderseitigen Interessensphären bestimmte und auch die parthische Neutralität gegenüber den kriegerischen Aktionen Roms auf kleinasiatischem Boden garantierte[36]. Im Jahre 66 folgt dann der Vertrag mit Pompeius. Er sieht unter anderem militärische Hilfeleistung der Parther für den Armenier Tigranes d. J. gegen dessen gleichnamigen Vater vor. Außerdem scheint Pompeius Phraates III. den Titel eines „Königs der Könige" „zugestanden" zu haben[37]. Zu den jedoch bald schon beginnenden Vertragsbrüchen der römischen Seite schreibt K.-H. Ziegler: „Alles in allem verhielt sich Pompeius gegenüber Phraates eher wie ein Sieger als in der Art eines Verbündeten"[38].

Für die relative Abhängigkeit des Partherreiches von Rom mußte – zumindest in römischen Augen – auch die Tatsache sprechen, daß Phraates III. den Schiedsspruch einer von Pompeius eingesetzten Drei-Männer-Kommission in dem parthischen Streit mit Tigranes d. Ä. akzeptierte, nachdem der Armenier sich den Römern unterworfen und von ihnen Reich und Krone zurückerhalten hatte[39]. Bezeichnend ist schließlich auch die Flucht des Partherkönigs Mithridates III. im Jahre 57 während der Thronwirren in seinem Lande ins Asyl zu Gabinius, der damals die römische Provinz Syria verwaltete. Wäre seine Bitte um römische Hilfe zur Rückgewinnung der Herrschaft über das Partherreich vom Senat zu Rom nicht abschlägig beschieden worden, so hätte das „Klientelverhältnis" noch deutlicher zutage treten können[40]. Mit K.-H. Ziegler kann man über das Verhältnis zwischen Rom und

---

[35] Vgl. jedoch SANDS, S. 7 und 221; CIMMA, S. 257. – Das Partherreich aus römischer Sicht als „Klientelstaat": BADIAN, Imperialismus, S. 125 f.

[36] Siehe ZIEGLER, Beziehungen, S. 24–28; CIMMA, S. 252 ff.; KEAVENEY, S. 199–202. Zu *amicitia* siehe HEUSS, Völkerrechtliche Grundlagen, z. B. S. 53 ff.; TRIEPEL, S. 468 ff.; CIMMA, S. 21 ff.

[37] GELZER, Pompeius, S. 76 f., 79 f.; ZIEGLER, Beziehungen, S. 28 ff.; CIMMA, S. 254 ff.

[38] S. 31; vgl. GELZER, Pompeius, S. 85, 91; KEAVENEY, S. 202 ff.

[39] SANDS, S. 219; GELZER, Pompeius, S. 91; ZIEGLER, Beziehungen, S. 31. Zu den armenischen Verwicklungen siehe SANDS, S. 218 ff.; ASDOURIAN, S. 43 ff.; GELZER, Pompeius, S. 80 f.

[40] Vgl. ZIEGLER, Beziehungen, S. 32.

dem Partherreich im 1. Jh. v. Chr. zusammenfassend sagen: die Verträge waren in römischen Augen „praktisch nichts anderes als die mit sonstigen mehr oder weniger abhängigen Monarchen des hellenistischen Ostens oder auch mit scheinfrei gebliebenen Gemeindestaaten … geschlossenen Abkommen, die im Bedarfsfall von Rom jederzeit einseitig wieder aufgehoben wurden"[41].

Zuzugeben ist allenfalls, was aber nicht Cicero allein anzulasten wäre, daß man in Rom die militärische Stärke und den Selbstbehauptungswillen der Parther falsch eingeschätzt hat. Das Ergebnis war die bekannte Katastrophe am Ende des *bellum iniustum* (53 v. Chr.), welches Crassus, unter feierlicher Verfluchung durch den Volkstribunen Ateius Capito, vom Zaun gebrochen hatte[42]. Die Briefe des Prokonsuls Cicero aus Kilikien (51/50) mit ihrer unverhohlenen Furcht vor den parthischen Heeren, die nach der Aggression des Crassus in die römische Provinz Syria eingefallen waren[43], machen nur zu deutlich, daß in dieser Zeit von (hegemonialem) *imperium* Roms über diesen Teil der Welt nicht gut die Rede sein konnte[44]. Doch die Ereignisse nach dem Jahre 53 – noch während der Abfassungszeit von *de re publica* und *de legibus* also[45] – sprechen in keiner Weise gegen die Annahme, daß in Rom die (zudem selbstverschuldeten) Probleme als nur ephemere Störung der seit Sulla bestehenden Beziehungen zwischen den beiden Reichen, nicht aber als das definitive Ende der römischen Superiorität angesehen wurden[46].

Bei aller gebotenen Vorsicht läßt sich daher zumindest nicht ausschließen, daß Cicero „die mannigfach abgestufte Herrschaft" Roms – sc. über *provinciae, regna, liberae civitates*[47] – im Rahmen der geographischen Vorstellung

---

[41] S. 36 ff.; zit. S. 44.

[42] SIMPSON, Departure, S. 532 ff.; ZIEGLER, Beziehungen, S. 32 ff., 39 f., 44; CIMMA, S. 263 ff.; MARSHALL, Crassus, S. 139 ff.; WARD, Crassus, S. 278 ff.; vgl. auch ALBERT, Bellum iustum, S. 112 ff. – Der Krieg als *bellum iniustum*: Cic. *fin.* III 75 (mit größerem Recht werde der *sapiens* „reich" genannt als Crassus, *qui nisi eguisset, numquam Euphraten nulla belli causa transire voluisset*). Zur Theorie des *bellum iustum* (mit den Belegen) im Werk Ciceros, unter besonderer Berücksichtigung des *de imperio certare*, siehe STRAUB, Hegemonie, S. 12 f.; Imperium, S. 22 ff.; Caesars „Gerechter Krieg", S. 1 ff.; vgl. jetzt auch die Ausführungen von ALBERT, Bellum iustum, S. 12 ff., 20 ff.

[43] Siehe z. B. Cic. *Att.* VI 2, 6; *fam.* II 10,2 ff.; III 8, 10; vgl. auch *fam.* VIII 5,1 f.; 7,1; 10,1 f. – TIMPE, Bedeutung, S. 108 ff.; ZIEGLER, Beziehungen, S. 34; MARSHALL, Lex Pompeia, S. 910 ff.; WISTRAND, S. 4 ff.

[44] Erst Augustus hat das vormalige Verhältnis wiederhergestellt. GAGÉ, L'Empereur, S. 231 ff.; TIMPE, Bedeutung, S. 126 ff.; ZIEGLER, Beziehungen, S. 45–57; zuletzt TIMPE, Partherpolitik, S. 155 ff., bes. S. 168.

[45] Vgl. die Vermutung von TIMPE, Bedeutung, S. 112 f., Cicero habe das Ereignis der Niederlage des Crassus bei Carrhae (i. J. 53) in *rep.* III verarbeitet.

[46] MARSHALL, Lex Pompeia, S. 911. Vgl. Cic. *fam.* VIII 10,2; Plut. *Pomp.* 56,3; Plut. *Antonius* 35,4; Cic. *Att.* VII 26,3; Caesar *b.c.* VIII 54 zu römischen Feldzugplänen gegen die Parther.

[47] Cic. *Verr.* II, V 168; ebenso *dom.* 73, 75, 89; vgl. *leg.* III 41.

seiner Zeit[48] durchaus zutreffend „als weltumspannend"[49]: eben als teils imperiale, teils hegemoniale Herrschaft über die bekannte Welt betrachtete[50]. Aus
dieser Perspektive also bezeichnet die Rede vom *imperium orbis terrae/terra-
rum* nicht einen Anspruch, sondern im Munde Ciceros eine Tatsache. Daß
der *populus Romanus* im dargelegten Sinne faktisch die Weltherrschaft innehat, bildet daher den geopolitischen Hintergrund des Programms von *de
legibus*.

d. Rom und andere Staaten

Nach dem Vortrag des Philus/Karneades in der Schrift *de re publica*[51] und
nach Ciceros eigenem Hinweis auf die empirische Wirklichkeit (*leg.* II 11 und
13) besitzen die Gemeinwesen der unter römischem *imperium* stehenden
Welt derzeit noch – naturwidrig – je unterschiedliche Normenordnungen und
sind sei es republikanisch, sei es monarchisch verfaßt. Von daher gesehen
erhält der bisher noch abstrakte Universalismus des Programms konkretere
Züge. Hier wird kein politischer Weltherrschaftsanspruch angemeldet und
gerechtfertigt; denn dieser gilt als längst verwirklicht. Es wird hier auch nicht
die Tatsache der Weltherrschaft gerechtfertigt[52]: sie wird als solche vorausgesetzt. Vielmehr tritt uns Cicero in dem Gesetzeswerk als der Schöpfer einer
vollständig durchdachten und in sich geschlossenen, aus anthropologischen
und rechtsphilosophischen Argumenten konstruierten Begründung des An-
spruchs der römisch geprägten Rechtsordnung seines *Codex* auf „Weltherrschaft" entgegen. Bei strikter Wahrung der Vielstaatlichkeit sollen alle Menschen unter dem Recht des *Codex Ciceronianus* als dem Naturrecht leben.
Dies aber wird nur möglich sein, wenn alle Staaten der Welt – d. h. jetzt: des
weltweiten *imperium* der Römer – die einzig richtige, weil naturgemäße
Rechtsordnung von *de legibus* annehmen, mit der Folge, daß die naturwidrige Unterschiedlichkeit der Normengefüge und Verfassungen, nicht dagegen
die staatliche Vielfalt ein Ende findet. Rom, Athen und *omnes gentes* sollen
unter der *lex naturae* leben (*rep.* III 33). Von dem universalen Geltungsanspruch der *leges* her gesehen und unter Berücksichtigung des Prinzips der
Vielstaatlichkeit gliedert sich somit nach Ciceros „utopischer" Zukunftsvor-

---

[48] Diese genau zu bestimmen, dürfte kaum möglich sein; vgl. aber immerhin *rep.* VI
20–22. Im übrigen ist es ratsam, sich statt der modernen Landkarte in den Geschichtsatlan-
ten das Weltbild Strabons vor Augen zu halten (Aujac, fig. IX, sowie ebd., S. 180ff.).
[49] Vogt, Orbis Romanus, S. 157.
[50] Bleicken, Verfassung, S. 217–224.
[51] In Buch III; dazu oben Kap. 9a, S. 126.
[52] Dies war wohl in *rep.* III geschehen; Reste davon in *rep.* III 34–37.

stellung die zu seiner Zeit bekannte Menschheit unter hegemonialem *imperium* der Römer in zahlreiche Gemeinwesen *optimi generis* – mit inhaltlich identischen Rechtsordnungen, d. h. unter anderem verfaßt nach dem Muster der *discriptio magistratuum* im dritten Buch von *de legibus*.

Daß dies alles nun, was ich über die Struktur der Weltordnung und die geopolitische Dimension des Programms ausgeführt habe, nicht reine Spekulation ist, beweisen zwei Passagen aus Buch II von *de legibus*. Hier liegt uns ein Testfall vor, der in der Forschung bisher offenbar noch nicht für die politische Programmatik des Werkes ausgewertet worden ist. Cicero spricht nämlich außer Rom ganz konkret ein anderes selbständiges Gemeinwesen als „Adressaten" seiner *leges* an.

In II 27 f. kommentiert Cicero eine Vorschrift seiner *lex de religione*. Diese bestimmt (II 19), daß Herkules und anderen verdienten Menschen nach dem Tode göttliche Ehren zuteil werden sollen; gleiches wird für hervorragende menschliche Eigenschaften wie *mens, pietas, virtus, fides* vorgesehen, während *vitia* der Konsekration nicht würdig sein sollen. Im Kommentar dazu tadelt Cicero Athen (II 28), weil man dort auf dem Areopag einst der *Contumelia* (Ὕβρις) und der *Inpudentia* (Ἀναίδεια) ein – sogar noch in der Zeit des Pausanias existierendes – Heiligtum errichtet hatte[53]. Aus ähnlichem Grunde erfährt sodann auch Rom einen Tadel (ebd.): auf dem Palatium steht eine *ara Febris*, auf dem Esquilin eine *ara Malae Fortunae*[54]. Zusammenfassend sagt Cicero (ebd.) im Blick auf beide Beispiele: *atque omnia eius modi repudianda sunt*.

Wie soll man dies anders verstehen denn als eine indirekte, vom Gesetz II 19 inspirierte Aufforderung, in Athen wie in Rom die genannten Heiligtümer bzw. *arae* zu beseitigen (und überhaupt grundsätzlich – und wo auch immer – Weihungen dieser Art zu unterlassen)? Dafür spricht außer dem Duktus des Gedankens und der Funktion des Kommentars[55] auch Ciceros von Platon entlehnter Grundsatz, es sei Eigenart des Gesetzes, den Gehorsam durch Überzeugen zu erwirken und nicht immer alles mit Gewalt und Strafandro-

---

[53] Zur Sache siehe Moser-Creuzer, S. 239 f. (Turnebus, S. 641); Guillén, Derecho, S. 323 ff. – Daß Cicero hier den apotropäischen Sinn der Heiligtümer verkennt oder ignoriert, braucht uns nicht zu beschäftigen. – Siehe Pausanias I 28,5; Text und Kommentar: Hitzig-Blümner, S. 67, 16 f. und S. 312 (dazu Judeich, Topographie, S. 300). Vgl. auch Rawson, Interpretation, S. 345. – Ziegler, leg., Akademie-Ausgabe, S. 270 (vgl. Heidelberger Ausgabe von *de legibus*, Ziegler/Görler, S. 65, App. zur Stelle, sowie S. 122), fügt in II 28 nach Lact. *inst. div.* I 20, 14–16 hinzu: *magnumque et audax consilium suscepit Graecia, quod Cupidinum et Amorum simulacra in gymnasiis consecravit.* Dagegen Schmidt, Zeugnisse, S. 316 f.: es handele sich um eine Reminiszenz von *nat. deor.* II 61.

[54] Vgl. auch *nat. deor.* II 61, III 44 und 63.

[55] Nachgetragene Bestimmungen über die Durchführung der Gesetze; s. o. S. 91.

hung zu erzwingen[56]. Gerade auf das Überzeugen aber ist die Argumentation in II 27f. angelegt. Enthält nun der von daher in II 28 ausgesprochene Tadel eine gleichermaßen an Athen wie an Rom gerichtete Aufforderung, dem Gesetz zu gehorchen und den in Rede stehenden Mißstand zu beseitigen, so besagt dies, daß außer Rom eben auch der autonome Staat Athen (s. u.) zu den „Adressaten" des *Codex Ciceronianus* gehört[57].

Eine zweite Stelle in *de legibus*, wiederum Athen betreffend (vgl. auch schon *rep.* III 33) und sicher noch aussagekräftiger als II 28, führt zu dem gleichen Schluß. Cicero will hier sein Gesetz über das Verbot von *nocturna mulierum sacrificia* (II 21) kommentieren[58] und fragt sich zuvor (II 34), wie Atticus dem Gebot wohl werde zustimmen können. Doch wider Erwarten erhebt der Freund keinen Einspruch, worauf Cicero entgegnet (II 35): *Quid ergo aget Iacchus Eumolpidaeque nostri[59] et augusta illa mysteria, si quidem sacra nocturna tollimus? Non enim populo Romano sed omnibus bonis firmisque populis leges damus.* Der Wahlathener Atticus aber meint (II 36): *Excipis credo illa quibus ipsi initiati sumus*, und Cicero (ebd.) pflichtet ihm aus vollem Herzen bei (*ego vero excipiam*).

Man könnte versucht sein, die eigentümliche Formulierung *non enim populo Romano ... leges damus* in dem Sinne zu verstehen, daß Rom die Gesetze nicht erhalten sollte. Doch Cicero will etwas anderes sagen. Er argumentiert von der theoretischen Ebene aus: die Gesetze sind „allen guten und gefestigten Völkern" zugedacht, nicht speziell und ausschließlich einem einzigen wie dem *populus Romanus.* Sofern dieser aber zu den genannten Völkern gehört, soll der *Codex* selbstredend auch dort – und dort zuerst[60] – Geltung erlangen. So fordert Atticus den Freund denn auch auf (II 36 Ende), das gerade kommentierte Gesetz – wie natürlich auch die anderen – in Rom (wenn auch nicht in Athen) einzubringen (*istam legem Romae rogato*). Die Frage, inwiefern *populi* wie der römische als *boni/firmi* zu verstehen sind, darf einstweilen unbeantwortet bleiben. Wichtig ist zunächst nur die Tatsache, daß im zitierten Text II 35 f. über die Eleusinischen Mysterien und damit über Athen gesprochen wird[61] und daß das im Gesetz II 21 erlassene Verbot in diesem einen Sonderfall für diesen einen Staat nicht gelten soll.

---

[56] So in II 14: *Plato ... hoc ... legis putavit esse, persuadere aliquid, non omnia vi ac minis cogere.* Dazu Plat. *nom.* IV 718b–723d. Der Kontext Cic. *leg.* II 14 läßt keinen Zweifel, daß Cicero sich dies zu eigen machen will.

[57] Vgl. *rep.* III 33: *lex* in Rom und Athen (und anderswo) dereinst gleich.

[58] Zur Sache vgl. DU MESNIL, S. 139f.; SICHIROLLO, S. 278ff.; BRUWAENE, Précisions, S. 91f.; GUILLÉN, Derecho, S. 332ff.

[59] So der überlieferte Text ABH = V. Siehe TURNEBUS, S. 652, und MOSER-CREUZER, S. 267 (f.), sowie (ZIEGLER)/GÖRLER, *leg.*, S. 69.

[60] S.o. S. 117.

[61] Über Cicero und Atticus als *initiati* vgl. TURNEBUS, S. 652; PLASBERG, S. 49f.

Zur Begründung der Ausnahmeregelung heißt es unter anderem (II 36), Athen habe vieles Außerordentliche hervorgebracht und zum Leben der Menschen beigesteuert, nichts Bedeutenderes aber als jene Mysterien[62]. Die grundsätzlichen Vorbehalte gegen nächtliche Opferfeiern unter Beteiligung von Frauen bleiben aber bestehen. Cicero denkt offenbar (ebd.) an Ausschweifungen sexueller Art, deren sich dann mit Vorliebe die Komödie annimmt; er perhorresziert jedenfalls die Vorstellung, was sein Erzfeind Clodius, schon berüchtigt durch den Bona-Dea-Frevel im Hause Caesars[63], wohl außerdem noch hätte anstellen können, gäbe es in Rom nicht bereits – in Gestalt des *SC de Bacchanalibus* vom Jahre 186 (II 37) – ein Verbot nächtlicher Kulte[64]. So mag denn, wirft Atticus ein (II 36), das Gesetz von II 21 in Rom eingebracht werden; die – für die Eleusinischen Mysterien maßgebenden – Kultgesetze Athens aber sollten unangetastet bleiben. Cicero, unter stillschweigender Zustimmung im Kommentar zu seinem Gesetz fortfahrend (II 37), wendet sich daher wieder, wie schon II 36 Ende vor dem Einwurf des Atticus, der gegenwärtigen Rechtslage in Rom zu[65], die durch die Strenge des *SC de Bacchanalibus* bestimmt ist.

Die Aussagen von II 28 und 35f. illustrieren den politisch-programmatischen Aspekt des theoretisch entwickelten Geltungsanspruchs der *leges* Ciceros. Athen, im 1. Mithridatischen Krieg auf seiten des Feindes der Römer, hatte mit der Eroberung durch Sulla im Jahre 86 seine Souveränität verloren[66]. Doch der siegreiche Feldherr gab dem Staat Freiheit und Autonomie zurück[67]. Seither ist Athen dem völkerrechtlichen[68] Status nach eine *civitas libera* (vgl. Cic. *Balb.* 30). Ob schon in den Tagen Ciceros ein *foedus*[69] mit Rom bestand und das Gemeinwesen somit als *civitas foederata* galt, läßt sich mit Hilfe der frühesten erhaltenen Nachricht (Tac. *ann.* II 53,4) kaum mit

---

[62] SMETHURST, Cicero and Isocrates, S. 304, weist darauf hin, daß II 36 „strongly reminiscent of Isocrates" (sc. *Paneg.* 28) ist.

[63] Zum Bild des Clodius in *de legibus* siehe SCHMIDT, Abfassungszeit, S. 76ff.

[64] Dazu GELZER, Unterdrückung, S. 256ff. – Text des *SC*: RICCOBONO, Fontes I, S. 240f. – Zu *leg.* II 35ff. vgl. auch LE BONNIEC, S. 430ff.

[65] Zur Interpretation vgl. noch DÖRRIE, S. 236f. mit Anm. 41; S. 237: „Nicht das speziell Römische wird verteidigt, sondern das Römische wird als etwas im Ansatz Allgemeingültiges verteidigt und empfohlen".

[66] TOULOUMAKOS, S. 88–92; DEININGER, Widerstand, S. 245–261.

[67] Liv. *epit.* 81: *urbi libertatem ... reddidit.* – Plut. *Lys./Sull.* 5: τὴν πόλιν ... ἐλευθέραν ἀφῆκε καὶ αὐτόνομον. Vgl. HORN, Foederati, S. 68. – Daß Sulla sich in Kunstraub großen Stils an den Schätzen der Stadt gütlich tat, ist eine andere Sache; vgl. PAPE, Griechische Kunstwerke aus Kriegsbeute, S. 20f. – Zu *libertas* siehe DAHLHEIM, Gewalt, S. 174ff., 213ff.

[68] Zur Anwendbarkeit des Begriffes siehe ZIEGLER, Völkerrecht, S. 69–71.

[69] Zu *foedus* allgemein: ZIEGLER, Völkerrecht, S. 90–93.

Sicherheit entscheiden[70]. Als *civitas libera* oder auch *foederata* jedenfalls ist Athen – und darauf allein kommt es hier an – ein völkerrechtlich autonomer Staat[71]. Es verschlägt dabei nichts, daß die außen- (und innen-)politische Handlungsfreiheit von *civitates liberae/foederatae* faktisch eingeschränkt war. Zum Teil gleichsam Enklaven auf dem Boden römischer Provinzen, blieb ihnen angesichts der bestehenden Machtverhältnisse gar nichts anderes üb- rig, als ihre Politik nach dem mehr oder weniger deutlich bekundeten Willen der Hegemonialmacht Rom einzurichten[72]. In diesem Sinne unterstehen sie – und mit ihnen Athen – dem *imperium populi Romani*[73]. Ihnen ist das *legibus suis uti* gestattet[74], von Rom aus gesehen sind sie rechtlich Ausland: an ihren Grenzen endete die Amtsgewalt der römischen Magistrate[75], im Falle Athens die des Statthalters der Provinz Macedonia.

Indem nun Cicero einerseits betont (II 35), daß seine Gesetze *omnibus bonis firmisque populis* gegeben werden, andererseits Athen aus bestimm- tem Anlaß (Eleusinische Mysterien) herausgreift und für diesen einen Staat nicht etwa generell, sondern nur bei einer einzelnen *lex* (II 21: *nocturna sacrificia*) aus der Fülle von *leges* eine begründete Ausnahme erlaubt (II 36), wird zweifelsfrei erkennbar, daß er – wie schon in II 28 – den autonomen Staat Athen neben Rom grundsätzlich zu den potentiellen Empfängern sei- nes *Codex* rechnet. Entgegen anderslautenden Meinungen[76] beschränkt sich der Geltungsanspruch also nicht nur theoretisch nicht auf Rom. Er erstreckt sich vielmehr auch politisch-programmatisch sowohl auf Athen als auch dar- über hinaus auf „alle guten und gefestigten Völker", für welche Athen und Rom ja nur repräsentative Beispiele waren.

Was aber qualifiziert nun die „Adressaten" des *Codex Ciceronianus* in den Augen seines Verfassers als *boni/firmi populi*? Man hat den Ausdruck in

---

[70] Vgl. zuletzt BERNHARDT, Status, S. 66, Anm. 30 (mit HEUSS, Völkerrechtliche Grund- lagen, S. 33, Anm. 2, für erste Hälfte des 2. Jhdts. v. Chr.); WEILER, S. 63 (*foedus* nach 146 v. Chr.). Über Cicero und Athen vgl. SCHLICHTING, S. 131 ff.

[71] HORN, Foederati, S. 7–9, 15 f., 47 ff.; BERNHARDT, Status, S. 66–68. Zu *libertas* siehe KIENAST, Entstehung, S. 360 ff.; ZIEGLER, Völkerrecht, S. 76 f.; DAHLHEIM, Gewalt (oben Anm. 67).

[72] TRIEPEL, S. 478 ff.; ZIEGLER, Völkerrecht, S. 89, 92 f., 109; DAHLHEIM, Gewalt, S. 8, 185, 214 ff., 247 ff.; BLEICKEN, Verfassung, S. 212.

[73] Vgl. oben S. 151 ff.

[74] Vgl. Cic. *Att.* VI 2, 4; dazu die ironische Bemerkung *Att.* VI 1, 15. – ZIEGLER, Völkerrecht, S. 76 f.; BERNHARDT, Status, S. 68. Vgl. DAHLHEIM, Gewalt, S. 60, Anm. 127; ebd., S. 180, 199 f., 223 f.

[75] VOIGT II, S. 253–279; SUERBAUM, Staatsbegriff, S. 49–62, bes. S. 58–61. – Willkürli- che Übergriffe waren natürlich nicht ausgeschlossen: z. B. Cic. *Pis.* 37; weitere Belege aus der übergroßen Zahl an vergleichbaren Stellen brauchen nicht aufgeführt zu werden.

[76] S. o. S. 118 ff.

einem allgemein ethischen Sinne verstanden[77]. Vielleicht sind jedoch eher politische Gesichtspunkte maßgebend gewesen. Völkerrechtliche *libertas* und Autonomie als den Beispielen Rom und Athen gemeinsame und daher auch für die übrigen *populi* gültige Merkmale verstehen sich von selbst. Außerdem ist beiden Staaten gemeinsam, daß sie Republiken sind: Rom besitzt die Mischverfassung, Athen eine demokratische Grundordnung, die durch den zunehmenden Einfluß des Areopag aristokratisch-oligarchisch temperiert ist[78]. Mit „allen guten und gefestigten Völkern" könnten daher außer Rom alle republikanisch verfaßten Staaten der – unter Roms hegemonialem *imperium* stehenden – Welt gemeint sein. Doch über Vermutungen kommt man an dieser Stelle nicht hinaus.

Etwas festeren Boden betreten wir in III 4. Dort heißt es: „da wir aber die Gesetze freien Völkern geben (*quoniam leges damus liberis populis*) und unsere Ansicht über das beste Gemeinwesen schon in den sechs Büchern (sc. in *de re publica*) kundgetan haben, werden wir jetzt die Gesetze jenem Zustand eines Gemeinwesens anpassen, den wir gutheißen". Vom Kontext her (ebenfalls III 4) ist klar, inwiefern die hier genannten *populi* als *liberi* zu gelten haben. Cicero weist darauf hin, daß in alter Zeit alle Volksstämme unter der Herrschaft von Königen standen. Ursprünglich sei das königliche *genus imperii* den gerechtesten und weisesten Männern übertragen worden[79]. Später hätten dann (anders als in Rom: *rep.* II 23 f.) die jeweiligen Nachkommen diese Würde innegehabt. Als erbliches Königtum bestehe die Herrschaftsform auch bei den heutigen Monarchien. „Diejenigen aber, denen das Königtum nicht behagte, haben nicht niemandem, sondern nicht immer einem einzigen Gehorsam leisten wollen" (ebd.). Darauf folgt der oben zitierte Satz, in welchem von *liberi populi* die Rede ist. Es handelt sich hier also um Völker, deren *libertas* darin besteht, daß sie nicht von Königen regiert werden[80], um Staaten mit republikanischer – sei es aristokratischer, demokratischer oder gemischter – Verfassung, und solche sind es, denen „wir die Gesetze geben".

Mit diesem Ergebnis sind die Grenzen dessen erreicht, was hinsichtlich der

---

[77] SCHMIDT, Grundfragen, S. 73 mit Anm. 2. Vgl. TURNEBUS, S. 653; MOSER-CREUZER, S. 268.

[78] Zur athenischen Verfassung seit Sulla siehe zuletzt GEAGAN, passim, bes. S. 32 ff. und 48–61 über den Areopag. – Das Problem einer (angeblichen) Verfassungsänderung nach der Eroberung Athens durch Sulla diskutiert BADIAN, Rome, Athens, S. 105 ff.

[79] Vgl. auch Cic. *off.* II 41 sowie *rep.* II 4 ff. über das Königtum des Romulus (dazu auch *rep.* II 24).

[80] Vgl. *rep.* I 48 f., 55; II 43. – Zu *libertas* in *de re publica* siehe die grundlegende Unterscheidung von „*libertas populi* und *libertas civium*", die H. P. KOHNS in seinem gleichnamigen Aufsatz getroffen hat (passim; S. 209 f. zur Tat des L. Brutus in *rep.* II 46).

geopolitischen Dimension des Geltungsanspruchs der *leges* durch Interpretation des erhaltenen Textes feststellbar sein dürfte. Dem rechtsphilosophisch-anthropologisch fundierten Universalismus steht die Tatsache gegenüber, daß die *leges* des *Codex* – wenn wir II 35 f. und III 4 im Zusammenhang sehen[81] – konkret für Rom und alle Republiken (z. B. Athen) der unter dem hegemonialen *imperium* der Römer stehenden Staatenwelt bestimmt sind[82]. Ein bedeutender Teil dieser Staatenwelt – die zahlreichen Monarchien, darunter auch das Partherreich[83] – wird mithin nicht angesprochen.

Dennoch wäre es zu früh, Cicero im Hinblick auf den programmatischen Universalismus seines Werkes Inkonsequenz vorzuwerfen. Man wird bei den Aussagen von III 4, die P. L. Schmidt als eine Einschränkung des Universalismus auf eine bestimmte Staatsform gedeutet hat[84], zwei verschiedene Aspekte zu unterscheiden haben. Einerseits ist gewiß eine bestimmte Staatsform gemeint, die durch Ciceros Mischverfassung näher charakterisierte republikanische. Doch daraus ergibt sich noch keine Einschränkung; denn das von der Mischverfassung geprägte *genus civitatis* ist, obwohl in Rom entstanden (III 12), nicht das allein für spezifisch römische Verhältnisse und, allgemeiner, für Republiken Beste. Es ist vielmehr nach Ciceros Theorie objektiv – an der *natura hominis* gemessen – für alle Menschen bzw. Staaten das Beste[85]: die ganze Menschheit soll in der Form die naturgewollte *societas legis iuris* bilden, daß alle Staaten der Welt (sc. des *imperium*) die *leges* und *iura* des *Codex Ciceronianus* annehmen. Dieser Gedanke impliziert[86] eine Absage sowohl an die rein aristokratische als auch an die rein demokratische als auch an die monarchische Staatsform. Das eigentliche Problem liegt in dem zweiten Aspekt. Cicero spricht in II 35 und III 4 konkret nur die *boni, firmi, liberi populi* an, d. h. die wie auch immer derzeit noch verfaßten Republiken, und verlangt von ihnen – wie etwa von Athen – die Annahme des *Codex*. Über die Monarchien sagt er nichts (vgl. aber *rep.* III 33: außer Rom und Athen auch *omnes gentes*).

Wegen des fragmentarischen Zustandes von *de legibus* ist bei Schlüssen

---

[81] Vgl. TURNEBUS, S. 653; KNOCHE, S. 54.

[82] Daß z. B. III 9 (*imperia, potestates, legationes* etc. bis *domum cum laude redeunto*; vgl. den Rest von Ciceros Kommentar dazu in III 18 f.) in der politischen Realität nur einen Staat betreffen kann, der auch über *provinciae* und *socii* verfügt – also Rom –, widerspricht dem nicht. Solche Vorschriften sind in anderen Staaten eben lediglich nicht anwendbar. Der konkrete Geltungsanspruch des Ganzen bleibt vom Problem der Anwendbarkeit bzw. Nichtanwendbarkeit der einen oder anderen *lex* im einen oder anderen Fall unberührt.

[83] S. o. S. 153 ff.

[84] Grundfragen, S. 16.

[85] S. o. S. 111, 132 f.

[86] In *de re publica* I 39–69 wird dies im Abwägen der Staatsformen klar ausgesprochen.

e silentio größte Vorsicht geboten. So kann man nur vermuten, daß Cicero in diesem Werk, dessen universalistische Grundkonzeption mit größter Sorgfalt durchdacht und ausgearbeitet ist[87], auch zu der Frage Stellung genommen hat, was mit den Monarchien geschehen sollte. Der passende Ort für solche Überlegungen könnte sein Kommentar zu den „außenpolitischen" Gesetzen von III 9 (*imperia, potestates, legationes* etc.) gewesen sein. Doch ausgerechnet diese Partie des Werkes ist nur zu einem geringen Teil (III 18), der Kommentar zu den vorangehenden Gesetzen (III 6ff.) jedoch gar nicht erhalten (Lücke in bzw. nach III 14), und die theoretischen Ausführungen über Königtum und Republik (III 15–17) sind ebenfalls nur fragmentarisch. Sollte Cicero sich dort zu dem anstehenden Problem geäußert haben, so hätte jedenfalls die Annahme wenig Wahrscheinlichkeit für sich, er könnte eine aktiv von Rom aus zu betreibende „Befreiung" der monarchisch regierten *populi* durch Sturz der Könige gefordert haben. Die Monarchien sind *regna reddita*[88] oder ohne vorherige Unterwerfung römischerseits in ihrem Bestand ausdrücklich anerkannt[89]; natürlich nicht aus reiner Sympathie für diesen oder jenen Herrscher, sondern weil sie unter römischer Hegemonie eine politische Ordnungsfunktion erfüllen sollen[90]. Man darf bei Cicero so viel Realitätssinn voraussetzen, daß er nicht um des Prinzips willen gefordert hat, diese der römischen Herrschaft höchst nützlichen Monarchien zu beseitigen.

Eine erwägenswerte, wenn auch recht vage Alternative zu diesen Vermutungen läßt sich vielleicht noch aus der Darlegung über das Schicksal des Königtums in *de re publica* erschließen. Danach ist das *regnum* (bzw. die *regia civitas, regalis res publica*: *rep.* II 51, III 47), obwohl doch die beste der drei reinen Staatsformen (*rep.* I 54ff.) und nur übertroffen vom *genus mixtum*, ganz außerordentlich instabil. Ihm – ebenso auch der reinen Aristokratie und der reinen Demokratie (*rep.* I 44) – wohnt eine verhängnisvolle und nach aller historischen Erfahrung unausweichliche Tendenz zu tyrannischer Entartung[91] inne. Eine aristokratische oder demokratische „Revolution"[92]

---

[87] Im Gegensatz dazu steht der Eindruck, den Gigon von dem Werk und der Gedankenführung Ciceros vermittelt (s. o. S. 21, Anm. 92).

[88] Dahlheim, Gewalt, S. 272f.; Cimma, S. 258ff. – Vgl. Cic. *Sest.* 57: *qui* (sc. *populus Romanus*) *etiam bello victis regibus regna reddere consuevit.* Lintott, S. 61ff.

[89] Wie das Partherreich; ebenso Ägypten: Sands, S. 165ff.; Cimma, S. 240ff.

[90] Vgl. Sands, S. 94f., 143f., 151ff.; Lintott, S. 62f.

[91] Siehe *rep.* II 43: *ea autem forma civitatis mutabilis maxime est hanc ob causam, quod unius vitio praecipitata in perniciosissimam partem facillime decidit.* – Zur *infirmitas* des *regnum* vgl. auch *rep.* I 52 (in der sog. Aristokratenrede) sowie *rep.* II 47ff. – Das *regnum* im Vergleich mit den beiden anderen *formae* und dem *genus mixtum*: *rep.* I 42–45, 54f., 69; III 43–47.

[92] Siehe *rep.* I 45 und 64f.; vgl. I 48. – Zur sog. Kreislauftheorie siehe *rep.* I 45, 65–69; II 45. Pöschl, S. 83f.; Nippel, S. 153f.

und somit die Befreiung des monarchischen Staates von innen her war demnach immer latent im Bereich des Wahrscheinlichen. Für Cicero könnte es aus diesem Grunde nur eine Frage der Zeit gewesen sein, bis auch die letzten noch monarchisch regierten *populi* ohne (direkten) Eingriff von außen[93] in den Kreis der *liberi populi* – und das heißt eben: der „Adressaten" seines *Codex* – eintreten.

Aber wie schon gesagt, mehr als vage Vermutung scheint mir hier nicht möglich zu sein. Allein aus dem Fehlen von Aussagen zu den Monarchien in dem Fragment des Gesetzeswerkes sollte man jedenfalls noch nicht den Schluß ziehen, der Universalismus des Programms sei bei der Anwendung auf die politische Realität zurückgenommen worden.

11. Der politisch-praktische Aspekt von *de re publica* und *de legibus*

Cicero hat das Werk *de re publica* – anders als seiner Ansicht nach Platon die Politeia[1] – *ad usum popularem atque civilem* (*leg.* III 14), das Werk *de legibus* sodann – anders als seiner Ansicht nach Platon die Nomoi[2] – *non studii et delectationis sed rei publicae causa* (*leg.* II 14 mit I 37) geschrieben. Sein *Codex* enthält überdies *leges*, die nicht nur der römischen *civitas* zugedacht sind, sondern solche, *quibus civitates regi debeant* (I 17): er hat das Werk *ad res publicas firmandas et ad stabilienda iura sanandos⟨que⟩ populos* (I 37) verfaßt, und die *leges vivendi et disciplina* werden *cum populis tum etiam singulis* gegeben (I 57), nicht allein dem *populus Romanus*, sondern *omnibus bonis firmisque* bzw. *liberis populis* (II 35, III 4). In diesen – philosophisch-theoretisch fundierten – Aussagen manifestiert sich der Wunsch, daß sowohl römische *res publica/civitas* und *populus Romanus* als auch andere – bzw. alle – *res publicae/civitates/populi* der unter Roms hegemonialem *imperium* stehenden Welt die *leges* des *Codex Ciceronianus* annehmen mögen. Damit erhebt sich, da am Reformwillen und an der politisch-praktischen Wirkungs-absicht des Autors nicht zu zweifeln ist[3], von selbst die Frage, wie dies denn

---

[93] Als indirektes Eingreifen darf man es wohl bezeichnen, wenn die Römer – wie im Falle des kappadokischen Klientelkönigs Ariobarzanes I. – die innenpolitische Opposition des Adels gegen einen König unterstützten: HOBEN, S. 142f., 146f. – Andererseits scheinen manche Staaten z. B. in Kleinasien nach der Befreiung von der Herrschaft des Mithridates VI. von Pontos durch Sulla keineswegs darauf erpicht gewesen zu sein, die ihnen durch Rom verschaffte *libertas* (Freiheit von Königsherrschaft) auch anzunehmen: HOBEN, S. 144f.; DAHLHEIM, Gewalt, S. 140f. (Kappadokien, Paphlagonien).

[1] S. o. Teil I, S. 8.
[2] S. o. Teil I, S. 9f.
[3] S. o. Teil I, S. 6f., 10.

nach der Vorstellung Ciceros nun konkret in der differenzierten Staatenwelt seiner Zeit vor sich gehen sollte: wie sollte die in *de legibus* konzipierte Ordnung der Welt realisiert werden?

a. Das Problem des legislatorischen Aktes in *de legibus*

Sicher wollte Cicero eine geistig-sittliche Erneuerung bewirken[4], wollte, durch *de re publica* und *de legibus* als literarische Werke, auf die Staatsgesinnung seiner politisch verantwortlichen Zeitgenossen einwirken und auf diesem „Umweg"[5], also indirekt[6], auch die politischen Verhältnisse reformerisch beeinflussen, sie stabilisieren[7]. Andererseits aber kann man nicht *a priori* ausschließen, daß er darüber hinaus auch einen politisch konkreten legislatorischen Akt zur Inkraftsetzung der *leges* in Rom und in (den) anderen Staaten der römisch regierten Welt ins Auge gefaßt haben könnte. Grund dieser Erwägung ist die Tatsache, daß er – von Roms derzeit gültiger Rechts- und Verfassungsordnung mehrfach nicht unerheblich abweichende[8] – Gesetzestexte ausformuliert und in sinnvoller Ordnung zusammengestellt hat: der Gedanke, daß die *leges*, da sie nicht *studii et delectationis causa*, sondern *rei publicae causa* verfaßt wurden, Rechtsgültigkeit erlangen sollten, folgt zwanglos aus der Natur der Sache.

Doch dieses Argument allein schafft nicht Gewißheit. Es wäre höchst erwünscht, eine klare Aussage Ciceros zur Hand zu haben. Der erhaltene Text von *de legibus* läßt uns hier freilich leider im Stich: keine einzige Stelle informiert uns über das Ob, das Wann, das Wie der reformerischen Maßnahme einer Inkraftsetzung des *Codex*. Das ist indessen noch nicht gleichbedeutend mit einer negativen Vorentscheidung. Denn man muß berücksichtigen, daß das Werk nur als ein – lückenhaftes – Fragment vorliegt[9]. Da dies so ist, kann das Fehlen von Aussagen über einen legislatorischen Akt in Rom und

---

[4] Vgl. GELZER, Tullius, Sp. 976; ders., CICERO, S. 215 und 217; ders., CAESAR, S. 255; SEEL, Cicero, S. 378, 386 ff., 406 f.; WIRSZUBSKI, Libertas, S. 87; MEIER, Ohnmacht, S. 185–202.

[5] Vgl. *fam.* I 9, 12: *..., quales in re publica principes essent, talis reliquos solere esse civis* (Plat. *nom.* IV, 711 cd); *rep.* I 47: *talis est quaeque res publica qualis eius aut natura aut voluntas qui illam regit.* Dazu auch *rep.* I 52, II 69 (PÖSCHL, S. 123 ff.) und *leg.* III 30–32.

[6] Vgl. SCHMIDT, Abfassungszeit, S. 107 und 115; ders., Grundfragen, S. 31; GELZER, Cicero, S. 220; VOGT, RRep., S. 428 f.

[7] Vgl. *leg.* I 37: *de legibus* als *oratio* (*ad res publicas firmandas* etc.); I 62 von der *oratio* des Staatsmannes: *qua regat populos, qua stabiliat leges*.

[8] Darüber zuletzt LEHMANN, passim; s. o. Teil I, S. 7.

[9] S. o. Teil I, S. 2 f.

anderen Staaten auch nicht als Beweis für das Fehlen entsprechender Absichten des Autors angesehen werden[10].

Die neuere Forschung (P. L. Schmidt, A. Heuß, G. A. Lehmann)[11] hat sich mit dem Problem allerdings nicht eingehend befaßt bzw. aus dem Fehlen von klaren Äußerungen Ciceros den gerade abgelehnten Schluß gezogen (E. Rawson)[12]. Bisher offenbar als einziger hat C. W. Keyes, jedoch konzentriert nur auf *leg.* III (*lex de magistratibus*), das Problem auch im Hinblick auf die Möglichkeit eines Gesetzgebungsaktes erörtert. Er weist zunächst auf die Schwierigkeit hin[13] „to suppose that (Cicero) had any definite idea of the existence of such a thing as a rigid, written constitution, put in force all at once as the basic law of a state"[14]. Sein Ergebnis lautet dann: es sei nicht ausgeschlossen, „that (Cicero) thought of some future *dictator rei publicae constituendae*, more moderate and scrupulous than Sulla, – such a man as he had hoped Pompey might turn out to be – who would use his constitution approximately in that way (d. h. als basic law). But he would have been more likely to think of such a reformer's using it as a basis for a complete new code of law ... or else as a guide in the reform of the existing constitution"[15].

C. W. Keyes scheint also letztlich einen Gesetzgebungsakt zwar für möglich, aber doch für wenig wahrscheinlich zu halten. Ich glaube, man kann in dieser Frage zu einer klareren – wenn auch natürlich nicht nach allen Seiten hin abgesicherten – Entscheidung kommen.

Es gibt in *de legibus*, wie eben schon gesagt, keine einzige Aussage Ciceros, die unmißverständlich zum Problem einer Inkraftsetzung der *leges* Stellung nähme. Ein allenfalls indirekter Hinweis jedoch läßt sich vielleicht aus *leg.* III 28f. gewinnen. Die drei Herren – Marcus, Quintus, Atticus –, die bei Arpinum nach längerem Spaziergang an den schattigen Ufern des Liris auf

---

[10] So aber E. RAWSON, Cicero, S. 159: Cicero „does not think it is for him to tell us how to go about creating his reformed and purified Rome"; ebd.: „It is true that we must not ask every theorist to be also a practical reformer. Maps of Utopia are not valueless because charts of the voyage are not appended". Der Hinweis (ebd.) auf *leg.* III 29 ist in diesem Zusammenhang nicht gerechtfertigt; dazu unten S. 167f.

[11] Vgl. oben Teil I, S. 6f.

[12] S. o. Anm. 10.

[13] Original Elements, S. 311; das Folgende ebd., S. 311f.

[14] Vgl. aber Cic. *rep.* II 2, wo Scipio im Anschluß an Cato d. Ä. den *status* der römischen *civitas* demjenigen anderer *civitates* (Kreta, Sparta, Athen) vorzieht, *quod in illis singuli fuissent fere quorum suam quisque rem publicam constituisset legibus atque institutis suis* (Minos; Lykurg; Theseus, Drakon, Solon, Kleisthenes), während Rom seine Verfassung dem *ingenium* vieler Politiker über Jahrhunderte hinweg verdankt.

[15] Vgl. auch SABINE/SMITH, S. 47: Cicero präsentiere „a model on which to reconstruct the Roman state", gedacht als Auftrag an „Roman men of affairs, especially Julius Caesar and Gnaeus Pompey".

der kleinen Fibrenusinsel Platz genommen haben (II 1 und 6f.), diskutieren über das folgende, den *ordo senatorius* betreffende Gesetz (III 10 und 28): *is ordo vitio vacato* (bzw. *careto*), *ceteris specimen esto*. Quintus bezeichnet die *lex* als vortrefflich, meint aber einschränkend (III 28), sie sei doch recht allgemein gehalten und bedürfe der *interpretatio* durch einen Censor[16]. Atticus nimmt daraufhin das Gesetz zum Anlaß (III 29), über den *ordo senatorius* der Gegenwart – d.h. der Dialogzeit am Ende der 50er Jahre – zu klagen: dieser Stand, so sagt er, „kann nicht nur die Censoren, sondern auch sämtliche Richter bis zur Erschöpfung in Atem halten" (*non modo censores sed etiam iudices omnes potest defatigare*). Damit handelt er sich einen milden Verweis Ciceros ein (ebd.): *Omitte ista Attice! Non enim de hoc senatu nec his de hominibus qui nunc sunt, sed de futuris, si qui forte his legibus parere voluerint, haec habetur oratio. Nam cum omni vitio carere lex iubeat, ne veniet quidem in eum ordinem quisquam vitii particeps. Id autem difficile factu est nisi educatione quadam et disciplina ...*

Diese Stelle[17] gibt zwar keine direkte Antwort auf die Frage, ob Cicero eine politische Realisierung seines Reformprogramms durch einen Gesetzgebungsakt intendiert hat. Sicher spricht der Text aber auch nicht gegen eine solche Intention, ja meiner Ansicht nach sogar, wenn auch indirekt, eher dafür. Nur Gesetze nämlich, die in Kraft sind, können auch Gehorsam fordern (der dann durch *educatio* erreicht werden soll). Wenn in III 29 also von der Hoffnung auf zukünftigen – wenn überhaupt (vgl. *forte*), dann durch *educatio/disciplina* erwirkten – Gehorsam gegen die *leges* des *Codex Ciceronianus* die Rede ist, so impliziert dies logisch den Gedanken an eine Inkraftsetzung der *leges*[18]: die Hoffnung, daß „zukünftige Menschen"[19] den Gesetzen

---

[16] Vgl. III 46f., wo die *censura* u.a. zur Kontrollinstanz für die Einhaltung der *leges* gemacht wird (entsprechend dem letzten Gesetz III 11). Zu dieser Neuerung Ciceros siehe LEHMANN, S. 29ff. – Vgl. Ciceros Plan im Jahre 57, sich um das Amt des Censors zu bewerben: *Att.* IV 2, 6 (GELZER, Cicero, S. 156).

[17] Siehe bereits oben Teil IV 10, S. 146f. mit Anm. 7–9; S. 150 mit Anm. 17.

[18] Vgl. demgegenüber SCHMIDT, Abfassungszeit, S. 107 (mit Hinweis u.a. auf III 29): Cicero versuche, mit seinem *Codex* als einem Modell „an der Beseitigung einer Staatskrise indirekt Teil zu nehmen". – „Indirekt": damit ist die Möglichkeit einer „direkten Aktion", eines Gesetzgebungsaktes, ausgeschlossen. Ähnlich ders., Abfassungszeit, S. 115 (vgl. auch Grundfragen, S. 31): Cicero wolle mit seinem Reformprogramm „nicht unmittelbar in die Tagespolitik eingreifen; eine gewisse Skepsis verrät z.B. 3, 29". Doch dort kommt nur Skepsis hinsichtlich zukünftiger Gesetzestreue, nicht aber hinsichtlich einer „unmittelbaren" politischen Maßnahme wie eines Gesetzgebungsaktes zum Ausdruck. – Vgl. auch die Interpretation der Stelle von RAWSON, Cicero, S. 159, im Zusammenhang mit der oben, Anm. 10, zitierten Behauptung, Cicero habe es nicht als seine Sache angesehen, etwas über die Realisierung der Reform zu sagen: „Having commented on the law ... that the senate must be ‚without fault' and an example to the rest of the community (sc. III 10),

gehorchen, kann man nur hegen, wenn man (hier unausgesprochen) davon ausgeht, daß die *leges* Gültigkeit erhalten[20]; sonst wäre es doch völlig sinnlos, eine solche Hoffnung überhaupt zu äußern[21]. Daher darf die Stelle – in überlieferungsbedingter Ermangelung jeder klaren Aussage des Werkes zu dieser Frage – jetzt doch wohl als ein indirektes Zeugnis für Ciceros Intention auf einen legislatorischen Akt angesehen werden.

Bei diesem zugegebenermaßen dürftigen Ergebnis braucht man aber nicht stehen zu bleiben. Es läßt sich nämlich eine Reihe weiterer Indizien aufspüren, die aussagekräftiger dafür sprechen, daß Cicero die *leges* seines *Codex*, als dem Geist der in *de re publica* dargestellten Lebensordnung und (Misch-) Verfassung entsprechend, in Kraft gesetzt wissen wollte, und zwar nicht irgendwann in ferner idealer Zukunft[22], sondern unmittelbar in der gegenwärtigen Krise, die das römische Gemeinwesen und *imperium* bis in die Grundfesten erschütterte[23]. Dazu greife ich im folgenden auf *de re publica*

he lets Atticus remark cuttingly (sc. III 29) ‚you must allow me to say that not only the censors but every juror in the city will be exhausted in bringing that to pass‘. Never mind, Cicero replies; we are talking of an ideal future". Dies ist aber eine allzu kühne Umdeutung dessen, was Atticus sagt und Cicero antwortet.

[19] Vgl. HEUSS, Ciceros Theorie, S. 203 (11); S. 259 (67): in III 29 gehe es um „neue Menschen, welche imstande seien, dem ciceronianischen Gesetzeswerk zu entsprechen". Der Wortlaut der Stelle setzt aber einen anderen Akzent: die zukünftigen Menschen sind insofern „neue" Menschen, als sie – vielleicht – willens (nicht imstande) sind, den Gesetzen zu gehorchen. –Vgl. LEHMANN, S. 10f.

[20] Vgl. die Überlegungen von KEYES, Original Elements, S. 310, hinsichtlich des Zeitpunktes der von Cicero angestrebten Reform: man könne sicher sein, daß Cicero „did not anticipate any immediate practical use being made of these laws, but was looking forward to a possible reform of the Roman state and its government in the indefinite future". KEYES beruft sich auf III 29, wenn er fortfährt (ebd.), Cicero sei selber der Ansicht gewesen, daß seine Gesetze „would not be suitable to the degenerate Romans of his own day, but are intended for a future body of Roman citizens who may return to the virtues and ideals of their ancestors"; dazu auch ebd., S. 323, wohl ebenfalls im Blick auf III 29: „he even goes so far as to recognize frankly that his ideal constitution would have no chance for practical success in his own day". – Dies alles kann man aber dem Text nicht entnehmen. Cicero behauptet nicht, die *leges* paßten nicht („not suitable") zu den Römern der Gegenwart, seien vielmehr späteren, einer Rückkehr zu den Tugenden und Idealen der Väter aufgeschlossenen Bürgern zugedacht („intended for"): solche Bürger bedürften keiner Reformgesetzgebung! Vielmehr erhofft Cicero gerade umgekehrt eine Verbesserung der politischen Situation und natürlich der Menschen seiner eigenen Zeit durch Einführung und Durchführung der *leges*. Selbstverständlich in der Zukunft: die *leges* sind ja noch nicht in Kraft.

[21] Vgl. How, Cicero's Ideal, S. 34 zu III 29: „Cicero himself is quite conscious of the contrast between the ideal and the actual, but trusts to a reform of law and education".

[22] Vgl. KEYES, zit. oben Anm. 20.

[23] Vgl. oben Teil I, S. 1f.

zurück, was ja grundsätzlich legitim ist, weil dieses Werk und *de legibus* sich von der Konzeption her gegenseitig ergänzen. Im letzten Kapitel (Teil IV 12) behandele ich dann das Problem der Modalitäten des Gesetzgebungsaktes.

b. Intention auf politisches Handeln in *de re publica*

Das Werk *de re publica* steht (wie auch *de legibus*) in einem inneren Zusammenhang mit der Rede *pro Sestio*, die Cicero im Jahre 56 gehalten hat[24]. In der Rede[25] definiert er den Begriff *optimates* und versucht, dem Publikum eine gleichsam vertikal durch alle Schichten des (*verus*) *populus Romanus* (97, 106 ff.) gehende politische, von persönlichen Bindungen und Verbindungen unabhängige, ausschließlich sachbezogene Interessengemeinschaft (96 ff.) zum Schutz der *res publica* und zur Verteidigung alles dessen ins Bewußtsein zu heben, was die *res publica* ausmacht (98, 136 ff.). Den *optimates* gleich welchen Standes sollte offenbar die Rolle einer neuen gesellschaftlichen Kraft zufallen[26], auf die sich deren Häupter (97 f.) – die *principes*, die *gubernatores* und *conservatores r. p.* – bei der dringend notwendigen *renovatio rei publicae* (147) stützen könnten[27]. Zugleich aber beklagt Cicero die ihm unerklärliche Trägheit derer (1, 100; vgl. 138), die zur Verteidigung und Erneuerung der *res publica* geradezu prädestiniert sind, eben der *principes*, zu denen er selber gehört; denn statt sich um den politischen Zustand der *res publica* zu kümmern, führen die hochmögenden Herren *piscinarii* ein Leben in Saus und Braus oder in müßiger Beschaulichkeit, mag die Welt darüber auch zusammenbrechen (*Att.* I 18,6; 19,6; 20,3; II 1,7; 9,1). Um so eindringlicher ist sein Aufruf zu politischem Engagement, der sich an die Häupter der

---

[24] Zu *Sest.* siehe STRASBURGER, Concordia, S. 12–14, 59 ff.; FUHRMANN, Cum dignitate otium, S. 484 ff., 497 ff.; GELZER, Cicero, S. 157 f., 161 f.

[25] Kap. 90–143, auf die ich mich im folgenden beziehe, als von Cicero nachträglich in die Rede eingefügte Digression: GELZER, Cicero, S. 161, Anm. 312. – Zum Inhalt auch LACEY, S. 67 ff.

[26] STRASBURGER, Optimates, Sp. 774. – Vgl. die Definition von „Alternative" bei MEIER, RPA, p. XXX f., XLIII–LIII, S. 201 ff.; ders., Ohnmacht, S. 47 f.

[27] Vgl. NICOLET, Rome, S. 418, zum Programm von *Sest.*, *rep.* und *leg.*: „On n'a pas assez remarqué que cette tentative d'un homme assez isolé au milieu des dynasties corrompues de la noblesse se situait délibérément en dehors des filières traditionnelles des clientèles militaires ou électorales habituelles, en faisant intervenir pour la première fois des critères de regroupement sociologiques (les ,classes moyennes', à coup sûr) et idéologiques (une certaine idée de Rome, de la légalité), et en écartant toute idée de pouvoir personnel ou exceptionnel. Tentative peut-être impossible (malgré les illusions de Cicéron en 57, lors de son retour triomphal), mais qui était à coup sûr la dernière chance de la paix civile et de la liberté: Auguste eut bien raison d'interdire la lecture du *De Republica*".

optimates richtet, der aber auch – und insbesondere – die jüngere Generation zu mobilisieren trachtet (51, 96, 136, 139, 140, 141, 143). – Die Problematik des politischen Handelns begegnet uns bald, auf Cicero persönlich gewendet, z. B. in *de oratore* wieder (s. u.), bevor sie, ins Allgemeine ausgreifend, auch im Proömium *rep.* I erörtert wird (s. u.). Die Problematik der *renovatio rei publicae* bildet dann die „Essenz" von *de re publica* und *de legibus*: diese beiden Werke sind das politische Programm der *renovatio rei publicae* (und, wie sich inzwischen herausgestellt hat, *imperii*).

Die Rede *pro Sestio* also enthält einen leidenschaftlichen, den Autor persönlich als einen der *principes* selbstverständlich mit einbeziehenden Aufruf zu politisch-reformerischem Handeln. Nun meint aber ein Teil der Forschung, gestützt auf zahlreiche Bemerkungen in Ciceros Briefen und Schriften der 50er Jahre – u. a. in *de re publica* I 1ff. –, Cicero habe diesem Anliegen unter dem Druck der Umstände für sich selbst entsagt; die Schrift *de re publica* etwa sei das Werk eines enttäuschten, durch die *potentes* Caesar, Pompeius und Crassus seit 60/59 v. Chr. aus der Politik verdrängten, in einem erzwungenen *otium* lebenden Mannes – politische Schriftstellerei als Ersatz für politisches Handeln[28].

Es häufen sich in der Tat im Jahre 54 – als *de re publica* bereits zum Teil fertiggestellt war[29] – die, gelegentlich larmoyanten, Klagen über die politischen Zustände[30], und wie schon im Jahre 59, unter Caesars gewalttätigem Konsulat[31], wird auch jetzt wieder der Gedanke an einen endgültigen Rückzug aus der Politik in ein philosophisch-literarisches *otium* erwogen[32]. Doch erwogen, wohlgemerkt – immer wieder nur erwogen, und das nicht ohne Koketterie (vgl. *Att.* IV 10,1). Denn trotz allem Mißbehagen und trotz aller Verzweiflung über die *res publica amissa* hat Cicero sich doch nicht dazu verstanden, der Politik, die er zu dieser Zeit nicht in der seiner *dignitas* als Konsular und *princeps civitatis* angemessenen Weise beeinflussen konnte[33], auf immer den Rücken zu kehren. Er hat sich vielmehr, gleichsam zähneknir-

---

[28] So z. B. GRAFF, S. 48f., 56f., 59; PFLIGERSDORFFER, S. 8ff., 22ff., 30ff.; HEUSS, RG, S. 203. – Vgl. dagegen bereits SCHMIDT, *rep.*, S. 295.

[29] SCHMIDT, Abfassungszeit, S. 288f.: zwei Bücher bis November 54.

[30] *Att.* IV 6,1f. (Mai 56); *fam.* I 8,3 (Jan. 55); *Att.* IV 18,1f. (Okt. 54); *Q. fr.* III 4,1 (Nov. 54); 5,4 (Okt./Nov. 54); 9,1 (Dez. 54).

[31] MEYER, Caesars Monarchie, S. 62ff.; GELZER, Caesar, S. 64ff.; MEIER, RPA, S. 278f., 280ff., 296ff.; GESCHE, Caesar, S. 45ff.

[32] *Att.* II 5,2 (Apr. 59); 13,2 (Mai 59); besonders eindringlich 16,3 (Mai 59). – *Fam.* I 8,4 (Apr. 59); *Att.* IV 10,1 (Mai 55); 18,2 (Okt. 54). – Die Briefe *Q. fr.* III 5,4 (Nov. 54); 9,2 (Dez. 54) beziehen sich nur auf die Nutzung eines *otium* (wohl auch *Att.* IV 18,2), das die politischen und forensischen *negotia* unterbricht.

[33] *Fam.* I 8,4 (Jan. 55); *Q. fr.* III 4,1 (Nov. 54); 5,4 (Okt./Nov. 54); 8,1 (Nov. 54).

schend, „arrangiert" (*temporibus adsentiendum*)[34]. Was er sich allenfalls gestattet, ist das „normale" *otium* eines römischen Politikers, der die freie Zeit
zwischen den Alltagsgeschäften sinnvoll zu nutzen trachtet, um gestärkt,
auch getröstet, sich immer aufs Neue, und sei es mit schwerem Herzen,
wieder seinen beruflichen Pflichten zuzuwenden[35].

Die erste Frucht eines so verstandenen *otium* – des normalen – ist die
Schrift *de oratore*, veröffentlicht im Jahre 55. Im Proömium von Buch I (1–3)
spricht Cicero über die einst gehegte Hoffnung, seiner „politischen" Lebensphase werde, nach dem Konsulat im Jahre 63, *in otio cum dignitate*[36] eine
solche der philosophisch-literarischen Tätigkeit folgen. Doch die Zeitumstände, die Verhältnisse in Rom vor und nach seinem Exil (58/57), haben
dazu geführt, daß er die „politische" Lebensphase fortsetzt[37]. Nur dies ist ihm
möglich: daß er sich, allen Widrigkeiten zum Trotz, gelegentlich zu den seit
der Kindheit vertrauten Studien zurückzieht und das knapp bemessene normale *otium* mit schriftstellerischer Arbeit an *de oratore* erfüllt. Sein Bruder
Quintus, dem das Werk gewidmet ist, hatte ihm immer wieder zu vollständi-
gem Rückzug ins *otium* geraten, und oft war ihm der Rat als *vera ac sapiens
sententia* erschienen (*de orat.* III 13). Doch er ist ihm nicht gefolgt[38]. Er fühlt
sich weiterhin, ganz im Sinne seines Appells in *pro Sestio*, an seine Entscheidung für die Fortsetzung der gegenwärtig ungeliebten politischen Aktivität[39]
gebunden und räumt daher der trostbringenden Beschäftigung mit Philosophie und Literatur sowie seiner eigenen Schriftstellerei nur die wenige freie
Zeit ein, die ihm die Politik übrig läßt (*de orat.* III 14).

An dieser Entscheidung für politisches Handeln – d. h. gegen die Alternative eines dauerhaften *otium* im Sinne endgültiger Abkehr von der Politik
nach großen Taten – hat Cicero trotz weiterer Enttäuschungen[40] auch in den
Jahren seit 54, während der Abfassungszeit von *de re publica* und *de legibus*,
festgehalten[41]. Die neue Freundschaft mit Caesar[42], konkreter noch: Caesars

---

[34] So z. B. in *fam.* I 9,21 (Dez. 54). Zu diesem Brief siehe Büchner, Cicero an den
Imperator Lentulus, S. 44 ff., bes. S. 62, 68 ff. Vgl. auch Gelzer, Cicero, S. 133 f., 177 mit
Anm. 77.

[35] Ganz anders Ciceros Situation hingegen unter Caesars Diktatur: s. u. Anm. 41.

[36] Vgl. Boyancé, Cum dignitate otium, S. 348 ff.; Wirszubski, Cum dignitate otium, S.
375 ff.; Fuhrmann, Cum dignitate otium, S. 484 ff., 493 ff.; Schmidt, Abfassungszeit, S.
117–121.

[37] Zu den Gründen: Gelzer, Cicero, S. 105 ff., 167 ff.

[38] Vgl. aber Pfligersdorffer, S. 22–24: Cicero sei auf den Vorschlag des Quintus
eingegangen.

[39] Vgl. *fam.* I 8,2 f. (Jan. 55); 9, 18 und 21 (Dez. 54).

[40] Gelzer, Cicero, S. 194 ff., 200 ff., 205 ff.

[41] Unter Caesars Diktatur hingegen lebte Cicero tatsächlich in einem erzwungenen
otium: siehe nur *nat. deor.* I 7, *div.* II 6–7, *off.* III 1 ff. Schmidt, Abfassungszeit, S. 119.

[42] Ausführlicher unten Teil IV 12, S. 219 ff.

Versprechen im Jahre 54, dem Konsular und *princeps civitatis* zu einer Position in Staat und Politik zu verhelfen, die nach Jahren der Demütigung und
Verbitterung *magna gloria* und *summa dignitas* verhieß[43], dürfte ihn darin
nicht wenig bestärkt haben[44]. Diese Einstellung zur Politik schlägt sich nieder
im Proömium des ersten Buches von *de re publica*[45], das wahrscheinlich, nach
der *de legibus* einbeziehenden Gesamtkonzeption, auch das Gesetzeswerk
einleiten sollte und möglicherweise erst in den Jahren 52/51 entstanden ist[46].

Auch das *otium*, dem *de re publica* seine Entstehung verdankt, ist kein
„erzwungenes", fernab vom politischen Tagesgeschehen[47], sondern, als das
„normale", sehr begrenzte des tätigen Politikers und Anwaltes[48], eine selbstverständliche Gegebenheit, die keiner Rechtfertigung bedarf[49]: nicht anders
als das *otium* der *feriae Latinae* des Jahres 129 v. Chr., das Scipio Aemilianus
und seine Freunde zu den von Cicero gestalteten Gesprächen *de re publica*
nutzen (*rep.* I 14, 31–33), und nicht anders als die viel zu kurzen, zwischen
anstrengende, unangenehme, lästige Alltagsverpflichtungen eingeschobenen
subsiciva tempora (*leg.* I 8f., 13), die Cicero zusammen mit Quintus und
Atticus den – natürlich fiktiven – Dialog *de legibus* zu führen und die ihm das
Werk selbst zu schreiben ermöglichen.

Eine andere Form von *otium* – sei es als grundsätzliche Alternative zum
Wirken als Politiker, sei es als eine das politische Engagement ablösende
Lebensphase – kommt nicht in Betracht. Denn der *homo novus* Cicero hat
sich an dem *homo novus* Cato d. Ä. orientiert[50]. Dieser Mann beteiligte sich –
cum cogeret eum necessitas nulla – bis ins höchste Alter an den politischen

---

[43] *Q. fr.* II 13,1 (Jun. 54); III 5,3 (Okt./Nov. 54), im gleichen Brief, in dem Cicero über
das Problem *de re publica* als Vergangenheits- oder Gegenwartsdialog berichtet (III
5,1–2); das folgende Kapitel des gleichen Briefes (III 5,4), das über die gegenwärtigen
Zustände in Rom klagt, steht nicht in Widerspruch zu den von Caesar geweckten Hoffnungen (vgl. aber die Interpretation von GRAFF, S. 49; PFLIGERSDORFFER, S. 10).

[44] Vgl. auch u. a. *fam.* I 9,18 (Dez. 54); *Att.* IV 15,10 (Aug. 54); 19,2 (Nov. 54); *Q.fr.* II
14,2 (Aug. 54); 15,1 (Aug. 54); III 1,9 und 17f. (Sept. 54); 5,4 (Nov. 54); 8,1 (Nov. 54). –
Über Ciceros Verhältnis zu Caesar siehe KLASS, S. 123f.; WILLRICH, S. 136ff.; LOSSMANN,
S. 1ff., 106ff., 135ff.

[45] Zur Interpretation vgl. RUCH, Préambule, S. 203–244; BÜCHNER, Eingang, passim;
ders., *rep.*, Einleitung, S. 12ff.; SCHÄFER, S. 503–506 (mit Parallelen aus *off.*); MÜLLER,
Wertung, S. 140ff.; PFLIGERSDORFFER, S. 7–40; GELZER, Cicero, S. 219ff.; PERLICH, S. 5ff.;
GIGON, *rep.*, S. 275–314. – SCHMIDT, *rep.*, S. 293ff.; SUERBAUM, *rep.*, S. 81f. (Lit.).

[46] SCHMIDT, *rep.*, S. 293 und 295.

[47] So aber z. B. GRAFF, S. 59; PFLIGERSDORFFER, S. 30, 32, 34f., 42f.

[48] *Att.* IV 16,2 (Juli 54): *Utinam modo conata* (sc. das Werk *de re publica*) *efficere
possim! Rem enim, quod te* (sc. Atticus) *non fugit, magnam complexus sum et gravem et
plurimi oti, quo ego maxime egeo.* – Vgl. auch die Klage über zu wenig Zeit in *Q. fr.* III 5,4
(Nov. 54).

[49] Im Gegensatz zu Ciceros *otium* zur Zeit der Diktatur Caesars: s. o. Anm. 41.

[50] Vgl. VOGT, Homo novus, passim; GNAUK, S. 80ff.; KAMMER, S. 93ff.

Auseinandersetzungen seiner Zeit (*rep.* I 1), verschmähte also die eben genannten Arten des *otium*. So werden „wir alle, die wir uns um die gleichen Dinge bemühen", durch sein Beispiel zu *industria* und tätiger *virtus* geführt (ebd.).

Das gilt allgemein, aber insbesondere für Cicero persönlich. Wie Cato nämlich hatte einst, in früher Jugend, der spätere *homo novus* Cicero die freie Wahl zwischen einem Lebensweg in wissenschaftlichem *otium* oder in der Politik: er hat sich, wie Cato, damals für die Politik entschieden (I 7f., 10). Ebenfalls wie Cato hat er sich sodann auch nach glänzender Ämterlaufbahn nicht dem *otium* hingegeben, so verlockend der Gedanke daran oftmals gewesen sein mag (s. o. zu *de orat.*). Und auch jetzt schließlich, zur Entstehungszeit von *de re publica*, beabsichtigt er nicht, der Politik den Abschied zu geben und sich grollend ins *otium* zurückzuziehen. Er bleibt seinem Vorbild Cato weiterhin treu, dessen Lebensweise – wie auch das Wirken anderer römischer Politiker – ihn zu der Überzeugung gebracht hat, *tantam esse necessitatem virtutis generi hominum a natura tantumque amorem ad communem salutem defendendam datum, ut ea vis omnia blandimenta voluptatis otique vicerit* (I 1). Mit deutlichem Bezug auf diese Erkenntnis und auf den „weisen Rat" seines Bruders Quintus, über den er in *de orat.* III 13f. gesprochen hatte, betont er daher unmißverständlich seinen Willen, weiterhin an seiner Entscheidung für die Politik und gegen das wissenschaftliche *otium* festzuhalten: *quoniam maxime rapimur ad opes augendas generis humani studemusque nostris consiliis et laboribus tutiorem et opulentiorem vitam hominum reddere et ad hanc voluptatem ipsius naturae stimulis incitamur, teneamus eum cursum, qui semper fuit optimi cuiusque, neque ea signa audiamus, quae receptui canunt, ut eos etiam revocent, qui iam processerint* (I 3; vgl. auch I 8).

Es geht aber in diesem Proömium, das nur bruchstückhaft erhalten ist (I *fr.* 1a–f, I 1–13), nicht nur um Cicero persönlich. Vielmehr noch soll seine eigene, mit der *natura hominis* in Einklang stehende, an großen Vorbildern – besonders Cato d. Ä. – orientierte Lebensentscheidung, den eingeschlagenen Kurs zu halten, die Zeitgenossen in die schon durch die Rede *pro Sestio* beschworene Pflicht nehmen: in die Pflicht zu politischem Handeln angesichts der Existenzkrise von *res publica* und *imperium*.

Die eben zitierte Erklärung über den, einem *vir bonus* einzig angemessenen, *cursus vitae* (I 3) ist das letzte Glied einer nur teilweise überlieferten Argumentationskette, die den Primat der politischen Praxis gegenüber einer *otiosa vita* und philosophischem Lehren erweisen sollte. Das Fragment *rep.* I 1d (= Arus. Mess. I 74 M.)[51], das von solchen Menschen redet, die politi-

---

[51] HECK, Bezeugung, S. 218f.; BÜCHNER, *rep.*, S. 82/83 und 391.

scher Tätigkeit widerraten (*a qua* – sc. etwa *re publica* – *isti avocant*), bezieht sich wohl auf Anhänger Epikurs, gegen die sich Cicero auch I 10f. wendet. Sodann ist dem Fragment I 1e (= Lact. *inst. div.* III 16,5) zu entnehmen[52], daß die Philosophen zwar in Wort und Schrift die *fontes virtutis et scientiae* offenlegen, mangels eigener Taten aber weniger auf das Tun und Lassen der Menschen Einfluß gewonnen als deren Mußezeit angenehm gestaltet haben. Sie sind hinsichtlich des Entstehens von *virtus* also nicht sonderlich „effizient"; in viel höherem Maße als Belehrung über *virtus* bringt vorbildhaftes Handeln *virtus* hervor.

In diesem Zusammenhang hat Cicero wohl auch die These vorgetragen, überhaupt neige der Mensch von Natur aus eher zu politisch verantwortlichem und solchermaßen vorbildhaftem Handeln als zur *otiosa vita*. Denn wäre dies nicht der Fall, dann hätte es nicht – hier beginnt jetzt der bis auf eine Lücke I 6/7 zusammenhängende Text I 1ff. – dann hätte es nicht Jahrhunderte hindurch bis in die Gegenwart hinein immer wieder Männer gegeben, die ihr Leben in die Schanze geschlagen und alle Kraft darangesetzt haben, Roms *salus* zu bewahren (I 1). Ihre Existenz beweist jedenfalls (ebd.), daß dem Menschen eine nach tätiger Bewährung drängende *necessitas virtutis*, ein alle *otium*-Neigung siegreich überwindender *amor ad communem salutem defendendam* angeboren ist.

In I 2f. beendet Cicero die Argumentationskette für den Primat des politischen Handelns mit einem Vergleich des Wirkens von Politikern und Philosophen. Es genügt nicht, sagt er I 2, *virtus* als geistigen Besitz mit sich herumzutragen und keinen praktischen Gebrauch davon zu machen. Denn *virtus* beruht ganz auf ihrer Anwendung (*in usu sui tota posita est*). Der *usus maximus* aber ist die *civitatis gubernatio* und, durch tatkräftiges Handeln statt durch Reden und Lehren, das Hervorbringen dessen, wovon die Philosophen so viel Aufhebens machen. All' das nämlich, so Cicero weiter (ebd.), was Philosophen lehren, haben die Politiker hervorgebracht und durch Schaffung von Rechtsordnungen abgesichert (vgl. *de orat.* I 193ff.): Frömmigkeit, Religion; staatliches und zwischenstaatliches Recht; Gerechtigkeit, Treu' und Glauben, Billigkeit; Schamgefühl, Selbstbeherrschung, Abneigung gegen das Schändliche, Streben nach Lob und Ehrenhaftigkeit; Standhaftigkeit in Mühen und Gefahren.

Dies also, was den staatlichen Lebensordnungen eigen ist, haben die Politiker teils durch *mores* bestärkt, teils durch *leges* festgeschrieben. Was leisten dagegen die Philosophen? Sie bringen ihre wenigen Schüler dazu, freiwillig zu tun, wozu die Gesetze sie ohnehin zwingen würden (I 3). Das Ergebnis

---

[52] HECK, Bezeugung, S. 76f., weist es der Lücke I 6/7 zu. Dagegen BÜCHNER, *rep.*, S. 82/83. Vgl. PFLIGERSDORFFER, S. 69ff., Anm. 93.

des Vergleichs (ebd.): weil der Politiker durch Befehlsgewalt und gesetzliche Strafandrohung alle ihm unterstellten Menschen zu *virtus/virtutes* bringt bzw. zwingt, ist er den Tugendlehrern, da diese nur wenige zu überzeugen vermögen, vorzuziehen. Die Politiker (*qui his urbibus consilio atque auctoritate praesunt*) übertreffen die fern aller Politik im *otium* lehrenden Philosophen (*qui omnis negotii publici expertes sint*) bei weitem sogar an *sapientia*: sie sind die wahren *sapientes* (ebd.). Am Ende der Argumentationskette steht dann der schon zitierte Aufruf: Festhalten am Kurs des politisch-praktischen Wirkens in Erfüllung der auch anthropologisch begründeten Pflicht „gerade der Besten".

Nach dieser Entscheidung zugunsten der Politiker und des politischen Handelns setzt Cicero sich I 4–11 mit Gegenargumenten auseinander. Unter Hinweis auf sein eigenes Leben als Politiker widerlegt er in I 4–8 die Meinung, *labores, pericula vitae* und *calamitates/iniuriae* sprächen gegen politisches Engagement. In I 9 charakterisiert er die Ansicht, das *accedere ad rem publicam* sei Sache zweifelhafter Existenzen und nicht von *sapientes*, als *perfugia* und *excusatio* solcher Menschen, denen – wie den Epikureern – der Sinn nur nach Genuß des *otium* steht; dagegen Cicero: gerade umgekehrt gibt es für *boni, fortes, magno animo praediti*, d. h. für wahre *sapientes*, keine berechtigtere *causa ad rem publicam adeundi* als zu verhindern, daß man den *inprobi* gehorchen muß und daß diese die *res publica* zerstören.

Es folgt dann, in I 10f., die Abwehr einer letzten (epikureischen) „Einrede" gegen politisches Handeln. Der *sapiens*, so wird gesagt, übernehme nur dann in der Politik ein Amt (*suscipere rei publicae partem*, I 10), wenn es unbedingt notwendig werde. Cicero wendet ein, in solcher Situation könne man nur Hilfe bringen, wenn man auf dem „politischen" *cursus vitae* eine Position im Staat erreicht habe, die wirkungsvolles Eingreifen auch möglich mache. Mit überlegener Ironie fertigt er schließlich die Ansicht der Epikureer ab (I 11), sie könnten, wenn Not am Mann sei, das Staatsschiff lenken, ohne sich auch nur im geringsten je lernend und lehrend – geschweige denn handelnd – mit Methoden und Prinzipien des Gründens und Bewahrens von Gemeinwesen (*rationes rerum publicarum aut constituendarum aut tuendarum*) vertraut gemacht zu haben, weil die *scientia* dieser Dinge Sache nicht von *homines docti ac sapientes*, sondern von Praktikern sei (*in illo genere exercitati*). Eine solche Einstellung ist absurd: wer nicht weiß, wie man in ruhigen Zeiten Politik macht (*rem publicam regere*), wird dazu erst recht nicht in der Lage sein in Notfällen. Daher gibt Cicero den Epikureern – vielleicht denkt er dabei an seinen Freund Atticus – einen wohlmeinenden Rat. Gesetzt nämlich den Fall, es wäre richtig (was es aber seiner Ansicht nach nicht ist), daß der im *otium* lebende und dem *otium* zugetane epikureische *sapiens* nur im äußersten Notfall das *otium* aufgibt und in die Niederungen der Politik hinabsteigt (*descendere ad rationes civitatis*) – für Cicero selbst jedoch ist derjenige der wahre *sapiens*, der von Anfang an den politischen *cursus vitae* steuert (I 3) –, gesetzt jedoch diesen Fall, sollte ein solcher epikureischer *sapiens* sich doch in seinem *otium* theoretisch mit Politik befassen, sich die *scientia rerum civilium* aneignen, damit er eines Tages nicht unvorbereitet zum Handeln genötigt ist.

In I 12 laufen die Fäden zusammen. Weil das Werk in Gestalt der nachfolgenden *disputatio de re publica* zwischen Scipio und seinen Freunden nicht vergeblich sein, d. h. also: weil es einen Sinn für die Leser in der Gegenwart haben soll, mußte Cicero, wie er hier selber sagt, zuvor jedes Bedenken gegen praktisch-politisches Handeln (*dubitationem ad rem publicam adeundi*) ausräumen. Mit anderen Worten – und umgekehrt – : das Werk würde seinen Zweck verfehlen, wenn die zeitgenössischen Leser nicht zu politischem Handeln bereit wären. Der Zweck ist somit ein praktisch-politischer[53], und es drängt sich von selbst schon jetzt der Gedanke auf, daß das Werk sagen will, was denn in der Krise von *res publica* und *imperium* konkret getan werden müsse, in welcher Form und mit welchen Zielen das *adire ad rem publicam* erfolgen solle. Näheres über den aktuellen, ganz sicher der gegenwärtigen Krise geltenden Zweck erfahren wir hier aber leider nicht; darüber war in der Partie des Proömiums gesprochen worden, die vor I 1 verloren gegangen ist[54]. Aber festgehalten werden kann jetzt doch wenigstens, daß die allgemeine Intention des Werkes, ganz ebenso wie die fiktive *disputatio* im Jahre 129 v. Chr., auf praktisch-politische Maßnahmen ausgerichtet ist[55].

Weiter in I 12, weist Cicero nun noch auf griechische *sapientes* hin. Sie dienen als Autoritäten für seine zuvor breit ausgeführte Ansicht, daß *dubitatio ad rem publicam adeundi* fehl am Platze ist[56]. Den Hinweis hat er aber nur für den Fall gegeben – und diese Bemerkung ist wichtig für den Stellenwert der folgenden Aussagen im Gedankengang –, daß es unter seinen Lesern jemanden geben sollte, der philosophischer Autoritäten für den Primat der politischen Praxis überhaupt bedarf (*si qui sunt qui philosophorum auctoritate moveantur, dent operam parumper atque audiant eos* etc.). Eigentlich also bedarf es aus seiner Sicht solcher Autoritäten in dieser Frage gar nicht, nachdem er selber als Konsular und einer der *principes civitatis* mit eigener, vielfältig begründeter *auctoritas* seine Überzeugung kundgetan hatte, daß es grundsätzlich und vor allem in der aktuellen Krise notwendig sei, politisch zu handeln.

---

[53] Dagegen jedoch z. B. PERLICH, S. 6 und 9.
[54] Vgl. RUCH, Préambule, S. 223 mit Anm. 4.
[55] Vgl. BÜCHNER, Eingang, S. 46.
[56] BÜCHNER, Eingang, S. 47, 51 f.

Wem das also nicht genügen sollte, der möge Philosophen von höchstem Ansehen sein Ohr leihen, Platon wohl und Aristoteles, Männern, denen Cicero immerhin zubilligt (ebd.), sie hätten, obwohl sie nie je selbst in Amt und Würden waren, durch ihr politisch-theoretisches Schaffen dennoch so etwas wie ein öffentliches Amt ausgeübt (*tamen quoniam de re publica multa quaesierint et scripserint, functos esse aliquo rei publicae munere*)[57]. Der unausgesprochene Gedanke dabei ist, daß diese Theoretiker, die politisch ja nur im übertragenen Sinne tätig waren, indem sie Politik geistig verarbeiteten, selber von der Voraussetzung ausgingen und bei ihren Schülern und Lesern die Überzeugung förderten, daß aktive Politik notwendig und sinnvoll sei, ganz abgesehen davon, daß sie politisch verwertbare Erkenntnisse zutage förderten[58]. Über eine zweite Gruppe von *sapientes* (ebd.) als – ebenfalls aber eigentlich gar nicht notwendige – Autoritäten für den Primat des Handelns, die Sieben Weisen, brauchte Cicero nicht viele Worte zu verlieren. Diese Männer sind fast sämtlich Inhaber politischer Ämter gewesen (*in media re publica esse versatos*), bezeugen also durch ihre bloße Existenz als politisch handelnde *sapientes* – u. a. als Gesetzgeber (Solon, Pittakos von Mytilene)[59] –, daß es sinnvoll ist und ein Beweis für *sapientia (virtus)*, sich politischer Tätigkeit zu widmen. Ihnen fühlt Cicero sich im Sinne von I 2 f. mehr verbunden als den unpolitischen Theoretikern der Politik.

Nicht auszuschließen ist, daß Cicero durch den Hinweis auf Philosophen, die sich mit politischer Philosophie und Theorie beschäftigten, auch sein eigenes Schaffen am Werk *de re publica* (und *de legibus*) als ein *aliquo rei publicae munere fungi* charakterisieren wollte[60]. Zumindest aus heutiger Sicht

---

[57] Seltsames Mißverständnis bei GIGON, *rep.*, S. 307f.: „Cicero schreckt nicht davor zurück, aus der Masse ihrer staatsphilosophischen Werke die Folgerung zu ziehen, sie müßten irgendwelche politischen Ämter bekleidet haben". Sodann ebd., S. 308: gerade dann, wenn man bedenke, daß Cicero augenscheinlich weder Platons Aufenthalte in Sizilien noch die Kontakte des Aristoteles zu Philipp und Alexander von Makedonien als politische Aktivität gelten lasse (?), gerade dann also wirke „seine Argumentation ausgesprochen primitiv. Daß sie ‚multa' geschrieben haben, berechtigt gewiß nicht zu der Annahme, sie seien als Magistrate tätig gewesen". Nach dieser Verbiegung des Gedankens Ciceros (das Richtige kann man u. a. bei BÜCHNER, Eingang, S. 47 und 51, nachlesen) regt sich bei GIGON (a. a. O.) sogar noch der quellenforscherliche „Verdacht …, daß Cicero vielleicht doch nicht nur eine eigene Hypothese anbringt, sondern eine fremde Hypothese flüchtig verkürzt" …

[58] Vgl. BÜCHNER, Eingang, S. 47. – Zum Erkenntniswert der Schriften Platons siehe *rep.* I 65ff., II 52.

[59] Vgl. GRAFF, S. 57 mit Anm. 56. – Pittakos und Solon auch in *leg.* II 66; I 57, II 59 und 64. Siehe auch *de orat.* III 56 und 137. – Zu den „Sieben Weisen" siehe allgemein BARKOWSKI, RE II A 2 (1923), *s. v.*, 2243ff., 2261f.

[60] So z. B. PFLIGERSDORFFER, S. 32ff.; PERLICH, S. 9; SCHMIDT, Abfassungszeit, S. 181. Vgl. auch MÜLLER, Wertung, S. 143. – Vgl. Cic. *nat. deor.* I 7 und *div.* II 4f.: hier handelt

jedenfalls ist das Werk „in einzigartiger Weise Kristallisationspunkt des römischen Selbstverständnisses von Staat, Gesellschaft und Geschichte in Kombination mit und Abgrenzung von den in Frage kommenden griechischen Theorien", und gewiß kann insofern das Werk, wiederum aus heutiger Sicht, „als eine Art von subjektivem Fazit antiker Staatsphilosophie gelten"[61].

Aber das ist nur (überlieferungsbedingt)[62] die eine Seite, und es ist auch nicht die aus der Sicht des Autors entscheidende. Schon von der thematischen Akzentuierung des Proömiums her halte ich die Annahme für abwegig, daß der Konsular und Anwalt Cicero nach seinem fulminanten, das Anliegen der Rede *pro Sestio*[63] aufgreifenden und programmatisch konkretisierenden Plaidoyer für politische Praxis allgemein und besonders in der gegenwärtigen Krise sowie nach einigen wohlmeinenden und konzilianten, z. T. an die Adresse der Epikureer (Atticus?) gerichteten Worten über politische Theorie und Philosophie sich nun gegen Ende des Plaidoyers kleinlaut auf die Theorie als Zweck des Werkes zurückgezogen und sich mit indirekter Wirkungsabsicht begnügt haben sollte[64]. Nein. Man muß doch einmal die Gewichtung der Argumente in I 12 beachten. Cicero selbst läßt die genannten griechischen *sapientes* – Theoretiker wie Praktiker – nur einem Teil seines Publikums als eigentlich überflüssige Autoritäten für die ganz unabhängig von diesen zuvor begründete, auf persönliche Erfahrung gegründete und mit der persönlichen Autorität eines Konsulars, eines *pater patriae*, eines *princeps civitatis* legitimierte (I 1–11) Ansicht dienen – und diese Ansicht eben ist die entscheidende Aussage –, daß das *adire ad rem publicam* als höchste Form der Bewährung von *virtus* und *amor ad communem salutem defendendam* (I 1f. und 3) zu gelten habe. In nichts anderem nämlich, so nimmt er den leitenden Gedanken noch einmal auf und führt ihn zu seinem Ziel (I 12 Ende), reicht menschliche *virtus* näher an das Göttliche heran als im Gründen neuer Staaten oder – das ist jetzt der aktuelle praktische Gegenwartsbezug[65] – im Bewahren schon gegründeter (*civitatis aut condere novas*

es sich aber um die philosophische Schriftstellerei eines aus der aktiven Politik verdrängten Mannes, während *rep.* und *leg.* politisch-praktische Schriften eines politischen Praktikers sind.

[61] Schmidt, *rep.*, S. 333.

[62] S. u. S. 184f.

[63] S. o. S. 169f.

[64] So aber durchgängig die Forschung: u. a. Ruch, Préambule, S. 224; Fuhrmann, Cum dignitate otium, S. 499; Pfligersdorffer, S. 21f., 30–34, 60; Perlich, S. 6; Schmidt, Abfassungszeit, S. 180f; ders., *rep.*, S. 293ff. (dort Lit.).

[65] Vgl. aber Graff, S. 30, der dies als Rückblick Ciceros auf die Rettungstat im Konsulatsjahr 63 auffaßt. Ihm folgt Pfligersdorffer, S. 34.

aut conservare iam conditas). Eben dazu will Cicero durch *de re publica* anleiten, d. h. man kann erwarten, daß er Methoden des *conservare* darlegen will, die praktisch angewendet werden sollten.

Nachdem er nunmehr die politisch-praktische Intention des Werkes ge-klärt hat, legitimiert Cicero, bevor die *disputatio de re publica* beginnt, in I 13 seine Kompetenz als Autor eines Werkes mit solcher Intention. Frühere Autoren, so sagt er, waren glänzende Schriftsteller, doch keine politischen Praktiker[66], oder sie waren tatkräftige Politiker, doch keine guten Schriftstel-ler[67]. Er selbst hingegen hat sich – im Jahre 63 als Konsul – in der Politik praktisch handelnd gegen Catilina und seinen Anhang als *parens* bzw. *pater patriae* bewährt[68], hat seinerzeit die *res publica* in optimatischem Sinne „kon-stituiert" (*leg.* III 37 Ende), und er hat außerdem – durch seine bisher veröf-fentlichten Schriften, angefangen bei *de inventione* über die Reden bis zu *de oratore* – unter Beweis gestellt, daß er die nicht nur durch praktische Erfah-rung (*usus*), sondern auch durch theoretisches Lernen und Lehren (*studio discendi et docendi*) erworbene Fähigkeit besitzt, politische Sachverhalte und Probleme gründlich, doch allgemein verständlich, erklärend darzulegen (*fa-cultas in explicandis rationibus rerum civilium*)[69]. Damit stellt er sich in eine Reihe mit Politikern wie Cato d. Ä. (I 1, II 1), wie Scipio Aemilianus und seinen Freunden, die nach III 5f. (vgl. I 35–37) ihr praktisches Erfahrungs-wissen durch theoretisches Wissen und Philosophie untermauert haben, und schließlich dem hochverehrten Demetrios von Phaleron (*leg.* III 14), der als erster überhaupt politische Philosophie und Theorie „praktisch" gemacht hat[70].

Diese Zeugnisse wie auch das Proömium insgesamt beseitigen das „‚theo-retische' Mißverständnis"[71], Cicero habe wie Platon distanziert und allgemein über Politik philosophieren wollen: das Werk ist *ad usum popularem atque civilem* (*leg.* III 14) geschrieben worden. Ungeachtet der ausgedehnten phi-losophischen Reflexionen (vgl. *div.* II 3) redet Cicero hier nicht als Philosoph zu Philosophen (vgl. *rep.* I *fr.* 1 e). Er präsentiert sich vielmehr als philoso-phisch-theoretisch gebildeter Praktiker, der angesichts des drohenden Zu-sammenbruchs der (*libera*) *res publica* philosophisch-theoretisch fundierte

---

[66] Platon, Aristoteles, Theophrast u. a. Vgl. *rep.* I 12, II 2f., 21f., 51, 52; *leg.* III 14; *div.* II 3.

[67] Vgl. *rep.* I 12: die Sieben Weisen. – Vgl. auch *leg.* III 14.

[68] GELZER, Cicero, S. 94 und 105 (mit Belegen).

[69] Zur Textgestalt von *rep.* I 13 vgl. GRAFF, S. 57; PFLIGERSDORFFER, S. 35f.; SCHMIDT, *rep.*, S. 279f.; GIGON, *rep.*, S. 309ff. – BÜCHNER, *rep.*, S. 96f., hält einleuchtend am Überlieferten fest.

[70] S. o. Teil I, S. 8.

[71] SCHMIDT, *rep.*, S. 320; s. o. S. 6.

Anweisung für politisch-reformerisches Handeln in der Gegenwart geben
will und kann, in der und für die er die Werke *de re publica* und *de legibus*
geschrieben hat. Wie sich gleich im nächsten Abschnitt (c) zeigen wird, sollte
dazu eine die *res publica* konstituierende Gesetzgebung gehören. Es ist sicher kein Zufall, daß der Gedanke des Konstituierens, des Schützens, des
Verteidigens der *res publica* allgemein (*rep.* I 1, 3, 4, 7, 9, 11, 12; vgl. III 7)
und daß im Besonderen der Gedanke des Konstituierens und Rettens durch
Gesetzgebung (*rep.* I 2, 3, 12; vgl. III 7) sich wie ein Leitmotiv durch das Proömium ziehen.

c. Intention auf Gesetzgebung in *de re publica*

Das Werk weist zwei Zeitebenen auf: in Gestalt dreier Proömien (I 1–13; III
1–7; V 1–2) als unmittelbarer Anrede Ciceros an die Zeitgenossen einerseits
die der Gegenwart, andererseits die der Vergangenheit des Jahres 129
v. Chr., in der Cicero den „Scipionenkreis"[72] an den *feriae Latinae* kurz vor
Scipios Tode eine *disputatio de re publica* führen läßt.

Die Dialogzeit hatte zu dem „'historistischen' Mißverständnis"[73] Anlaß
gegeben, es dokumentiere sich darin eine Flucht Ciceros aus bedrängender
Gegenwart in eine ideale bzw. idealisierte Vergangenheit. Aus Ciceros Brief
Q. fr. III 5,1–2 (Okt./Nov. 54) geht aber klar hervor[74], daß der Autor nur
wegen der Sorge, ein Gegenwartsdialog könnte ihn gelegentlich zur *offensio*
von Zeitgenossen nötigen, die Gespräche in der – übrigens, worauf deutlich
hingewiesen wird, keineswegs idealen – Vergangenheit[75] hat stattfinden lassen[76]. So konnte keiner seiner Freunde sich übergangen (vgl. *rep.* I 1), mußten seine Gegner sich nicht angegriffen fühlen.

Der Vergangenheitsdialog signalisiert also keine Abkehr von der Tagespolitik. Schon durch das Proömium, bes. I 12f. (s. o. a), wo Cicero die Vergangenheit an die Gegenwart gleichsam anbindet, wird der unmittelbare Zeitbe-

---

[72] Gegen die bekannte Auffassung, Cicero habe in *rep.* ein historisch zutreffendes Bild
von der Vergangenheit zeichnen wollen, STRASBURGER, „Scipionenkreis", passim; GELZER,
Cicero, S. 218f.; ASTIN, Scipio, S. 294ff.; SCHMIDT, *rep.*, S. 287ff.

[73] SCHMIDT, *rep.*, S. 320f.; s. o. S. 6.

[74] SCHMIDT, *rep.*, S. 286f., 320.

[75] Z.B. *rep.* I 14: *motus rei publicae* im Jahre 129; I 31f.: Krise seit d. J. 133; III 41:
Krise der römischen Herrschaft seit 133; VI 12: das *vaticinium* (*ex eventu*) der Ermordung
Scipios.

[76] Vgl. RUCH, Préambule, S. 109ff.; PFLIGERSDORFFER, S. 12, 36ff.; HECK, Bezeugung,
S. 20f.; GELZER, Cicero, S. 203; SCHMIDT, Abfassungszeit, S. 33–41; ders., *rep.*, S. 286ff.;
zuletzt GIGON, *rep.*, S. 211, 233.

zug der Aussagen des Dialoges auf die Situation in den 50er Jahren angekündigt. Außerdem wird die Aktualität für die politischen Probleme der Entstehungszeit des Werkes und für die Lösung dieser Probleme (*condere, constituere, conservare, tueri* etc.) auch durch die Tatsache dokumentiert, daß die Konfliktsituation des Jahres 129 v. Chr. strukturell derjenigen in Ciceros Gegenwart entspricht, wo die Krise nur graduell eine andere – größere – Dimension erreicht hat (*rep.* I 14 zum Jahre 129: *motus rei publicae. – Q. fr.* III 5,2 aus dem Jahre 54: *maximi motus nostrae civitatis*; vgl. *rep.* III 41 und V 1 f.).

So besteht zwischen den beiden Zeitebenen über die Identität der politisch-praktischen Problemorientierung sachlich ein fester innerer Zusammenhang (vgl. auch I 13). Daher ist auch von vorneherein zu erwarten, daß die Mittel zur Meisterung der politischen Krise, die im Dialog auf der Zeitebene der Vergangenheit vorgeschlagen werden (s. u.), nach dem Willen des Autors auf der Zeitebene der Gegenwart in die Tat umgesetzt werden sollten[77]. Der Nachweis indessen, daß der „Scipionenkreis" solche praktischen Maßnahmen, insbesondere, daß er einen die *res publica* (neu-)konstituierenden Gesetzgebungsakt empfohlen hat, läßt sich nicht leicht erbringen. Dazu ist eine konsequente Auswertung der wenigen programmatischen Aussagen notwendig, die in den Fragmenten des Gespräches zufällig erhalten sind. Ich will schon jetzt darauf hinweisen, daß es möglich ist, den überlieferungsbedingten Eindruck zu korrigieren, Scipio und seine Freunde hätten fast ausschließlich fernab der Krise ihrer eigenen Zeit theoretisiert oder philosophiert[78].

Gleich zu Beginn der *disputatio* fällt das Stichwort *motus rei publicae* (I 14), von dem her die ganze *disputatio* ihren politischen Sinn und das Werk selbst für Ciceros Zeitgenossen die politische Aktualität erhält: das Gemeinwesen ist, wie in der Gegenwart (*maximi motus*, s. o.), „in Bewegung", der *status rei publicae* gefährdet. Im Jahre 129 v. Chr., vier Jahre nach dem Tribunat des Ti. Gracchus[79], geht ein Riß mitten durch den Senat und durch das Volk (I 31). Es muß politisch gehandelt, Senat und Volk müssen zur Einheit und Einigkeit zurückgebracht werden. Scipio, dem allein von allen man die Bewältigung der Krise zutraut, wird noch – wie Cicero selbst[80] – am Handeln gehindert (ebd.). Die praktische Möglichkeit, das politische Ziel

---

[77] Vgl. Fuhrmann, Cum dignitate otium, S. 499; Schäfer, S. 501 f.; Büchner, Eingang, S. 46.

[78] Vgl. unten S. 184 f.

[79] Einen Überblick über die verschiedenen Beurteilungen der Gracchen, die Cicero bei verschiedenen Gelegenheiten gegeben hat, findet man bei Béranger, Jugements, passim, bes. S. 748 ff.

[80] Vgl. Gelzer, Cicero, S. 172, 179, 190, 194 f., 201 ff.

der Einheit zu erreichen, ist aber gegeben (I 32: *fieri potest*). Wird es durch
entsprechende Taten angesteuert und erreicht, bleiben die positiven Folgen –
das *melius* und *beatius vivere*[81] – mit Sicherheit nicht aus (ebd.).

Dies ist die Zukunftsperspektive Scipios und seiner Freunde – wie selbstverständlich auch diejenige Ciceros persönlich für seine eigene Zeit: auf sie
und auf die politischen Mittel, sie zu realisieren, ist die ganze *disputatio de re
publica*, mit der sich der Autor an seine Zeitgenossen wendet, ausgerichtet.

Von Scipio und den älteren, erfahreneren seiner Gäste wird erwartet, daß
sie die jüngeren[82] lehren, wie jene Ziele in der Praxis zu erreichen sind. Denn
einer der Jüngeren fragt (I 33), was man lernen müsse, um die Einheit in
Volk und Senat und deren positive Folgen zu bewirken (*efficere*). *Artes*,
antwortet Laelius (ebd.), praktische Fähigkeiten oder Fertigkeiten, und zwar
solche, die ihrerseits bewirken (*efficiant*), daß man etwas bewirken, daß man
dem Gemeinwesen von Nutzen (*usui esse*) sein kann; denn dies – nutzbrin-
gendes Handelns, d. h. Anwendung der *artes* (vgl. I 2) – sei die großartigste
Aufgabe der Weisheit (vgl. I 3) und höchster Leistungsbeweis der *virtus* (vgl.
I 1 f.). Inbegriff solcher *artes* aber ist die *maxima ars*: die *procuratio atque
administratio rei publicae* (I 35; vgl. I 2). Ihr kompetentester Vertreter ist
Scipio, der sich unter dem Beifall des Philus in genau der gleichen Weise zur
Darlegung seiner Ansichten und Ratschläge legitimiert (I 35ff.), wie Cicero
es für sich selbst getan hat (I 13; vgl. III 4–7; *leg.* III 14). Mit Scipio also
wollen die versammelten Politiker höchst nutzbringende Gespräche führen (*utilissimi rei publicae sermones*, I 33) – nutzbringend im Sinne einer
Beendigung des Krisenzustandes, der *motus rei publicae,* der Spaltung in
Senat und Volk, die durch Anwendung der zu erörternden *artes* überwunden
werden soll.

Auf Grund dieser Erklärungen steht zu erwarten, daß es in dem Dialog
nicht nur ganz allgemein und theoretisch um Belehrung über die *ars* der
procuratio/administratio rei publicae gehen wird, daß es also nicht nur und
auch nicht in erster Linie um theoretisches Rüstzeug für praktische Politik
allgemein geht. Zu erwarten ist vielmehr, daß sich die hohen Herren, auf
wissenschaftlich-theoretischer Grundlage, in schwerer Krise über konkrete
Maßnahmen verständigen wollen, mit deren Hilfe das I 32 beschworene Ziel
der politischen Einheit in Senat und Volk zu erreichen sei[83].

---

[81] Vgl. *rep.* I 39 (*prima causa coeundi*) und IV 3 (die *civium beate et honeste vivendi
societas* als *prima causa coeundi*). Dazu V 7 und 8. – Kohns, Prima causa coeundi, S.
209 ff.

[82] Zum Rang der Dialogpersonen vgl. Cic. *Att.* IV 16,2; *rep.* III 5.

[83] Vgl. demgegenüber philosophische Schriftstellerei als uneigentliches *munus rei publicae* in *nat. deor.* I 7 und *div.* II 4f. (s. o. Anm. 60).

Und eben dies geschieht denn auch. Wie man in Rom bei komplizierten Rechtsfällen den *iuris consultus* um Rat fragt, so wird Scipio, gleichsam der *procurationis/administrationis rei publicae consultus* (vgl. I 35), um Auskunft über Maßnahmen zur Lösung der Staatskrise gebeten[84]. In groben Umrissen formuliert Laelius das Programm (I 33); es wird im weiteren Verlauf des Gespräches noch mehrmals präzisiert (s. u.). Insgesamt drei Schwerpunkte werden hier bereits erkennbar – der letzte von ihnen wird sich bald im Hinblick auf *de legibus* und das Problem der Gesetzgebung als der entscheidende herausstellen. Zuerst soll Scipio theoretisch über den *optimus status civitatis* sprechen. Darauf will man nach „anderem" fragen oder „anderes" untersuchen (*alia quaeremus*). Schließlich, wenn man sich bei der Erörterung dieser beiden ersten Punkte genügend Kenntnis erworben hat (*quibus cognitis*), soll der aktuelle Krisenzustand zur Sprache kommen (*nos ad haec ipsa via perventuros*) und sollen Mittel und Wege zur Beendigung der Krise herausgearbeitet werden (*earumque rerum rationem quae nunc instant explicaturos*)[85].

Jedem dieser drei Schwerpunkte entsprechen zwei der sechs Bücher *de re publica*: Buch I und II dem ersten, Buch III und IV dem zweiten, Buch V und VI dem dritten, der die größte politisch-praktische Aktualität besitzt. Bestätigt und präzisiert wird die Zuordnung durch die weiteren programmatischen Hinweise in *rep*. I 70 f. und II 64 f. Scipio hat in Buch I (39–69) seine Theorie der Staatsformen entwickelt und sich grundsätzlich für die Mischverfassung als die beste Form entschieden. Ergänzend will er, nach I 70, im Anschluß zeigen, daß die römische *res publica* der Mischverfassungstheorie entspricht und daher das beste von allen Gemeinwesen auf der Welt ist; er will also, weiter noch im Rahmen des ersten Schwerpunktes, durch den Rekurs auf Rom eine historisch-politische Exemplifizierung der institutionellen Bedingungen des *optimus status* geben. Darauf sollen dann, wieder nach I 70, Darlegungen über den *optimus status civitatis* folgen, die der römischen *res publica* „angepaßt" sind.

---

[84] In I 35 bezeichnet Scipio die Problematik der *procuratio/administratio rei publicae* als *consultatio*. Nach der rhetorischen Theorie ist die *consultatio* (*propositum*) die *infinita pars* der *quaestio* (*part. orat.* 3 f.) und besitzt *duo genera* (ebd., 61 ff.): *cognitio* (Theorie) und *actio* (Praxis). Das Problem der *administratio rei publicae* gehört dem *genus* der *actio* an (ebd., 63). Auch von daher also wird die praktisch-politische Intention der *disputatio* – und damit des Werkes *de re publica* insgesamt – deutlich. Zur rhetorischen Theorie mit Bezug auf die *consultatio* vgl. auch *de orat.* III 109 ff.; *top*. 81–86.

[85] Die Formulierung ist nicht ganz eindeutig. Sie könnte auch besagen: die Ursachen der gegenwärtigen Krise erklären (BÜCHNER, *rep.*, S. 123). Zu den beiden Möglichkeiten vgl. PÖSCHL, S. 84; ZIEGLER, *rep./leg*. (Akademie-Ausgabe), S. 61; GIGON, *rep.*, S. 236. – Von I 71 her (s. u.) liegt aber doch die oben im Text gegebene Deutung näher. Vgl. II 59: *ratio medendi*.

Realisiert wird der erste Teil der Ankündigung von I 70 in Buch II durch einen historischen Überblick über das Entstehen Roms und seiner Institutionen[86], die Theorie von Buch I ergänzend und so mit dieser zusammen den ersten Schwerpunkt des Programms bildend. Der zweite Teil der Ankündigung Scipios in I 70 meint den zweiten Schwerpunkt, die Erörterung von Roms – gegenwärtig nach I 14 und 31 f. aufs schwerste bedrohtem – *optimus status* in Buch III und IV, genauer: Erörterung der Werthaftigkeit der römischen Verfassung und Lebensordnung[87]; hier werden die Werte als erhaltens- und verteidigenswert erwiesen[88]. Den dritten Schwerpunkt, der in Buch V und VI behandelt wird, hat Scipio nicht angesprochen. Er klingt erst I 71 in der Antwort des Laelius an: niemand sei fähiger und würdiger als Scipio, *de maiorum institutis* zu sprechen (= *rep.* II, zum ersten Schwerpunkt), dann *de optimo statu civitatis* (= *rep.* III und IV, der zweite Schwerpunkt) und zusätzlich jetzt *de consiliis in posterum providendis* (= *rep.* V und VI, der dritte Schwerpunkt).

Einen weiteren vorausblickenden, die untersuchten Angaben nun aber entscheidend präzisierenden Hinweis auf das Programm für den letzten Schwerpunkt, die Bücher V und VI, sehe ich schließlich noch in II 64 f. Tubero bemängelt etwas voreilig, daß Scipio, der gerade erst den historisch-exemplifizierenden Teil des ersten Schwerpunktes abgehandelt hatte, noch nicht darüber gesprochen habe, *istam ipsam rem publicam, quam laudas* (sc. die römische in *rep.* II), *qua disciplina quibus moribus aut legibus constituere vel conservare possimus* (II 64). Darauf Scipio (II 65), die Ungeduld des Tubero nachsichtig tadelnd – denn es steht erst noch die Behandlung des zweiten Schwerpunktes an (I 33: *alia*; I 70 f.: *optimus status* Roms) – : *de instituendis et conservandis civitatibus* werde später, d. h. nach dem zweiten Schwerpunkt (= *rep.* III und IV), noch zu reden sein[89]. Mit diesen Hinweisen wird die von Laelius I 33 angekündigte *ratio*, werden die von ihm I 71 in Aussicht gestellten *consilia* zum ersten und – in den fragmentarischen Überresten des Werkes – einzigen Male konkretisiert: im Sinne der Notwendigkeit einer die Krise beendenden, die *res publica* konstituierenden Gesetzgebung (*disciplina, mores, leges*).

Bei dieser Untersuchung der programmatischen Aussagen innerhalb der zweiten Zeitebene kam es mir darauf an, zu zeigen, daß es das erklärte Ziel des Gesprächskreises um Scipio war, einen philosophisch, theoretisch und

---

[86] Vgl. GIRARDET, S. 183 ff.

[87] Vgl. PÖSCHL, S. 150 ff.

[88] Siehe etwa den Vorausblick auf die Problematik von Buch III in II 69 f. (*iustitia*). Vgl. auch III 41; IV 2 f., 12.

[89] Vgl. aber WILSING, S. 57: dies sei ein Vorverweis auf *rep.* IV; ebenso BÜCHNER, *rep.* (Einleitung), S. 37 f. – SCHWAMBORN, Prudens, S. 24 ff.: Vorverweis auf *rep.* IV und V.

historisch wohlfundierten Katalog von praktischen Maßnahmen zu erstellen, die in der Krise des Jahres 129 v. Chr. zur nutzbringenden Anwendung gebracht werden sollten. Natürlich soll damit nicht bestritten werden, daß auch eine geistige und sittliche Reform intendiert war[90] – aber im Gefolge politisch-reformerischer Taten, die hier das Primäre sind[91]. Die Ungunst der Überlieferung des Werkes hat allerdings dazu geführt, daß uns heute fast nur philosophisch-theoretische Teile der *disputatio* vorliegen: ausgerechnet die Bücher V und VI, die – wie I 33, 70f. und II 64f. angekündigt – im Sinne der praktisch-politischen Zielsetzung der Gespräche (I 32f.) aus dem Theoretischen die Summe gezogen haben, sind bis auf wenige kümmerliche Reste verloren gegangen; nicht zuletzt dies dürfte das „‚theoretische' Mißverständnis" des Werkes[92] begünstigt haben.

Um so dringender war es geboten, die zufällig erhaltenen programmatischen Äußerungen stärker, als es bisher offenbar geschehen war, hervorzuheben und als für das Verständnis des Werkes richtungsweisend auszuwerten. Die Äußerungen vermitteln ein klares Bild von Sinn, Verlauf und Zweck der *disputatio*, die vom Theoretischen zielstrebig zum Praktischen fortschreitet und darin ihre Krönung findet. Erst hier nämlich, in den beiden letzten Büchern V und VI, sollte, nach breiter sorgfältiger Grundlegung, über die *ratio earum rerum quae nunc instant* (I 33), sollte *de consiliis in posterum providendis* (I 71), sollte über die konkreten Einzelheiten des *constituere/conservare/instituere rem publicam* durch *disciplina, mores* und – *leges* gesprochen werden (II 64f.), kurz: über die schon längst überfällige, dringend notwendige Reform, wozu – und das ist jetzt im Vorausblick auf das Werk *de legibus* und das Problem einer Inkraftsetzung des *Codex Ciceronianus* noch einmal nachdrücklich zu betonen – wozu ganz offenkundig eine konstituierende Gesetzgebung gehören sollte. Erhalten aber ist von den Diskussionen darüber in den Resten dieser beiden Bücher nichts, mit Ausnahme zweier Hinweise (V 3, VI 12), die ich in Teil IV 12b behandele.

Im Bilde Scipios lebt, denkt und wirkt kein anderer als Cicero[93]: er hatte Scipio an seiner Statt die Dialogführung anvertraut, um nicht an *amicitiae* und *inimicitiae* der Gegenwart rühren zu müssen[94]. Darum jetzt zum Schluß der Schritt von der zweiten Zeitebene, der des Jahres 129 v. Chr., zur ersten, zur Gegenwart des Autors jener *disputatio*, des Mannes, der jene Vorschläge für die Bewältigung der Krise von Roms *res publica* (und *imperium*) erson-

---

[90] S. o. Anm. 6.
[91] Vgl. *leg.* I 20: *leges – mores*; *rep.* II 64: *disciplina – mores – leges*.
[92] S. o. S. 179.
[93] Pöschl, S. 33f.; Gelzer, Tullius, Sp. 953f., 973ff.; Pfligersdorffer, S. 42f.
[94] S. o. S. 180.

nen hat; des Mannes, der in strukturell gleicher, nur graduell unterschiede-
ner, Krise lebt wie Scipio und seine Freunde; des Mannes, der wie seine
Dialogpersonen das *constituere/conservare rem publicam* zu seiner Aufgabe
gemacht hat – Scipios *ratio earum rerum quae nunc instant*, Scipios politisch-
praktische *consilia* für die Zukunft sind diejenigen Ciceros, gerichtet an die
Zeitgenossen zu Ende der 50er Jahre, in erster Linie natürlich an das senato-
rische Publikum.

Der größte Teil der persönlichen Vorrede von Buch V und VI ist leider
nicht erhalten[95]. Doch hier dürfte der rechte Ort gewesen sein, an welchem
Cicero, auf der Grundlage seiner düsteren Zeitdiagnose V 1–2, den durch
andere Indizien jetzt gesicherten Gegenwartsbezug der Vorschläge, der politisch-praktischen *consilia* des „Scipionenkreises" in Buch V und VI hergestellt hat. Mit seinem Werk *de re publica* tritt Cicero jedenfalls das – fiktive –
Vermächtnis Scipios an, der nur durch Mord[96] an der Realisierung des hier
vorgelegten Programms zur Konstituierung des römischen Gemeinwesens
gehindert worden war. Und wenn nun auch aus *de re publica* kein einziger
direkter Vorverweis auf den *Codex* von *de legibus* überliefert ist, darf dennoch als sicher gelten, daß diese Schrift – auf Grund ihrer Rückverweise auf
de re publica (*leg.* I 13, 20 u. ö.) – die *rep.* II 64f. erst noch allgemein
angesprochene Gesetzesmaterie enthält, von deren Inkraftsetzung Cicero die
Stabilisierung, die Reformierung, die Neukonstituierung der *res publica* und
eine rechtliche Neuordnung von Roms weltweitem *imperium* erhoffte.

12. Die Inkraftsetzung des *Codex Ciceronianus*

Die vorangehenden Untersuchungen (Teil IV 11) haben zu dem Ergebnis
geführt, daß Cicero die allgemeine politisch-praktische Intention von *de re
publica* und *de legibus* durch die Empfehlung eines legislatorischen Aktes zur
Realisierung des Reformprogramms, d. h. zur Inkraftsetzung des *Codex Ciceronianus*, in Rom – aber nicht nur dort (Teil IV 8–10) – konkretisiert hat.
Es ist nun noch die Frage nach dem „missing link" zwischen Gesetzgebungsplan und kodifizierter Gesetzesmaterie zu beantworten: die Frage, wie und
durch wen das Programm realisiert, der *Codex* in Kraft gesetzt werden sollte.

---

[95] Vgl. SCHÄFER, S. 509 ff.; GIGON, *rep.*, S. 343–352. – Vgl. auch unten S. 212 f.
[96] Cic. *Mil.* 16; *rep.* VI 12 und 14; *Lael.* 12; *fat.* 18; *nat. deor.* III 80. – Zur Kontroverse
um Scipios Tod (Mord oder natürlicher Tod) siehe ASTIN, Scipio, S. 240 f.

a. Nichtrömische Staaten

Was zunächst die *boni, firmi, liberi populi* – mit Ausnahme des *populus Romanus* – betrifft, die Ciceros *Codex* annehmen sollten[1], so sind einer Weltmacht wie der römischen bekanntlich kaum Grenzen in der Wahl ihrer Mittel gesetzt, völkerrechtlich selbständige, aber politisch abhängige „Freunde und Verbündete" von der Vorbildlichkeit eines politischen „Systems" und von der Notwendigkeit „freiwilliger" Angleichung an dieses zu überzeugen.

Die Politik der Hegemonialmacht Rom – nach Ciceros Worten der *civitas omnium (civitatum) princeps*, der *civitas maxima*, der *amplissima* und *longe lateque imperans res publica*[2] – ist freilich nach allem, was man in Erfahrung bringen kann, andere Wege gegangen. Die Forschung weiß von keinem einzigen Fall zu berichten, in dem das republikanische Rom auch nur versucht hätte, ein autonomes, verfassungsmäßig anders als es selbst eingerichtetes Gemeinwesen zur Übernahme seiner Verfassung und Rechtsordnung zu nötigen. Natürlich gibt es genügend Beispiele für römische Einflußnahme auf die rechtliche und politische Ordnung anderer Staaten[3], aber offenbar durchgängig im Rahmen der lobenden Feststellung, die Cicero über den Umgang seines Bruders Quintus während dessen Staathalterschaft (i. J. 61–58) mit den freien *civitates* innerhalb der Provinz Asia getroffen hat: *constare inter omnis video ... provideri abs te ut civitates optimatium consiliis administrentur*[4].

---

[1] S. o. S. 156 ff.

[2] Cic. *Mur.* 30; *rep.* II 66; *rep.* II 52 und V 1.

[3] Siehe z. B. Cic. *Balb.* 43 (Gades); Plut. *Luc.* 4 f. (Kyrene). Dazu DAHLHEIM, Gewalt, S. 306, Anm. 44; ebd., S. 210 ff. – TOULOUMAKOS, S. 6–8, 150 ff. sowie passim (S. 88 ff. zu Athen; darüber zuletzt BADIAN, Rome, Athens, S. 105 ff.; HABICHT, Zur Geschichte, S. 127 ff.); DAHLHEIM, Gewalt, S. 123 ff., 127 ff., 236 ff., 244 ff. – Speziell zu Makedonien siehe LARSEN, Greek Federal States, S. 295–300. Dort allerdings liegt der Fall anders. Makedonien ist militärisch von Rom besiegt und erhält nach dem Sturz des Königs Perseus eine republikanische Ordnung, nachdem das Land in vier Regionen aufgeteilt war. Zu den Maßnahmen des Jahres 168 v. Chr. vgl. auch HEUSS, RG, S. 116 f. – Als indirektes Eingreifen darf man es wohl bezeichnen, wenn die Römer – wie im Falle des kappadokischen Klientelkönigs Ariobarzanes I. – die innere Opposition des Adels gegen einen König unterstützten: HOBEN, S. 142 f., 146 f. Andererseits scheinen manche Staaten z. B. in Kleinasien nach der Befreiung von der Herrschaft des Mithridates VI. von Pontos durch Sulla keineswegs darauf erpicht gewesen zu sein, die ihnen durch Rom verschaffte *libertas* (Freiheit von Königsherrschaft) auch anzunehmen: HOBEN, S. 144 f.; DAHLHEIM, Gewalt, S. 140 f. (Kappadokien, Paphlagonien). – Vgl. allgemein die Studie von SESTON, Droit, S. 3 ff., 9 ff.

[4] *Q. fr.* I 1, 25. – In diesem Sinne auch TOULOUMAKOS, S. 8. – Zum Problem einer Rechts- und Verfassungspolitik der Römer gegenüber *socii* (in Italien) vgl. MOMMSEN, RG I, S. 342 f.; HARRIS, S. 639 ff.; GALSTERER, S. 120 ff., bes. S. 126.

Im Vergleich mit dieser traditionellen Praxis geht das Programm von *de legibus* ganz entschieden weiter: es sieht – nach Einführung der *leges* in Rom selbstverständlich[5] – gleichsam den, wie auch immer zu bewerkstelligenden, Export[6] des *Codex Ciceronianus* vor, eine nach dessen Vorbild ausgerichtete „Normierung" der Rechtsordnung Athens und aller *boni, firmi, liberi populi*, wahrscheinlich sogar aller Staaten der bekannten Welt[7]. Möglicherweise hat Cicero sich von den verfassungspolitischen Maßnahmen des Pompeius bei der Einrichtung der Provinz Bithynia(-Pontus) am Ende der 60er Jahre anregen lassen. Nach dem Sieg über Mithridates VI. nämlich gab Pompeius den elf *civitates* in Bithynien Verfassungen mit unverkennbar römischen Zügen[8]. Darüber darf man aber den Unterschied zum Programm von *de legibus* nicht vergessen: Cicero denkt an Staaten, die – wie Athen – in Freiheit sind und nun gleichwohl die Rechtsordnung und Verfassung von *de legibus* übernehmen sollen, während Pompeius *civitates* eines eroberten Landes römisch-republikanisch organisiert hat, die erst nach diesem konstituierenden Akt die „Freiheit" erhalten[9]. Für Ciceros Auffassung von der römischen Weltherrschaft bedeutet das Programm des Gesetzeswerkes natürlich dennoch keinen Bruch mit der aristokratisch-republikanischen Tradition römischer Herrschaftspolitik[10]: die Konzeption impliziert eine hegemoniale, keine imperiale[11] Ordnung der Welt.

b. Rom: *rectores* und ein *rector* als *dictator*

Wie sollte nun aber der *Codex* in Rom selbst in Kraft gesetzt werden? Der übliche Weg[12] war während der innenpolitischen Turbulenzen in der zweiten Hälfte der 50er Jahre[13] kaum gangbar. Cicero hat denn auch – in *de re publica*

---

    [5] Dazu gleich anschließend unten in Abschnitt b.

    [6] Durch *senatus consulta*? Vgl. die Dokumentensammlung von R. K. SHERK, Roman Documents from the Greek East. Baltimore 1969; doch keiner der Texte betrifft Verfassungsänderungen.

    [7] S.o. S. 156ff.

    [8] Plin. *epp.* X 79, 112, 114, 115. Vgl. RAWSON, Interpretation, S. 343 mit Anm. 27. Zu den Briefen siehe den Kommentar von SHERWIN-WHITE, S. 669–674, 721f., 724ff. – Zur Sache: GELZER, Pompeius, S. 88 und 96; OOTEGHEM, Pompée, S. 245ff., bes. S. 249.

    [9] DAHLHEIM, Gewalt, S. 280.

    [10] MEIER, RPA, S. 34ff. (bes. S. 36f.), 42ff.; BLEICKEN, Verfassung, S. 145f., 219ff., 253; DAHLHEIM, Gewalt, S. 5, 66ff., 143f., 154ff., 170ff., 284ff., 294ff.

    [11] S.o. S. 151f.

    [12] MEYER, Staat, S. 68f., 85f., 192ff., 199ff.; BLEICKEN, Verfassung, S. 101–106, 114–116.

    [13] Siehe nur MEYER, Caesars Monarchie, S. 149ff., 191ff., 207ff.; CHRIST, Krise, S. 30ff., 351ff.; MEIER, RPA, S. 267ff.; SYME, RRev., S. 37ff. – Siehe auch unten S. 214ff.

(in den Fragmenten von *de legibus* kein Wort darüber[14]) – die Einführung einer neuartigen, ja einzigartigen gesetzgebenden Institution gleichwohl durch und durch römischen Charakters vorgeschlagen, deren Bedeutung und Struktur als des „missing link" zwischen Gesetzgebungsplan (*rep.*) und Gesetzesmaterie (*leg.*) erst mit Hilfe eines neu entdeckten Fragmentes von *rep.* V (?) ans Licht gebracht werden kann.

Das neue Fragment steht im Zusammenhang mit Ciceros Bild vom *rector* in *rep.* V und VI. Daher ist es zunächst einmal notwendig, bevor ich den Text erörtere, sich über die seit Generationen von Forschern umstrittene Stellung und Funktion des *rector* zu verständigen. Das Problem, dem P. L. Schmidt eine sorgfältig abwägende Behandlung gewidmet hat[15], braucht hier jetzt nicht erneut in aller Ausführlichkeit diskutiert zu werden. Als gesichert kann inzwischen gelten, daß Cicero dem *rector* keine monarchische oder quasi-monarchische Stellung im Sinne einer geistigen Vorwegnahme des augusteischen Principats zugewiesen hat[16]. Cicero war und ist Republikaner, der institutionelle Rahmen seines Reformprogramms ist die republikanische Verfassung von *leg.* III, die allenfalls in außen- oder innenpolitischen Notlagen (III 9: *duellum gravius, discordiae civium*) die zeitlich auf ein halbes Jahr befristete Einsetzung eines *magister populi/dictator* vorsieht.

Nicht restlos geklärt scheint aber die Frage zu sein, ob nach Ciceros Vorstellung der *rector* grundsätzlich eine einzelne Persönlichkeit oder nicht vielmehr ein Typus ist, also eine potentielle Pluralität. Gegen die offenbar auch von P. L. Schmidt geteilte Ansicht, daß der *rector* kein Typus sei[17], sprechen jedenfalls doch gewichtige Aussagen in Ciceros Schriften. So läßt Cicero in seinem 56/55 v.Chr. entstandenen Werk *de oratore* (I 211) den Redner M. Antonius zur Dialogzeit des Jahres 91 v.Chr. die folgende Definition aussprechen: *Sin autem quaereremus, quis esset is, qui ad rem publicam moderandam usum et scientiam et studium suum contulisset, definirem hoc modo: qui quibus rebus utilitas rei publicae pareretur augereturque teneret eisque uteretur, hunc rei publicae rectorem et consili publici auctorem esse habendum, praedicaremque P. Lentulum principem illum et Ti. Gracchum patrem et Q. Metellum et P. Africanum et C. Laelium et innumerabilis alios cum ex nostra civitate tum ex ceteris.*

---

[14] S. o. S. 165 f.

[15] *Rep.*, S. 323–332; vgl. Suerbaum, *rep.*, S. 75 ff., 84 f. – Martin, S. 850 ff., bes. S. 861 ff.

[16] Pöschl, S. 29 ff.; Vogt, Ciceros Glaube, S. 56 f.; Béranger, Recherches, S. 31 ff.; Gelzer, Cicero, S. 213, Anm. 446; Lehmann, S. 4 f., 43 f.

[17] *Rep.*, S. 330 f.; vgl. ders., Abfassungszeit, S. 143 f. – Zum Folgenden vgl. auch die Zusammenstellung von Belegen bei Martin, S. 876 f.

P. Scipio Africanus (*minor*) also und C. Laelius, in Ciceros *de re publica*
die beiden Hauptfiguren der Gespräche des Jahres 129 v. Chr., entsprechen
wie „unzählige andere" Römer und Nichtrömer dieser Definition, können
mithin als *rectores* gelten. Demgemäß wird dann in *de re publica* mit *tutor et
procurator rei publicae/rector et gubernator civitatis* ein *genus hominis* (II 51)
bezeichnet[18], also wiederum eine potentielle Pluralität. Aktuell erscheint eine
Vielzahl von *rectores* als *prudentes* in *rep.* II 67. An Scipio gewandt, der die
Frage nach der realen Existenz des in geistigem Bilde gezeichneten *prudens*[19]
aufgeworfen hatte, sagt Laelius: *est tibi ex eis ipsis qui adsunt bella copia* (sc.
*prudentium/rectorum), velut a te ipso ordiare. – tum Scipio: atque utinam ex
omni senatu pro rata parte esset!* Alle Mitglieder des Gesprächskreises im
Jahre 129 sind demnach *prudentes* (vgl. auch I 38) und somit *rectores/tutores/
procuratores/gubernatores*, allen voran Scipio Aemilianus, der schon *rep.* I 35
die *procuratio/administratio rei publicae* als seine Berufung bezeichnet hatte,
und wünschenswert wäre nach II 67, daß diesem *genus hominis* noch mehr
Senatoren Roms zugerechnet werden könnten. So richtet sich Scipios „Belehrung" über den Kernpunkt der *civilis prudentia* des *rector* denn auch
ausdrücklich (II 45; vgl. I 33, 45, 71; VI 1) an eine Vielzahl von Politikern –
hier wieder: an die Gesprächsteilnehmer –, die sich durch Erkenntnis gegen
drohende, den *optimus status rei publicae* gefährdende *motus/commutationes*
für rechtzeitiges politisches Handeln wappnen sollen. Und daß wenn schon
nicht alle Senatoren, so doch realistischerweise eine kleine Elite – wie etwa
der „Scipionenkreis" –, also sicher wieder und weiterhin mehrere Politiker,
dem geistigen Bild vom *rector* entsprechend als *rectores/prudentes* zu verstehen sind, geht wohl zweifelsfrei hervor aus der Kombination von *rep.* II
67–69, besonders 69, mit *leg.* III 30–32, besonders 32 (*pauci enim atque
admodum pauci ... vel corrumpere mores civitatis vel corrigere possunt*, mit
anschließendem Rückverweis auf *rep.*)[20].
Es ist nun zwar nicht unwahrscheinlich, aber doch keineswegs gesichert,
daß Cicero den *rector* (*rectores*) in *de re publica* auch *princeps* (*principes*)
genannt hat. Die umstrittenen Textfragmente in *rep.* V 9 stammen aus den
Werken des Augustinus (*c. d.* V 13: *princeps civitatis*) und des Petrus von
Poitiers (*ep. ad calumn.* PL 189, 58: *princeps civitatis, princeps*)[21]. Aber auch

---

[18] Büchner, Tyrann, passim, bes. S. 126, 129ff.

[19] Schwamborn, Prudens, S. 29ff.

[20] Gelzer, Cicero, S. 215 mit Anm. 266. – Vgl. auch *de orat.* I 8 (Proömium), wo Cicero
sagt: *iam vero consilio ac sapientia qui regere ac gubernare* (vgl. *rector, gubernator* in *rep.* II
51) *rem publicam possint, multi nostra, plures patrium memoria atque etiam maiorum
exstiterunt.* – *Sest.* : *principes* (97, 98, 103, 104, 108, 136, 138, 139); *gubernatores, conservatores* (98); *conservatores* (138); *defensores* (136).

[21] Heck, Bezeugung, S. 127–129, 255–257, 268f.; Büchner, Tyrann, S. 130, 144;
Schmidt, *rep.*, S. 277, 327ff.

wenn hier Formulierungen Ciceros vorliegen sollten, hat doch die Tatsache, daß in *rep.* II 51 (ff.) der positive Gegentypus zum Tyrannen nicht *princeps*, sondern *rector* etc. genannt wird, mit der Frage nach dessen möglichen amtlichen Funktionen nichts zu tun[22]. Der Sachverhalt erklärt sich eigentlich recht einfach durch die Feststellung, daß Cicero, der hier in *rep.* II 51 das abstrakte Bild des idealen Politikers mit der bisher ungebräuchlichen Bezeichnung *tutor/procurator* etc. zu skizzieren beginnt, wie immer bei Definitionen[23] einem Mißverständnis vorbeugen will, konkret an dieser Stelle: dem Mißverständnis, alle, die in der politischen Sprache Roms als *principes* gelten[24], seien auch, dem Bild des *rector* entsprechend, *rectores*.

So gehörte etwa C. Laelius wohl nicht „offiziell" zu den *principes (civitatis)* seiner Zeit[25], ist aber sicher für Cicero (*de orat.* I 211, zit. oben) einer der *rectores* (und *prudentes*: *rep.* I 38 und 70). Auch L. Iunius Brutus, der „Prototyp" des *rector* (*rep.* II 46 und 51), ist zur Zeit seiner Befreiungstat kein *princeps*, ebensowenig wie der *rector* T. Annius Milo[26] oder wie C. Curio, von dem Cicero hoffte, er könnte sich als *gubernator (rector)* bewähren[27]. P. Scipio Africanus (*minor*) wiederum wird in *de orat.* I 211 ebenfalls zu den *rectores* gerechnet, wird dort aber nicht – wie *rep.* I 34 – als *princeps*[28] bezeichnet. Und umgekehrt: wenn Cicero *leg.* III 30ff. (vgl. auch *Att.* IV 5,1) unter anderem von schlechten, aber einflußreichen Senatoren spricht, sind diese ihrer Stellung nach zwar *principes*[29] und erhalten diesen Namen auch, sind aber eben nicht *rectores*. Gleiches gilt vom zweiten, dem „schlechten" Decemvirat im Jahre 450/449 v.Chr., dessen Mitglieder *principes*, doch sicher nicht *rectores* sind (*rep.* II 62). Allenfalls dann, wenn der Typus des idealen Politikers, des *rector et gubernator* als *tutor et procurator*, unmißverständlich definiert ist, können auch *principes*, wenn sie der Definition entsprechen, als *rectores* etc. bezeichnet werden und auch wieder umgekehrt: *rectores* als *principes*[30].

Der *rector* in Ciceros *de re publica* ist also ein Typus – der Typus des idealen Politikers, sei er Senator oder Magistrat – und damit eine potentielle Pluralität. Auf diesem Hintergrund nun hat Scipio in *rep.* V und VI, wie nach den programmatischen Aussagen I 33, 70f. und II 64f. feststeht (s.o. Kap.

---

[22] Vgl. aber SCHMIDT, *rep.*, S. 328f.

[23] Vgl. oben Kap. 3, S. 54f.

[24] WICKERT, Princeps, Sp. 2029ff.; ders., Forschungen, S. 12f.

[25] WICKERT, Princeps, Sp. 2015, 2020f.

[26] BÜCHNER, Tyrann, S. 138f.

[27] Cic. *fam.* II 5,2; 6,4 (beide aus dem Jahre 53).

[28] WICKERT, Princeps, Sp. 2020f.

[29] Vgl. WICKERT, Princeps, Sp. 2041ff.; ders., Forschungen, S. 13–15.

[30] Vgl. BÜCHNER, Tyrann, S. 136–139.

11 b), seine *consilia* für die in der gegenwärtigen Situation des Jahres 129 v. Chr. notwendige, die *res publica* neu konstituierende Reform vorgetragen. Leider ist gerade von diesen Darlegungen fast nichts mehr erhalten, unter dem Wenigen aber doch in *rep.* V 3 und VI 12 höchst aufschlußreiche Informationen über Gesetzgebung und Diktatur, zwischen denen nach meiner Ansicht ein innerer Sinnzusammenhang besteht.

Von *rep.* II 64 f. her war zu erwarten, daß in Buch V und VI über das *constituere* der *res publica* durch *disciplina, mores, leges* gesprochen werden würde. Ein Hinweis darauf findet sich noch in der berühmten Traumweissagung VI 12, nach welcher Scipio für das *constituere* das Amt des *dictator* erhalten sollte (*dictator rem publicam constituas oportebit*; vgl. I 31). Daß die Konstituierung auf dem Wege der Gesetzgebung erfolgen sollte, deutet V 3 an, wo Scipio im Blick auf den Typus des *rector* und somit auf *rectores* allgemein als potentielle Magistrate über den vorbildlichen König Numa sagt: ... *qui legum etiam scriptor fuit, quas scitis extare, quod quidem huius civis* (sc. *rectoris*) *proprium de quo agimus**[31]. Der *rector* erscheint hier als potentieller gesetzgebender Magistrat. Als Amt käme dafür natürlich auch das Konsulat in Frage. Aber die Anknüpfung an den König Numa und die Tatsache, daß Scipio im Traum das „königliche" Amt der Diktatur (vgl. I 63, II 56) zugesagt wird, sprechen viel stärker für die Verbindung von Gesetzgebung und konstituierender Diktatur. Zusammengenommen erlauben V 3 und VI 12 daher den Schluß, daß mit der Durchführung der grundlegenden Reform zur Beendigung der Krise ein *dictator legibus scribundis et rei publicae constituendae* beauftragt werden sollte.

Aus der Perspektive des Jahres 129 v. Chr., der fingierten Dialogzeit von *de re publica*, ist der Vorschlag, einen *dictator* zu ernennen, eine Überraschung und ist die Art der vorgeschlagenen Diktatur ein absolutes Novum. Seit im Jahre 202 v. Chr. zum letzten Male ein *dictator* amtiert hatte[32], sind immerhin mehr als siebzig Jahre vergangen, und eine konstituierende Diktatur hatte es überdies bis dahin in Rom noch nie gegeben.

Scipio hat sein *consilium* denn auch mit Sorgfalt im Gespräch vorbereitet. Auffallend häufig und ausführlich betont er die positiven Seiten des monarchischen Prinzips[33] und gelangt von daher zur positiven Bewertung einer – zeitlich befristeten – Realisierung des Prinzips durch die Diktatur im Rah-

---

[31] Vgl. auch *rep.* V 5. – Das „königliche" *imperium* des *dictator*: z. B. *rep.* II 56. – Das Werk *de re publica* als *sermo de optimo statu civitatis et de optimo cive*: *Q. fr.* III 5,1; ebd. Hinweis auf Aristoteles, der *de re publica et praestanti viro* geschrieben hat. – Zu *rep.* V 3 vgl. SCHÄFER, S. 509 f.

[32] MOMMSEN, StR II 1, S. 169 f.; MEYER, Staat, S. 93 f.; JAHN, S. 43 ff.

[33] Z. B. *rep.* I 42, 54 ff., 69; III 47. – PÖSCHL, S. 24 ff.; KLEIN, Königtum, S. 27 ff.

men der älteren Institutionengeschichte des republikanischen Rom[34]. Zwischen den traditionellen Arten und der konstituierenden Diktatur Scipios besteht aber ein fundamentaler Unterschied. Die *dictatura rei gerundae causa* und Spezialdiktaturen wie diejenigen für die Beseitigung innenpolitischer Spannungszustände (*seditionis sedandae et rei gerundae causa*) und für die Durchführung von Wahlen (*comitiorum habendorum causa*) sind Bestandteil der verfaßten Ordnung und dienen, als Instrumente der Verfassung, zeitlich begrenzt sei es der Verteidigung des Gemeinwesens gegen Bedrohung von außen, sei es der Wiederherstellung bzw. Sicherung verfassungsmäßiger Zustände bei innenpolitischen Schwierigkeiten[35]. Pseudo-historisch legitimiert durch Scipios positives Urteil über die altrömische „ordentliche" Diktatur, nimmt Cicero diese Institution für den Fall von *duellum gravius* oder *discordiae civium* in das Verfassungsgrundgesetz von *de legibus* (III 9) auf[36].

Auch die konstituierende Diktatur Scipios soll bei *discordiae civium* (*rep.* I 31 f., III 41) eingesetzt werden. Aber das ist nicht das Besondere an ihr; bei innenpolitischen Notfällen hatte es schon früher Diktatoren gegeben[37]. Entscheidend ist vielmehr die Schwere des inneren Notstandes, die zu der Einsicht zwingt, daß die geltende Verfassung den Anforderungen der Gegenwart nicht mehr genügt und daher – für einen Römer selbstverständlich im Geiste überkommener Normen – einer Neugestaltung bzw. Modifikation bedarf. Ein *dictator* mit dem Auftrag, in diesem Sinne durch gesetzgeberische Maßnahmen das Gemeinwesen neu zu konstituieren, ist nicht Organ der Verfassung: er steht – als Inhaber einer „außerordentlichen konstituierenden Gewalt"[38] – im Gegensatz zum „ordentlichen" *dictator* außerhalb und über der (ungenügenden) Verfassung[39]. In dieser Außerordentlichkeit liegt auch begründet, daß die konstituierende Diktatur, anders als die „ordentliche", ein wenn auch ephemeres, so doch zeitlich nicht an einen bestimmten Endtermin gebundenes Amt ist: der „außerordentliche" *dictator* tritt erst zurück, wenn er seinen Auftrag erfüllt hat, und sollte ihm dafür eine Zeitgrenze gesetzt worden sein, so ist diese rechtlich doch nicht bindend[40].

Die „außerordentliche" Art der Diktatur also war Scipio zugedacht. Für

---

[34] Siehe *rep.* I 63, II 56.

[35] MOMMSEN, StR II 1, S. 141 ff., 156 f.; WILCKEN, S. 3–6; MEYER, Staat, S. 39–42, 93 f., 158 ff.; JAHN, S. 32 ff., 42 ff.

[36] Darüber vgl. zuletzt LEHMANN, S. 27 f., 36 ff. Meine Vorbehalte unten Anm. 37 und 56.

[37] Siehe Liv. II 29,11; 30,5; 31,8 ff. (i. J. 494 v. Chr.); VI 11,9 f. (i. J. 385); VI 38,1 ff. (i. J. 368; dazu Fast. Cap.: *dict. seditionis sedandae et r. g. c.*). – Dies scheint LEHMANN, S. 37 f., übersehen zu haben.

[38] MOMMSEN, StR II 1, S. 702 (ff.).

[39] MOMMSEN, a. a. O., S. 702, 722 ff., 739 ff.; WILCKEN, S. 9 f. – Zu Sulla s. u. S. 195 f., 209, 217.

[40] MOMMSEN, a. a. O., S. 714 ff.

das Jahr 129 v. Chr. ist sie, wie schon gesagt, ein verfassungspolitisches Novum. Daß sie nur durch die – auf Grund des Erhaltungszustandes von *de re
publica* reichlich unvermittelt wirkende – Traumweissagung VI 12 dokumentiert wird, ist sicher ein überlieferungsbedingter Zufall. Ich vermute, daß
Scipio, bevor er über seinen Traum berichtete, in allgemeiner Form und
unabhängig von seiner Person die Besonderheiten dieses in der fiktiven Dialogzeit völlig neuartigen Amtes erklärt hat, natürlich in Buch V oder (eher)
VI, wo die *ratio earum rerum quae nunc instant* (I 33), wo die für die Zukunft
sorgenden *consilia* (I 71) erörtert werden[41]. Immerhin zeigen die spärlichen
Reste von Buch VI (1), daß hier das Thema des innenpolitischen Notfalls zur
Debatte gestanden hat[42]. Wahrscheinlich hat Scipio hier mit Blick auf den
gegenwärtigen akuten Staatsnotstand (I 31–33), um dessen Behebung es ja in
den Gesprächen *de re publica* von allem Anfang geht, die Notwendigkeit
einer gesetzgeberischen Neukonstituierung des Gemeinwesens begründet.
Und hier dürfte er dann auch im Zusammenhang mit Ausführungen über die
politischen Aufgaben[43] eines *rector* bzw. von *rectores* als potentiellen Magistraten die Forderung erhoben, das *consilium* erteilt haben, es müsse in
dieser Lage aus dem Kreis der moralisch, intellektuell und politisch-praktisch
in höchstem Maße qualifizierten *rectores*[44] ein Mann, versehen mit dem neu-
en Amt eines *dictator legibus scribundis et rei publicae constituendae*, für
durch den Auftrag, nicht durch einen Termin begrenzte Zeit an die Spitze
der *res publica* treten. Die Traumweissagung VI 12 dann läßt Scipio selber,
den anerkanntermaßen (I 34 ff., 71) qualifiziertesten der *rectores*, als den
potentiellen Inhaber des neu einzuführenden Amtes der „außerordentlichen" Diktatur erscheinen[45].

---

[41] S.o. Teil IV 11 b. – Zum Inhalt von *rep.* V vgl. SCHÄFER, S. 509 ff.

[42] Z.B. Non. p. 42,3: *prudentia* des *rector* als *providentia*, wohl im Hinblick auf Not-
standsmaßnahmen (vgl. *rep.* I 45, II 45). – Non. p. 256,27: die Aufgabe eines *rector*, sich
gegen alles zu wappnen, was den *status civitatis* „in Bewegung" bringt (vgl. *rep.* I 14,31 ff.).
– Non. p. 25,3: Stichwort *dissensio civium/seditio*. – Non. p. 519,17: *dissensio civilis*, in
welcher man, da die *boni* mehr Gewicht hätten als die *multi*, die Bürger wägen müsse,
nicht zählen. – Vgl. BÜCHNER, *rep.* (Einleitung), S. 58 ff.

[43] Vgl. PÖSCHL, S. 162–166; SCHÄFER, S. 513 ff.

[44] Zur Qualifikation vgl. auch SCHWAMBORN, Prudens, passim. – Warum P. L. SCHMIDT
(*rep.*, S. 331) von einem „eigentümlich unpolitischen Hintergrund" des *rector*-Bildes
spricht, verstehe ich nicht ganz. Intellektuelle Potenz und moralische Qualifikation, gleich-
gewichtig gepaart mit politisch-theoretischem Wissen und politisch-praktischer Erfahrung
(siehe nur *Sest.* 97 ff., 136 ff.; *de orat.* I 211 (zit. oben S. 189); ebenso natürlich wieder *rep.* I
13, 35 ff.; 45; II 45, 69; III 4 ff.; *leg.* III 30 ff.) machen den *rector* bzw. die *rectores* doch zu
einer eminent politischen Autorität, jedenfalls in Ciceros Augen. – Zu *leg.* III 30 ff. vgl.
HEUSS, Ciceros Theorie, S. 248 (56) ff., 258 (66) ff.; LEHMANN, S. 25 f.

[45] Vgl. PÖSCHL, S. 30 f.; SCHMIDT, Abfassungszeit, S. 108 ff., 142 ff.; ders., *rep.*, S. 321,
329 ff.; LEHMANN, S. 4 f., 36–44.

Kurz nach der *disputatio* im Jahre 129 v. Chr. ist Scipio jedoch zu Tode gekommen[46]. Für die Leser des Werkes *de re publica* am Ende der 50er Jahre liegt „Phaidonstimmung" über den Gesprächen[47]. Der Plan einer die *res publica* durch *leges* konstituierenden Diktatur Scipios aber war „Traum", nicht historische Realität[48].

Ein Zerrüttungszustand des Gemeinwesens, der mit jenem vergleichbar ist, den Scipios Diktatur hätte beenden sollen, bildet den Zeithintergrund während Ciceros Arbeit an den Werken *de re publica* und *de legibus* in den Jahren 54–51. Von der *res publica* heißt es, sie sei *amissa*, und schon im Jahre 56 hatten die *haruspices* vor Bürgerkrieg und Tyrannis gewarnt[49]. Cicero verfolgt das Ziel, in den gegenwärtigen *maximi motus nostrae civitatis* (*Q. fr.* III 5,2) Gesetz und Recht zu stabilisieren (*leg.* I 37, 62), die verloren gegangene *res publica* wiederzugewinnen – d. h., mit nicht geringen Modifikationen[50], in jenen *status* zu überführen, den Scipio als den auf Grund der römischen *constitutio, discriptio (magistratuum), disciplina* besten gepriesen hatte (*rep.* I 70)[51] – und die wiedergewonnene *res publica* darin zu bewahren (*leg.* I 20: *status rei publicae tenendus, servandus*).

Dazu ist eine politische Tat notwendig, ein legislatorischer, die *res publica* konstituierender Akt. Die verfassungsmäßigen Organe kommen in diesen Jahren für Reformarbeit nicht in Betracht, da sie weitgehend lahmgelegt sind[52]. Für eine Diktatur im Sinne einer „außerordentlichen konstituierenden Gewalt" (Th. Mommsen) aber gibt es in der Geschichte Roms kein Vorbild, das unumstritten wäre. Im Jahre 82 v. Chr. war L. Cornelius Sulla Felix nach einem „Ermächtigungsgesetz" durch den *interrex* L. Valerius Flaccus zum *dictator legibus scribundis et rei publicae constituendae* ernannt worden[53]. Doch Sullas historisch gesehen völlig neue Art der Diktatur war durch den *dictator* Sulla in Ciceros und der meisten anderen Römer Augen wenn nicht gänzlich diskreditiert, so doch schwer kompromittiert[54].

---

[46] S. o. S. 186, Anm. 96.

[47] POHLENZ, *rep.*, S. 404.

[48] Zuletzt LEHMANN, S. 40 mit Anm. 65 (hier die Lit.).

[49] *Res publica amissa*: *rep.* V 1f.; *Q. fr.* III 5,4 (54); 9,1f. (54); *fam.* II 5,2 (53) u. ö. – Warnung der *haruspices*: Cic. *har. resp.* 40ff.; dazu oben S. 1f.

[50] Vgl. *leg.* II 23, III 12. – Zur Sache: LEHMANN, passim, bes. S. 1ff., 101ff.

[51] Was natürlich nicht bedeutet (ganz im Gegensatz zu der Ansicht von STOCKTON, zit. oben Teil I, S. 6), daß er die „gute alte Zeit" wiederbeleben wollte: Cicero betreibt „nicht historische Rekonstruktion" (HEUSS, Ciceros Theorie, S. 202 (10)).

[52] S. o. S. 188.

[53] MOMMSEN, StR II 1, S. 703ff.; WILCKEN, S. 7ff.; VOLKMANN, S. 68ff.; WOSNIK, S. 96ff.; MEIER, RPA, S. 246ff.; GABBA, S. 792ff., 801ff.; BELLEN, passim.

[54] Siehe etwa *leg.* I 42, *Brut.* 311, *off.* II 27. Zum Thema Cicero und Sulla vgl. MEIER,

So gibt es denn im spätrepublikanischen Rom nur eines: in Ciceros histori-
sierender Fiktion das verfassungspolitische Novum der konstituierenden
Diktatur eines der hervorragend qualifizierten *rectores* in Scipios Ausführungen von *rep.* VI und in Scipios „Traum"[55]. Der Sache nach, doch sicher nicht
dem Geiste, ist diese *dictatura legibus scribundis et rei publicae constituendae*
das positive Vor-Abbild der Diktatur Sullas[56]. Als fiktives *consilium* Scipios
aber ist sie Ciceros *consilium* für die Beendigung der Staatskrise in der Gegenwart, ist das „missing link" zwischen dem Plan zu konstituierender Gesetzgebung in *de re publica* und der Gesetzesmaterie in *de legibus*[57].

Aufs Ganze gesehen, dient so das Werk *de re publica*, veröffentlicht im
Jahre 51 v. Chr. und offenbar allseits überaus positiv aufgenommen[58], dem
politisch aktuellen Zweck, bei dem lesenden Publikum, vor allem selbstverständlich bei Ciceros Kollegen im Senat, Einsicht und die Bereitschaft zu
reformerischem Handeln zu wecken: Einsicht zu wecken in die Werthaftigkeit der bedrohten, fast schon ganz „verlorenen" Grundordnung von Roms
res publica und *imperium* sowie in die Notwendigkeit einer tiefgreifenden,
das Gemeinwesen durch Gesetzgebung konstituierenden Reform[59] – und die
Bereitschaft zu wecken, das Notwendige auch zu tun, d. h., durch Scipio
gleichsam historisch legitimiert, also unbelastet vom Negativbeispiel Sulla –
sozusagen an dem Negativbeispiel vorbei –, einen der *rectores* für eine gewisse Zeit zum *dictator legibus scribundis et rei publicae constituendae* zu be-
stellen[60].

c. Diktatur und Decemvirat

Ein glücklicher Zufall fügt es nun, daß sich dieses aus einer Vielzahl von
Indizien zusammengesetzte Ergebnis noch ein gutes Stück weiter präzisieren
läßt. C. A. Behr nämlich hat unlängst auf dem Palimpsest *fol.* 185[rv] des

RPA, S. 249 ff.; BUCHHEIT, Ciceros Kritik, und RIDLEY, passim; HEUSS, Ciceros Theorie,
S. 211 (19) ff., 262 (70) ff.; LEHMANN, S. 12, 26 f., 36, 40 f.

[55] S. o. S. 192 ff.

[56] In diesem Sinne wird man die Interpretation von LEHMANN, S. 40 f., modifizieren
müssen, nach welcher die Diktatur *leg.* III 9 sachlich als das Abbild der sullanischen
Diktatur aufzufassen sei. Zu *leg.* III 9 s. o. S. 193.

[57] S. o. S. 186.

[58] Cic. *fam.* VIII 1,4 (51); *Att.* VI 1,8 (50); 2,9 (50); 3,3 (50); VII 2,4 (50); *Brut.* 19. –
HECK, Bezeugung, S. 21 ff., 33.

[59] Trotz der von Cicero sehr positiv beurteilten Quasidiktatur des Pompeius i. J. 52: *Att.*
VII 1,4; VIII 3,3. – Zur Sache vgl. MEYER, Caesars Monarchie, S. 191 ff., 207 ff., 229 ff.;
GELZER, Pompeius, S. 145 ff.; MEIER, RPA, S. 11 f., 142 ff., 293 ff.; LEHMANN, S. 8 ff.

[60] Vgl. PÖSCHL, S. 31 ff.; VOGT, Ciceros Glaube, S. 56 f.; GELZER, Cicero, S. 215.

Codex Vatic. gr. 1298 (= R) ein neues Zitat aus Ciceros *de re publica* entdeckt, das er mit Vorbehalt Buch V zuordnet[61]. Das Zitat steht in dem anonymen byzantinischen Traktat Περὶ Πολιτικῆς Ἐπιστήμης, der um die Zeit des Kaisers Justinian I. (527–565 n. Chr.) entstanden ist. Schon die Überschrift des elften Kapitels von Buch V des byzantinischen Traktates beweist, daß sein Autor mit Ciceros *de re publica* bestens vertraut war[62]. Sie lautet: παράθεσις τῆς κατὰ Πλάτωνα καὶ Κικέρωνα πολιτείας (R 297ʳ, 16–18). Das von C. A. Behr entdeckte Cicerozitat gehört aber zu einem früheren Teil von Buch V des Traktates. Die originale Beschriftung von *fol.* 185ʳᵛ ist weitgehend unlesbar. Lesbar sind auf *fol.* 185ʳ ein Teil der ersten Zeile sowie das letzte Wort von Z. 29 und daran anschließend Z. 30–32, auf *fol.* 185ᵛ die drei ersten (1–3) und die letzten fünf Zeilen (28–32); diese beziehen sich aber nicht auf *de re publica*.

Es handelt sich um das Bruchstück eines Dialoges zwischen Menodoros, dem Dialogführer, und einem Mann namens Thomasios. Das Cicerozitat darin ist Teil einer Antwort des Thomasios[63]:

185ʳ, 29: (Vorhergehendes nicht lesbar) . . . ἀνδρῶν ἀρχόντων ἐπιλογὴ ἐκ τῶν ἀρίστων γιγνομέωη (sic!) πρὸς τὴν ὅλην τῆς πολιτείας διοίκησιν.ταῦτα λέγων, ὦ Μηνόδωρε, Κικέρωνι συμφήσεις, „ὅλην σχεδόν", λέγοντι,

185ᵛ, 1: „τὴν βασιλικὴν φροντίδα περὶ δέκα ἐπιλογὴν ἀνδρῶν ἀρίστων καταγίγνεσθαι προσήκειν· οἳ καὶ ἐξαρκέσουσιν ἱκανοί τε ὄντες καὶ ἄλλων ἀνδρῶν ἐπιλογὴν ποιήσασθαι (Rest unlesbar) . . ."

Im fragmentarischen ersten Satz dieses Textes spricht Menodoros über die Auswahl von ἄνδρες ἄρχοντες, von regierungsfähigen Männern aus einem größeren Kreis von ἄριστοι, über die Berufung von Angehörigen einer Elite in die Regierungsverantwortung, über eine Magistratswahl also. Und es ist im gleichen Satz von der konkreten Aufgabe jener Männer die Rede: sie sollen ein vollständiges oder umfassendes Ordnen des Gemeinwesens vornehmen. Sodann bringt Thomasios den angesprochenen Sachverhalt mit einer Meinungsäußerung Ciceros (in *de re publica*) in Verbindung: es obliege – nach Cicero – fast der gesamten βασιλικὴ φροντίς – d. h. wörtlich: königlichen Fürsorglichkeit, Sorgfalt o. ä. –, sich auf eine Auswahl von zehn „besten

[61] S. 141ff. Ich referiere im folgenden das dort Mitgeteilte.

[62] HECK, Bezeugung, S. 66–68, glaubte allerdings nicht, daß der Autor des Traktates Ciceros *rep.* kannte.

[63] BEHR, S. 143. – BEHR (ebd.) rechnet mit der Möglichkeit, daß das Zitat nur bis προσήκειν reicht; dazu unten S. 201.

Männern" zu konzentrieren; diese[64] wären dann ihrerseits imstande, andere Männer auszuwählen.

Soweit der Inhalt des griechischen Textes, der gleich in der Einzelinterpretation noch genauer besprochen wird. C. A. Behr hat an der Herkunft des Cicerozitates aus *de re publica* keinen Zweifel gelassen[65]. Er rechnet damit, daß hier vom *rector* die Rede ist. Die lateinische Vorlage könne etwa gelautet haben: *rectorem oportet curam conferre in dilectum decem optumorum virorum*[66]. Abgesehen davon, daß man hinter *oportet* wohl noch *totam paene* o. ä. einfügen müßte, scheint C. A. Behr das „Rektorat" für eine ständige (quasi-)monarchische Einrichtung zu halten; denn er erwägt, daß gleichzeitig die ordentliche Magistratur (Konsuln etc.) im Amt sein und das Gremium der zehn Männer eine Art Mittlerfunktion („as intermediaries") zwischen *rector* und Magistraten erfüllen sollte[67]. Kaum anders wohl auch W. Suerbaum, der das Gremium der Zehn als „Staatsrat" (des *rector*) ansieht[68].

Ich möchte hier eine andere Lösung zu bedenken geben, von der ich glaube, daß sie besser als die nun doch wieder monarchische oder quasimonarchische von C. A. Behr und wohl auch W. Suerbaum zu Ciceros republikanisch-aristokratischer Grundeinstellung paßt, die durch *de legibus* zweifelsfrei dokumentiert ist; eine Lösung auch – und das wäre ebenfalls typisch für Cicero –, die aus Roms in *rep.* II dargestellter Institutionengeschichte und aus Roms Verfassungswirklichkeit der jüngeren Vergangenheit Lehren zieht.

Es ist zwar völlig unsicher, welchem konkreten Sinnzusammenhang, welchem der beiden letzten Bücher von *de re publica* und welchem Teil dieser Bücher – dem persönlichen Vorwort Ciceros *rep.* V 1 ff. oder den Darlegungen Scipios in *rep.* V oder in *rep.* VI – das neue Zitat entstammt (vgl. unten δ). Aber wenn auch, aus diesem Grunde, alle folgenden Überlegungen weitgehend auf Sand gebaut sind, ist doch nach meiner Ansicht die Hypothese vertretbar, daß Cicero in *de re publica* seinen Zeitgenossen den Rat gegeben hat, es solle einer der *rectores* als *dictator* zusammen mit zehn weiteren *rectores* als einem magistratischen Decemvirat „Gesetze geben und das Ge-

---

[64] Vgl. BEHR, S. 143: dieser Satzteil gehöre möglicherweise nicht mehr zu dem Zitat. S. u. S. 201.

[65] S. 143: „indisputably a quotation from the *De Republica*". – Zur Genauigkeit der inhaltlichen Wiedergabe von Cicerotexten durch den byzantinischen Autor siehe BEHR, S. 146 ff. – Zu dem neuen Zitat siehe auch SUERBAUM, Staatsbegriff, S. 349; ders., *rep.*, S. 77.

[66] S. 148, Anm. 30. SUERBAUM, a. a. O.

[67] S. 148 f.; vgl. S. 144–146, eine andere Partie des Traktates, in der von „besten Männern" – aber nicht von zehn – und dem Verhältnis dieses aristokratischen Gremiums (des Senates) zur Magistratur die Rede ist, doch ohne Bezug zu *rep.*

[68] *Rep.*, S. 77.

meinwesen konstituieren". Zu diesem Ergebnis haben mich folgende Überlegungen geführt:

α. Die zehn Männer

Cicero spricht in dem neuen Zitat aus den letzten beiden Büchern von *de re
publica* (185ʳ, 32: ὅλην σχεδόν etc.) über die Wahl (ἐπιλογή) von zehn „besten Männern" (ἄνδϱες ἄϱιστοι). Es sind dies sicher Politiker, die seinem
Bild vom *rector* entsprechen. Durch die Wahl werden sie zu Mitgliedern
eines magistratischen Zehn-Männer-Kollegiums. Für welche Aufgaben sie
gewählt werden, erfährt man leider nicht. Hier können jedoch die dem Zitat
unmittelbar vorangehenden Zeilen des byzantinischen Textes (185ʳ, 29–31)
weiterhelfen. Der Dialogführer Menodoros nämlich bezeichnet die – zehn? –
Männer, die aus einem größeren Kreis von „Besten" (ἄϱιστοι), d. h. der
einen Senat bildenden Aristokratie[69], gewählt sind, als ἄνδϱες ἄϱχοντες: als
Magistrate[70], und deren Wahl erfolgte nach seiner Aussage πϱὸς τὴν ὅλην
τῆς πολιτείας διοίκησιν (185ʳ, 30f.). Dem magistratischen Kollegium wird
also die „gesamte Verwaltung des Gemeinwesens", die höchste Regierungsgewalt in die Hand gegeben, was vielleicht im Sinne eines vollständigen
Neuordnens, Reorganisierens, grundlegenden Einrichtens, „Konstituierens"
gemeint war[71], wozu dann auch Gesetzgebung gerechnet werden dürfte.

Thomasios nun, der Dialogpartner, beantwortet die Äußerung des Menodoros bestätigend mit dem Cicerozitat (185ʳ, 31f.: ταῦτα λέγων . . . Κικέϱω-
νι συμφήσεις). Daher dürften auch die zehn „besten Männer", die das Zitat
nennt, ein magistratisches Kollegium mit gleichem Auftrag bilden: Regierung, Konstituierung des Gemeinwesens, vielleicht auch Gesetzgebung.

Man braucht sich aber nur an Bekanntes zu erinnern, um auch ohne diese
Hilfskonstruktion zu einer befriedigenden Erklärung zu kommen. Da ist als

---

[69] Vgl. Behr, S. 144–146, mit Zitaten aus anderen Partien des byzantinischen Traktates,
die das Verhältnis von Königtum, Magistratur und Senat behandeln. Bei allen Erwägungen, ob sich daraus Aufschlüsse über *de re publica* gewinnen lassen könnten (Behr,
a. a. O.), ist aber unbedingt zu berücksichtigen, daß Cicero mit Sicherheit kein „Rektorat"
im Sinne eines Königtums etablieren wollte: s. u. S. 203.

[70] Vgl. Behr, S. 145 mit Anm. 20.

[71] Zu διοίκησις/*administratio* siehe Stephanus, ThGrL, vol. III, s. v., Sp. 1514; Lid-
dell-Scott, s. v., S. 432. – Vgl. aber Mason, S. 181, der διοίκησις unter *constitutio (rei
publicae)* aufführt und S. 38 (s. v. διοίκησις) auf Cass. Dio 46, 55, 3 hinweist, wo das Amt
der *III viri rei publicae constituendae* (Octavian, Antonius, Lepidus) folgendermaßen beschrieben wird: (τάδε διωμολόγησαντο˙) . . . τοὺς τϱεῖς πϱός τε διοίκησιν καὶ πϱὸς κατά-
στασιν τῶν πϱαγμάτων ἐπιμελητάς τέ τινας καὶ διοϱθωτὰς . . . αἱϱεθῆναι. Die Begriffe
διοίκησις und κατάστασις zusammengenommen meinen also offenbar das *constituere*.

erstes die Tatsache, daß, nach Ciceros Bild vom *rector* als Typus, *rectores* als potentielle Magistrate grundsätzlich imstande sein sollen (*rep.* V 3), Gesetze zu geben[72]. Betrachtet man, davon ausgehend, die in dem neuen Zitat aus *de re publica* genannten zehn ἄνδρες ἄριστοι als *rectores*, die durch Wahl zu Magistraten werden, so ist dieses Kollegium in jedem Falle kompetent für Gesetzgebung. Das stärkste Argument für die Richtigkeit dieser Interpretation aber liegt in der Zehnzahl, die den Gedanken an die *X viri legibus scribundis et rei publicae constituendae*[73] der Jahre 451 bis 449 v. Chr. evozieren muß[74]: offenbar hat Cicero in den letzten beiden Büchern *de re publica*[75], in denen *de consiliis in posterum providendis* diskutiert und, wie bereits bekannt, die Ernennung eines *dictator l. scr. et r. p. c.* vorgeschlagen wurde, auch diese „außerordentliche konstituierende Gewalt" als vorbildlich in seine Überlegungen einbezogen[76], insbesondere die erste Gruppe von *X viri*.

Das Wirken des historischen Decemvirates war eingehend schon in *rep.* II 61–63 behandelt worden. In Ciceros Darstellung heißt es u. a., man habe damals den Beschluß gefaßt, nach Rücktritt der ordentlichen Magistrate *X viri maxima potestate* zu wählen (II 61), *qui et summum imperium haberent et leges scriberent*[77]. Das Decemvirat tritt also an die Stelle des Konsulats[78]. Der mit höchstem Lob bedachten Regierungszeit eines ersten Kollegiums von *X viri*, das im folgenden Jahr (450) von einem zweiten – schon zu Anfang weniger guten, später tyrannisch entartenden (II 62 f.; III 44, 45) – abgelöst wurde, verdankt Rom zehn seiner *XII tabulae* (II 61: *qui cum X tabulas legum summa aequitate prudentiaque conscripserint*)[79].

---

[72] S. o. S. 192.

[73] Diesen zweiten Bestandteil der Titulatur hebt BELLEN, S. 563 f., mit Nachdruck hervor.

[74] BEHR, S. 149, Anm. 31. – Das (hier nicht interessierende) Problem der Historizität: WERNER, Beginn, S. 280 ff.

[75] Zu der Frage, ob das neue Zitat Buch V oder VI entnommen ist, s. u. S. 212 f.

[76] In anderer Weise hatte sich schon Sulla i. J. 82 an diesem Beispiel orientiert: BELLEN, S. 560 ff. – Auffällig übrigens, daß Cicero in seinem Kampf (i. J. 63, *leg. agr.* I-III) gegen die *rogatio agraria* des P. Servilius Rullus und das darin vorgeschlagene „Decemvirat" (GELZER, Caesar, S. 38 ff.; ders., Cicero S. 71 ff.) das entartete historische Decemvirat nicht als Negativbeispiel heranzieht.

[77] Zu *summum imperium* vgl. im griechischen Text (185ʳ, 30 f.) πρὸς τὴν ὅλην τῆς πολιτείας διοίκησιν. – S. o. S. 199.

[78] Die übrigen Beamten – damals nur Quæstoren (MOMMSEN, StR II 1, S. 526 f.) – treten zurück: *rep.* II 62. – Zum historischen Decemvirat siehe MOMMSEN, StR II 1, S. 702 f., 710 ff. (und passim das ganze Kapitel). – Das historische Decemvirat nicht als Ausnahmemagistratur, sondern als gescheiterte Alternative zur Konsulatsverfassung: POMA, S. 144 f.

[79] Vgl. *de orat.* I 58: *qui XII tabulas perscripserunt, quos necesse est fuisse prudentis*. – POMA, S. 132 ff.

Und nicht nur die Zehnzahl weist von dem neuen Zitat auf das historische (erste) Decemvirat als das Vorbild zurück, sondern auch noch der letzte Satzteil des griechischen Textes (185ᵛ, 2f.: οἳ καὶ ἐξαρκέσουσιν etc.)[80]. Nach den Ausführungen in *rep.* II 61 nämlich haben die *X viri* des Jahres 451 für das folgende Jahr ein anderes Zehnerkollegium „subrogiert" (*in annum posterum decemviros alios subrogaverunt*), d.h. haben Wahlkomitien abgehalten, und sind nach Ernennung ihrer Nachfolger zurückgetreten[81]. Eben dies klingt in dem Satz an, der in dem byzantinischen Textfragment auf προσήκειν folgt[82]: die durch eine von der βασιλικὴ φροντίς (dazu β) verantwortete Wahl ins Amt gelangten *X viri* leiten – zu welchem Zeitpunkt bzw. nach wie langer Amtszeit, ist nicht gesagt; doch wohl ebenfalls nach Ablauf eines Jahres (dazu γ) – ihrerseits die Wahl von (zehn?) anderen Männern (185ᵛ, 3: ἄλλων ἀνδρῶν ἐπιλογὴν ποιήσασθαι)[83], und diese wiederum sollten dann vermutlich an deren Stelle treten.

Der Vergleich der Angaben des griechischen Textes bzw. des neuen Zitates aus *de re publica* mit Ciceros Nachrichten über das historische Decemvirat in dem gleichen Werk rechtfertigt, so meine ich, den Schluß, daß in *rep.* V oder VI (dazu δ) für die Realisierung des Reformprogramms nicht nur, wie bereits feststeht, die Bestellung eines *dictator legibus scribundis et rei publicae constituendae*, sondern auch die Wahl eines Kollegiums von *X viri legibus scribundis et rei publicae constituendae* vorgeschlagen wurde, dem – wahrscheinlich am Ende einer Amtszeit von einem Jahr – durch Subrogation ein weiteres folgen sollte. Das Gesetzesmaterial für die Arbeit des Decemvirates (und des *dictator*; dazu γ) bietet in *de legibus* der *Codex Ciceronianus*.

Allerdings besaß das historische Decemvirat einen gravierenden „Konstruktionsfehler", der es nicht in jeder Hinsicht als vorbildlich erscheinen lassen konnte. Cicero/Scipio macht selber nachdrücklich darauf aufmerksam (*rep.* II 62), daß unter der Herrschaft von *X viri* der *status civitatis* zwangsläufig instabil war, weil er, entgegen der Mischverfassungslehre[84], nicht die Interessen aller *ordines* in der angemessenen Weise berücksichtigte. Die *res*

---

[80] Vgl. den Vorbehalt von Behr, oben Anm. 63f.

[81] Vgl. die Darstellung Liv. III 34,7 bis 35,9. – Poma, S. 135, sieht einen Unterschied zwischen der *subrogatio* bei Cicero und den Komitien bei Livius (III 35,1ff.): „con procedura insolita, i decemviri non vengono eletti nei comizi, ma vengono surrogati" (sc. bei Cicero). Doch auch Livius spricht von *subrogatio* (III 38,1) und meint damit die (vom zweiten Decemvirat unterlassene) Neuwahl. – Zu *subrogatio* vgl. Mommsen, StR I, S. 29f., 217f.; ebd. II 1, S. 81.

[82] In der Sache ändert sich daran nichts, wenn der Satz kein wörtliches Zitat aus *rep.* sein sollte; vgl. Behr, oben Anm. 63f.

[83] Mit ἄλλων ἀνδρῶν vgl. *rep.* II 61: *decemviros alios*.

[84] Poma, S. 140ff. – Aalders, Theorie, S. 109ff.; Nippel, S. 153ff.

publica befand sich gänzlich in der Hand von *principes*: an der Spitze des Gemeinwesens *X viri* aus dem Adel, keine Volkstribunen, keine nachgeordnete Magistratur[85], keine *provocatio* (ebd.). So war der Ungerechtigkeit des zweiten Decemvirates, das am Ende des Amtsjahres 450 v. Chr. sich weigerte, ein nachfolgendes Gremium zu subrogieren (ebd.), Tor und Tür geöffnet (*rep.* II 63), was eine *maxima perturbatio et totius commutatio rei publicae* mit anschließender Wiederherstellung der Konsulatsverfassung zur Folge hatte (ebd.)[86].

Ciceros eigener Grundsatz nun, daß man aus der Verfassungsgeschichte lernen müsse[87], spricht dafür, daß der Autor von *de re publica*, als er für seine *consilia* auf das historische Decemvirat zurückgriff, die historisch manifesten „Konstruktionsfehler" vermeiden wollte. Wie er dies im einzelnen erreicht haben mag, läßt sich nur vermuten: etwa dadurch, daß seinem Decemvirat, das mit *summum imperium* die Stelle des Konsulates einnimmt, die übrige Magistratur (Praetoren etc.) beigeordnet sein, daß das Volkstribunat weiter bestehen[88], daß die *provocatio* nicht abgeschafft werden sollte[89]. Sicher spielt dabei aber auch noch der *dictator* eine besondere Rolle[90].

β. βασιλικὴ φροντίς

In dem neuen Cicerozitat wird es als eine wesentliche Obliegenheit der βασιλικὴ φροντίς bezeichnet, sich mit einer Wahl oder Auswahl von zehn „besten Männern" zu beschäftigen (185ʳ, 32; 185ᵛ, 1–2: ὅλην σχεδόν . . . τὴν βασιλικὴν φροντίδα περὶ δέκα ἐπιλογὴν ἀνδρῶν ἀρίστων καταγίγνεσθαι προσήκειν)[91]. Die Interpretation dieses Satzes ist mit großen Schwierigkeiten

---

[85] Quaestoren: s. o. Anm. 78.

[86] POMA, S. 140ff.

[87] Dies verlangt Scipio von seinen Gesprächspartnern u. a. *rep.* I 45; II 45, 57, 62.

[88] Vgl. den Grundsatz *leg.* III 9 Ende: *neve plebem orbam tribunis relinquunto* (sc. die *tribuni plebis*, indem sie durch rechtzeitige Neuwahlen die Kontinuität des Amtes sichern). Der Grundsatz entspricht der *lex Duilia* vom Jahre 449 v. Chr., einem von dem Volkstribunen M. Duilius nach dem Sturz des Decemvirates erwirkten Plebiszit: Liv. III 55,14 (ROTONDI, S. 203). – Zur Bewertung des Volkstribunates in *rep.* siehe GIRARDET, S. 179ff.

[89] Vgl. die *lex Valeria Horatia*, die, nach dem Sturz des Decemvirates, bei Todesstrafe verbietet, in Zukunft noch einmal *magistratus sine provocatione* einzusetzen: Cic. *rep.* II 54; Liv. III 55,5 (ROTONDI, S. 204); ebenso die entsprechende *lex Duilia*: Liv. III 55,14 (ROTONDI, S. 203). – Nach Ciceros Gesetz *leg.* III 6 gilt die *provocatio* im Bereich *domi* uneingeschränkt, im Bereich *militiae* ist sie untersagt (*militiae ab eo qui imperabit provocatio nec esto quodque is qui bellum geret imperassit, ius ratumque esto*); dazu LEHMANN, S. 13f. mit Anm. 26 und 27, S. 42 mit Anm. 69.

[90] S. u. S. 216f.

[91] Nach BEHR, S. 148, Anm. 30, ist περὶ ... (ἐπιλογήν) ... καταγίγνεσθαι eine stilisti-

verbunden. Sicher ist zunächst nur, daß es sich bei der ἐπιλογή als der Wahl
von *X viri* um eine Magistratswahl handelt (s. o. α). Sicher ist ebenfalls, daß
es nicht ein βασιλεύς im Wortsinne sein kann, der sich mit jener Wahl zu
„beschäftigen" hat; denn der Republikaner Cicero wollte keine monarchische Dauereinrichtung schaffen[92]. Wer aber besitzt dann die βασιλικὴ
φροντίς, welches Amt hat ihr Besitzer inne? Und was bedeutet ferner konkret das Sich-Beschäftigen mit der Magistratswahl? Ist mit einer Vielzahl von
Personen zu rechnen, die sich in der Weise mit der Wahl „beschäftigen", daß
sie die Bestellung eines Wahlleiters vornehmen oder daß sie selber aus ihrer
Mitte die *X viri* wählen? Oder wenn eine Einzelperson gemeint ist: wählt
diese die *X viri* selber und bringt sie ins Amt, oder fungiert sie als Leiter von
Komitien für die Wahl der *X viri*?

Der Ausdruck βασιλικὴ φροντίς hilft, für sich genommen, nicht viel weiter. Er dürfte Eigenschaften meinen wie *prudentia* und *sapientia*[93], auch *consilium, caritas, diligentia*[94], – Eigenschaften jedenfalls, die in Ciceros *de re
publica* gute Könige besitzen[95], die aber in gleicher Weise das Bild vom Typus
des *rector* bestimmen[96] und somit dann natürlich eine Vielzahl von *rectores*[97]
als Senatoren oder als Inhaber gleich welches Staatsamtes auszeichnen. Auf
dieser Grundlage ergeben sich folgende – z. T. allerdings von vorneherein
problematische – Möglichkeiten, das Zitat zu interpretieren:

Ein größerer, die βασιλικὴ φροντίς verkörpernder Personenkreis – *rectores* auf alle Fälle, d. h. der Senat insgesamt oder eher doch wohl nur ein Teil,
die *principes* – „beschäftigt" sich mit der Wahl von *X viri*, indem er, eine
Vakanz des Oberamtes (Konsulat) vorausgesetzt, einen *interrex* zum Wahlleiter bestellt[98]; oder indem er, analog den vorbereitenden Maßnahmen für

---

sche Eigenheit des byzantinischen Autors. Weitere Beispiele bei Stephanus, ThGrL, vol.
V, Sp. 1037f.

[92] Menodoros hingegen dürfte in dem vor *fol.* 185ʳ, 29 verlorengegangenen Text von der
ἐπιλογή der ἄνδρες ἄρχοντες durch einen βασιλεύς gesprochen haben (vgl. die Textfragmente bei Behr, S. 144ff.). Wenn Thomasios gleichsam durch Stichwortverknüpfung
(βασιλικὴ φροντίς) das Cicerozitat einführt (entscheidend ist aber natürlich die Sache, um
die es geht: die ἐπιλογή), so besagt dies nicht, daß auch Cicero einen König gemeint hätte.

[93] Stephanus, ThGrL, vol. IX, Sp. 1073, s. v. φροντίς.

[94] Vgl. Behr, S. 148, Anm. 30, sowie Suerbaum, Staatsbegriff, S. 349; ders., *rep.*, S. 77:
cura.

[95] Siehe z. B. *rep.* I 54, 55; II 47: *caritas, diligentia.* – *rep.* I 42, 60; II 5, 11, 21, 24, 30, 31,
43, 47: *consilium, sapientia, prudentia.*

[96] Z. B. in *rep.* II 51, 67, 69; V 2, 5, 7f.; VI 1f. – Vgl. Pöschl, S. 120ff., 162ff.;
Büchner, *rep.* (Einleitung), S. 55ff.; ders., Tyrann, S. 124ff.

[97] Zur Pluralität s. o. S. 189ff.

[98] Zu den verfassungsrechtlichen Voraussetzungen und Modalitäten des *interregnum*
siehe Jahn, S. 12ff.; Rilinger, S. 14ff.

die Bestellung eines *dictator*[99], einen der Konsuln beauftragt, entweder persönlich die *creatio* von X *viri* vorzunehmen, die mit diktatorischer Amtsvoll-
macht (*summum imperium*, s. o. α) ausgestattet werden, oder Komitien für
die Wahl der X *viri* durchzuführen; oder schließlich, indem er, analog der
Bestellung eines *interrex*[100] bei vorauszusetzender Vakanz des Oberamtes,
unter seinen Mitgliedern eine Auswahl von Männern trifft, die allein auf
Grund dieser Auswahl, d. h. ohne einen Wahlakt der Komitien, das magistratische (erste) Decemvirat bilden sollen.

„Beschäftigt" sich jedoch nur eine einzelne, ebenfalls die βασιλικὴ φρον-
τίς verkörpernde Person mit der ἐπιλογή, so könnte dies entweder geschehen, indem sie aus eigener Machtvollkommenheit, d. h. ohne Mitwirken von
Komitien, die X *viri* wählt und ins Amt bringt, oder indem sie Komitien zur
Wahl der X *viri* leitet; für die Leitung der Wahl kommen nach römischem
Verfassungsrecht und Brauch in Frage: (einer der *rectores* als) Konsul[101],
dictator comitiorum habendorum causa[102], *interrex*[103] – oder, im Sinne des
Vorschlages, den Cicero/Scipio in *de re publica* unterbreitet hat, ein *rector* als
dictator l. scr. et r. p. c.

Die zuletzt genannte Möglichkeit halte ich für die einzig wahrscheinliche.
Ein positiver Beweis für die Richtigkeit dieser Ansicht läßt sich aber angesichts der Quellenlage leider nicht führen. Es bleibt nur die Möglichkeit, den
umständlichen und mit Risiken verbundenen Versuch zu unternehmen, die
übrigen Interpretationen zu falsifizieren. Anderenfalls müßte man wohl
überhaupt auf eine Entscheidung und ein halbwegs befriedigendes Ergebnis
verzichten.

Von besonderem Interesse ist auf den ersten Blick der *interrex*. Der Ausdruck βασιλικὴ φροντίς könnte von dieser Amtsbezeichnung her beeinflußt
sein[104]. Außerdem fühlt man sich an das Zustandekommen des historischen
Decemvirates im Jahre 452/51 erinnert. Vermutlich[105] trat damals – sei es nach
der Abdikation der amtierenden Konsuln, sei es nach dem Verzicht der

---

[99] Zu diesen siehe JAHN, S. 35 ff., 39 ff.; RILINGER, S. 24 ff.

[100] Vgl. JAHN, RILINGER, oben Anm. 98.

[101] Vgl. RILINGER, S. 41 ff.

[102] Vgl. JAHN, S. 32 ff., 42 ff. sowie S. 64 ff. (die historischen Wahldiktaturen bis zum
Ende der Republik); RILINGER, S. 34 ff. – Diese Spezialdiktatur, die allerdings seit dem
Jahre 202 v. Chr. außer Brauch gekommen war, wurde i. J. 49 Caesar übertragen: JAHN, S.
43 ff., 144 ff., 184 f.

[103] Vgl. JAHN, RILINGER, oben Anm. 98. – Der Praetor ist wohl nicht in Betracht zu
ziehen, da er im Vergleich mit dem *summum imperium* der zu wählenden X *viri* (s. o. α) ein
imperium minus besitzt; vgl. JAHN, S. 182 ff.

[104] MASON, S. 56, 67 f., 189 f.: *interrex* als ἀντιβασιλεύς, μεσοβασιλεύς, μεταξὺ βασιλεύς. – Vgl. ebd., S. 22: auch der *dictator comitiorum habendorum causa* als ἀντιβασιλεύς.

[105] JAHN, S. 57 f.; vgl. ebd., S. 48 (f.), Anm. 175 (1 und 2).

designierten Konsuln auf Amtsübernahme – das *interregnum* ein. In diesem Fall hätte, wohl auf Grund einer zuvor verabschiedeten *lex de creandis X viris legibus scribundis*[106] *et rei publicae constituendae*[107], einer der jeweils fünf Tage amtierenden Nachfolger des ersten *interrex*[108] die Komitien zur Wahl der ersten Gruppe von *X viri* geleitet. Als Cicero das Werk *de re publica* schrieb und seine *consilia* für die Realisierung der Reform darstellte, könnte er diesen Vorgang – wenn er sich so ereignet hat, und wenn er dem Autor bekannt war – sozusagen als Bestandteil des *mos maiorum* zur Legitimation seines durch das neue Zitat dokumentierten Vorschlages herangezogen haben, wie er ja das historische Decemvirat auch schon als solches (s. o. α) zum Vorbild genommen hat.

Allein, es ist dennoch ganz unwahrscheinlich, ja durch den folgenden Falsifizierungsversuch ausgeschlossen, daß Cicero die Wahlleitung durch einen *interrex* gemeint hat. Wahlleiter ist auch nicht ein Konsul oder ein *dictator comitiorum habendorum causa*, und ebensowenig sollte sich die βασιλικὴ φροντίς des Senates bzw. einer Gruppe von *rectores* in der oben angegebenen Weise mit der ἐπιλογή von *X viri* „beschäftigen". Wie sich gleich zeigen wird, scheitern diese Interpretationsmöglichkeiten sämtlich an den Konsequenzen, die sich aus ihnen im Hinblick auf das bereits bekannte, ebenfalls in *de re publica* vorgelegte *consilium* Ciceros ergeben, zur Bewältigung der gegenwärtigen Krise von *res publica* und *imperium* vorübergehend das Notstandsamt der *dictatura l. scr. et r. p. c.* einzuführen. Vermeiden ließe sich das Scheitern, wenn man darauf verzichten könnte, den *dictator l. scr. et r. p. c.* in die Interpretation des Zitates einzubeziehen. Das wäre aber nur dann zulässig, wenn man annehmen dürfte, Cicero hätte die (potentielle) Diktatur Scipios nicht als den gegenwartsbezogenen Vorschlag zur Einführung dieser „außerordentlichen konstituierenden Gewalt" (Th. Mommsen) betrachtet; wenn man also etwa annehmen dürfte, die konstituierende Diktatur in *rep.* sei nur als verfassungspolitisches Prinzip gedacht gewesen, das – fiktiv – in der Vergangenheit durch eine einzelne Person (Scipio), in der Gegenwart jedoch kollegialisch, durch ein Decemvirat, konkretisiert werden sollte[109]. Doch für eine solche Annahme besteht bei Cicero nicht der geringste Anlaß[110].

---

[106] Rotondi, S. 201.

[107] Für die Titulatur: Bellen, S. 564.

[108] Jahn, S. 22–28; Rilinger, S. 14–16.

[109] Zur Diktatur Scipios s. o. S. 192 ff.

[110] Vgl. aber (umgekehrt) Sulla, der – so Bellen, S. 567 – „das kollegiale Amt der *decemviri legibus scribundis* unter dem Namen der Diktatur zu einem monarchischen transformiert und diesen Charakter durch Hervorholung und Akzentuierung der Staatsneugründungsformel *rei publicae constituendae* (sc. als Teil der Titulatur des historischen Decemvirates: Bellen, S. 564) ... verstärkt" hat.

Man kann also das einstellige Oberamt der konstituierenden Diktatur nicht außer Betracht lassen und muß daher bei der Interpretation des neuen Zitates in Rechnung stellen, daß Ciceros *consilium* die Etablierung sowohl der Diktatur als auch des Decemvirates vorsieht. In Rechnung stellen muß man ferner, daß auch keinerlei Anlaß besteht, Diktatur und Decemvirat als alternative Institutionen aufzufassen, d. h. als Institutionen, die nach Ciceros Vorstellung oder Plan in naher oder fernerer Zukunft wahlweise zu unterschiedlichen Zeiten für unterschiedliche Zwecke eingesetzt werden sollten. Es ist vielmehr davon auszugehen, daß Cicero sein beide Institutionen umfassendes *consilium* ausgearbeitet hat, um eine ganz bestimmte Krisensituation bewältigen zu helfen: Diktatur und Decemvirat sollten die gleiche Aufgabe erfüllen, das *leges scribere* und das *rem publicam constituere*, und zwar in gleicher – gegenwärtiger – Krisenzeit[111], um die gleiche – gegenwärtige – Krise zu beenden, also gleichzeitig, sachlich und zeitlich einander zugeordnet (s. u. γ).

Auf diesem Hintergrund gewinnt die Feststellung, daß es nur einen einzigen Zeitpunkt gibt, zu welchem die Ernennung des *dictator l. scr. et r. p. c.* möglich bzw. sinnvoll ist, entscheidende Bedeutung für die Interpretation des neuen Zitates. Drei Möglichkeiten sind zu erwägen: der *dictator* wird vor der Einführung des Decemvirates, während *X viri* amtieren oder nach dem Rücktritt der letzten Gruppe von *X viri* ernannt.

Spielt man diese Möglichkeiten gedanklich bis zur letzten Konsequenz durch, dann gerät man bei der zweiten und dritten sehr schnell in eine Sackgasse. Angenommen nämlich, der Senat bzw. *rectores*, ein Konsul, der *dictator comitiorum habendorum causa* oder der *interrex*, jeweils die βασιλικὴ φροντίς verkörpernd, hätten sich in der oben dargestellten Weise mit der ἐπιλογή von *X viri* „beschäftigt", d. h. die (ersten) *X viri* ins Amt gebracht: wer soll dann den *dictator l. scr. et r. p. c.* ernennen? Die *X viri* bzw. ein einzelnes Mitglied des Kollegiums? Oder gar derjenige – wer immer er auch sei –, der das Decemvirat durch ἐπιλογή ins Leben gerufen hat? Es gibt jedoch nicht nur keinen Anhaltspunkt dafür, daß Cicero derartiges vorgeschlagen haben könnte. Ich halte es auch von seinem Verfassungsdenken her für ausgeschlossen, daß er von den Prinzipien seiner eigenen gesetzlichen, mit dem *mos maiorum* in Einklang stehenden Regelung (*leg.* III 9) abgegangen sein sollte, wonach ein *dictator* (*magister populi*) auf Senatsbeschluß von einem Konsul ernannt wird[112].

Bei der Interpretation des neuen Zitates angewendet, bedeutet dies, daß

---

[111] S. o. Teil IV 11, S. 185 f.

[112] LEHMANN, S. 27 f. – Vgl. Ciceros Ablehnung der Ernennung Sullas durch einen *interrex*: *Att.* IX 15,2. Dazu WILCKEN, S. 8; JAHN, S. 162, 164 f.

die Ernennung des *dictator l. scr. et r. p. c.* durch einen Konsul nur möglich ist, entweder bevor das Decemvirat eingesetzt wird oder nachdem die letzte Gruppe von *X viri* ihren Auftrag erfüllt hat, der „Ausnahmezustand" also beendet ist und nach Maßgabe der in Kraft gesetzten Verfassung Ciceros *leg.* III 6–11 (8) wieder Konsuln regieren; denn solange *X viri* mit *summum (consulare) imperium* amtieren, gibt es ja keine Konsuln (s. o. α). Die zweite der zu erwägenden Möglichkeiten scheidet also aus. Nicht anders aber auch die dritte: nach dem Ende der Tätigkeit von *X viri*, d. h. wenn es nach dem Ende des „Ausnahmezustandes" wieder Konsuln gibt, ist es nicht mehr sinnvoll, die von Cicero vorgeschlagene konstituierende Diktatur einzurichten – die *leges* des *Codex Ciceronianus* sind in Kraft, die *res publica* ist konstituiert, eines *dictator l. scr. et r. p. c.* bedarf es nicht mehr.

Aus diesen etwas abstrakten, angesichts der Quellenlage aber unumgänglichen Überlegungen und Konstruktionen folgt, daß die konstituierende Diktatur als unverzichtbarer Bestandteil von Ciceros *consilium* nur eingerichtet werden kann, bevor die Wahl des (ersten) Decemvirates stattfindet – mit Folgen wiederum für das Verständnis des neuen Zitates: der *dictator l. scr. et r. p. c.* ist die einzige Person, die mit βασιλικὴ φροντίς für die Wahl von *X viri* in Betracht kommt; denn die Annahme, andere Besitzer dieser Tugend würden die ἐπιλογή in die Hand nehmen, zwingt zu der Feststellung, daß dann die Ernennung des *dictator* unmöglich oder überflüssig wird.

Wenn nun aber diese hypothetische, auf dem Umweg über die Falsifizierung anderer Möglichkeiten erschlossene Interpretation der βασιλικὴ φροντίς das Richtige trifft, gewinnen auch Quellenzeugnisse für den königlichen Charakter der Diktatur allgemein und der konstituierenden Diktatur Sullas als des durch Scipio kaschierten Vorbildes für Ciceros *consilium*[113] im besonderen stärkere Aussagekraft[114] und verdienen es, als Argumente herangezogen zu werden, die die hier vorgeschlagene Interpretation stützen.

In *rep.* II 56, wo Scipio über das historische Ereignis der Einführung einer Militärdiktatur (*rei gerundae causa*) am Beginn der Republik spricht[115], heißt es: ... *novumque id genus imperii visum est et proximum similitudini regiae* (sc. im Vergleich mit dem *consulare imperium*). Schon in *rep.* I 63 sodann hatte Scipio im Blick auf den altrömischen *dictator (rei gerundae causa)/ magister populi* gesagt, im Kriege leiste der *populus Romanus* Gehorsam *ut regi*. Ferner bestimmt Cicero in seinem Verfassungsgrundgesetz *leg.* III 9, in schweren Kriegszeiten (*duellum gravius*) oder bei *discordiae civium* solle ein

---

[113] S. o. S. 195 f.

[114] Auch die Konsuln besitzen *regium imperium* (s. o. im Text), scheiden aber aus der Diskussion um das Zitat aus.

[115] Vgl. Meyer, Staat, S. 39 ff. – Irmscher, S. 273 ff.

magister populi (dictator) für ein halbes Jahr *idem iuris quod duo consules* haben, d. h. das *regium imperium* der beiden Konsuln (*leg.* III 8) in seiner Hand vereinigen. Und über den *dictator* Sulla bemerkt er (*har. resp.* 54): *sine dubio habuit regalem potestatem.* Da somit das Notstandsamt der Diktatur – die altrömische Militärdiktatur, die in Form und Inhalt das altrömische Amt aufnehmende Diktatur *leg.* III 9, die konstituierende Diktatur Sullas – als ein Amt mit königlicher Machtfülle charakterisiert ist, war Appian im Recht, als er in seinem Bericht über die Taten des *dictator* Sulla die Begriffe βασιλεύς, βασιλεία, βασιλεύειν verwendete (*b. c.* I 96, 99, 101). Zudem hat bereits Th. Mommsen darauf hingewiesen, daß die konstituierende Diktatur der Römer in griechischen Augen der Aisymnetie, „der aus freiem Entschluß der Gemeinde und nicht als bleibende Einrichtung eingesetzten unbeschränkten Monarchie", entspricht, und da Dionysios von Halikarnassos (V 73) von Aristoteles (*pol.* III 14, 1284 b 35–1285 b) und dessen Schüler Theophrast (Dionys., a. a. O.) die Definition der βασιλεία des αἰσυμνήτης übernimmt und auf die römische (sullanische) Diktatur anwendet[116], besteht auch von dieser Seite her eine gedankliche Brücke zwischen der βασιλικὴ φροντίς und dem *rector* als *dictator*.

Diese Zeugnisse stützen, so meine ich, das Ergebnis der Interpretation des neuen Zitates aus *de re publica*: die lateinische Vorlage des griechischen Textes hat die *creatio* von *X viri* durch einen der mit *prudentia, sapientia* etc. begabten *rectores* als *dictator l. scr. et r. p. c.* behandelt.

γ. Auftrag und Amtszeit

Wie soll man sich konkret die Arbeit von Diktatur und Decemvirat vorstellen? Arbeiten die beiden Institutionen miteinander oder lösen sie einander ab, das Decemvirat die Diktatur? Und wie lange sollten sie nach Ciceros Plan bestehen bleiben? Zu diesen Fragen schweigen die Fragmente der Bücher V und VI von *de re publica*, unter Einschluß des neuen Zitates. Das Wichtigste läßt sich aber erschließen.

Die beiden von Cicero vorgeschlagenen Institutionen sind außerordentliche konstituierende Gewalten, die die Reformarbeit gemeinsam leisten sollten. Diese Feststellung bedarf keines Beweises: sie ergibt sich von selbst aus der Tatsache, daß der Auftrag beider – das *leges scribere* und *rem publicam constituere* – identisch ist und daß beide in gleicher Zeit zur reformerischen Bewältigung einer und derselben Krise eingesetzt werden sollten[117]. Sodann

---

[116] MOMMSEN, StR II 1, S. 724 mit Anm. 1.
[117] S. o. S. 185 f., 206.

ergibt sich aus dem Auftrag, daß sie beide solange bestehen bleiben sollten, bis der Auftrag erfüllt, die *res publica* also durch Gesetzgebung neu konstituiert sein würde[118]. Ob Cicero dennoch eine Zeitgrenze vorgesehen hatte, wird gleich noch zu erwägen sein. Zuerst sollen mögliche Einwände gegen diese Schlußfolgerungen entkräftet werden.

Die Kombination von Diktatur und Decemvirat als solche ist unproblematisch. Die Gleichzeitigkeit zweier Magistraturen mit gleichartigem, aber im Rang unterschiedenem *imperium*, vorgebildet im Verhältnis von altrömischer Diktatur und Konsulat[119], hatte Cicero in seiner Jugend zur Zeit der Diktatur Sullas selber miterlebt. Damals amtierten seit dem Jahre 81 v. Chr. als Inhaber des *summum (regium) imperium* – und zwar unter dem *dictator l. scr. et r. p. c.* Sulla, der im Vergleich zu diesen ein *imperium maius* besaß[120] – Jahr für Jahr zwei Konsuln, wobei die des Jahres 81 unter Sullas Leitung, die der folgenden Jahre wieder, wie üblich, unter der Leitung der amtierenden Konsuln gewählt wurden[121]. In Analogie dazu amtieren unter Ciceros *dictator l. scr. et r. p. c.* die mit *summum (regium, consulare) imperium* an die Stelle der Konsuln getretenen *X viri*, wobei – in Weiterführung der Analogie – nur deren erste Gruppe von dem *dictator* ins Amt gebracht, die nachfolgende zweite (und dritte?) dagegen ohne Mitwirken des *dictator*, der weiter im Amt bleibt, von den amtierenden *X viri* subrogiert wird[122]. Im Gegensatz zu den Verhältnissen unter Sulla sollte aber sicher die *provocatio* erhalten und sollten die Rechte des Volkstribunates unangetastet bleiben[123].

Auch das neue Zitat liefert, entgegen dem ersten Anschein, kein Argument gegen das gemeinsame Amtieren von *dictator* und *X viri*. Zwar heißt es am Beginn, mit der Wahl (der ersten Gruppe) von *X viri* solle sich „fast die gesamte" (185[r], 32: ὅλην σχεδόν etc.), von einem der *rectores* als *dictator* verkörperte, βασιλικὴ φροντίς beschäftigen. Diese Formulierung könnte

[118] Vgl. MOMMSEN, StR II 1, S. 714–720.

[119] Vgl. MOMMSEN, StR II 1, S. 153 ff.

[120] MOMMSEN, StR II 1, S. 710, 721 f., 723; WILCKEN, S. 7 und 11.

[121] Sulla als Leiter der Konsulwahl für 81: JAHN, S. 166. – Im Jahre 80 ist Sulla zugleich *dictator* und *cos.* II (zur Kumulation vgl. MOMMSEN, StR I, S. 513 ff.), im Jahre 79 legt er die Diktatur nieder: F. FRÖHLICH, RE IV (1900), s. v. Cornelius (392), Sp. 1555 ff., 1562; VOLKMANN, S. 71 f., 84 ff.; WOSNIK, S. 106 ff.; MEIER, RPA, S. 260 ff.; BLEICKEN, RRep., S. 73–75, 173 f. – Zur Kontroverse um Sullas Rücktritt (81 oder 79) zuletzt GABBA, S. 799 ff.

[122] S. o. S. 201.

[123] Vgl. oben S. 202. – Zum Fehlen der *provocatio* unter Sulla, das sich in den Proskriptionen manifestiert, siehe MOMMSEN, StR II 1, S. 734 ff.; WILCKEN, S. 11. Ciceros Verurteilung der Proskriptionen: *Verr.* II, III 81; *Cluent.* 123; *Cat.* II 20, III 24; *leg. agr.* II 56 und 81; III 5; *dom.* 43; *Lig.* 12; *leg.* I 42; *fin.* III 75; *off.* II 27; *Phil.* XIII 1–2, XIV 23. Beschränkung des Volkstribunates: vgl. die Diskussion zwischen Cicero und Quintus in *leg.* III 16 f., 19–26.

die Vermutung aufkommen lassen, der *dictator* habe nach Ciceros *consilium* nur oder in erster Linie den relativ kurzfristig zu erledigenden Auftrag gehabt, als Wahlleiter die ersten *X viri* wählen zu lassen und dann zurückzutreten; im Sinne der die Diktatur regelnden *lex* des *Codex Ciceronianus* (*leg.* III 9) könnte man sich dies binnen einer Amtszeit von maximal sechs Monaten vorstellen (*ne amplius sex menses*).

Aber: das Zitat ist aus dem Zusammenhang gerissen. Schon die (erschlossene) Amtsbezeichnung des *dictator* spricht gegen eine solche sachliche und zeitliche Beschränkung, und der Wortlaut des Zitates selbst schließt nicht aus, daß bei Cicero unmittelbar vor oder nach der Stelle aus *rep.* V oder VI, die der Autor des byzantinischen Traktates übersetzt hat, von anderen Aufgaben die Rede war, die vor bzw. nach der Wahl der ersten Decemvirates ebenfalls „fast die gesamte φροντίς" des *dictator* in Anspruch nehmen sollten. Und ferner, wenn die *X viri* wie die ἄνδρες ἄρχοντες, über die Menodoros gesprochen hat (185ʳ, 29 ff.), πρὸς τὴν ὅλην τῆς πολιτείας διοίκησιν eingesetzt werden[124], so läßt sich dies nicht in der Weise auswerten, daß der *dictator* einen anderen Auftrag als sie – eben nur ihre ἐπιλογή – gehabt hätte und seine Amtszeit darum mit dem Beginn ihrer Tätigkeit beendet wäre. Die Formulierung besagt lediglich, daß die *X viri*, mit höchster Regierungsvollmacht ausgestattet, für alle – speziell für die reformpolitisch-gesetzgeberischen – Belange der *res publica*, nicht hingegen, daß sie als einzige dafür zuständig sind.

So spricht denn also der byzantinische Text mit dem neuen Cicerozitat weder dafür, daß der *dictator* nur die ἐπιλογή leiten, noch dafür, daß er nur kurzfristig – höchstens ein halbes Jahr – amtieren sollte. Im übrigen sei hier noch einmal an die Tatsache erinnert, daß zwischen der auf sechs Monate limitierten Diktatur in *leg.* III 9 und der Diktatur in Ciceros *consilium* ein fundamentaler Unterschied hinsichtlich der politischen Zwecksetzung besteht[125]. Jene soll zum Einsatz kommen, wenn einmal nach und trotz der Neukonstituierung der *res publica* der sozusagen ordentliche Ausnahmefall von *duellum gravius* oder *discordiae civium* eintritt; ganz den Zwecken der altrömischen Diktatur entsprechend, soll sie, als Instrument der neuen Verfassung, die *res publica* nicht konstituieren, sondern konsolidieren bei Krieg oder inneren Unruhen. Hingegen die fiktiv an Scipio, in Wahrheit an Sulla orientierte Diktatur steht außerhalb und über der schon fast zur Gänze verloren gegangenen Verfassung; sie ist im gegenwärtigen gleichsam außerordentlichen Ausnahmefall vorgesehen für die buchstäblich notwendige Neukonstituierung der *res publica* durch eine Gesetzgebung, die massive Systemkor-

---

[124] S. o. S. 199.
[125] S. o. S. 192f.

rekturen impliziert[126]. Träte nun der „außerordentliche" *dictator* schon nach
binnen höchstens sechs Monaten vollzogener Wahl der Decemvirates zurück, hätte er seinen Auftrag in keiner Weise erfüllt (und andererseits: hätte
er ihn in dieser Zeit erfüllt, bräuchte er keine *X viri* mit gleichem Auftrag
mehr wählen zu lassen).

Es bleibt also dabei: ein Ende der Diktatur vor Erledigung des konstituierenden Auftrags wäre widersinnig, und da die *X viri* in gleicher Krise den
gleichen Auftrag haben, arbeiten die beiden Institutionen zusammen.

Das Ende der Amtszeit aber fällt mit der Erfüllung des gemeinsamen
Auftrags zusammen. Ob Cicero die Entscheidung darüber den beiden Ausnahmegewalten bzw. allein dem *dictator* anheimgestellt hat, wie es bei Sulla
der Fall war[127], läßt sich in keiner Weise sagen. Man kann nur vermuten, daß
er mit einem Zeitraum von mehreren Jahren rechnete. Darauf deutet indirekt der schon besprochene (s. o. α) letzte Satzteil des byzantinischen Text-
fragmentes hin[128], wenn man das dort anklingende Subrogationsintervall mit
der Darstellung des historischen Decemvirates *rep.* II 61–63 in Zusammenhang bringt: nach Ablauf ihres Amtsjahres subrogierte[129] die erste Gruppe
von *X viri* für das nächste Jahr ein anderes Kollegium, das seinerseits nach
Ablauf eines Jahres erneut *X viri* subrogieren sollte (dies aber freventlich
unterlassen hat). Für die Dauer von Ciceros Decemvirat zusammen mit der
Diktatur mag man daher zwei oder vielleicht auch drei Jahre veranschlagen.
Ein solcher Zeitraum wäre jedenfalls nicht zu großzügig bemessen für die
immense Arbeit, die auf die beiden Institutionen zukommen würde: es mußte der *Codex Ciceronianus* als das die *res publica* konstituierende „Grundgesetz"[130] in Kraft gesetzt werden, sicherlich wie unter Sulla auf dem Weg über
die Komitien[131], und es mußten dann auch die „Folgegesetze" ausgearbeitet
werden. Denn die *leges* des *Codex* bieten in ihrer Gesamtheit, so umfang-

---

[126] Vgl. LEHMANN, S. 101 f. (zit. oben S. 7).

[127] MOMMSEN, StR II 1, S. 715; WOSNIK, S. 101 ff.; BELLEN, S. 566 f. – In diesem Zusammenhang verdient Beachtung, daß Cicero, soweit ich sehe, bei aller Kritik am Diktator
Sulla die von diesem geschaffene Institution als solche nie angegriffen hat (abgesehen von
einzelnen Befugnissen: *leg.* I 42). Vgl. BUCHHEIT, Ciceros Kritik, passim, bes. S. 571–574;
RIDLEY, passim, bes. S. 105 ff. In seinen Augen war also offenbar die konstituierende
Diktatur durch den Tyrannen nicht ein für allemal diskreditiert. Cicero scheint zwischen
dem Tyrannen und dem Instrument der Tyrannis sorgfältig unterschieden zu haben – nicht
anders als beim Königtum: *rep.* II 48, 51; vgl. *leg.* III 15.

[128] Sei er nun Zitat aus *rep.* oder inhaltliche Wiedergabe dessen, was Cicero gesagt
hatte: s. o. S. 201.

[129] S. o. Anm. 81.

[130] Vgl. KEYES, Original Elements, S. 309–312; LEHMANN, S. 2, 12.

[131] MOMMSEN, StR II 1, S. 725 f.; WILCKEN, S. 9 f.

reich die Materie auch ist, doch nur die richtungweisenden Grundsätze[132] und bedürfen daher, worauf Cicero mehrfach hingewiesen hat[133], einer ins einzelne gehenden Konkretisierung.

δ. Zur Herkunft des Zitates

Die Frage, ob der byzantinische Autor aus Buch V oder Buch VI von Ciceros *de re publica* zitiert, kann man natürlich nicht präzise beantworten. C. A. Behr vermutet[134], daß das Zitat aus Buch V stammt; ob aus dem persönlichen Vorwort Ciceros oder aus den Darlegungen Scipios, dazu sagt er allerdings nichts. Man kann aber auch an die Ausführungen Scipios in Buch VI denken, da in Buch V wohl nur allgemein von den Qualifikationen, in Buch VI dagegen von den konkreten Aufgaben des *rector* bzw. von *rectores* – u. a. denen eines *rector* als *dictator* – die Rede war[135]. Oder sollte es vielleicht eher doch der persönlichen Vorrede Ciceros am Anfang von Buch V zuzurechnen sein? Die Zitationsformel im griechischen Text führt jedenfalls nicht Scipio, sondern den Autor des Werkes als den Redenden ein (185ʳ, 32: Κικέρωνι συμφήσεις . . . λέγοντι). Das ist gewiß kein unbedingt zuverlässiges Kriterium[136]. Man sollte aber in Rechnung stellen, daß Cicero im Vorwort *rep.* V sicher nicht bei rückwärts gewandter, der „guten alten Zeit"[137] nachtrauernder Klage über die Gegenwart (V 1–2) stehen geblieben ist[138]. Vielmehr könnte er sich hier, im Vorgriff auf Scipios Ausführungen in *rep.* V/VI, die *ratio earum rerum quae nunc instant* (I 33), die für die Zukunft Sorge tragenden *consilia* (I 71), die Rezepte des „Scipionenkreises" für das *constituere/ conservare rem publicam disciplina, moribus, legibus* (II 64) zu eigen gemacht haben – ganz dem praktisch-reformpolitischen Sinn des Werkes ent-

---

[132] Siehe *leg.* II 18: *Leges autem a me edentur non perfectae – nam esset infinitum –, sed ipsae summae rerum atque sententiae.* Dazu vgl. oben S. 91 mit Anm. 36.

[133] So in *leg.* II 62 und 67.

[134] S. 149; ihm folgt SUERBAUM, a. a. O.

[135] Vgl. PÖSCHL, S. 84ff., 165f. – S. o. S. 194.

[136] Vgl. etwa *rep.* III 33, Zitierweise des Laktanz: *dei lex ..., quam Marcus Tullius ... paene divina voce depinxit; cuius ego ... verba subieci* – es folgt die berühmte Definition von *lex* (s. o. S. 129f.), die im Dialog aber sicher Laelius ausgesprochen hat. Vgl. auch *rep.* III 35 (Zit. Isidor). Genau hingegen z. B. *rep.* III 40 (Laktanz). – Grillius (*Comm. in Cic. rhet.* p. 28, 14 Martin = *rep.* V 2) zitiert folgendermaßen: *In Politia sua dicit Tullius* etc. Dennoch rechnet HECK (Bezeugung, S. 230f.) die Stelle nicht zur Vorrede. Vgl. jedoch GIGON, *rep.*, S. 344f. PÖSCHL, S. 163f., entscheidet sich nicht.

[137] Die nach seiner Ansicht gar nicht so gut war: s. o. S. 180.

[138] Vgl. PÖSCHL, S. 162ff., sowie die Rekonstruktion von GIGON, *rep.*, S. 343–352, bes. S. 346f. – Vgl. oben S. 186.

sprechend, das, an bewährten Normen der Vergangenheit orientiert, einer unheilen Gegenwart den Weg in eine bessere Zukunft (I 32) weisen will.

Das neue Zitat aus *de re publica* hat unsere Vorstellung von Ciceros politischem Reformprogramm und seinem praktischen Aspekt ganz beträchtlich erweitert. Trotz mancher Unsicherheiten, die in α–δ wohl hinreichend deutlich geworden sind, bietet sich jetzt ein wesentlich differenzierteres Bild von der Art und Weise, wie nach Ciceros Ansicht politisch-praktisch die Wiedergewinnung der verloren gegangenen *res publica* und des *optimus status rei publicae* in die Wege geleitet werden sollte:

Ein Gemeinwesen, dies ist der wohl alles entscheidende verfassungspolitische Grundsatz von *de re publica*, muß so konstituiert sein (III 7 und 34; vgl. I 69, II 5, III 41) und so regiert werden (I 41; vgl. I 69), daß es Aussicht auf dauerhafte Existenz besitzt[139]. Gegenwärtig aber ist Rom, mit verhängnisvoller Wirkung auf das *imperium*, von innen her in seiner Existenz aufs Schwerste gefährdet (I 14, 31 ff.; III 41. Vgl. *Sest.* 50 f.), ja fast schon ganz zugrunde gegangen (*rep.* V 1 f.; vgl. *off.* II 27 ff.). Rettung sozusagen in letzter Minute kann eine Notstandsregierung bringen, die das Gemeinwesen durch eine umfassende gesetzlich verankerte Reform neu konstituiert, konsolidiert, stabilisiert. Für zwei (oder drei) Jahre, so lautet Ciceros *consilium*, soll ein *dictator legibus scribundis et rei publicae constituendae* zusammen mit *X viri l. scr. et r. p. c.*, die wohl nach Ablauf je eines Jahres ein neues Decemvirat subrogieren, an die Spitze von *res publica* und *imperium* treten. Die beiden über der Verfassung stehenden Ausnahmegewalten sollen nicht nur die ordentlichen Regierungsgeschäfte führen, sondern auch und vor allem die außerordentliche Aufgabe übernehmen, dem *Codex Ciceronianus* als dem „Grundgesetz" durch die Komitien Rechtskraft zu verschaffen und dann auch die „Folgegesetze" auszuarbeiten, die ebenfalls durch legislatorische Akte in Geltung zu bringen sind. Die übrige Magistratur von den Praetoren an abwärts bleibt unterdessen ebenso erhalten wie das Volkstribunat, und die *provocatio* als das „Palladium der Bürgerfreiheit"[140] wird nicht angetastet.

d. Das Reformprogramm und die politische Situation

Um nun Ciceros *consilium* recht würdigen zu können, muß man sich einmal vor Augen halten, welche Formen von „Krisenmanagement" in den chaotischen Jahren seit 54 v. Chr. – also gerade während der Entstehungszeit von

---

[139] Vgl. GIRARDET, S. 183 f.

[140] LEHMANN, S. 42, Anm. 69. – Vgl. HEUSS, Ciceros Theorie, S. 229 (37) ff., bes. S. 235 (43).

de re publica und *de legibus* – von anderen Politikern in Erwägung gezogen bzw. angewendet wurden[141].

Korruptionsskandale ungeheuren Ausmaßes, in die alle Kandidaten für die Magistratur verstrickt waren, machten im Jahre 54 die Beamtenwahlen für das kommende Jahr unmöglich. Durch skandalöse Freisprüche in Prozessen war das Justizwesen schwer kompromittiert. Wie es in schwierigen Zeiten zu sein pflegt: der Ruf nach dem „starken Mann" wird laut. Diktaturgerüchte flackern auf, heizen die politische Stimmungslage weiter an, verbreiten Angst und Schrecken – Diktatur gleich Terror, Proskriptionen, tausendfacher Mord, wie zu Sullas Zeiten. Der neue Sulla steht schon bereit[142]. Mit seinem Heer lagert der „starke Mann", der Prokonsul Pompeius, vor der Stadt, sieht seelenruhig zu, wie sich die Dinge „entwickeln", gießt hie und da Öl ins Feuer, wohldosiert, ganz Staatsmann. Von Diktaturgerüchten, die aber noch wenig konkret sind, berichtet Cicero erstmals im Juni 54 (*Q. fr.* II 13, 5). Pompeius, der seit Beginn des Jahres das Amt eines Prokonsuls für Spanien innehat, doch nicht in seine Provinz zu gehen geneigt ist, beobachtet die politischen Ereignisse aus der Nähe und versucht, sie in seinem Sinne zu beeinflussen. Seine Anhänger in der Stadt haben möglicherweise nur vorgeschlagen, er solle eine Diktatur mit dem speziellen Auftrag erhalten, für die Durchführung der Wahlen zu sorgen[143]. Aber jedermann dachte natürlich sofort an die verhaßte Diktatur Sullas[144].

Und was tut unter Catos d. J. Führung der Senat? Er ist ohne positive Alternative. Statt dringend notwendige Reformen in Angriff zu nehmen, ist er in diesen Jahren nur auf ein negatives Ziel[145] fixiert: auf das Verhindern einer Diktatur des Pompeius nach Sullas Beispiel; ganz zu schweigen von dem Ziel, den gallischen Prokonsul Caesar politisch unschädlich zu machen, dessen Konsulat im Jahre 59 zu schlimmsten Befürchtungen Anlaß gab[146]. Diese defensiv-negative Senatspolitik und die Diktaturgelüste des Pompeius bilden den Hintergrund, auf den man Ciceros Programm von *rep.* und *leg.* projizieren muß, um es angemessen bewerten zu können. Mit wenigen groben Strichen sei daher der weitere Gang der Dinge bis zum Jahre 52 skizziert.

---

[141] Dazu und allgemein zur Situation in Rom siehe MEYER, Caesars Monarchie, S. 191–241; SYME, RRev., S. 38f.; GELZER, Tullius, Sp. 956–971; ders., Cicero, S. 141-153; JAHN, S. 172–181; GRUEN, S. 443ff., 451ff., 460ff.

[142] Vgl. die Warnung der Haruspices i. J. 56 vor einer Tyrannis: Cic. *har. resp.* 40, 53–60. Nach GELZER, Cicero, S. 175f., zielte die Warnung „wohl auf Pompeius".

[143] JAHN, S. 174.

[144] GELZER, Pompeius, S. 142. Vgl. BORLE, S. 172ff.

[145] Vgl. MEIER, RPA, S. 60ff., 151ff., 280ff., 288ff.; GRUEN, S. 337ff., 449ff.

[146] Vgl. MEIER, RPA, S. 280ff., 290ff. – Zu Caesars Konsulat vgl. MEYER, Caesars Monarchie, S. 62ff.; GELZER, Caesar, S. 64ff., 70ff., 79ff.; MEIER, Ohnmacht, S. 50ff.

Im Jahre 53 herrscht im Wortsinne Anarchie: mit Ausnahme der Volkstribunen sind keine Beamten gewählt[147]. Das Jahr beginnt mit dem *interregnum*, das monatelang andauert. Wohl um die Mitte des Jahres schlagen einige Volkstribunen vor (Cass. Dio 40, 45, 4f.), man solle – wie es im 5. und 4. Jh. vorgekommen war – nicht Konsuln, sondern ein Gremium von Konsulartribunen[148] oder, alternativ, Pompeius zum Diktator ernennen. Dazu aber sind Cato und die Senatsmehrheit nicht bereit. Die Einführung der Diktatur wird durch ein *senatus consultum ultimum* umgangen: der Prokonsul Pompeius erhält zusammen mit den einzigen amtierenden Magistraten, dem *interrex* und den *tribuni plebis*, den Auftrag, für die Wiederherstellung der Ordnung zu sorgen, was vordringlich bedeutete, Beamte wählen zu lassen[149]. Aber dieser Ausweg ist nur kurzfristig wirksam. Schon die Beamtenwahlen für das bevorstehende Jahr 52 kommen wieder nicht zustande. Straßenkämpfe, Mord und Totschlag sind in dieser Zeit an der Tagesordnung. Am 18. Januar 52 wird der berüchtigte Clodius, der Cicero im Jahre 58 ins Exil gezwungen hatte[150], bei einem Zusammentreffen seiner privaten Schutztruppe mit der des nicht minder berüchtigten T. Annius Milo auf der Via Appia erschlagen. Der Leichnam wird von einer fanatisierten Menschenmenge in die Curia gebracht und dort verbrannt. Die altehrwürdige Tagungsstätte des Senates geht samt angrenzenden Gebäuden in Flammen auf. Noch einmal faßt der Senat, der dem erneuten Ruf nach einer Diktatur des Pompeius nicht folgen bzw. zuvorkommen will, ein *consultum ultimum*: noch einmal beauftragt er den Prokonsul und die wiederum einzigen Beamten, *interrex* und *tribuni plebis*, „Schaden vom Gemeinwesen abzuwenden", und ermächtigt Pompeius zugleich, um Rom Truppen zusammenzuziehen[151].

Doch die Anarchie nimmt ihren Fortgang, wohlwollend geduldet von Pompeius. Da findet sich wenige Wochen nach dem *s. c. u.* und nach intensiven Verhandlungen mit Caesar, an denen der *princeps civitatis* Cicero in Ravenna maßgeblich beteiligt war[152], der Senat zu einer ungewöhnlichen, ja verfassungsrechtlich gesehen bizarren Maßnahme bereit. Um auch jetzt noch und weiterhin eine Diktatur nach Sullas Beispiel zu vermeiden, stimmt er der Ernennung des Pompeius zum *consul sine collega* für eine Mindestzeit von zwei Monaten zu[153]. Am 25. Februar 52 findet die Wahl statt. Am 1. August

---

[147] Zum Folgenden siehe die oben Anm. 141 genannte Literatur.

[148] Zu diesem Amt vgl. MOMMSEN, StR II 1, S. 181ff.; BODDINGTON, S. 356ff.

[149] MEYER, Caesars Monarchie, S. 209f.; GELZER, Pompeius, S. 145; JAHN, S. 175f.

[150] Vgl. GRASMÜCK, Ciceros Verbannung, S. 165ff.

[151] MEYER, Caesars Monarchie, S. 215ff.; GELZER, Pompeius, S. 146f.; JAHN, S. 176–179.

[152] MEYER, Caesars Monarchie, S. 225–229; GELZER, Pompeius, S. 147–149.

[153] Da es sich trotz allem um ein „Konsulat" handelt, versteht es sich von selbst, daß die

52, also etwa ein halbes Jahr später, das ist: nach Ablauf der Amtszeit eines altrömischen *dictator*[154], läßt Pompeius dann seinen Schwiegervater Q. Metellus Pius Scipio zum Mitkonsul wählen.

Wie kurzatmig, wie verzweiflungsvoll hilflos, wie bar jeder politischen Phantasie und längerfristigen Perspektive im Hinblick auf die Notwendigkeit einer „Reform an Haupt und Gliedern" wirkt doch diese Senatspolitik[155]! Wie verantwortungslos gleichzeitig die zwielichtigen Aktivitäten des Pompeius[156]: das jahrelange Taktieren, Finassieren, Lavieren, Katz-und-Maus-Spielen mit der republikanischen Ordnung! Und wie vorteilhaft hebt sich von diesem Hintergrund Ciceros Programm ab!

Auch Cicero wollte natürlich keinen zweiten Sulla[157]. Aber von Cato und der Senatsmehrheit unterscheidet er sich dadurch, daß er trotz Sulla nicht auf die prinzipielle Ablehnung einer konstituierenden Diktatur festgelegt ist, daß er einen positiven Vorschlag zu unterbreiten weiß, der sowohl – in Gestalt der *leges* seines *Codex* – eine reformerische Alternative zum gegenwärtigen Zustand der *res publica amissa* aufzeigt, als auch das außerordentliche, das konstituierende verfassungspolitische Instrumentarium benennt, mit dessen Hilfe die Reform ins Werk gesetzt werden soll.

Dieses Programm offenbart, gemessen an der gleichzeitigen Senatspolitik, ein staunenswertes Maß an politischer Phantasie und zugleich Treue zur römischen Verfassungsgeschichte. Bei der Notstandsregierung, die Cicero in Vorschlag gebracht hat, handelt es sich um eine konstruktiv aus genuin römischen Elementen entwickelte Kombination von Ausnahmegewalten. Decemvirat und konstituierende Diktatur hatten je einzeln für sich im Laufe der Geschichte Roms schon einmal existiert, jedoch mit Licht- und starken Schattenseiten. So war von der Institution des Decemvirates in den Jahren 451 und 450 v. Chr., obwohl *provocatio*, Volkstribunat und übrige Magistratur (Quaestur) damals nicht vorhanden waren, segensreiche Wirkung ausgegangen, solange die *X viri* verantwortungsbewußt amtierten (*rep.* II 61). Als aber am Ende des Jahres 450 die zweite Gruppe von *X viri* sich weigerte, das Amt niederzulegen und zehn Nachfolger zu subrogieren, wurde die Institution im Jahre 449 durch *iniustitia* zum Instrument einer Tyrannis (*rep.* II

Amtszeit mit Ablauf der traditionellen Amtszeit des Konsulates endet. – Zur Sache siehe MEYER und GELZER, a. a. O.; JAHN, S. 180; GRUEN, S. 233ff., 339f. Vgl. auch MOMMSEN, StR I, S. 29f.; II 1, S. 81, 704f., 709, 724f.

[154] S. o. S. 207f. – Zu Pompeius siehe App. *b. c.* II 23: ὕπατον εἵλοντο χωρὶς συνάρχου ὡς ἂν ἔχοι τὴν μὲν ἐξουσίαν δικτάτορος, ἄρχων μόνος, τὴν δ'εὔθυναν ὑπάτου.

[155] Vgl. dazu MEIER, RPA, p. XLIIIff., LIIIff., S. 151ff., 201ff. Positiver urteilt GRUEN, z. B. S. 337ff., 350ff.

[156] Siehe auch unten S. 217f. – MEIER, RPA, S. 295f.

[157] Vgl. bereits Cic. *Verr.* II, III 81f.

62 f.). Auch die von Sulla im Jahre 82 eingeführte konstituierende Diktatur hatte sich als ähnlich ambivalent und personenabhängig erwiesen[158]. Ihr von Cicero als positiv eingeschätzter Effekt war die damalige Stabilisierung der innenpolitischen Verhältnisse[159], ihr negativer, daß sie einem Mann vom Schlage Sullas die Möglichkeit verschaffte, legal ein tyrannisches Regiment zu führen[160] (Proskriptionen bzw. Wegfall der *provocatio*, Einschränkung des Volkstribunates u. a. m.)[161].

Cicero nun hat aus der Geschichte gelernt[162]. Durch die Kombination der beiden bekannten Ausnahmegewalten vermindert er einerseits die historisch erwiesenen Gefahren, die sie als einzelne in sich bergen. Denn allein schon die Existenz eines *dictator* mit *imperium maius*, der, dem neuen Zitat aus *de re publica* zufolge, die erste Gruppe von *X viri* ins Amt bringen soll, sowie auch das höchstwahrscheinliche Fortbestehen der *provocatio*, des Tribunates und der übrigen Magistratur (ab Praetor) baut jener Entartung zur Tyrannis vor, welcher das historische Decemvirat seit Ende des Jahres 450 verfallen war. Die Existenz wiederum von *X viri* mit *summum imperium* neben dem *dictator l. scr. et r. p. c.* mag einen gewissen Schutz bieten gegen tyrannische Entartung auch dieser Institution, wie man es unter Sulla hatte erleben müssen, und überdies sollten ja Volkstribunat und *provocatio* erhalten bleiben. – Andererseits aber und zugleich versichert sich Cicero, indem er die beiden Ausnahmegewalten „bündelt", deren ebenfalls historisch erwiesener Möglichkeiten zu positivem Wirken und weist so seinen Zeitgenossen einen Weg, die tiefgreifende Krise des Gemeinwesens mit republikanischen Mitteln und republikanischer Zielsetzung – d. h. „systemimmanent" – zu meistern.

Doch letzten Ende hängt immer alles davon ab, daß die Politiker ihre Macht nicht mißbrauchen. Institutionelle Sicherungen vermögen nichts, wenn die Menschen in den Institutionen versagen[163]. Für Ciceros *consilium* ist daher entscheidend, daß die Politiker dem Bild vom Typus des *rector* entsprechen, die *X viri*, vor allem aber der *dictator l. scr. et r. p. c.* Wer also sollte nach Ciceros Wunsch dieses konstituierende Amt übernehmen? Etwa

---

[158] S. o. S. 195, 209.

[159] Cic. *Rosc. Am.* 28 und 131; *Verr.* II, III 81 f.; *har. resp.* 54; *Brut.* 227 und 311. Siehe auch das Zitat aus Ciceros nicht erhaltener Rede *de liberis proscriptorum* vom Jahre 63 bei Quintil. *inst.* XI 1, 85: *...ita legibus Sullae cohaerere statum civitatis adfirmat* (sc. Cicero), *ut iis solutis stare ipsa non possit.* Vgl. auch Cic. *off.* II 27. – LEHMANN, S. 36 und S. 40 f. mit Anm. 67.

[160] Cic. *Font.* 6; *Cluent.* 25; *leg. agr.* II 81, III 5; *Cat.* II 20, III 24; *dom.* 43; *leg.* I 42; *off.* II 27 u. ö.

[161] MOMMSEN, StR II 1, S. 734 ff.; WILCKEN, S. 11; MEIER, RPA, S. 253 ff.

[162] Vgl. oben S. 202.

[163] Vgl. *rep.* I 69, III 41, V 1 f.

der Prokonsul Pompeius, der seit Mitte 54 fortwährend Diktaturgerüchten Nahrung gab[164]? Der Cicero unter vier Augen sein „Interesse" an der Übernahme einer – welcher? – Diktatur eingestanden, es öffentlich aber abgeleugnet hatte[165]? Dessen Vetter, der Volkstribun C. Lucilius Hirrus, eine Gesetzesinitiative zugunsten einer Diktatur des Vetters ankündigte, während dieser zu gleicher Zeit Cicero veranlaßte, einen anderen Volkstribunen, C. Licinius Crassus Iunianus, für Maßnahmen (*intercessio*) gegen eine solche Initiative zu gewinnen[166]? *Velit nolit scire difficile est, Hirro tamen agente nolle se non probabit*, schreibt Cicero im November 54 an seinen Bruder Quintus (*Q. fr.* III 8,4), der zusammen mit Caesar in Gallien kämpft, und er berichtet im gleichen Brief (6) von der Furcht, Pompeius werde womöglich vor Gewaltanwendung nicht zurückschrecken, um in den Besitz der Diktatur zu gelangen[167]. Im Jahre 52 war dem Prokonsul dann tatsächlich unter dem Druck der Umstände eine Quasidiktatur zugestanden worden, als er das Amt eines *consul sine collega* erhielt. Vermutlich hegte er – von Cicero dazu inspiriert? – den Plan, das römische Recht zu kodifizieren, in erster Linie wohl das *ius publicum*[168].

Aber was ihm persönlich als politisches Ziel vorschwebte, war wohl eher die Nachahmung Sullas – eine „Sullatur", eine „Proskriptur"[169] – als das, was der Autor von *de re publica* und *de legibus* im Sinne hatte. Cicero beurteilt die Leistung des Pompeius im Jahre 52 zwar durchaus positiv[170]. Doch daß er ihm als einem der *rectores* das Amt des *dictator l. scr. et r. p. c.* zugedacht haben sollte, ist höchst unwahrscheinlich[171].

---

[164] Vgl. oben S. 214 mit Anm. 144.

[165] *Q. fr.* III 8,4 (Nov. 54): *Rumor dictatoris* bis *negabat*.

[166] *Q. fr.* III 8,4: *Hirrus* bis *deterruit*.

[167] Vgl. auch die übrigen Briefe, in denen sich Cicero über eine mögliche Diktatur des Pompeius äußert: *Q. fr.* II 13,5 (Juni 54); III 4,1 (Okt. 54); *Att.* IV 18,3 (Okt. 54); *Q. fr.* III 7,2 (Okt./Nov. 54); *Att.* IV 19,1 (Nov. 54); *Q. fr.* III 9,3 (Dez. 54); *fam.* VIII 4,3 (51).

[168] Dazu DE PLINVAL, *leg.*, p. XVII; POLAY, Kodifikationsplan, S. 85ff., 90ff., gemäß der Nachricht bei Isid. *orig.* V 1,5.

[169] Vgl. *Att.* IX 10,6 (49): *sullaturit animus eius et proscripturit iam diu*. Dazu RIDLEY, S. 100. – Siehe auch *Att.* IX 7,3 (49); *Att.* IX 11,2 (49): *genus illud Sullani regni iam pridem appetitur multis qui una sunt cupientibus*. Zu den Plänen des Pompeius siehe v. FRITZ, Pompey's Policy, S. 479ff., 503ff.

[170] Z. B. *Att.* VII 1,4 (50): *in illo divino tertio consulatu* (sc. des Pompeius i. J. 52); *Att.* VIII 3,3 (49): *tertio consulatu, postquam esse defensor rei publicae coepit*. – LEHMANN, S. 8ff.

[171] Vgl. *Att.* VIII 11,2 (49), wo Cicero nach einem Selbstzitat aus *rep.* (V 8, über die politischen Aufgaben eines *rector/moderator*) sagt: *Hoc Gnaeus noster cum antea numquam tum in hac causa minime cogitavit. Dominatio quaesita ab utroque est* (sc. Pompeius und Caesar), *non id actum beata et honesta civitas ut esset* (vgl. oben S. 182, Anm. 81). Zur Diskussion vgl. SCHMIDT, *rep.*, S. 330f. – Zur „Freundschaft" zwischen Cicero und

Pompeius also nicht. Caesar? Sicher ebenfalls nicht[172]. Wer annimmt, Cicero habe seine politischen Reformpläne für andere Politiker und nicht für sich selber entworfen, mutet der Selbstlosigkeit eines *princeps civitatis* wohl doch ein bißchen zu viel zu! Der *dictator* und Gesetzgeber von *de re publica* sollte Scipios Ebenbild Cicero sein[173], und gerade auch die Tatsache, daß er sich in *de legibus* als einen zu Gesetzgebung befähigten *sapiens* legitimiert hat[174], deutet nachdrücklich auf diese Ambition hin; eine Ambition im übrigen, die viel von ihrer Auffälligkeit verliert, wenn man bedenkt, daß Ciceros *consilium*, da es mindestens zwanzig *X viri* mit *summum imperium* vorsieht, auch dem Ehrgeiz anderer *sapientes/rectores* hätte Genüge tun können. Ob seine Ambition in den Jahren nach 54 wenigstens zeitweise realistisch war, mag vorerst dahingestellt bleiben. Cicero hätte „Parteiführer" sein müssen, um für die Realisierung des Reformprogramms eine Chance zu haben[175]. Gerade darum hat er sich, wenn man an seine Rede *pro Sestio* denkt, offenbar bemüht (s. o. Teil IV 11 b, Anfang). Unter diesem Gesichtspunkt sollte man einmal, was hier aber nicht mehr geschehen kann, seine Beziehungen zu den maßgebenden Politikern dieser Zeit – nicht nur zu Pompeius und Caesar – untersuchen[176].

Gänzlich unbegründet ist seine Ambition jedenfalls nicht gewesen. Caesar, dessen gallische Statthalterschaft bis Ende 49 dauern sollte[177], der unter Ciceros Mitwirken in den Verhandlungen des Winters 53/52 die Zusage zur Konsulatsbewerbung *in absentia* für das Jahr 48 erhalten hat und der später, nach dem Bürgerkrieg, wie schon Pompeius plante, das römische Recht zu kodifizieren[178], – Caesar also, der alte neue Freund, ist zu einer Zeit, da selbstverständlich noch niemand wissen konnte, welchen Weg die Innenpolitik nehmen würde, offenbar bereit gewesen, von Gallien aus dem um einige

Pompeius in den Jahren nach 54 siehe JOHANNEMANN, S. 68 ff., 74 ff., 83 ff.; HOLLIDAY, S. 50 ff., 56 f., 59 ff.; RAWSON, Politics, S. 133–145; ROWLAND, S. 338 ff.

[172] Vgl. aber SABINE/SMITH, S. 47 (zit. oben S. 166, Anm. 15); BORZSÁK, Cicero und Caesar, S. 25 ff., 30 ff.; MARTIN, S. 862 f. – Siehe z. B. Cic. *Att.* VIII 11,2, zit. oben Anm. 171. – Im Jahre 46 allerdings, als Cicero die Rede *pro Marcello* hielt, hat er – wohl im Gedanken an *rep./(leg.)* – dem *dictator* Caesar die Reform der *res publica* anempfohlen; vgl. GELZER, Cicero, S. 279 ff.; STRASBURGER, Urteil, S. 45 ff.; BRUHNS, S. 173 ff.

[173] Vgl. SCHMIDT, *rep.*, S. 321 mit der Literatur. MARTIN, S. 875 f.

[174] S. o. Kap. 6 b, S. 107 ff.

[175] SYME, RRev., S. 15 f.

[176] Wer sind Ciceros *copiae* (*Q. fr.* II 14,2)? – Vgl. *Att.* I 20,2 (Mai 60), wo ebenfalls schon von *copiae* (natürlich in übertragenem Sinne) die Rede war. – Zu *Q. fr.* II 14 vgl. LOSSMANN, S. 60 ff.

[177] Darüber zuletzt BRINGMANN, S. 345 ff.

[178] Zu den Verhandlungen s. o. S. 215. – Kodifizierungsplan: Suet. *div. Iul.* 44,2; dazu POLAY, Kodifizierungsplan, S. 27 ff.

Jahre älteren *princeps civitatis* wirkungsvolle politische Hilfe zu leisten. Im Jahre 54, als die Arbeit an *de re publica* bereits in vollem Gange war[179], hat er Cicero brieflich wohl mehrfach *promissa* hinsichtlich seiner zukünftigen politischen Stellung in Rom gegeben, hat höchste *honores* in Aussicht gestellt, die *magna gloria* und *summa dignitas* erwarten ließen[180].

Niemand kann heute mehr wissen, was Cicero selbst, was Caesar konkret dabei im Auge hatte. Die Briefe ergehen sich in dunklen Anspielungen[181]. Man sage aber nicht: was bedeuten schon *promissa*! Es war ein reger wechselseitiger Austausch von *beneficia*, die *officia* beider dem jeweils anderen gegenüber im Gefolge hatten[182]. Cicero ist gleichsam Caesars Statthalter in Rom[183] und kann dafür Gegenleistungen erwarten. Will er sich jetzt, wie er es schon einmal im Jahre 57 erwogen hatte (*Att.* IV 2, 6), mit des neuen Freundes Hilfe um das Amt des Censor bewerben[184]? Strebt er, der Konsul des Jahres 63, verfassungstreu im Sinne des Ämtergesetzes, das eine Wiederbewerbung erst nach zehn Jahren erlaubt, für das Jahr 52 ein zweites Konsulat an[185]? Oder glaubt er nicht vielmehr, Caesars Unterstützung für eine „system-

---

[179] Die Zeugnisse mit Interpretation: HECK, Bezeugung, S. 17ff. Vgl. auch PLASBERG, S. 113–143; GELZER, Cicero, S. 218–224; SCHMIDT, *rep.*, S. 284f.

[180] Cic. *Q. fr.* II 13,1 (Juni 54): Cicero hat zwei Briefe des Quintus erhalten (nicht überliefert) *cum Caesaris litteris* (ebenfalls nicht überliefert) *refertis omni officio, diligentia, suavitate. Sunt ista quidem magna vel potius maxima; habent enim vim magnam ad gloriam et ad summam dignitatem; sed, mihi crede* (sc. Quintus) *quem nosti, quod in istis rebus ego plurimi aestimo id iam habeo, te scilicet primum tam inservientem communi dignitati, deinde Caesaris tantum in me amorem, quem omnibus iis honoribus quos me a se exspectare vult antepono.* – *Q. fr.* III 5,3 (Okt./Nov. 54): *Caesaris amore quem ad me perscripsit unice delector; promissis iis quae ostendit non valde pendeo. Nec sitio honores nec desidero gloriam magisque eius voluntatis perpetuitatem quam promissorum exitum exspecto; vivo tamen in ea ambitione et labore, quasi id quod non postulo exspectem.* – Zum Verhältnis zwischen Cicero und Caesar in dieser Zeit siehe KLASS, S. 113ff. (ohne Interpretation der beiden Briefstellen); LOSSMANN, S. 63f., 117f.; SEEL, Cicero, S. 145ff.; vgl. BORZSÁK, Cicero und Caesar, S. 25ff.; RINTELEN, S. 96ff.

[181] Siehe die Texte Anm. 180. Dazu *Q. fr.* III 8,1 (Nov. 54). – Die Ansicht von LOSSMANN, S. 63f. (zu *Q. fr.* II 13,1) und S. 117f. (zu *Q. fr.* III 5,3), Cicero hätte die Annahme der versprochenen *honores* abgelehnt, kann ich nicht teilen.

[182] Vgl. *fam.* I 9, 18 und 21 (Dez. 54). – Dazu gehörte auch ein namhaftes Darlehen Caesars an Cicero: GELZER, Cicero, S. 191 mit den Quellen.

[183] GELZER, Cicero, S. 191–193.

[184] GELZER, Cicero, S. 156 zum Jahre 57. – Ciceros Wertschätzung des Amtes: *leg.* III 11 und 46ff. Dazu HEUSS, Ciceros Theorie, S. 212 (20) f., 260 (68) f.; LEHMANN, S. 29ff. – Wiederherstellung der Censur durch Pompeius i. J. 52: LEHMANN, S. 9 mit Anm. 16.

[185] NEMETH, Politische Ambitionen, S. 49ff., bes. S. 51, Anm. 12 (Bezug auf die oben Anm. 180 zitierten Briefstellen), und S. 58 (ohne Bezug auf die Briefe), glaubt, Cicero habe für das Jahr 52 das Konsulat angestrebt und dafür Zusagen Caesars erhalten. RAWSON, Cicero, S. 134, denkt bei den von Cicero erhofften *honores* und Caesars diesbezügli-

immanente" Reform von *res publica* und *imperium* im Sinne des Programms seiner (noch in Arbeit befindlichen) Schriften *de re publica* und *de legibus* gewonnen zu haben? Nur wer schon weiß, was fünf oder sechs Jahre später in Rom geschehen wird – in Rom konnte das niemand wissen, auch ein Caesar nicht – ; nur wer zu wissen glaubt, was Caesars „wahre Pläne" sind – wollte Caesar schon zu dieser Zeit Alleinherrscher werden? – ; nur wer über dem Schicksal der römischen Republik eine historische Notwendigkeit im Sinne des Übergangs zur Monarchie walten sieht – was berechtigt eigentlich zu dieser Sicht der Dinge? – , dürfte dies als Illusion bezeichnen[186].

Gleichviel: Caesars *promissa* vom Jahre 54 mögen in Cicero die Hoffnung genährt haben, eines nicht allzu fernen Tages als *dictator l. scr. et r. p. c.* zusammen mit *X viri l. scr. et r. p. c.* das Werk der Neukonstituierung des römischen Gemeinwesens in Angriff nehmen, sich wie schon einmal, während seines Konsulats im Jahre 63, als *pater patriae* bewähren und von Rom aus Impulse zu einer neuen rechtlichen Ordnung der Welt geben zu können.

Doch wie man weiß, ist alles ganz anders gekommen. Das Werk *de re publica* war vermutlich schon gegen Ende des Jahres 53 fertiggestellt; *de legibus* aber ist zu dieser Zeit noch in Arbeit[187]. Da erhält Cicero im Jahre 51, völlig überraschend, gemäß der *lex Pompeia de provinciis*[188] durch Senatsbeschluß und Losentscheid das Amt eines Prokonsuls zur Verwaltung der Provinz Kilikien[189]. Im Mai des Jahres reist er ab. Zuvor veröffentlicht er *de re publica*, gleichsam sein politisches Vermächtnis für die Zeit der Abwesenheit und politisches Programm für die Zeit nach der Rückkehr. Das Gesetzeswerk war noch nicht publikationsreif. Seine Hoffnungen aber, persönlich als *dictator* an der Spitze eines Decemvirates das Programm der Reform von *res publica* und *imperium* in die Tat umsetzen zu können, müssen in dem Augenblick zunichte geworden sein, als er kurz nach seiner Rückkehr erfuhr, daß Caesar am 11. Januar 49 den Rubico überschritten und damit um seiner persönlichen *dignitas* willen[190] den Bürgerkrieg begonnen hatte.

---

chen *promissa* an ein zweites Konsulat für Cicero. GELZER, Cicero, S. 193, ohne Vermutungen („große politische Stellung"). STOCKTON, S. 220–222 (bes. S. 222), vermutet den Plan eines gemeinsamen Konsulates Ciceros und Caesars. LOSSMANN, S. 63, Anm. 2, vermutet das Augurat (das Cicero i. J. 53 nach dem Tode des P. Crassus auch tatsächlich erhielt: GELZER, Cicero, S. 206).

[186] Vgl. unten Teil V b, S. 227 ff., bes. S. 234 f.
[187] SCHMIDT, *rep.*, S. 285; ders., Abfassungszeit, S. 282 ff., 289 ff.
[188] MARSHALL, Lex Pompeia, S. 891 ff.
[189] MARSHALL, Lex Pompeia, S. 888, 892 f., 895 f. – Zum Umfang des Territoriums, das unter Ciceros Kommando stand: GELZER, Cicero, S. 227 f.
[190] RAAFLAUB, S. 125 ff., 149 ff., 182 ff.; MEIER, Ohnmacht, S. 57–64.

V. Antworten und offene Fragen

Ciceros Schriften *de re publica* und *de legibus* sind das philosophisch und historisch wohlfundierte Programm einer politisch-praktischen Reform (Teil I b) von *res publica* und *imperium*. Als solches stehen sie in der Krisenzeit vor Ausbruch des Bürgerkrieges einzig da[1]. Den „innenpolitischen", die Institutionen der *res publica* betreffenden Komplex, auf dem aus der Sicht des Autors und der Forschung (Teil I a) das Hauptgewicht liegt, habe ich in der vorangegangenen Untersuchung weitgehend ausgeklammert[2]. Ziel meines Beitrages zur philosophischen und politischen Interpretation von *de legibus* war es (Teil I c), zu genauerer Kenntnis und zu besserem Verständnis der hier konzipierten Weltordnung zu gelangen, d. h., von Rom aus gesehen, der politisch-rechtlichen Neuordnung der unter dem hegemonialen *imperium* der Römer stehenden Welt.

a. Ergebnisse, Probleme

Es war nach Ciceros eigener Erklärung z. B. *leg.* I 20 und auf Grund der kontroversen Forschungslage notwendig (Teil I d), in werkimmanenter Interpretation (Teil I e), die politische Problematik des Programms von der philosophischen Seite her anzugehen (Teil II). Dieser Weg war in der Forschung schon des öfteren beschritten, aber mehrfach auch als ungangbar verworfen worden. Die meisten Verständnisschwierigkeiten ergaben sich – vom fragmentarischen Zustand der Schrift einmal abgesehen – aus der Tatsache, daß die Forschung (Teil II 1) weitestgehend im Banne moderner Naturrechtslehren stand. Von daher war die Ansicht vorherrschend, dem Gesetzeswerk liege das „dichotomische" Rechtsdenken zu Grunde (Naturrecht in Form von ethischen Normen einerseits, andererseits positives Recht in Form von konkreten Anweisungen für Tun und Lassen als zwei einander über-

---

[1] Vgl. oben S. 9f., Anm. 44. – Die von J. Vogt (Ciceros Glaube, S. 71) als „eindrucksvolles Phantasiebild der Zukunft" gepriesenen *epp. ad. Caes.* des Sallust halten den Vergleich mit Ciceros Programm nicht aus; vgl. Lehmann, S. 69f. (*ep.* II), 100; Rawson, Cicero, S. 159 (ähnlich S. 307).

[2] Vgl. aber Teil IV 11a zum Problem des legislatorischen Aktes und 12c zu Diktatur und Decemvirat. – Zu *leg.* III siehe generell die Arbeiten von A. Heuss (Ciceros Theorie) und G. A. Lehmann (Politische Reformvorschläge).

schneidende Kreise, etc.). Doch schon die Analyse der Disposition des Werkes (Teil II 2) legte die Vermutung nahe, daß Cicero in *de legibus* eine ganz andere Rechts- und Gesetzestheorie entwickelt und seiner eigenen „Gesetzgebung" unterlegt hat. Dies erwies sich dann im weiteren Verlauf der Untersuchung als zutreffend. Der philosophisch-theoretische Teil des Werkes gibt nicht, wie man bisher fast allenthalben geglaubt hat, eine inhaltliche Bestimmung von Naturrecht und Naturgesetz durch ethische Normen und Vorschriften, an denen sich das positive Recht orientieren sollte. Er gibt vielmehr eine abstrakte Bestimmung der Begriffe „Recht" und „Gesetz" – mit dem Ziel, die positiven Normen und Vorschriften des *Codex* als ihren Namen verdienende *iura* und *leges* erscheinen zu lassen. So definiert Cicero (Teil II 3) von der Prämisse aus, daß nur dasjenige als das Wahre und Richtige angesehen werden könne, was aus der Natur hervorgehe, „Recht" als „Naturrecht", *ius* als *ius naturae*; folglich sind für ihn nur solche positiven Normen *ius*, die der Natur entstammen. Entsprechendes gilt für die Gesetzestheorie (Teil II 4): Gesetz „an sich" wird als „Naturgesetz" definiert; Gesetze sind folglich nur solche positiven Bestimmungen, deren „Quelle" die *natura (hominis)* ist. In der Umkehrung folgte aus beidem der antipositivistische Satz, daß Vorschriften und Normen, die nicht die *natura* zur „Quelle" haben – die also keine Naturgesetze bzw. Naturrechte sind –, den Namen *leges* bzw. *iura* nicht tragen dürfen.

In dieser Theorie von Recht und Gesetz, die den Schlüssel zum Verständnis des inneren Zusammenhangs (Teil III) zwischen der philosophischen Grundkonzeption des Werkes und der Gesetzesmaterie bildet, gibt es mithin keine Unterscheidung von Naturrecht/Naturgesetz und positivem Recht/Gesetz im Sinne moderner Naturrechtslehren. In Ciceros *de legibus* sind vielmehr die Vorschriften und Normen des *Codex* dem Anspruch nach das dem Abstraktum entsprechende Konkretum (Teil III 5): nicht ethische Leitlinien des positiven Rechts und Gesetzes, wie der größte Teil der Forschung glaubte, sondern die positiven *leges* und *iura* des *Codex* sind, da theoriegemäß „von Natur", Ciceros Naturgesetze und Naturrechte. Der Schlußstein des philosophischen Gedankengebäudes, das Cicero um des positiven Rechtes in den *leges* von Buch II und III willen errichtet hat, war das theoretische Bild vom Gesetzgeber (Teil III 6). Nach diesem ist nur ein *sapiens* zur Gesetzgebung legitimiert: er allein verkörpert die *perfecta natura hominis*, den *fons legum et iuris*; daher, wenn es von „wahren", den Namen *leges* bzw. *iura* verdienenden Vorschriften und Normen immer wieder hieß, sie seien „von Natur", besagte dies, daß sie das Werk eines *sapiens* bzw. von *sapientes* sind. Aus der Übereinstimmung mit dem Bild des *sapiens* aber bezog Cicero seine eigene Legitimation, einen Gesetzescodex zu schaffen. Mit diesem wiederum hat er – unter Rückgriff auf die nomothetischen Leistungen aller, die er für *sapientes* hielt, – als Personifizierung der *perfecta natura hominis* einen *consensus omnium sapientium* hergestellt und so dem gesetzgeberischen Willen der *natura* für seine eigene Zeit sinnfälligen Ausdruck verliehen (Teil III 7).

Bei meiner Untersuchung der philosophischen Grundkonzeption von *de legibus* in Teil II und ihres Zusammenhangs mit der Gesetzesmaterie in Teil III habe ich wichtige Problemkreise zwar erwähnt, aber nicht oder nur am Rande behandelt. Auf sie sei noch einmal kurz hingewiesen.

Als erstes ist die Frage nach der Rechts- und Gesetzestheorie in anderen Schriften Ciceros und nach ihrem Verhältnis zu *de legibus* zu nennen[3]. Hier wären nun weitere Untersuchungen angebracht[4]. Dabei gälte es, Ciceros eigene Unsicherheiten in theoretischen Erwägungen zu beachten[5] und von vorneherein mit der Möglichkeit zu rechnen, daß *de legibus* eine Sonderstellung einnimmt, eben weil Cicero um der sicheren Fundierung seines *Codex* willen trotz aller Zweifel hier einmal feste Position bezieht. – Ein zweites Problem ist das Verhältnis der dem Gesetzeswerk zu Grunde liegenden Theorie von Recht und Gesetz zu den Theorien griechischer Denker. Cicero, so zeigte sich[6], hat, trotz mancher Übereinstimmung in der Terminologie, die Auffassung der Stoa vom positiven Recht und Gesetz in *de legibus* nicht übernommen. Dies müßte in weiterführenden Studien vertieft und abgesichert werden, und man müßte dann ferner auch Platon und Aristoteles stärker einbeziehen[7]. Dabei sollte es aber weniger darauf ankommen, „Quellen" ausfindig zu machen, als vielmehr, im Sinne von K. Büchner[8], zur Förderung des Verständnisses von *de legibus* Berührungspunkte mit griechischer Philosophie aufzuzeigen mit dem Ziel, die Eigenart des Gesetzeswerkes noch klarer, als es hier geschehen konnte, hervortreten zu lassen. Cicero ist wohl

---

[3] Z.B. *inv.* II 65ff., 159ff.; *part. orat.* 129ff.; *off.* III 68ff.

[4] Vgl. oben Teil I, S. 22 mit Anm. 93, sowie Teil II 1, S. 25 mit Anm. 12.

[5] Siehe nur *leg.* I 18: *igitur doctissimis viris proficisci placuit a lege, haud scio an recte*; I 19 (nach Definition und etymologischer Erklärung von *lex* bzw. νόμος): *quod si ita recte dicitur, ut mihi quidem plerumque videri solet*. – Zeichen der Unsicherheit ist auch, daß die skeptische Akademie „schweigen" soll: I 39. Vgl. auch die Unentschiedenheit in der Diskussion um das *bonum* in I 54ff., bes. 56. Ciceros Theorie scheint in *leg.* nicht gegen die Lehre Epikurs abgesichert zu sein; der Epikureer Atticus wird zu (vorübergehenden) „Zugeständnissen" überredet: I 21; vgl. I 39, III 1. – Über Ciceros Skeptizismus: GRAFF, S. 54ff.; SCHMIDT, Abfassungszeit, S. 174ff. – Vgl. auch GÖRLER, Problem, passim, bes. S. 13ff.

[6] In Teil II 1, S. 30ff. mit Anm. 40ff.; II 4, S. 82ff. mit Anm. 73ff.

[7] Z.B., als Hintergrund von Ciceros Bild des Gesetzgebers (oben Teil III 6), Platons Bild der „Philosophenkönige" (vgl. *Q. fr.* I 1,29). – Vgl. RAWSON, Interpretation, S. 342; GIGON, Literarische Form, S. 68f.; HORSLEY, S. 41f., 50f., 52f., 55f. (Platon), 49, 50 mit Anm. 38 (Aristoteles). – Zu Platon s.o. Teil I, S. 7ff.

[8] S.o. Teil I, S. 21.

doch kein geistloser „Eklektiker" gewesen, sondern hat bei der theoretischen Fundierung seines *Codex* eine eigenständige Synthese von griechischen Philosophemen und römischem Rechtsdenken zustandegebracht, die als einheitliches Ganzes mit Bezug auf den *Codex* ohne Vorbild sein dürfte. – Eine dritte Frage hatte ich aufgeworfen, ohne sie beantworten zu können: die Frage nach der Cicero-Rezeption im christlichen Bereich, vor allem bei Laktanz und Augustinus[9]. Man müßte nun einmal prüfen, ob diese Kirchenväter in der Naturrechtslehre trotz Annahme ciceronianischer Definitionen und Formulierungen nicht eher unter dem geistigen Einfluß des Philon von Alexandrien standen, der stoisches Naturrechtsdenken mit dem Dekalog in Zusammenhang gebracht hat[10].

Auch die politischen Intentionen des Programms von Ciceros *de legibus* (zusammen mit *de re publica*) geben zu weiteren Fragen Anlaß (Teil IV). Ausgegangen war ich von der Frage nach dem Geltungsanspruch des *Codex Ciceronianus* (Teil IV 8). Es ist jetzt festzuhalten, daß der *Codex* theoretisch einen universalen Geltungsanspruch erhebt (Teil IV 9). Erklärlich war dies von der philosophisch-naturrechtlichen Grundkonzeption her. Die Menschheit soll – im Gegensatz zur naturwidrigen empirischen Wirklichkeit, die durch unterschiedliche, gegensätzliche, immer wieder veränderte Normen gekennzeichnet ist – nach Ciceros Anthropologie eine einzige große *societas legis/iuris* bilden; eine Zukunftsperspektive, die bereits in Buch III von *de re publica* eingehend begründet worden war. An diesem Ziel orientiert sich die Gesetzgebung von *de legibus*: der *Codex*, als das Werk eines *sapiens*, der den *consensus omnium sapientium* hergestellt hat, das Werk der *natura hominis* und daher mit dieser übereinstimmend, legt in allen Einzelheiten (Religion, Verfassung, Gerichtswesen etc.) das allen Menschen zugedachte Recht fest.

Mit dem theoretischen Rechtsuniversalismus aber war zugleich die Problematik möglicher Konsequenzen für die von Cicero beabsichtigte politische Ordnung der Welt gegeben. Zur Diskussion stand die Alternative[11], ob die Konzeption von *de legibus* auf einen Welt- bzw. Menschheitsstaat mit römisch-republikanischer Rechtsordnung und Verfassung oder auf eine politisch differenzierte, nach dem Muster von *de legibus* eingerichtete Staatenwelt mit hegemonialer Stellung des römischen Gemeinwesens abzielte. Die Entscheidung (Teil IV 10), bei der sich *de re publica* wieder als eine wichtige Hilfe erwies, fiel eindeutig zugunsten der zweiten Möglichkeit. Allerdings ist zu bedenken, daß – wohl wegen des fragmentarischen Erhaltungszustandes von *de legibus* – ein bedeutendes Detailproblem nicht befriedigend gelöst

---

[9] S. o. S. 17 und 74.
[10] Zu Philon vgl. POHLENZ, Stoa I, S. 376ff., 404f., 414f., 445; KOESTER, S. 530ff.
[11] S. o. Teil I, S. 14f.; III 8, S. 118ff.; III 9, S. 142ff.

werden konnte. Als gesichert nämlich darf zwar gelten, daß alle unter Roms *imperium* stehenden autonomen Republiken Ciceros Gesetze übernehmen sollten: aber über die gegenwärtig existenten Monarchien ließ sich keine definitive Aussage treffen. Unsicher mußte auch die Antwort auf die Frage ausfallen, wie nach Ciceros Willen das Programm von *de legibus* in praktische Politik umgesetzt, wie die neue rechtliche Ordnung der Welt verwirklicht werden sollte. Doch wurde immerhin durch die Fragmente von *de legibus* deutlich genug, daß generell eine politisch-praktische Realisierung beabsichtigt war[12].

Aber auf welche Weise? Für die römische *res publica* selbst bewährte sich Ciceros *de re publica* erneut als Interpretationshilfe (Teil IV 11). In den Fragmenten dieser Schrift trat nicht nur ebenfalls die allgemeine Intention auf politisches Handeln und auf praktische Maßnahmen zur Beendigung der Krise von Staat und Reich zutage. Programmatische Aussagen, die in der Forschung bisher noch kaum beachtet worden waren, lieferten darüber hinaus den Beweis, daß Cicero zur Realisierung der Reformen einen legislatorischen Akt intendierte, d.h., im Blick auf die Komplementärschrift *de legibus*, die förmliche Inkraftsetzung der *leges* seines *Codex*.

Zum Schluß (Teil IV 12) habe ich das Problem des „missing link" zwischen dem Plan zu konstituierender Gesetzgebung in *de re publica* und der kodifizierten Gesetzesmaterie in *de legibus* behandelt, d.h. das Problem der institutionellen Bedingungen einer Inkraftsetzung des *Codex Ciceronianus* in Rom und in nichtrömischen Staaten. Hinsichtlich der letzteren waren leider nur Vermutungen möglich; die Quellenbasis reichte zu mehr nicht aus. Bezüglich Roms habe ich das griechisch erhaltene neue Fragment von *de re publica* in Zusammenhang gebracht mit den Aussagen dieses Werkes über den *rector/gubernator* etc. als potentiellen *dictator* und Gesetzgeber. Dies war die Voraussetzung meiner hypothetischen Rekonstruktion des „missing link". Sie führte zu dem Ergebnis, daß Cicero offenbar die vorübergehende Einführung zweier miteinander kombinierter konstituierender Ausnahmegewalten, von Diktatur und Decemvirat, vorgeschlagen hatte – für etwa zwei oder drei Jahre sollte in Rom ein *dictator legibus scribundis et rei publicae constituendae* amtieren, ihm zur Seite eine personell jährlich wechselnde Gruppe von *X viri l. scr. et r. p. c.* Die politische Aufgabe der beiden Gewalten: Konstituierung der *res publica* durch Inkraftsetzung des *Codex Ciceronianus* (und der Folgegesetze).

Auf welche Weise und durch wen danach die nichtrömischen, die unter Roms hegemonialem *imperium* stehenden autonomen Staaten der Welt dazu gebracht werden sollten, den *Codex Ciceronianus* anzunehmen, das ist, wie

---

[12] S. o. Teil I, S. 6ff., sowie Teil IV 10, S. 144f., 148f., 150f., 156f., 160.

gesagt, eine offene Frage. Dadurch wird die generelle Charakterisierung von Ciceros politischem Programm aber nicht beeinträchtigt. Aufs Ganze gesehen, so meine ich, kann *de legibus*, zusammen mit *de re publica*, einerseits sicher als das Dokument eines praxisorientierten konservativen Reformwillens hinsichtlich der von Krisen geschüttelten römischen *res publica* bewertet werden[13]. Andererseits aber darf man das Werk jetzt zugleich auch als das Dokument eines ganz neuartigen, ebenfalls auf die praktische Realisierung ausgerichteten Verantwortungsbewußtseins für die Staaten des weltweiten *imperium p. R.* betrachten[14]: es ist, in seinen philosophisch begründeten universalistischen Aspekten, eine Manifestation des Willens, nach Maßgabe der einzig „richtigen" – weil der menschlichen Natur entsprechenden – *leges* des *Codex Ciceronianus* unter Wahrung der eigenstaatlichen Existenz der nichtrömischen Staaten eine neue rechtliche Ordnung der Welt einzuführen.

b. Cicero, Caesar und die Reform von *res publica* und *imperium*

Cicero hat *de legibus* gleichzeitig mit *de re publica* in den Jahren 54–51 geschrieben[15]. *Res publica amissa – imperium amissum*[16]: so lautete seine negative Zeitdiagnose, die zugleich aber das Stimulans zu seinem real-politisch-reformerischen Denken und Wollen gewesen ist. War sein Programm aber auch realistisch? War es – unabhängig von der Frage, ob die Ambition seines Autors, es persönlich zu verwirklichen, realistisch war[17] – war also das Programm selbst in dem Sinne realistisch, daß es, wäre Caesar im Januar 49 nicht in Italien einmarschiert, die Krise von *res publica* und *imperium* hätte beenden können?

Diese Frage kann und braucht im Rahmen einer Arbeit wie der vorliegenden, in der es um nicht mehr als um das Verständnis der philosophischen und politischen Zielsetzung des Reformprogramms ging – genauer: der universalistischen Komponente des Programms –, nicht abschließend beantwortet zu werden. Es können hier einige Bemerkungen zu dem tiefgreifenden Wandel genügen, der sich in der wissenschaftlichen Beurteilung des politischen Bewußtseins und der politischen Tendenzen zur Zeit der späten Republik angebahnt hat. Diese Neuorientierung muß sich auch auf die historische Urteilsbildung über den Politiker Cicero und seine reformerischen Pläne auswirken.

---

[13] S.o. Teil I, S. 6f. (P. L. Schmidt, A. Heuss, G. A. Lehmann).
[14] S.o. Teil I, S. 15f.
[15] S.o. Teil I, S. 1.
[16] S.o. Teil I, S. 1f., 9, 11, 12f.
[17] S.o. Teil IV 12, S. 219ff.

Wie schon Cicero, so war auch Caesar zu der Ansicht gekommen, die *res publica* sei nichts anderes mehr als ein Name, körperlos, gestaltlos, ein Phantom (Suet. *div. Iul.* 77). Die beiden Politiker haben aus ihrer in der Sache übereinstimmenden Zeitdiagnose jedoch unterschiedliche Konsequenzen gezogen. Der eine – Cicero – verteidigte bis zum Äußersten die traditionelle *res publica* und entwickelte ein Programm, sie unter Beibehaltung ihrer bisherigen Struktur in reformierter Gestalt neu zu konstituieren. Der andere – Caesar – bereitete der *libera res publica* spätestens bei Übernahme der *dictatura perpetua* im Jahre 44 ein Ende. Diese Konsequenzen werden nun in der Forschung seit eh und je unterschiedlich bewertet. Den Maßstab bildete dabei, sieht man einmal von platter Heldenverehrung und vordergründiger Bewunderung für große „Täter" ab, die Auffassung von den allgemeinen politischen Tendenzen der Zeit, die der eine verkannt, der andere hingegen erkannt haben soll. In Folge davon ist das Bild von den politischen Taten und politisch-programmatischen Gedanken des Republikaners Cicero wesentlich geprägt, wenn nicht gar zur Gänze abhängig von dem Bilde, das uns von dem Konsul, dem Diktator, dem Monarchen Caesar vor Augen gestellt wird[18]. Sehr vereinfachend gesagt: je höher Caesar bewertet wurde, desto weniger Verständnis für Cicero.

Von bedeutendem, bis in unsere heutige Zeit spürbarem Einfluß auf die historische Urteilsbildung ist die Geschichtsphilosophie G. W. F. Hegels gewesen. Verschiedentlich hatten bereits antike Autoren einen kausalen Zusammenhang zwischen der Größe des *imperium p. R.* und der Krise der *res publica*, ja sogar ihrem Untergang hergestellt[19]. Daran knüpfte offenbar Montesquieu an, wenn er in seinen „Considérations" die Ansicht äußerte[20], der definitive Untergang der *libera res publica* sei durch die große Ausdehnung des *imperium* geradezu determiniert. „Enfin, la République fut opprimée, et il n'en faut pas accuser l'ambition de quelques particuliers; il en faut accuser l'Homme, toujours plus avide du pouvoir à mesure qu'il en a davantage, et qui ne désire tout que parce qu'il possède beaucoup. Si César et Pompée avaient pensé comme Caton, d'autres auraient pensé comme firent César et Pompée, et la République, destinée à périr, aurait été entraînée au précipice par une autre main." – Für Hegel nun war Caesar, geschichtsphilosophisch überhöht, der klassische Typus des kolossalen, des welthistorischen

[18] Vgl. RINTELEN, S. 123 ff.; GELZER, Cicero und Caesar, passim; SEEL, Cicero, Kap. V: Caesar (Versuch einer Synkrisis), passim; GESCHE, Caesar, S. 196 f.

[19] Krise: z. B. Livius, *praefatio* 4, 9, 12; vgl. VII 25,9 und 29,2. – Florus I 47 (III 12), bes. 6 f.; II 13 (IV 2) 1 ff. – Vgl. Cic. *rep.* V 1 f. und *off.* II 26 ff.; Sallust, *Cat.* 14,1. – Untergang: Polybios VI 57,1 ff.; Horaz, *ep.* 16,2 (vom Jahre 41); Lucan. I 70 ff., VII 415 ff.

[20] Kap. IX (S. 79–83), XI (zit. S. 94).

Individuums, das den Beruf hat, „Geschäftsführer des Weltgeistes" zu sein[21]. Rom, korrumpiert durch sein *imperium*, besaß nach Hegel[22] in spätrepublikanischer Zeit keinen inneren Halt mehr, das Reich selbst keinen Zusammenhalt; der Senat besaß keine „Reichsidee", das aristokratisch-republikanische Regiment hatte sich überlebt, die Monarchie Caesars war darum nicht Zufall, sondern historische Notwendigkeit. Daran gemessen, konnte Hegels Urteil über den Republikaner Cicero natürlich nur ungünstig lauten[23]: Cicero führe den Zustand des Verderbens der Republik immer nur auf ein Versagen von Individuen zurück; er denke nicht daran, „daß es unmöglich sei, die römische Republik länger zu erhalten", und suche für sie „immer nur eine momentane Nachhilfe"; „über die Natur des Staates und namentlich des römischen" habe er „kein Bewußtsein" – wohl aber, das ist der leitende Gedanke, Caesar, der mit der Einrichtung der Monarchie das historisch für Rom und sein *imperium* Richtige und Notwendige getan und eben dadurch sich als ein „Geschäftsführer des Weltgeistes" erwiesen habe.

Wie schon gesagt, war Hegels entwicklungsgeschichtliche Konzeption – und ist es teilweise auch heute noch – ein richtungweisender Orientierungspunkt am Weg der historischen Urteilsbildung[24]. Th. Mommsen, über B. G. Niebuhrs Erkenntnisse hinwegsehend[25], hat gemeint, Caesars Ziel sei es gewesen, „die politische, militärische, geistige und sittliche Wiedergeburt der tief gesunkenen eigenen und der noch tiefer gesunkenen, mit der seinigen innig verschwisterten hellenischen Nation" zu erreichen[26]. Er stehe menschlich wie geschichtlich „in dem Gleichungspunkt, in welchem die großen Gegensätze des Daseins sich ineinander aufheben"[27], und er sei „ein voller Mann" gewesen, „weil er wie kein anderer mitten in die Strömungen seiner Zeit sich gestellt hatte"[28], – Strömungen, so ist anzumerken, die nach Th. Mommsens Ansicht unwiderstehlich von der Republik zur Monarchie trie-

---

[21] Vorlesungen, S. 44–54.

[22] Ebd., S. 343, 372 ff., 376–381.

[23] Ebd., S. 378.

[24] Zu diesem vgl. SEEL, Caesar-Studien, S. 43 ff.; GESCHE, Caesar, S. 190 ff.; CHRIST, RG, S. 103 ff., 137 ff.; ders., Krise und Untergang, S. 8 ff.; YAVETZ, S. 11–60.

[25] NIEBUHR, S. 74: „Es ist aber besonders merkwürdig daß bei allen seinen (sc. Caesars) Maßregeln keine Spur sich findet daß er daran dachte, die Verfassung auf irgend eine Weise zu modifizieren und der Anarchie ein Ende zu machen, denn alle seine Änderungen sind doch im Grunde unwesentlich... Caesar (sc. anders als Sulla) scheint es sich gar nicht gedacht zu haben wie er da abhelfen wollte"; S. 75: „Wäre Caesar ruhig gestorben, so hätte sich der Staat in derselben Auflösung befunden, ja in einer noch schlimmeren, als wenn er gar nicht da gewesen wäre".

[26] RG III, S. 464.

[27] Ebd., S. 467.

[28] Ebd., S. 468.

ben. So gesehen, ist dann Caesar als Errichter der Monarchie das einzige
schöpferische Genie, das Rom, und das letzte, das die Alte Welt hervorgebracht und in dessen Bahnen sie sich bis zu ihrem eigenen Untergang bewegt
hat[29]. Und so gesehen, lautet Th. Mommsens in der sprachlichen Prägnanz so
ungemein wirkungsvolles Urteil über den Republikaner Cicero: dieser sei ein
„Staatsmann ohne Einsicht, Ansicht und Absicht", der „nie mehr gewesen
(sei) als ein kurzsichtiger Egoist"[30].

In diesem Urteil über Caesar und Cicero schlägt sich ganz offenkundig die
Geschichtsphilosophie Hegels nieder. Die Forschergenerationen nach Th.
Mommsen haben nun die Perspektiven wohl etwas entzerrt und dabei die
gröbsten Ungerechtigkeiten des Urteils über die Einsichten, Ansichten und
Absichten Ciceros gemildert, so schon Ed. Meyer (Caesars Monarchie,
³1922), dann J. Vogt (Ciceros Glaube an Rom, 1935) und vor allem M.
Gelzer (Tullius, 1939). Doch der geschichtsphilosophische Hintergrund im
Sinne der entwicklungsgeschichtlichen Konzeption Hegels ist geblieben. Die
drei genannten Forscher – die ich hier nur als repräsentative Beispiele anfüh-
re[31], – stimmen darin überein, daß angesichts der Größe des *imperium* eine
historische Entwicklung von der aristokratisch-republikanischen Staatsform
weggeführt habe[32], nach Ed. Meyer jedoch über Pompeius zum Prinzipat des
Augustus[33], während es für J. Vogt[34] und M. Gelzer[35] wie schon für Th.
Mommsen kein anderer als Caesar war, der das in ihren Augen historisch
Notwendige vollstreckte. Demgemäß unterschiedlich fällt dann auch das Urteil über Cicero aus. Für Ed. Meyer hat Cicero sich mit seinem Werk *de re
publica* als ein Mann profiliert, der im Sinne des nach seiner Ansicht historisch notwendigen Prinzipates die „Zeichen der Zeit" erkannt hatte[36]. Bei J.
Vogt und M. Gelzer hingegen redet der gleiche Cicero mit dem gleichen

---

[29] Ebd., S. 461.

[30] Ebd., S. 619.

[31] Siehe u. a. OPPERMANN, S. 498: Caesars Monarchie als „notwendige Entwicklung";
CARCOPINO, César, S. 1–3, 115f., 129f. (u. ö.); BALSDON, S. 155ff., 175ff.; ALFÖLDI, S. 12,
spricht von „eisernen Konsequenzen einer Entwicklung" und von einem „historisch-biolo-
gischen Prozeß"; FUNCK, S. 582, betrachtet Caesar „als das Vollzugsinstrument der Geschichte", die Errichtung der Alleinherrschaft als „eine Gesetzmäßigkeit". – Vgl. BLEIK-
KEN, Verfassung, S. 231f., 234ff., 245ff.; CHRIST, Krise und Untergang. S. 1–7.

[32] MEYER, Caesars Monarchie, S. 4f.; VOGT, Ciceros Glaube, S. 62f., 67, 70; ders.,
RRep., S. 250ff., 319f., 340ff., 387f. (u. ö.); GELZER, Gemeindestaat, passim; ders.,
Caesar (Aufsatz), S. 132, 135, 139; ders., Leistung, bes. S. 151, 155ff., 164ff., 183f., 185,
187; ders., Caesar, S. 1ff., 252ff., 305ff.; ders., Cicero und Caesar, S. 8–10.

[33] Caesars Monarchie, z. B. S. 176, 189.

[34] Ciceros Glaube, S. 62f., 72 u. ö.; ders., RRep., S. 287ff.

[35] Caesar, z. B. S. 256ff., 261f., 303f.; vgl. ders., Pompeius, S. 203ff.

[36] Caesars Monarchie, S. 174–191.

Werk an den „historischen Notwendigkeiten" einer monarchisch-imperialen Umgestaltung von *res publica* und *imperium* vorbei[37], und er wird – von diesem Vorverständnis her folgerichtig – an dem Monarchen Caesar gemessen als „Illusionist" bezeichnet, der die allgemeine geschichtliche Entwicklung zum „persönlichen Regiment" nicht erkannt[38], und als ein Mann, dem es an Verständnis für die wirklichen Ursachen der Krise von Staat und Reich gefehlt habe[39]. Stellvertretend für die Anhänger der Tradition einer vom Caesarbild her bedingten Abwertung Ciceros in neuester Zeit mag hier D. Stockton stehen[40].

Die Anschauung von der Unfähigkeit und historischen Überholtheit des aristokratisch-republikanischen Reichsregiments, von entwicklungsbedingter Zwangsläufigkeit des Untergangs der Republik und, komplementär dazu, von der historischen Notwendigkeit der Monarchie gilt schon seit längerem aber nicht mehr unbestritten, und in dem Maße, in dem sich darin ein Wandel abzeichnet, gerät auch das auf diese Anschauung aufgebaute Bild von Caesar als demjenigen, der jene Entwicklung, Zwangsläufigkeit, Notwendigkeit erkannt und entsprechend gehandelt bzw. geplant habe, ins Wanken. R. Syme hat im Jahre 1939 erklärt: „Such a view is too simple to be historical"[41]; Caesar müsse „by facts and not by alleged intentions" beurteilt werden, und darin erweise er sich „as a realist and an opportunist. In the short time at his disposal he can hardly have made plans for a long future or laid the foundation of a consistent government. Whatever it might be, it would owe more to the needs of the moment than to alien or theoretical models"[42].

Die damit vollzogene Wendung in der historischen Urteilsbildung setzt sich 1953/1968 fort bei H. Strasburger, in dem zu Recht berühmten, wenn auch umstrittenen Aufsatz über „Caesar im Urteil seiner Zeitgenossen", auf welchen M. Gelzer mit dem Aufsatz „War Caesar ein Staatsmann?" (1954) und der Synkrisis „Cicero und Caesar" (1968) zu antworten sich genötigt sah[43].

---

[37] Vogt, Ciceros Glaube, S. 56f., 60–70 (vgl. ders., RRep., S. 361); Gelzer, Cicero, S. 316f.

[38] Vogt, Ciceros Glaube, S. 63, 67, 68.

[39] Gelzer, Cicero, S. 216f.

[40] Cicero, S. 345. – Vgl. auch Hammond, S. 103, 125, 126f., 138f., 161 (sowie ebd., S. 169, Note 1 zur Einleitung; S. 188, Note 8 zu Seite 103); Meyer, Cicero und das Reich, S. 211, 239, 248ff.

[41] RRev., S. 47; S. 54f.; vgl. dazu Yavetz, S. 33ff.

[42] RRev., S. 55. – Vgl. demgegenüber Bengtson, Caesar, S. 436ff., 448, 453ff., 461ff. (1940 entstanden, 1974 erstmals veröffentlicht, von R. Syme und der neueren Forschung gänzlich unbeeindruckt).

[43] Vgl. dazu Gesche, Caesar, S. 190ff.; Yavetz, S. 11ff.

H. Strasburger stellte die entscheidende Frage[44]: „War die Vernichtung
des Optimatenregimentes, die Zerstörung der Republik, die caesarische Gewaltkur als Neubeginn geschichtlich wirklich so nötig, wie gemeinhin angenommen?" Seine Antwort, mit Bezug auf den reichspolitischen Effekt der
Militärmonarchie Caesars, lautete zurückhaltend[45]: „Was den *Untertanen*
wohler tat oder im weiteren Verlauf getan haben würde, (Caesars) absolute
Monarchie oder das republikanische System, das können wir mit unserer
mangelhaften Information nicht so kühn entscheiden. Zu einseitig ist jedenfalls die verbreitete Vorstellung, die ‚Optimatenoligarchie' habe dringend
der Ablösung bedurft, weil sie mit ihrem stadtstaatlich begrenzten Beamten-
apparat zu angemessener Verwaltung des Reiches a priori gar nicht in der
Lage gewesen sei"[46]. Im übrigen ist mit H. Strasburger daran festzuhalten,
daß es keine Quellenbelege für die bekannte Ansicht gibt, Caesar habe einen
Plan zur Umgestaltung der *res publica* und Neugestaltung des *imperium* besessen[47].

In dieser Richtung ist die Forschung seither kräftig vorangeschritten[48].
Chr. Meier (1966), unter verhaltener Kritik an der Forschung, die „meistens,
bewußt oder unbewußt, durch die Kategorie ‚Entwicklung' beherrscht gewesen" ist, betrachtet die Verfassungswirklichkeit der späten Republik nicht
mehr nur als eine Entartungserscheinung, sondern auch als einen *status rei
publicae*, „der bei aller Erstarrung und Labilität und bei allen unerfreulichen
Zügen doch immerhin unter gründlich gewandelten und sich wandelnden
Verhältnissen ein staatliches Leben ermöglichte – und vielleicht, wenn nicht
die Zufälle des politischen Ablaufs dem entgegen gewesen wären, noch länger ermöglicht hätte, als es geschehen ist"[49]. Die Lehre von der Zwangsläufigkeit des Untergangs der Republik und der historischen Notwendigkeit
eines monarchischen Regiments entbehrt, wie E. S. Gruen (1974) gezeigt
hat, jeglicher Grundlage in den Quellen[50], und auch E. Rawson (1975) meint:
„… monarchy as such was not inevitable even if it had some undeniable
advantages; had certain reforms been put through, senatorial rule might have

---

[44] Urteil, S. 76 (ff.).

[45] Ebd., S. 80f.

[46] Vgl. auch ebd., S. 5f., 67f.

[47] Ebd., S. 48ff. – Vgl. oben Teil I, S. 9, Anm. 44 sowie in diesem Teil V die Anm. 25
(Niebuhr).

[48] Collins, z.B. S. 398ff., 406ff. – Vgl. aber Bengtson, oben Anm. 42.

[49] RPA, S. 4f.; vgl. ebd., S. 151ff., 201ff., 207f., 296ff., 301ff. sowie p. XVIII,
XXVIII, XLIX. Abkehr von dieser Position jetzt aber in ders., Caesar, S. 23f., 39ff.,
156ff., 422ff., 516ff.

[50] Last Generation, S. 1ff., Kap. XI (The Coming of Civil War, S. 449–497) passim,
S. 498–507. Vgl. aber Meier, Caesar, S. 517 (u.ö.).

been prolonged indefinitely"[51]. Die Krise von *res publica* und *imperium* war insofern eine „Krise ohne Alternative" (Chr. Meier), als es in Rom keine gesellschaftliche Kraft gegeben und als niemand, auch Caesar nicht, ein Programm verfochten hat mit dem Ziel eines grundlegenden Strukturwandels[52]. Die einzige „Alternative" war das Nichts: *res publica amissa* und *imperium amissum*. Die Struktur des Überkommenen wurde von niemandem grundsätzlich in Frage gestellt. Eine demokratische Umgestaltung stand nicht zur Debatte[53], und es setzt sich ferner allmählich auch die einst schon von B. G. Niebuhr ausgesprochene Erkenntnis[54] weiter durch, daß Caesar, obwohl faktisch Alleinherrscher, keine monarchische Verfassungsänderung angestrebt hat und daß er ebensowenig die existierende hegemoniale Ordnung der bekannten Welt durch eine monarchisch-imperiale, die Unterschiede in der Rechtsstellung von Provinzen und *socii* aufhebende Welt- und Menschheitsordnung ersetzen wollte[55].

Die Forschung scheint also endgültig Abschied genommen zu haben von Caesar als dem „Geschäftsführer des Weltgeistes". Was bleibt dann aber noch übrig? Nicht weniger, nicht mehr als dies: der Erfolg. Caesar hat Erfolg gehabt, hat, gestützt auf die Armee, absolute Macht „in den Verhältnissen", wenn auch nicht „über die Verhältnisse", gewonnen[56]. Sein Bürgerkrieg und seine Herrschaft waren die Ursache des Untergangs der Republik, nicht umgekehrt[57]. Die Tatsache ihres Unterganges aber beweist nicht die historische Notwendigkeit ihres Unterganges, und die historische Tatsächlichkeit der Herrschaft Caesars beweist nicht das historische Recht der Monarchie. Denn bekanntlich kann jede Art von Verfassung mit Gewalt aus den Angeln gehoben werden; doch Stärke von Armeen verleiht nicht Recht. Moralischer Positivismus im Sinne der Lehre von der Identität von Macht und Recht, vom sogenannten „Recht des Stärkeren", ist wie überhaupt im Leben, so

---

[51] Cicero, S. 161. – Siehe auch die in ähnliche Richtung zielenden Gedanken von GIEBEL, S. 47–50 (wo allerdings die Betonung des Demokratischen der Zeit Ciceros sicher nicht angemessen ist).

[52] MEIER, RPA, p. XXXf., XLIIIff., S. 201ff., 302f. (u.ö.). Vgl. aber ALFÖLDY, S. 75 (Monarchie).

[53] HEUSS, Ciceros Theorie, S. 270 (78).

[54] S.o. Anm. 25.

[55] RAAFLAUB, S. 3f., 311ff., 331ff.; BRUHNS, Kap. X (politische Zielvorstellungen der Caesarianer, des Senates und Caesars selbst, S. 167–179), passim. Zur Sache siehe YAVETZ, S. 69ff., 99ff., 118ff., 144ff., 162–185; MEIER, Ohnmacht, Kap. 5 (S. 65–96), bes. S. 68ff., 76f., 85–89; BLEICKEN, RRep., S. 88–90, 187–190; MEIER, Caesar, z.B. S. 510ff., 555ff., 573. – Vgl. GESCHE, Caesar, S. 143ff., 152ff., 190ff.

[56] MEIER, Ohnmacht, S. 76; ders., Caesar, S. 515.

[57] GRUEN, S. 449f., 491f., 499ff., 504.

insbesondere bei der historischen Urteilsbildung in mehr als einer Hinsicht problematisch[58].

Die lange Zeit entscheidenden Grundlagen der Bewertung des Politikers Caesar existieren nicht mehr oder sind doch zumindest stark relativiert. Wenn nun aber die gewandelten Perspektiven angemessen sind, wenn sie, an den Quellen orientiert, den historischen Phänomenen jener Zeit eher gerecht werden als die noch für M. Gelzer maßgebenden vom Geiste Hegels, – dann wird auch endlich der Weg frei für ein gewandeltes Bild von dem Politiker Cicero, dem aristokratischen Republikaner, dem Verteidiger des traditionellen „Systems" der *libera res publica* und ihres hegemonialen Weltregiments: sein republikanisches Wirken und Wollen kann nun nicht mehr als ein kurzsichtiges und sinnloses Gegen-den-Strom-Schwimmen abgetan werden. Denn wenn das aristokratisch-republikanische Regiment über *res publica* und *imperium* nicht unfähig und historisch nicht überholt war; wenn ferner ein monarchisch-imperiales Regiment keine entwicklungsbedingte Notwendigkeit war; wenn schließlich der Monarch Caesar nicht nach Maßgabe der Erkenntnis solcher vermeintlichen Entwicklungen und Tendenzen gehandelt und geplant hat, – dann wäre es unbillig, wollte man Ciceros Programm in den Werken *de re publica* und *de legibus* auch heute noch als rückständig bezeichnen und den Autor dafür tadeln, daß er seinen Zeitgenossen keinen monarchisch-imperialen Ausweg aus jener Krise aufgezeigt hat, in welche die republikanische Hegemonialmacht Rom geraten war.

Dieses Programm ist daher keine romantische „Utopie"[59]. Cicero war ganz und gar auf der Höhe der Zeit. Er war, wie A. Heuß sagt[60], „im vollen Recht, wenn er den römischen Staat da aufsuchte, wo er existierte, und nicht dort, wo er sich auflöste. Man kann ihn deshalb, von seiner Generation her gesehen, keinen Romantiker nennen. Er wollte nicht längst Verflossenes wieder hervorholen. Er wollte nur das einzig Wirkliche und als solches allein Vorstellbare festhalten und vor dem unumkehrbaren Tod bewahren. Denn das ist ja klar: So lange es nur die negative Aussage des ‚verlorenen' Staates gab, war die Alternative nur der einzig mögliche Staat, und das war der durch die Geschichte ausgewiesene".

Zur *res publica amissa* mit ihrem weltweiten teils provinzialen, teils hegemonialen *imperium amissum*[61] gab es, wie zu sehen war, keine – demokrati-

---

[58] Vgl. dazu die erhellenden Äußerungen von J. J. ROUSSEAU im Contrat social, Buch I, Kap. III.

[59] Vgl. MEIER, RPA, S. 302: es sei „höchst charakteristisch, daß im damaligen Rom – anders als in so vielen Zeiten ähnlich schwerer Krise – keine Utopie entstand"; ferner ebd., S. 303, 306. – Zu „Utopie" siehe auch oben S. 5ff., 144f.

[60] Ciceros Theorie, S. 270 (78) f.

[61] Vgl. oben Teil I c, S. 11–13.

sche oder monarchische – „Alternative". Andererseits, wenn man das Bestehende in der Struktur hätte bewahren wollen, hätte man, gibt Chr. Meier zu
erwägen[62], den zeitgemäßen Erfordernissen entsprechend, aber im Geist der
altbewährten Normen, „eine neue Verfassung mit genauen Regelungen stiften müssen". Es hätte also einer systemimmanent-reformerischen Alternative bedurft. Chr. Meier konstatiert aber das Fehlen auch einer solchen, und:
man habe in Rom „kein besseres Ziel als die Wiederherstellung des Alten"
gefunden, ohne doch einen Weg zu wissen, dorthin zu gelangen[63].

Inzwischen hat sich jedoch gezeigt – besonders eindrucksvoll zuletzt in der
Studie von G. A. Lehmann (Politische Reformvorschläge, 1980) –, daß Cicero mit seinen Schriften *de re publica* und *de legibus* gerade diese vermeintli-
che Lücke ausfüllt. Die beiden Werke empfehlen nicht einfach die Wiederherstellung dessen, was (angeblich) einst war, etwa zur „guten alten Zeit"
des Scipio Aemilianus[64]. Nein: sie enthalten, ja sie sind das Programm einer
bis an die Grenzen der Systemveränderung der *res publica* vorstoßenden
reformerischen Alternative[65], und sie sind zugleich das Programm einer neuartigen hegemonialen Ordnung der Welt. Gemessen an dem, was man Cicero bisher vielfach zugetraut bzw. nicht zugetraut hatte, erweist sich darin ein
staunenswertes Maß an Einsicht in politische Notwendigkeiten, an politischem Sachverstand und an real-politischem Orientierungssinn, – das alles
bei festem Stand auf dem Boden der römischen Verfassungs- und hegemonialen Herrschaftradition, mit Blickrichtung auf eine konstruktive Fortbil-
dung der republikanischen Grundordnung und auf rechtliche Neugestaltung
des *imperium*. Und es zeugt schließlich für Ciceros Realismus, daß er sich
auch um den Aufbau einer gesellschaftlichen Kraft bemüht hat, die zur Trä-
gerin seiner reformerischen Alternative werden sollte[66].

Cicero ist aber gescheitert. Woran? Die „caesarische Gewaltkur"[67] hat alle
Möglichkeiten zunichte gemacht.

---

[62] RPA, S. 157ff.; zit. S. 158. Vgl. ebd., S. 60ff.

[63] RPA, S. 144, 203f., 303; zit. S. 204. Vgl. auch BLEICKEN, Verfassung, S. 230ff.

[64] Vgl. oben Teil I, S. 6 mit Anm. 27 und 29, sowie Teil IV 11, S. 180f., und HEUSS, zit.
oben S. 234.

[65] Vgl. LEHMANN, S. 101f. (zit. oben Teil I, S. 7).

[66] S. o. S. 169f., 219. – Daß er sich selber als den zukünftigen *dictator l. scr. et r. p. c.*
gesehen hat (s. o. Teil IV 12, S. 219ff.), mag man dem *princeps civitatis* verzeihen – wenn
es denn der Verzeihung bedarf.

[67] STRASBURGER, Urteil, S. 76 (zit. oben S. 232). K. BÜCHNER, Kl. Pauly I, 1975, s. v.
Cicero, Sp. 1177f.

QUELLEN

AUSGABEN, KOMMENTARE, ÜBERSETZUNGEN (in Auswahl)

a. de re publica

G. H. SABINE/ST. B. SMITH, M. T. Cicero, On the Commonwealth. Columbus/Ohio 1929
(ND Indianapolis/New York o. J.)

M. T. Cicero, Staatslehre, Staatsverwaltung (= *rep.* und *Q. fr.* I 1), Übers. K. ATZERT.
München o. J.

K. ZIEGLER, M. Tullius Cicero, De re publica. Leipzig ⁷1969

K. BÜCHNER, M. Tullius Cicero, Vom Gemeinwesen, lat.-dt. Zürich/München ³1973

K. ZIEGLER, Cicero, Staatstheoretische Schriften (*rep.* – *leg.*). Berlin 1974 (Akademie-
Ausgabe)

b. de legibus

A. TURNEBUS, Kommentar zu de legibus; in der Ausgabe MOSER/CREUZER

G. H. MOSER/F. CREUZER (edd.), Cicero, De legibus. Frankfurt/M. 1824

G. SICHIROLLO, Cicero, de legibus. Padua 1878

A. DU MESNIL, Cicero, de legibus. Leipzig 1879

J. VAHLEN, ed. Cicero De legibus. Berlin ²1883

G. DE PLINVAL, Cicéron, Traité des Lois. Paris ²1968

K. BÜCHNER, Cicero-Fragmente über die Rechtlichkeit (De legibus). Stuttgart 1969

E. BADER/L. WITTMANN, M. Tullius Cicero – Über die Gesetze (De legibus). Reinbek/
Hamburg 1969

Cicero, De legibus, a commentary on book I by L. P. KENTER. Amsterdam 1972

K. ZIEGLER, *leg.*, Akademie-Ausgabe: s. o. unter a.

K. ZIEGLER/W. GÖRLER (edd.), M. Tullius Cicero, De legibus. Freiburg/Würzburg ³1979

c. andere

J. V. ARNIM, Stoicorum veterum fragmenta, Bd. I–III (1903/1905). Stuttgart 1968

S. RICCOBONO (Hg.), Fontes iuris Romani anteiustiniani, p. I (Leges). Florenz 1941

LITERATUR

G. J. D. Aalders, ΝΟΜΟΣ ΕΜΨΥΧΟΣ. In: P. Steinmetz (Hg.), Politeia und Res publica, Gedenkschrift R. Stark (= Palingenesia IV). Wiesbaden 1969, S. 315–329

ders., Die Theorie der gemischten Verfassung im Altertum. Amsterdam 1968

J. L. Adams, The Law of Nature in Greco-Roman Thought. Journal of Religions 25, 1945, S. 97–118

S. Albert, Bellum iustum (FAS 10). Kallmünz 1980

A. Alföldi, Oktavians Aufstieg zur Macht. Bonn 1976

G. Alföldy, Römische Sozialgeschichte. Wiesbaden 1975

P. Asdourian, Politische Beziehungen zwischen Armenien und Rom von 100 v. Chr. bis 428 n. Chr. (Diss. Freiburg). Venice 1911

A. E. Astin, Scipio Aemilianus. Oxford 1967

G. Aujac, Strabon et la science de son temps. Paris 1966

E. Badian, Roman Imperialism in the Late Republic. Ithaca/New York ²1971

ders., Römischer Imperialismus. Stuttgart 1980

ders., Rome, Athens and Mithridates. AJAH 1, 1976, S. 105–128

J. P. V. D. Balsdon, Julius Caesar. New York 1967

K. Barwick, Das rednerische Bildungsideal Ciceros (Abh. d. sächs. Akad. d. Wissenschaften, Leipzig. Phil.-hist. Klasse 53,3). Berlin 1963

ders., Probleme der stoischen Sprachlehre und Rhetorik (Abh. d. sächs. Akad. d. Wissenschaften, Leipzig. Phil.-hist. Klasse 49,3). Berlin 1957

C. Becker, RAC 3, 1957, Cicero, Sp. 86–127

C. A. Behr, A New Fragment of Cicero's de re publica. AJPh 95, 1974, S. 141–149

O. Behrends, Ius und ius civile. Untersuchungen zur Herkunft des ius-Begriffs im römischen Zivilrecht. In: D. Liebs (Hg.), Sympotica F. Wieacker. Göttingen 1970, S. 11–58

ders., Die Wissenschaftslehre im Zivilrecht des Q. Mucius Scaevola pontifex maximus (NGG, phil.-hist. Klasse). Göttingen 1976, S. 263–304

V. Bejarano Sánchez, La presencia de Cicerón en el tratado „De legibus" del P. Suarez. Helmantica 28, 1977, S. 33–44

H. Bellen, Sullas Brief an den Interrex L. Valerius Flaccus. Historia 24, 1975, S. 555–569

H. Bengtson, Caesar. Sein Leben und seine Herrschaft (1940). In: ders., Kleine Schriften zur Alten Geschichte. München 1974, S. 421–469

J. Béranger, Cicéron précurseur politique (1959). In: ders., Principatus. Études de notions et d'histoire politiques dans l'Antiquité gréco-romaine. Genève 1973, S. 117–134

ders., Les jugements de Cicéron sur les Gracches. ANRW I 1, 1972, S. 732–763

ders., Recherches sur l'aspect idéologique du principat. Basel 1953

R. Bernhardt, Der Status des 146 v. Chr. unterworfenen Teils Griechenlands bis zur Einrichtung der Provinz Achaia. Historia 26, 1977, S. 62–73

J. Bidez, La Cité du Monde et la Cité du Soleil chez les Stoiciens. Acad. royale de Belgique, Bulletin de la Classe des Lettres 18, 1932, S. 244–294

A. Bill, La morale et la loi dans la philosophie antique. Paris 1928

B. Biondi, *Lex* e *ius*. RIDA, 3ᵉ sér., 12, 1965, S. 169–202

A. Biscardi, Aperçu historique du problème de l'*abrogatio legis*. RIDA, 3ᵉ sér., 18, 1971, S. 449–470

J. Blänsdorf, Griechische und römische Elemente in Ciceros Rechtstheorie. Würzburger Jahrbücher 2, 1976, S. 135–147

J. Bleicken, Geschichte der Römischen Republik. München–Wien 1980

ders., Lex publica. Gesetz und Recht in der römischen Republik. Berlin–New–York 1975

ders., Die Verfassung der römischen Republik. Paderborn 1975

E. Bloch, Naturrecht und menschliche Würde (1961). Frankfurt 1977

A. Boddington, The Original Nature of the Consular Tribunate. Historia 8, 1959, S. 356–364

R. Bodéüs, L'amour naturel du genre humain chez Cicéron. LEC 42, 1974, S. 50–57

H. le Bonniec, Le culte de Cérès à Rome. Paris 1958

J.-P. Borle, Pompée et la dictature. 55–50 av. J. C. LEC 20, 1952, S. 168–180

L. K. Born, Animate(d) Law in the Republik and the Laws of Cicero. TAPhA 64, 1933, S. 128–137

St. Borzsák, Cicero und Caesar. Ihre Beziehungen im Spiegel des Romulus-Mythos. In: A. Michel-R. Verdière (Hg.), Ciceroniana. Hommages à K. Kumaniecki. Leiden 1975, S. 22–35

P. Boyancé, Cicéron et les parties de la philosophie. REL 49, 1971, S. 127–154

ders., Cum dignitate otium (1941). In: R. Klein (Hg.), Das Staatsdenken der Römer. Darmstadt ²1973, S. 348–374

ders., L'éloge de la philosophie dans le „De legibus" I, 58–62. Ciceroniana, N. S. 2, 1975, S. 21–42

ders., Études sur l'humanisme cicéronien. Brüssel 1970. *Darin*:

    Les problèmes du *De republica* de Cicéron (1964), S. 180–196

    Trois citations de Platon chez Cicéron (1969), S. 248–255

    Cicéron et le Premier Alcibiade (1964), S. 256–275

K. Bringmann, Das „Enddatum" der gallischen Statthalterschaft Caesars. Chiron 8, 1978, S. 345–356

G. Broggini, Ius lexque esto. In: Ius et lex. Festgabe M. Gutzwiller. Basel 1959, S. 23–44

E. F. Bruck, Cicero versus the Scaevolae: Law of Inheritance and Decay of Roman Religion. Seminar III, 1945, S. 1–20

H. Bruhns, Caesar und die römische Oberschicht in den Jahren 49–44 v. Chr. Göttingen 1978

M. van den Bruwaene, Précisions sur la loi religieuse du De legibus 2, 19–22 de Cicéron. Helikon 1, 1961, S. 40–93

V. Buchheit, Ciceros Kritik an Sulla in der Rede für Roscius aus Ameria. Historia 24, 1975, S. 570–591

ders., Die Definition der Gerechtigkeit bei Laktanz und seinen Vorgängern. VChr. 33, 1979, S. 356–374

K. Büchner, Cicero. Bestand und Wandel seiner geistigen Welt. Heidelberg 1964

ders., Das neue Cicerobild. Der Denker Cicero. In: ders. (Hg.), Das neue Cicerobild. Darmstadt 1971, p. VII–XXV

ders., Der Eingang von Ciceros Staat (1964). In: ders., Studien zur römischen Literatur VI (= Resultate römischen Lebens in römischen Schriftwerken). Wiesbaden 1967, S. 46–64

ders., Humanitas Romana. Studien über Werke und Wesen der Römer. Heidelberg 1957 ders., Summum ius summa iniuria. In: ders., Humanitas Romana. Heidelberg 1957, S. 80–105

ders., Iustitia in Ciceros de republica. In: ders., Studien zur römischen Literatur VI. Wiesbaden 1967, S. 65–82

ders., Römische Konstanten und De legibus. In: ders., Studien zur römischen Literatur VIII (= Werkanalysen). Wiesbaden 1970, S. 21–39

ders., Zum Platonismus Ciceros (1974), In: ders., Studien zur römischen Literatur IX (= Römische Prosa). Wiesbaden 1978, S. 76–99

ders., Sinn und Entstehung von ‚De legibus‘. Atti del I Congresso Internazionale di Studi Ciceroniani 2. Rom 1961, S. 81 ff.

ders., Somnium Scipionis. Quellen-Gehalt-Sinn (= Hermes Einzelschriften 36). Wiesbaden 1976

ders., Der Tyrann und sein Gegenbild. In: ders., Studien zur römischen Literatur II (= Cicero). Wiesbaden 1962, S. 116–147

ders., Die beste Verfassung (1952). In: ders., Studien zur römischen Literatur II (= Cicero). Wiesbaden 1962, S. 25–115

W. Burkert, Cicero als Platoniker und Skeptiker. Gymnasium 72, 1965, S. 175–200

(J. Busuttil, Cicero de legibus Book I. Diss. London 1964; über den nationalen und internationalen Leihverkehr nicht erhältlich)

F. Cancelli, Per l'interpretazione del De legibus di Cicerone. RCCM 15, 1973, S. 185–245

ders., Per una revisione del ‚cavere‘ dei giureconsulti repubblicani. Studi Volterra V, 1971, S. 611–645

W. Capelle, Griechische Ethik und römischer Imperialismus. Klio 25 (NF 7), 1932, S. 86–113

J. Carcopino, Jules César. Paris ⁵1968

F. Cauer, Ciceros politisches Denken. Berlin 1903

F. Christ, Die römische Weltherrschaft in der antiken Dichtung. Stuttgart–Berlin 1938

K. Christ, Römische Geschichte. Einführung, Quellenkunde, Bibliographie. Darmstadt 1973

ders., Krise und Untergang der römischen Republik. Darmstadt 1979

M. R. Cimma, Reges socii et amici populi Romani. Milano 1976

G. Ciulei, L'équité chez Cicéron. Amsterdam 1972

ders., Les rapports de l'équité avec le droit et la justice dans l'œuvre de Cicero. RD 46, 1968, S. 639–647

C. J. Classen, Bemerkungen zu Ciceros Äußerungen über die Gesetze. RhM 122, 1979, S. 278–302

ders., Cicero, the Laws and the Law-courts. Latomus 37, 1978, S. 597–619

J. Colin, Les villes libres de l'Orient gréco-romain et l'envoi au supplice par acclamations populaires. Coll. Latomus, Brüssel 1965

J. H. Collins, Caesar und die Verführung der Macht (1955). In: D. Rasmussen (Hg.), Caesar. Darmstadt 1967, S. 379–412

E. Costa, Cicerone giureconsulto, Bd. I. Bologna ²1927 (ND Rom 1964)

W. Dahlheim, Gewalt und Herrschaft. Das provinziale Herrschaftssystem der römischen Republik. Berlin 1977

J. C. Davies, The Originality of Cicero's Philosophical Works. Latomus 30, 1971, S. 105–119

P. Defourny, Histoire et éloquence d'après Cicéron. LEC 21, 1953, S. 156–166

J. Deininger, Der politische Widerstand gegen Rom in Griechenland (217–86 v. Chr.). Berlin 1971

K. Demmer, Ius Caritatis. Zur christologischen Grundlegung der augustinischen Naturrechtslehre (Analecta Gregoriana 118). Rom 1961

H. Dieter, Der *iustitia*–Begriff Ciceros. Eirene 7, 1968, S. 33–48

R. Dion, Aspects politiques de la Geographie antique. Paris 1977

H. Dörrie, Ciceros Entwurf zu einer Neuordnung des römischen Sakralwesens. Zu den geistigen Grundlagen von de legibus, Buch II. In: Classica et Mediaevalia IX, Festschrift F. Blatt. Kopenhagen 1973, S. 224–240

A. E. Douglas, Platonis aemulus? G & R 9, 1962, S. 41–51

W. Eckstein, Das antike Naturrecht in sozial-philosophischer Beleuchtung. Wien–Leipzig 1926

B. Effe, Das Gesetz als Problem der politischen Philosophie der Griechen. Sokrates, Platon, Aristoteles. Gymnasium 83, 1976, S. 302–324

E. Ehrlich, Beiträge zur Theorie der Rechtsquellen. Berlin 1902

E. Elorduy, Die Sozialphilosophie der Stoa. Leipzig 1936

J. L. Ferrary, Le discours de Laelius dans le IIIᵉ livre du *De re publica* de Cicéron. MEFR 86, 1974, S. 745–771

F. Flückiger, Geschichte des Naturrechts, Bd. 1. Zollikon–Zürich 1954

W. Flume, Gewohnheitsrecht und römisches Recht. Opladen 1975

K. v. Fritz, Pompey's Policy before and after the Outbreak of the Civil War of 49 B. C. (1942). In: ders., Schriften zur griech. und röm. Verfassungsgeschichte und Verfassungstheorie. Berlin 1976, S. 479–512

ders., The Theory of the Mixed Constitution in the Antiquity. New York 1954

F. Fröhlich, RE IV (1900), s. v. Cornelius Nr. 392, Sp. 1522–1566

H. Fuchs, Ciceros Hingabe an die Philosophie (1959). In: K. Büchner (Hg.), Das neue Cicerobild. Darmstadt 1971, S. 304–347

ders., Der geistige Widerstand gegen Rom in der antiken Welt. Berlin ²1964

J. Fuchs, Lex naturae. Zur Theologie des Naturrechts. Düsseldorf 1955

M. Fuhrmann, Cum dignitate otium. Politisches Programm und Staatstheorie bei Cicero. Gymnasium 67, 1960, S. 481–500

ders., *Interpretatio*. Notizen zur Werkgeschichte. In: D. Liebs (Hg.). Sympotica F. Wieacker. Göttingen 1970, S. 80–110

B. Funck, Caesarstudien. Klio 61, 1979, S. 581–591

E. Gabba, Mario e Silla. ANRW I 1, 1972, S. 764–805

J. Gagé, L'empereur romain et les rois. RH 221, 1959, S. 221–260

P. N. Galanza, Die Ideen des Naturrechts in der Geschichte des römischen Rechts. Klio 61, 1979, S. 85–88

H. Galsterer, Herrschaft und Verwaltung im republikanischen Italien. München 1976

B. Gatz, Weltalter, goldene Zeit und sinnverwandte Vorstellungen. Hildesheim 1967

J. Gaudemet, Ius et leges. Jura 1, 1950, S. 226ff.

D. J. Geagan, The Athenian Constitution after Sulla. Princeton 1967

H. J. Gehrke, Das Verhältnis von Politik und Philosophie im Wirken des Demetrios von Phaleron. Chiron 8, 1978, S. 149–193

Th. Geiger, Ideologie und Wahrheit. Neuwied ²1968

M. Gelzer, Die Anfänge des römischen Weltreichs (1940). In: ders., Vom römischen Staat, Bd. I. Leipzig 1943, S. 29–48

ders., Caesar (1942), ebd., S. 125–140

ders., Caesars weltgeschichtliche Leistung (1941), ebd., Bd. II. S. 147–187

ders., Caesar, der Politiker und Staatsmann. Wiesbaden ⁶1960

ders., Cicero. Ein biographischer Versuch. Wiesbaden 1969

ders., Cicero und Caesar (SB der Wiss. Gesellschaft a. d. Joh. Wolfg. Goethe-Universität Frankfurt 7,1). Wiesbaden 1968

ders., Gemeindestaat und Reichsstaat in der römischen Geschichte (1924). In: ders., Vom römischen Staat, Bd. I. Leipzig 1943, S. 6–28, 141–144

ders., Pompeius (1949). München 1973

ders., RE VII A 1 (1939), s. v. Tullius Nr. 29, Sp. 827–1091

ders., Die Unterdrückung der Bacchanalien bei Livius (1936). In: ders., Kleine Schriften III. Wiesbaden 1964. S. 256–269

V. A. Georgesco, Nihil hoc ad ius, ad Ciceronem. Mélanges de philologie, de littérature et d'histoire anciennes, offerts à J. Marouzeau. Paris 1948, S. 189–206

H. Gesche, Caesar. Darmstadt 1976

M. Giebel, Marcus Tullius Cicero in Selbstzeugnissen und Bilddokumenten. Hamburg 1977

O. Gigon, Literarische Form und philosophischer Gehalt von Ciceros „De legibus". Ciceroniana II, 1975, S. 59–72

ders., Studien zu Ciceros De re publica. In: ders., Die antike Philosophie als Maßstab und Realität. Zürich/München 1977, S. 208–355

V. Giorgianni, Il concetto del diritto e dello stato in S. Agostino. Padua 1951

K. M. Girardet, Ciceros Urteil über die Entstehung des Tribunates als Institution der römischen Verfassung (rep. 2, 57–59). In: Bonner Festgabe J. Straub. Bonn 1977, S. 179–200

(ders., Rez. Chr. Meier, Caesar. In: Das Historisch-Politische Buch 30, 1982, S. 257f.)

R. Gnauk, Die Bedeutung des Marius und Cato maior für Cicero. Phil. Diss. Leipzig 1935

R. J. Goar, Cicero and the State Religion. Amsterdam 1972

W. Görler, Das Problem der Ableitung ethischer Normen bei Cicero. DAU 21, 1978, S. 5–19

ders., Untersuchungen zu Ciceros Philosophie. Heidelberg 1974

V. Goldschmidt. La doctrine d'Epicure et le droit. Paris 1977

E. Graeber, Die Lehre von der Mischverfassung bei Polybius. Bonn 1968

G. Graff, Ciceros Selbstauffassung. Heidelberg 1963

E. L. Grasmück, Ciceros Verbannung aus Rom. Analyse eines politischen Details. In: Bonner Festgabe J. Straub. Bonn 1977, S. 165–177

P. Grimal, Contingence historique et rationalité de la loi dans la pensée cicéronienne. Ciceroniana III, 1978, S. 175–182; und in: Helmantica 28, 1977, S. 201–209

E. S. Gruen, The Last Generation of the Roman Republic. Berkeley, Los Angeles, London 1974

J. Guillén, El derecho religioso en Cicéron. Helmantica 29, 1978, S. 313–352

ders., Dios y los dioses en Cicéron. Helmantica 25, 1974, S. 511–565

Chr. Habicht, Zur Geschichte Athens in der Zeit Mithridates' VI. Chiron 6, 1976, S. 127–142

F. Hackelsberger, Die Staatslehre des Marcus Tullius Cicero. Diss. iur. Köln 1948

I. Hadot, Tradition stoïcienne et idées politiques au temps des Gracques. REL 48, 1970, S. 133–179

M. Hammond, City State and World State in Greek and Roman Political Theory until Augustus. Cambridge/Mass. 1951

R. Harder, Zu Ciceros Rechtsphilosophie (De legibus 1) (1934). In: ders., Kleine Schriften (Hg. W. Marg). München 1960, S. 396–400

W. V. Harris, Was Roman Law Imposed on the Italian Allies? Historia 21, 1972, S. 639–645

R. F. Hathaway, Cicero, De re publica II, and His Socratic View of History. JHI 29, 1968, S. 3–12

H. Hausmaninger „Bellum iustum" und „iusta causa belli" im älteren römischen Recht. Österr. Zeitschrift für öffentl. Recht, NF 11, 1961, S. 335–345

E. Heck, Die Bezeugung von Ciceros Schrift De re publica (= Spudasmata IV). Hildesheim 1966

ders., Zum Buchschluß von Cicero, de legibus III. Hermes 107, 1979, S. 496–499

ders., „Iustitia civilis – iustitia naturalis" – à propos du jugement de Lactance concernant les discours sur la justice dans le „De re publica" de Cicéron. In: J. Fontaine/M. Perrin (Hg.), Lactance et son temps. Paris 1978, S. 171–182

G. W. F. Hegel, Vorlesungen über die Philosophie der Geschichte (Suhrkamp-Theorie-Werkausgabe Bd. 12). Frankfurt 1970/1973

W. Heilmann, Ethische Reflexion und römische Lebenswirklichkeit in Ciceros Schrift De officiis (= Palingenesia XVII). Wiesbaden 1982

F. Heinimann, Nomos und Physis. Herkunft und Bedeutung einer Antithese im griechischen Denken des 5. Jahrhunderts. Basel 1945

A. Hentschke, Zur historischen und literarischen Bedeutung von Ciceros Schrift „de legibus". Philologus 115, 1971, S. 118–130

A. Heuss, Ciceros Theorie vom römischen Staat (Nachrichten der Akad. d. Wiss. Göttingen, phil.-hist. Klasse Nr. 8, 1975). Göttingen 1976

ders., Römische Geschichte. Braunschweig ⁴1976

ders., Die völkerrechtlichen Grundlagen der römischen Außenpolitik in republikanischer Zeit (Klio-Beiheft 31, NF 18). Leipzig 1933 (ND Aalen 1968)

ders., Ideologiekritik. Ihre theoretischen und praktischen Aspekte. Berlin 1975

K. Hildenbrand, Geschichte und System der Rechts- und Staatsphilosophie, Bd. I. Leipzig 1860

E. v. Hippel, Geschichte der Staatsphilosophie in Hauptkapiteln, Bd. 1. Meisenheim ²1958

R. Hirzel, Der Dialog, Bd. I. Leipzig 1895

ders., Ἄγραφος νόμος. Leipzig 1900

W. Hoben, Untersuchungen zur Stellung kleinasiatischer Dynasten in den Machtkämpfen der ausgehenden römischen Republik. Phil. Diss. Mainz 1969

J. E. Holton, Marcus Tullius Cicero. In: L. Strauss, J. Cropsey (Hg.), History of Political Philosophy. Chicago 1963, S. 130–150

V. L. Holliday, Pompey in Cicero's Correspondence and Lucan's Civil War. The Hague-Paris 1969

H. Homeyer, Zur Bedeutungsgeschichte von „sapientia". AC 25, 1956, S. 301–318

H. Hommel, Ciceros Gebetshymnus an die Philosophie, Tuskulanen V 5. Heidelberg 1968

H. Horn, Foederati. Untersuchungen zur Geschichte ihrer Rechtsstellung im Zeitalter der römischen Republik und des frühen Prinzipats. Phil. Diss. Frankfurt 1930

R. A. Horsley, The Law of Nature in Philo and Cicero. HThR 71, 1978, S. 35–59

W. W. How, Cicero's Ideal in his De Republica. JRS 20, 1930, S. 24–42

J. IRMSCHER, Die Diktatur. Versuch einer Begriffsgeschichte. Klio 58, 1976, S. 273–287

J. JAHN, Interregnum und Wahldiktatur (FAS 3). Kallmünz 1970

R. JOHANNEMANN, Cicero und Pompeius in ihren wechselseitigen Beziehungen bis zum Jahre 51 vor Christi Geburt (Phil. Diss. Münster 1933). Emsdetten 1935

W. JUDEICH, Topographie von Athen (= HdAW III, 2,2). München 1931

W. KAMLAH, Utopie, Eschatologie, Geschichtsteleologie. Mannheim 1969

U. KAMMER, Untersuchungen zu Ciceros Bild von Cato Censorius. Phil. Diss. Frankfurt 1964

J. KARGL, Lehre der Stoiker vom Staat. Diss. Erlangen 1913

M. KASER, Das römische Privatrecht I (= HdAW III, 3,1). München ²1971

ders., Römische Rechtsgeschichte. Göttingen ²1967

A. KEAVENEY, Roman Treaties with Parthia circa 95 – circa 64 B. C. AJPh 102, 1981, 195–212

H. KELSEN, Die philosophischen Grundlagen der Naturrechtslehre und des Rechtspositivismus. Charlottenburg 1928

ders., Reine Rechtslehre. Wien ²1960

C. W. KEYES, Original Elements in Cicero's Ideal Constitution. AJPh 42, 1921, S. 309–323

D. KIENAST, Entstehung und Aufbau des römischen Reiches. ZRG 85, Rom. Abt. 1968, S. 330–367

J. KLASS, Cicero und Caesar. Ein Beitrag zur Aufhellung ihrer gegenseitigen Beziehungen. Berlin 1939

R. KLEIN, Königtum und Königszeit bei Cicero. Phil. Diss. Erlangen–Nürnberg 1962

J. KLOSE, Roms Klientel-Randstaaten am Rhein und an der Donau. Breslau 1934

U. KNOCHE, Ciceros Verbindung der Lehre vom Naturrecht mit dem römischen Recht und Gesetz. In: G. RADKE (Hg.), Cicero – ein Mensch seiner Zeit. Berlin 1968, S. 38–60

H. KOESTER, ΝΟΜΟΣ ΦΥΣΕΩΣ: The Concept of Natural Law in Greek Thought. In: J. NEUSNER (Hg.). Religions in Antiquity. Leiden 1968, S. 521–541

H. P. KOHNS, Prima causa coeundi (Zu Cic. rep. I 39). Gymnasium 83, 1976, S. 209–214

ders., Consensus iuris – communio utilitatis (Zu Cic. rep. I 39). Gymnasium 81, 1974, S. 485–498

ders., Libertas populi und libertas civium in Ciceros Schrift De re publica. In: Bonner Festgabe J. STRAUB. Bonn 1977, S. 201–211

E. KORNEMANN, Die unsichtbaren Grenzen des römischen Kaiserreichs (1933). In: ders., Staaten, Völker, Männer (= Das Erbe der Alten 24, 2. Reihe). Leipzig 1934, S. 96–116

J. KROYMANN, Cicero und die römische Religion. In: A. MICHEL-R. VERDIÈRE (Hg.), Ciceroniana. Hommages à K. KUMANIECKI. Leiden 1975, S. 116–128

ders., Res publica restituenda. In: P. STEINMETZ (Hg.), Politeia und Res publica. Gedenkschrift R. STARK (= Palingenesia IV). Wiesbaden 1969, S. 245–266

K. KUMANIECKI, Cicerone e la crisi della repubblica romana (= Collana di studi ciceroniani V). Rom 1972

W. KUNKEL, Herkunft und soziale Stellung der römischen Juristen. Graz–Wien–Köln ²1967

B. KYTZLER, Utopisches Denken und Handeln in der klassischen Antike (1971). In: R. VILLGRADTER – F. KREY (Hg.), Der utopische Roman. Darmstadt 1973, S. 45–68

W. K. LACEY, Cicero, Pro Sestio 96–143. CQ 12, 1962, S. 67–71

J. A. O. LARSEN, Greek Federal States. Oxford 1968

A. Laudien, Die Komposition und Quelle von Ciceros erstem Buch der Gesetze. Hermes 46, 1911, S. 108–143

G. A. Lehmann, Politische Reformvorschläge in der Krise der späten römischen Republik (Cicero De legibus III und Sallusts Sendschreiben an Caesar). Meisenheim 1980

E. Lepore, Il princeps ciceroniano e gli ideali politici della tarda repubblica. Napoli 1954

A. Lesky, Zum Gesetzesbegriff der Stoa. Österr. Zeitschrift für öff. Recht 2, 1950, S. 587–599

E. Levy, Natural Law in Roman Thought (1949). In: ders., Gesammelte Schriften (Hg. W. Kunkel/M. Kaser) Bd. I. Köln–Graz 1963, S. 3–19

H. G. Liddell/R. Scott, A Greek English Lexicon. Oxford ⁹1958

A. Lintott, What was the „Imperium Romanum"? G & R 28, 1981, S. 53–67

F. Lossmann, Cicero und Caesar im Jahre 54. Studien zur Theorie und Praxis der römischen Freundschaft (Hermes Einzelschriften 17). Wiesbaden 1962

G. Luck, Der Akademiker Antiochos. Bern 1953

ders., Zur Geschichte des Begriffs sapientia. ABG 9, 1964, S. 203–215

U. v. Lübtow, Cicero und die Methode der römischen Jurisprudenz. Festschrift L. Wenger, Bd. I. München 1944, S. 224–235

ders., De iustitia et iure. ZRG, Rom. Abt. 66, 1948, S. 458–565

ders., Das römische Volk. Sein Staat und sein Recht. Frankfurt 1955

J. P. Maguire, Plato's Theory of Natural Law. Yale Classical Studies 10, 1947, S. 151–178

W. Maihofer (Hg.), Naturrecht oder Rechtspositivismus? Darmstadt ²1966

K. Mannheim, Ideologie und Utopie. Frankfurt ⁵1969

A. J. Marshall, The Lex Pompeia de provinciis (52 B. C.) and Cicero's Imperium in 51–50 B. C. Constitutional Aspects. ANRW I 1, 1972, S. 887–921

ders., Pompey's Organization of Bithynia-Pontus: two neglected Texts. JRS 58, 1968, S. 103–109

B. A. Marshall, Crassus. A Political Biography. Amsterdam 1976

P. Martin, Cicéron princeps. Latomus 29, 1980, S. 850–878

H. J. Mason, Greek Terms for Roman Institutions. Toronto 1974

Th. Mayer-Maly, Gemeinwohl und Naturrecht bei Cicero. In: Völkerrecht und rechtliches Weltbild, Festschrift A. Verdross. Wien 1960, S. 195–206; ebenfalls abgedruckt in: K. Büchner (Hg.), Das Neue Cicerobild. Darmstadt 1971, S. 371–387

Chr. Meier, Caesar. Berlin 1982 (dazu Rez. K. M. Girardet. In: Das Historisch-Politische Buch 30, 1982, S. 257f.)

ders., Die Ohnmacht des allmächtigen Diktators Caesar. Drei biographische Skizzen. Frankfurt 1980

ders., Res publica amissa (Wiesbaden 1966). (Frankfurt) 1980, mit Einführung zur Neuausgabe

H. Merguet, Lexikon zu den Schriften Ciceros. Teil I: Reden, 4 Bde. Jena 1877–1884, ND Hildesheim 1962; Teil II: Phil. Schriften, 3 Bde. Jena 1887–1894, ND Hildesheim 1971

J. Messner, Das Naturrecht. Innsbruck–Wien–München ⁶1966

Ed. Meyer, Caesars Monarchie und das Prinzipat des Pompeius. Stuttgart–Berlin ³1922, ND Darmstadt 1963

Ernst Meyer, Römischer Staat und Staatsgedanke. Zürich–Stuttgart ³1964

H. D. Meyer, Cicero und das Reich. Phil. Diss. Köln 1957

A. Michel, Les lois de la guerre et les problèmes de l'impérialisme romain dans la philosophie de Cicéron. In: J. P. Brisson (Hg.), Problèmes de la guerre à Rome. Paris 1969, S. 171–183

J. H. Michel, Le droit romain dans le *Pro Murena* et l'œuvre de Servius Sulpicius Rufus. In: A. Michel/R. Verdière (Hg.), Ciceroniana, Hommages à K. Kumaniecki. Leiden 1975, S. 181–195

E. M. Michelakis, Das Naturrecht bei Aristoteles (1959). In: E. Berneker (Hg.), Zur griechischen Rechtsgeschichte. Darmstadt 1968, S. 146–171

H. Mitteis, Über das Naturrecht. Berlin 1948

Th. Mommsen, Römische Geschichte, Bd. I. Berlin ¹³1923

ders., Römische Geschichte, Bd. III. Wien–Zürich ¹³1922

ders., Römisches Staatsrecht, Bde. I–III. Leipzig ³1887–1888, ND Basel 1963

Ch.-L. de Secondat Montesqieu, Considérations sur les causes de la grandeur des romains et de leur décadence (ed. H. Ehrard). Paris 1968

A. Müller, Autonome Theorie und Interessedenken. Studien zur politischen Philosophie bei Platon, Aristoteles und Cicero. Wiesbaden 1971

R. Müller, ΒΙΟΣ ΘΕΩΡΗΤΙΚΟΣ bei Antiochos von Askalon und Cicero. Helikon 8, 1968, S. 222–237

ders., Die Wertung der Bildungsdisziplinen bei Cicero. Klio 43/45, 1965, 77–173

B. Nemeth, Zu den politischen Ambitionen des Marcus Cicero im Jahre 54. ACD 4, 1968, S. 49–58

A. Neusüss (Hg.), Utopie – Begriff und Phänomen des Utopischen. Neuwied–Berlin ²1972

C. Nicolet, Rome et la conquête du monde mediterranéen I. Paris 1977

B. G. Niebuhr, Vorträge über römische Geschichte (Hg. M. Isler), Bd. III. Berlin 1848

W. Nippel, Mischverfassungstheorie und Verfassungsrealität in Antike und früher Neuzeit (Geschichte und Gesellschaft 21). Stuttgart 1980

D. Nörr, Divisio und Partitio. Berlin 1972

ders., Rechtskritik in der römischen Antike (Bayr. Akad. d. Wiss., phil.-hist. Klasse, Abh. N. F. 77). München 1974

J. v. Ooteghem, Pompée le Grand, bâtisseur de l'Empire (Mémoires Acad. Roy. Belgique Cl. des Lettres 49). Brüssel 1954

H. Oppel, ΚΑΝΩΝ. Zur Bedeutungsgeschichte des Wortes und seiner lateinischen Entsprechungen (regula-norma) (= Phil. Diss. Berlin 1937). Leipzig 1937

H. Oppermann, Probleme und heutiger Stand der Caesarforschung. In: D. Rasmussen (Hg.), Caesar. Darmstadt 1967, S. 485–522

M. Pallasse, Cicéron et les sources de droits (Annales de l'université de Lyon III, 8). Paris 1945

M. Pape, Griechische Kunstwerke aus Kriegsbeute und ihre öffentliche Aufstellung in Rom. Phil. Diss. Hamburg 1975

D. Perlich, Otium oder accedere ad rem publicam. DAU 13, 1970, S. 5–16

K.-E. Petzold, Cicero und Historie. Chiron 2, 1972, S. 253–276

G. Pfligersdorffer, Politik und Muße. Zum Proömium und Einleitungsgespräch von Ciceros de re publica. München 1969

R. Philippson, RE VII A 1, 1939, s. v. Tullius (29), Sp. 1104–1192 (Philosophische Schriften)

O. Plasberg, Cicero in seinen Werken und Briefen. Leipzig 1926

M. Plezia, The First of Cicero's Philosophical Essays. In: Ciceroniana. Hommages à K. Kumaniecki (ed. A. Michel/R. Verdière). Leiden 1975, S. 196–205

R. v. Pöhlmann, Geschichte der sozialen Frage und des Sozialismus in der antiken Welt (I und II). München ³1925

V. Pöschl, Römischer Staat und griechisches Staatsdenken bei Cicero. Berlin 1936, ND Darmstadt 1962

M. Pohlenz, Cicero de re publica als Kunstwerk (1931). In: ders., Kleine Schriften II. Hildesheim 1965, S. 374–409

ders., Der Eingang von Ciceros Gesetzen (1938). In: ders., Kleine Schriften II. Hildesheim 1965, S. 410–435

ders., Grundfragen der stoischen Philosophie (Abh. d. Ges. d. Wissenschaften zu Göttingen, phil.-hist. Klasse, 3. Folge, Nr. 26). Göttingen 1940

ders., Nomos (1948). In: ders., Kleine Schriften II. Hildesheim 1965, S. 333–340

ders., Nomos und Physis. Hermes 81, 1953, S. 418–438

ders., Die Stoa. Geschichte einer geistigen Bewegung. Göttingen: Bd. I, ⁴1970, Bd. II (Erläuterungen), ⁴1972

E. Polay, Der Kodifikationsplan des Pompeius. Acta Antiqua 13, 1965, S. 85–95

ders., Der Kodifizierungsplan des Julius Caesar. Jura 16, 1965, S. 27–51

G. Poma, La valutazione del decemvirato nel De republica di Cicerone. RSA VI/VII, 1976/77, S. 129–146

K. Raaflaub, Dignitatis contentio. München 1974

B. Rawson, The Politics of Friendship. Pompey and Cicero. Sydney 1978

E. Rawson, Cicero. A Portrait. London 1975

dies., Cicero the Historian and Cicero the Antiquarian. JRS 62, 1972, S. 33–45

dies., The Interpretation of Cicero's ‚De legibus‘. ANRW I 4, 1973, S. 334–356

H. Reiner, Antike und christliche Naturrechtslehre. ARSP 41, 1955, S. 528–561

R. Reitzenstein, Drei Vermutungen zur Geschichte der römischen Literatur. Marburg 1894

H. Fr. Reijnders, Societas generis humani bij Cicero. Groningen 1954

R. T. Ridley, Cicero and Sulla. WS 88, N. F. 9, 1975, S. 83–108

E. Riezler, Relatives und Absolutes im Recht. Festschrift L. Wenger, Bd. I. München 1944, S. 23–45

R. Rilinger, Der Einfluß des Wahlleiters bei den römischen Konsulwahlen von 366 bis 50 v. Chr. München 1976

K. L. Rintelen, Cicero und Cäsar. Kritische Untersuchungen zur Geschichte ihrer wechselseitigen Beziehungen. Diss. Marburg 1955

H.-W. Ritter, Diadem und Königsherrschaft. München–Berlin 1965

W. Rosenbaum, Naturrecht und positives Recht. Rechtssoziologische Untersuchungen zum Einfluß der Naturrechtslehre auf die Rechtspraxis in Deutschland seit Beginn des 19. Jahrhunderts. Neuwied/Darmstadt 1972

Chr. Rothe, Humanitas, fides und Verwandtes in der römischen Provinzialpolitik. Berlin 1978

G. Rotondi, Leges publicae populi Romani (1912/1922). ND Hildesheim 1966

R. H. Rowland, The Origins and Development of Cicero's Friendship with Pompey. RSA VI/VII, 1976/1977, S. 329–341

M. Ruch, La préambule dans les œuvres philosophiques de Cicéron. Paris 1958

H. Ryffel, Rechts- und Staatsphilosophie. Philosophische Anthropologie des Politischen. Neuwied–Berlin 1969

M. Salomon, Der Begriff des Naturrechts bei den Sophisten. ZRG 32, Rom. Abt. 1911, S. 129–167

P. C. Sands, The Client Princes of the Roman Empire under the Republic. Cambridge 1908

J. Sauter, Die philosophischen Grundlagen des antiken Naturrechts. Zeitschrift f. öff. Recht 10, 1931, S. 28–81

ders., Die philosophischen Grundlagen des Naturrechts. Wien 1932

M. Schäfer, Des Panaitios ἀνὴρ ἀρχικός bei Cicero. Gymnasium 67, 1960, S. 500–517

A. Schenk Graf v. Stauffenberg, Das Imperium und die Völkerwanderung. München 1947

O. Schilling, Naturrecht und Staat nach der Lehre der alten Kirche. Görres-Gesellschaft, Sekt. Rechts- und Sozialwissenschaft, Heft 24. Paderborn 1914

D. Schlichting, Cicero und die griechische Gesellschaft seiner Zeit. Diss. Berlin 1975

A. Schmekel, Die Philosophie der mittleren Stoa in ihrem geschichtlichen Zusammenhange dargestellt. Berlin 1892

B. Schmidlin, Regula iuris: Standard, Norm oder Spruchregel. In: Festschrift M. Kaser. München 1976, S. 91–109

O. E. Schmidt, Ciceros Villen (1899). Darmstadt 1972

P. L. Schmidt, Die Abfassungszeit von Ciceros Schrift über die Gesetze (= Collana di Studi Ciceroniani IV). Rom 1969 (1970)

ders., Cicero ‚De re publica‘: Die Forschung der letzten fünf Dezennien. ANRW I 4, 1973, S. 263–333

ders., Cicero's Place in Roman Philosophy. A Study of His Prefaces. CJ 74, 1978, S. 115–127

ders., Interpretatorische und chronologische Grundfragen zu Ciceros Werk „De legibus“. Phil. Diss. Freiburg 1959

ders., Zeugnisse antiker Autoren zu Ciceros Werk De legibus. In: J. Irmscher u. a. (Hg.), Miscellanea Critica, Teil II. Leipzig 1965, S. 301–333

R. Schottlaender, Römisches Gesellschaftsdenken. Die Zivilisierung einer Nation in der Sicht ihrer Schriftsteller. Weimar 1969

A. Schubert, Augustins Lex-Aeterna-Lehre nach Inhalt und Quellen. Beiträge zur Geschichte der Philosophie des Mittelalters, Bd. 24,2. Münster 1924

F. Schulz, Geschichte der römischen Rechtswissenschaft. Weimar 1961

ders., Prinzipien des römischen Rechts. Berlin 1954

H. Schwamborn, Prudens. Gedanken zu Cicero De re publica II 64–70. DAU 13, 1970, S. 17–45

W. Schur, Das Zeitalter des Marius und Sulla. Klio Beiheft NF 33. Leipzig 1942

O. Seel, Caesar-Studien. Stuttgart 1967

ders., Cicero. Wort, Staat, Welt. Stuttgart ³1967

ders., Das Problem des römischen Philosophierens. In: G. Radke (Hg.), Cicero – ein Mensch seiner Zeit. Berlin 1968, S. 136–160

F. Senn, De la justice et du droit. Paris 1927

F. Serrao, Cicerone e la lex publica. Ciceroniana III, 1978, S. 79–110

W. Seston, Le droit au service de l'impérialisme romain. CRAI 1976, S. 637–647

M. S. Shellens, Der Begriff des Naturrechts in der „Großen Ethik“. ARSP 51, 1954, S. 422–435

A. N. Sherwin-White, The Letters of Pliny. A Historical and Social Commentary. Oxford 1968

P. Siewert, Die angebliche Übernahme solonischer Gesetze in den Zwölftafeln. Chiron 8, 1978, S. 331–344

A. D. Simpson, The Departure of Crassus for Parthia. TAPhA 69, 1938, S. 532–541

S. E. SMETHURST, Cicero and Isocrates. TAPhA 84, 1953, S. 262–320

ders., Cicero and Roman Imperial Policy. TAPhA 84, 1953, S. 216–226

F. SOMMER, Studien zur Geschichte der Rechtswissenschaft im Lichte der Philosophiegeschichte. Görresgesellschaft, Heft 65, Sekt. Rechts- und Staatswissenschaft. Paderborn
1934

K. SPREY, De M. Tullii Ciceronis politica doctrina. Diss. Amsterdam 1928

R. STAMMLER, Lehrbuch der Rechtsphilosophie. Berlin–Leipzig ³1928

ders., Die Lehre von dem richtigen Rechte (Berlin 1902). Halle ²1926

N. STANG, Philosophia, philosophus bei Cicero. SO 11, 1932, S. 82–93

R. STANKA, Geschichte der politischen Philosophie I: Die politische Philosophie des Altertums. Wien–Köln 1951

A. v. STAUFFENBERG: S. O. A. SCHENK

P. STEIN, The Sources of Law in Cicero. Ciceroniana III, 1978, S. 19–31

D. STOCKTON, Cicero. A Political Biography. Oxford 1971

H. STRASBURGER, Caesar im Urteil seiner Zeitgenossen. Darmstadt ²1968

ders., Concordia Ordinum. Eine Untersuchung zur Politik Ciceros. Borna 1931 (ND Amsterdam 1956)

ders., RE XVIII 1, 1939, s. v. Optimates, Sp. 773–798

ders., Poseidonios on Problems of the Roman Empire. JRS 55, 1965, S. 4–53

ders., Der „Scipionenkreis". Hermes 94, 1966, S. 60–72

ders., Die Wesensbestimmung der Geschichte durch die antike Geschichtsschreibung.
Wiesbaden ²1966

J. STRAUB, Caesars „Gerechter Krieg" in Gallien. Wissenschaftliche Beilage zum Jahresbe-
richt 1972/73 des Kronberg-Gymnasiums Aschaffenburg

ders., Griechische Hegemonie und Römisches Imperium (1963). In: Regeneratio Imperii.
Aufsätze über Roms Kaisertum und Reich im Spiegel der heidnischen und christlichen
Publizistik. Darmstadt 1972, S. 1–18

ders., Vom Herrscherideal in der Spätantike. Stuttgart 1939 (ND 1964)

ders., Imperium und libertas (1964). In: Regeneratio, S. 19–35

L. STRAUSS, Naturrecht und Geschichte (1956). Frankfurt 1977

J. STROUX, Römische Rechtswissenschaft und Rhetorik. Potsdam 1949

W. SUERBAUM, Vom antiken zum frühmittelalterlichen Staatsbegriff. Münster ³1977

ders., Studienbibliographie zu Ciceros De re publica. Gymnasium 85, 1978, S. 59–88

R. SYME, The Roman Revolution. Oxford ²1960 (ND 1971)

W. THEILER, Die Vorbereitung des Neuplatonismus. Berlin 1934 (ND 1964)

C. THIAUCOURT, Essai sur les Traités Philosophiques de Cicéron. Paris 1885

Y. THOMAS, Cicéron, le Sénat et les tribuns de la plèbe. Rev. Hist. Droit fr. étrang. 55,
1977, S. 189–210

D. TIMPE, Die Bedeutung der Schlacht von Carrhae. Mus. Helv. 19, 1962, S. 104–129

ders., Zur augusteischen Partherpolitik zwischen 30 und 20 v. Chr. Würzburger Jahrbücher
1, 1975, S. 155–169

J. TOULOUMAKOS, Der Einfluß Roms auf die Staatsform der griechischen Stadtstaaten des
Festlandes und der Inseln im ersten und zweiten Jahrhundert v. Chr. Phil. Diss. Göttingen 1967

M. TREU, Athen und Melos und der Melierdialog des Thukydides. Historia 2, 1953/54, S.
253–273

H. TRIEPEL, Die Hegemonie. Ein Buch von führenden Staaten. Stuttgart ²1943

E. Troeltsch, Das stoisch-christliche Naturrecht und das moderne profane Naturrecht. HZ 106, 1911, S. 237–267

ders., Die Soziallehren der christlichen Kirchen und Gruppen. Tübingen 1912

L. Troiani, Sulla *lex de suffragiis* in Cicerone, *De legibus* III, 10. Athenaeum 59, 1981, S. 180–184

W. Graf Uxkull-Gyllenband, Griechische Kultur-Entstehungslehren. Berlin 1924

P. M. Valente, L'éthique stoïcienne chez Cicéron. Thèse d'État. Paris 1956

G. Verbeke, Le stoïcisme, une philosophie sans frontières. ANRW I 4, 1973, S. 3–42

A. Verdross, Naturrecht. In: K. Strupp/H.-J. Schlochauer, Wörterbuch des Völkerrechts, Bd. II. Berlin 1961, S. 572–575

ders., Primäres Naturrecht, sekundäres Naturrecht und positives Recht in der christlichen Rechtsphilosophie. In: Ius et lex. Festgabe M. Gutzwiller. Basel 1959, S. 447–455

ders., Statisches und dynamisches Naturrecht. Freiburg 1971

ders., Abendländische Rechtsphilosophie. Ihre Grundlagen und Hauptprobleme in geschichtlicher Schau. Wien ²1963

M. Villey, Rückkehr zur Rechtsphilosophie (1955). In: K. Büchner (Hg.), Das neue Cicerobild. Darmstadt 1971, S. 259–303

J. Vogt, Ciceros Glaube an Rom. Darmstadt ²1963 (ND d. 1. Aufl. 1935)

ders., Homo novus. Ein Idealtypus der römischen Republik (1926). In: ders., Gesetz und Handlungsfreiheit in der Geschichte. Studien zur historischen Wiederholung. Stuttgart 1955, S. 81–106

ders., Orbis. Ausgewählte Schriften zur Geschichte des Altertums (Hg. F. Taeger/K. Christ). Freiburg 1960

ders., Orbis Romanus. Ein Beitrag zum Sprachgebrauch und zur Vorstellungswelt des römischen Imperialismus (1929/43). In: ders., Orbis, S. 151–171

ders., Die Römische Republik. München 1979 (TB-Ausgabe der 6. Auflage Freiburg/München 1973)

M. Voigt, Das ius naturale, aequum et bonum und ius gentium der Römer, Band I und II. Leipzig 1856/1858

H. Volkmann, Sullas Marsch auf Rom. München 1958

H. Wagner, Studien zur allgemeinen Rechtslehre des Gaius (Ius gentium und ius naturale in ihrem Verhältnis zum ius civile). Zutphen 1978

W. Waldstein, Zu Ulpians Definition der Gerechtigkeit (D 1, 1, 10 pr). In: Festschrift W. Flume. Köln 1978, S. 213–232

ders., Entscheidungsgrundlagen der klassischen römischen Juristen. ANRW II 15, 1976, S. 3–100

ders., Vorpositive Ordnungselemente im Römischen Recht. Österr. Zeitschrift für öff. Recht 17, 1967, S. 1–26

A. M. Ward, Marcus Crassus and the Late Roman Republic. Columbia/London 1977

A. Watson, Law Making in the Later Roman Republic. Oxford 1974

G. Watson, The Natural Law and Stoicism. In: A. A. Long (Hg.), Problems in Stoicism. London 1971, S. 216–238

M. Weber, Wirtschaft und Gesellschaft. Tübingen ⁵1972 (Studienausgabe)

P. Weber-Schäfer, Einführung in die antike politische Theorie, Bd. II. Darmstadt 1976

M. Wegner, Untersuchungen zu den lateinischen Begriffen socius und societas (Hypomnemata 21). Göttingen 1969

I. Weiler, Griechische Geschichte. Darmstadt 1976

H. Welzel, Naturrecht und materiale Gerechtigkeit. Göttingen ⁴1962

L. Wenger, Die Quellen des römischen Rechts. Wien 1953

R. Werner, Der Beginn der römischen Republik. München 1963

ders., Das Problem des Imperialismus und die römische Ostpolitik im zweiten Jahrhundert v.Chr. ANRW I 1, 1972, S. 501–563

L. Wickert, Neue Forschungen zum römischen Principat. ANRW II 1, 1974, S. 3–76

ders., RE XXII 2, 1954, s. v. Princeps (civitatis), Sp. 1998–2296

F. Wieacker, Cicero als Advokat (= Schriftenreihe der Juristischen Gesellschaft e.V. Berlin, Heft 20). Berlin 1965

ders., Privatrechtsgeschichte der Neuzeit unter besonderer Berücksichtigung der deutschen Entwicklung. Göttingen ²1967

ders., Über das Verhältnis der römischen Fachjurisprudenz zur griechisch-hellenistischen Theorie. Jura 20, 1969, S. 448–477

ders., Die XII Tafeln in ihrem Jahrhundert. In: Les origines de la république romaine. Fondation Hardt, Entretiens t. XIII. Vandœuvres-Genève 1967, S. 291–356

U. Wilcken, Zur Entwicklung der römischen Diktatur (Abhandl. Berlin, phil.-hist. Klasse 1). Berlin 1940

H. Willrich, Cicero und Caesar. Göttingen 1944

N. Wilsing, Aufbau und Quellen von Ciceros Schrift ‚de re publica‘. Phil. Diss. Leipzig 1929

Ch. Wirszubski, Libertas als politische Idee im Rom der späten Republik und des frühen Prinzipats. Darmstadt 1967

ders., Noch einmal: Ciceros *cum dignitate otium* (1954). In: R. Klein (Hg.), Das Staatsdenken der Römer. Darmstadt ²1973, S. 375–404

M. Wistrand, Cicero Imperator. Studies in Cicero's Correspondence 51–47 B. C. Göteborg 1979

Erik Wolf, Griechisches Rechtsdenken, Bd. II (Rechtsphilosophie und Rechtsdichtung im Zeitalter der Sophistik). Frankfurt 1952

ders., Griechisches Rechtsdenken, Bd. III 1. Frankfurt 1954

ders., Griechisches Rechtsdenken, Bd. III 2. Frankfurt 1956

ders., Griechisches Rechtsdenken, Bd. IV 1. Frankfurt 1968

ders., Griechisches Rechtsdenken, Bd. IV 2. Frankfurt 1970

ders., Das Problem der Naturrechtslehre. Versuch einer Orientierung. Karlsruhe ³1964

J. Wolski, Iran und Rom. ANRW II 9, 1976, S. 195–214

B. Wosnik, Untersuchungen zur Geschichte Sullas. Phil. Diss. Würzburg 1963

Z. Yavetz, Caesar in der öffentlichen Meinung. Düsseldorf 1979

K.-H. Ziegler, Die Beziehungen zwischen Rom und dem Partherreich. Wiesbaden 1964

ders., Das Völkerrecht der römischen Republik. ANRW I 2, 1972, S. 68–114

QUELLENREGISTER

Appian
b.c. I 96, 99, 101: 208
II 23: 216[154]
Aristoteles
NE V 10, 1134b: 51[51]
pol. III 14, 1284b 35–1285b: 208
(incert.) auctor ad Herenn.
II 13, 19: 57[10], 82[75]
IV 9, 13: 152[25]
IV (V) 33, 44: 152[25]
Augustinus
de lib. arb. I 15: 74[34]
c.d. II 21 (= Cic. rep. II 69): 124
c. Faust. 22, 27: 74[34]
Caesar
b.c. III 54: 155[46]
57,4: 9[44]
Cicero
acad. I 7: 103[24]
19 (ff.): 105[34,35]
20: 99[11]
30: 105[34]
32: 105[39]
II (Lucull.) 21 f.: 104[29]
114: 103[25]
136 (f.): 31[40,41], (83)
Arch. 11: 43[11]
Balb. 29: 43[11]
30: 159
43: 187[3]
Brut. 19: 196[58]
227: 217[159]
311: 195[54], 217[159]
Caecin. 70–75: 45[29]
76: 43[11]
102: 43[11]
Cael. 12: 104[29]
Cat. I 26: 2[7]

II 11: 2[7]
20: 209[123], 217[160]
III 24: 209[123], 217[160]
Cluent. 25: 217[160]
123: 209[123]
146 f.: 79[57], 148[11]
div. I 131: 135[47]
II 3: 179, 179[66]
4 f.: 177[60], 182[83]
6–7: 171[41]
dom. 32: 43[11]
43: 209[123], 217[160]
73: 155[47]
75: 155[47]
89: 151[18], 153[30], 155[47]
90: 151[18]
epp.
Att. I 18,6: 169
19,6: 169
20,2: 219[176]
20,3: 169
II 1,7: 169
5,2: 170[32]
9,1: 169
13,2: 170[32]
16,3: 170[32]
III 15,6: 82[75]
23,2: 82[75]
23,3: 129[25]
IV 2,1: 167[16], 220
5,1: 191
6,1 f.: 170[30]
10,1: 170, 170[32]
15,10: 172[44]
16,2: 172[48], 182[82]
18,1 f.: 170[30]
18,2: 117[5], 170[32]
18,3: 218[167]

II: 9[43], 11[54], 222[1]

Seneca

de otio IV 1: 135[47]

VIII 1 ff.: 135[47]

SVF (= Stoicorum Veterum Fragmenta)

I 162: 83[81]

374: 103[26]

II 35: 103[26]

36: 103[26]

527: 135[47]

528: 83[82], 135[47]

529: 135[47]

1003: 55[4], 83[81]

III 4: 83[81]

308: 83[82]

314: 55[4]

323: 31[41], 55[4]

324: 31[41]

328: 79[57]

329: 79[57]

330: 79[57]

332: 83[81]

334: 135[47]

335: 135[47]

336: 135[47]

337: 83[81], 135[47]

611: 32[44]

612 ff.: 31 f.[43]

613: 55[4], 79[57], 83[81]

614: 83[81]

694: 32[45]

695 ff.: 32[44]

Suet.

div. Iul. 44,2: 219[178]

77: 117[8], 228

Tacit.

ann. II 53,4: 159

Thukyd.

V 84–114: 16[70], 18[83]